Emerging Markets Institute 北京师范大学新兴市场研究院文库 胡必亮 主编

新兴市场30国

综合发展水平测算、排序与评估

胡必亮　刘清杰　吴舒钰　刘　倩　等著

中国大百科全书出版社

图书在版编目（CIP）数据

新兴市场30国：综合发展水平测算、排序与评估 / 胡必亮等著.
—北京：中国大百科全书出版社，2022.8
（新兴市场文库）
ISBN 978-7-5202-1206-9

Ⅰ.①新… Ⅱ.①胡… Ⅲ.①世界经济—经济发展水平—研究 Ⅳ.① F113.4

中国版本图书馆 CIP 数据核字（2022）第 156220 号

出 版 人 刘祚臣
策 划 人 曾 辉
责任编辑 鞠慧卿
版式设计 程 然
责任印制 魏 婷
出版发行 中国大百科全书出版社
地　　址 北京市阜成门北大街 17 号　**邮政编码** 100037
电　　话 010-88390969
网　　址 http://www.ecph.com.cn
印　　刷 中煤（北京）印务有限公司
开　　本 787 毫米 ×1092 毫米　1/16
印　　张 26.25
字　　数 294 千字
印　　次 2023 年 1 月第 1 版　2023 年 1 月第 1 次印刷
书　　号 ISBN 978-7-5202-1206-9
定　　价 98.00 元

总序

Foreword

从全球发展的视角来看，目前表现出的两类现象值得我们的高度重视和深入研究。

一类现象是，从发展经济、改善民生、消除贫困等方面看，发展中国家在持续地取得进展。尤其是其中的一些新兴市场大国，如中国、印度、印度尼西亚、巴西、俄罗斯、墨西哥、土耳其、南非、波兰、马来西亚等国，对驱动世界经济增长所起的作用越来越显著。中国对全球 GDP 增量的年贡献率，近年来稳定地保持在 30% 以上的水平。从维护世界和平方面看，发展中国家的作用也越来越大。目前中国是联合国安理会常任理事国中派遣维和军事人员最多的国家，也是缴纳维和摊款最多的发展中国家。

根据我们这一文库中相关专著的乐观估算，到 2050 年，亚非拉发展中国家将整体地得到进一步发展，按目前标准界定的贫困国家将基本不复存在，全球将进入到一个没有绝对贫困的时代。这当然是好消息，是人类发展的福音。但新兴市场国家，以及其他发展中国家目前尚存在一些问题，譬如有些国家的经济增长仍然主要是依靠出卖自然资源，有的国家和区域长期处于政治、社会动荡之中，有些国家仍然面临着比较大的环境和气候变化压力，等等。对于有些国家、区域而言，进一步的可持续发展仍然具有一定的不确定性。

另一类现象是，全球性的问题不是越来越少了，而是越来越多了；不是越来越简单了，而是越来越复杂了。其中一个十分重要的问题就是，全球化遇到了前所未有的挑战，抵制和反对全球化的力量变得比较强大，表现形式也多种多样——有的大搞贸易保护主义，甚至不惜发动贸易战；有的反对产业全球化布局；有的抵制和歧视外来移民，不一而论。

反全球化浪潮大、维持时间长，将十分不利于新兴市场国家和发展中国家的进一步发展，以上所提到的乐观前景就会出现更大的不确定性，因为全球化对促进发展中国家的加速发展具有十分重要的意义。如果把握得好，发展中国家可以利用全球化力量，通过发挥“后发优势”和“比较优势”，实现积极的跨越式发展。

此外，地区冲突、国际恐怖主义、国际安全、难民、气候变化等全球性问题越来越严峻。更重要的问题在于，为解决这些全球性问题所构建的全球治理体系有一些先天的缺陷——比如发展中国家由于其代表性和参与度不够，一般就很难平等地参与全球治理过程，导致目前的全球治理体系并不是一个共治的体系——加上有些发达国家开始采取了以自我优先发展为中心的发展战略，减少了对全球治理的投入和责任，从而使本来就处于全球治理“赤字”状态的情况变得愈加严重。如果这一问题得不到及时解决，全球发展特别是新兴市场和发展中国家的进一步发展会受到制约。

中国是一个发展中国家，属于发展中国家中发展得比较快和比较好的一个国家，也是一个新兴市场国家。改革开放以来，中国始终坚持从自身国情出发，探索出中国特色社会主义发展道路：坚持党的领导、人民当家做主、依法治国三者有机统一；协调和处理好改革、发展、稳定三者之间的关系；积极推动，形成全面开放新格局和构建人类命运共同体。这些基本经验可供其他新兴市场国家，以及一些发展中国家参考，但每个国家都有很不相同的历史文化渊源，加上资源禀赋、经济发展基础、社会发展水平等差异巨大，因此关键在于探索适合自己的发展道路。中国从来就不主张输出自己的发展模式；客观地讲，如果机械地学中国的发展模式，也是很难学成的。中国的发展模式的价值与意义更多的是为其他国家提供新发展道路与新发展模式的参考，其他国家可以从中借鉴与自身发展相关的某些经验教训，而不应是机械地照搬。我们编辑出版这一文库的一个重要目的，就在于通过比较亚非拉新兴市场国家和发展中国家的经验教训，探索其未来发展的道路，努力避免和克服以上提到的种种问题，力争实现美好前景。

经过改革开放40年的发展，中国积累了一定的物质财富与制度财富，希望为更好地解决目前我们所面临的一些全球化问题做出自己的贡献。为此，中国适应时代发展需要，适时地提出了与世界各国共建“一带一路”的倡议，得到了许多国家和国际组织的积极响应；经过五年的努力，一批相关建设项目已经取得了初步成效。“一带一路”倡议的核心在于构建一个新的国际合作平台，也就是“一带一路”国际合作平台，以促进更好的国际合作和共同发展；“一带一路”倡议的基本理念在于共商共建共享；“一带一路”建设的重点在于构建更好的、以基础设施建设为主要内容的全球互联互通网络体系，同时提供更多、更好的全球公共产品，改进全球治理体系，提高全球治理效率；“一带一路”建设的最终目的在于共同构建人类命运共同体，把我们共同的世界建设成为一个持久和平、普遍安全、共同繁荣、开放包容、清洁美丽的世界。因此我们编辑出版这一文库的另一个重要目的，就是为了更好地交流和探讨与“一带一路”倡议和“一带一路”建设相关的重大问题，为促进“一带一路”发展提供智力支撑，通过推动共建“一带一路”而为更好地应对目前我们所面临的全球性挑战做出我们的贡献。

这一文库的出版，得到了北京师范大学校领导的直接指导与支持，中国大百科全书出版社的领导特别是社科学术分社的各位编辑做了大量工作。对此，我们表示最衷心的感谢！希望我们的共同努力对促进“一带一路”和新兴市场的理论创新与务实合作会起到一定的积极作用。

胡必亮

2018年4月6日

序

Preface

25 年前，也就是 1997 年 7 月，我受邀加入法国兴业银行的全球新兴市场（Global Emerging Markets）研究团队和法国兴业投资银行的亚洲研究团队。作为首席中国经济学家，我的主要任务就是参与撰写刊登于《未来一周的全球新兴市场》(*GEMs Week Ahead*）周刊、《中国视野》(*China Scope*）双月刊、《亚洲基本面》(*Fundamental Asia*）季刊等几个刊物的系列研究报告中与中国宏观经济相关的内容，并根据客户需求去欧美一些主要的金融中心做路演，讲解中国的宏观经济形势及其变化并回答客户关心的问题，目的就是为公司客户提供投资研究服务。

当时法国兴业银行是把中国作为新兴市场国家来看待的，这就是聘我去做中国宏观经济研究的直接原因。除了中国外，法国兴业银行当时确定的新兴市场国家还包括亚洲地区的韩国、马来西亚、印度尼西亚、菲律宾、泰国、印度和拉丁美洲地区的巴西、阿根廷、智利、墨西哥、哥伦比亚、秘鲁、委内瑞拉以及欧洲、中东、非洲（EMEA）地区的希腊、波兰、匈牙利、捷克、罗马尼亚、土耳其、俄罗斯、以色列、南非、埃及，共24个国家，但有时也会根据客户需要，研究和探讨巴基斯坦、摩洛哥、黎巴嫩等国的经济与投资问题。由于银行关心的主要是资本市场的投资问题，而那时中国的资本市场尚未对外开放，因此我的角色并不太重要。但我有机会比较深度地参与到了与新兴市场相关的宏观研究、市场路演、公司调研、企业融资等活动中，对全球新兴市场有了一些理解，也从资本市场和新兴市场的视角对自己的国家有了一些新的认知。

2010年7月，我到北京师范大学任教后不久，当年在法国兴业投资银行亚洲研究部工作时我的老板、亚洲区首席经济学家Bhaskaran先生来北京。他告诉我，几位曾在世界银行、国际货币基金组织、亚洲开发银行、拉美开发银行、欧亚开发银行担任过要职的专家组织了一个全球性的专业智库——新兴市场论坛，专注于为亚非拉新兴市场国家政府提供决策支持，希望我能参与其中。鉴于与新兴市场研究相关的4年经历，加上更早前在世界银行工作近3年的经历，我就答应了他的邀请。于是，我很快就被新兴市场论坛介绍到非洲、拉美、中亚地区的一些国家参加一些政策研讨活动，介绍中国的改革与经济发展情况与基本经验，同时与这些国家政府官员的交流加深了我对新兴市场国家的认识。我再次有机会从国家层面实地调研一些新兴市场国家，并从中了解到一些与新兴市场国家运作相关的现实情况。

2011年11月24日，时任外交部长杨洁篪到北师大为中央和国家机关司局级干部选学课堂授课，主讲“当前国际形势”，我现场聆听了他的授课。他把当时的国际形势概括为“四个一”：一场动荡，指当时发生在突尼斯、埃及、也门、利比亚、叙利亚等中东国家的动荡；一场危机，指当时发生在欧洲的主权债务危机；一股力量，指当时新兴市场国家和发展中国家快速崛起而成为拉动世界经济增长的主要力量，因为当时全球经济增量超过 60% 的贡献来自新兴市场国家，如果加上其他发展中国家，增量的贡献当时就已超过 3/4；一大调整，指当时美国的战略调整，加大对亚太地区的战略关注与投入。由于以前的相关经历，我高度认同他当时对新兴市场国家因其快速崛起而形成一股新力量的战略判断。他当时在演讲中还特别提到，非洲国家的领导人绝大多数都是在英美留学的，都是由英美培养出来的，因此我们必须加强国际教育工作，提高我国的软实力。对此我也感同身受，因为我到非洲参加论坛时，坐在我前后左右的一些非洲政府高官，基本上也都是这样的情况。

此后不久，学校批准了我早前提出成立新兴市场研究院的申请，并将研究院定位于主要做两件事：一是举办国际教育项目，二是开展新兴市场研究。在商务部和教育部的指导和支持下，新兴市场研究院从 2014 年 9 月开始承办“发展中国家硕士项目”，为新兴市场国家和发展中国家培养人才，目前已培养来自 70 多个国家的约 300 名政府部门的中层干部；在研究方面，已出版与亚非拉新兴市场国家相关著作 10 多部，并从 2015 年开始每年举办新兴市场论坛，对全球新兴市场国家的主要问题与发展政策展开研讨。

2017 年 9 月 5 日，在金砖国家领导人厦门会晤期间，习近平主席主持召开了新兴市场国家与发展中国家对话会，发表了《深化互利合作，促进共同发展》重要讲话，14 次提到“新兴市场国家和发展中国家”概念。这说明习近平主席十分重视新兴市场问题，尤其重视如何深化中国与新兴市场国家和发展中国家之间的互利合作问题。我们究竟应该如何完整、准确地理解习近平主席提出的“新兴市场国家和发展中国家”概念以及他在讲话中强调指出的“新兴市场国家和发展中国家代表着世界发展的未来”，如何客观地分析和研究他在讲话中提出的共同构建开放型世界经济、如何共同落实 2030 年可持续发展议程、如何抓住世界经济结构调整历史机遇而实现“弯道超车”、如何共同建设广泛的发展伙伴关系，这些都需要我们做出更加有深度的调查研究和理论分析。

以习近平主席的这次重要讲话为指引，我和我的研究团队开始了新一轮关于新兴市场的研究工作，并把研究工作的重点放在理论创新上，于 2018 年在《中国社会科学》杂志上发表了《新兴市场国家的综合测度与发展前景》等新的探索性研究成果。为了把新兴市场问题研究引向深入，除了发表论文外，我们也策划编写了一些更加有深度的专著,《新兴市场 30 国：综合发展水平测算、排序与评估》就是其中的一本。

作为本书的策划者以及作者之一，当我认真地阅读完定稿后，强烈地感觉到还有很多话要说，还有很多背后的故事需要讲，否则就感到很不完整。因此在本书稿付梓之际，我将其中的一些我认为比较重要的相关往事写下来，希望对读者理解新兴市场这一问题的重要性以及对理解这本书的内容有所裨益。

是为序。

胡必亮

2022 年 2 月 16 日

目录

Contents

第一章

总论：新兴市场 30 国综合发展水平测算与总体评估[①]

胡必亮　刘清杰

一、引言

“新兴市场”概念由世界银行经济学家安东尼·范·阿格塔米尔（Antoine Van Agtmael）于 1981 年首次提出，用于识别那些发展中国家中具有进步、发展与活力特征的经济体，目的是引导国际资本对这些经济体进行投资（方晋等，2012）。随后，一些研究开始从不同角度对新兴市场经济体进行界定（IMF, 2004；Kvint, 2009；张宇燕、田丰，2010），但缺乏综合性指标体系对新兴市场经济体进行甄别和测度，仅从引导投资方向的角度定义新兴市场。

针对上述问题，胡必亮等（2018）从发展中国家的历史经验和现实情况出发，构建了一套综合性的指标体系，根据所选指标的具体数据，采用 5 级分类法 / 比较分析法和科学归纳法确定单项指标达标者，然后采用非劣解集交集法，对各项指标的达标者（非劣解集）

① 本章是研究项目的总报告，反映出本课题组所有成员的一些基本思想，吴舒钰、刘敏、陈志华、任德孝、刘倩、张坤领（按本书各章作者顺序排名）对这一总报告也有一定贡献，诚表谢意！

取交集，从数据比较完整的 183 个国家中遴选出符合要求的 30 个新兴市场国家（简称 E30），基本上是目前世界上发展得比较好的一批发展中国家，包括亚洲的 13 个国家（中国、印度、印度尼西亚、伊朗、哈萨克斯坦、马来西亚、巴基斯坦、菲律宾、沙特阿拉伯、泰国、土耳其、乌兹别克斯坦、越南）、拉丁美洲的 9 个国家（阿根廷、巴西、智利、哥伦比亚、多米尼加、厄瓜多尔、危地马拉、墨西哥、秘鲁）、非洲的 5 个国家（埃及、加纳、摩洛哥、南非、突尼斯）、欧洲的 3 个国家（波兰、罗马尼亚、俄罗斯）。

根据世界银行的统计，2020 年这 30 个国家的人口总数为 48.20 亿人，占世界总人口的 62.17%①；土地面积 6 070.88 万平方千米，占世界土地总面积的 46.72%②；国内生产总值（GDP）为 29.08 万亿美元，占世界国内生产总值总量的 34.33%③。这意味着 30 个新兴市场国家占世界 2/3 的人口在占世界近 1/2 的土地上创造了占世界 1/3 的财富。这一方面反映出新兴市场国家总体经济实力不强，另一方面也说明这些国家经济发展潜力较大。在胡必亮等（2018）研究的基础上，本研究将对 30 个新兴市场国家的综合发展水平进行测算，并基于测算结果进行总体评估，分析这些国家发展过程中存在的主要问题，并提出初步的政策建议。

二、新兴市场30国综合发展水平评价指标体系

与增长相比，发展具有全面性和综合性特征，不仅包括增长的

① 数据来源：https://data.worldbank.org.cn/indicator/SP.POP.TOTL? view=chart
② 数据来源：https://data.worldbank.org.cn/indicator/AG.LND.TOTL.K2
③ 数据来源：https://data.worldbank.org.cn/indicator/NY.GDP.MKTP.CD

内容，也包括其他方面的内容。一般而言，发展相对较好的发展中国家主要在8个方面表现出良好的特征：（1）经济发展得更好。在经济增长速度、经济总量、国民富裕程度等方面均表现出更好的发展态势。（2）国家治理水平相对较高。政治环境相对稳定、政府效率相对更高、法律制度相对更完善、腐败控制能力相对更强等。（3）资源禀赋相对更加充裕。拥有更多的耕地、水资源和化石能源储备。（4）生态环境和环境保护状况更好。（5）具有更高的社会发展水平。国民生活品质与健康状况良好、平均受教育年限较长、劳动者的就业率较高。（6）具有相对好的营商环境。政府对企业能够提供较好的服务、企业投融资相关法律法规健全。（7）国家的工业化发展程度较高，城乡结构更合理。（8）人口、土地等规模相对更大，有利于形成经济发展的规模效应。

基于上述判断，本研究构建了一套能够反映新兴市场国家综合发展水平的指标体系。在指标体系构建过程中，遵循全面性、系统性、可行性原则。选择经济发展、国家治理、资源禀赋、环境保护、社会发展、营商环境、结构转型、规模效应维度的8项一级指标和23项二级指标，每项指标按照其所包含类型的层次从高到低设定为二元或多元定序变量。

第一维度：经济发展。经济发展水平是决定新兴市场国家综合发展水平的基础。本研究从经济规模、人均国内生产总值和经济增速3个角度衡量新兴市场国家的经济发展水平。（1）国内生产总值代表经济发展规模，反映一国范围内所创造的经济价值总和，即整体经济实力；（2）用国内生产总值除以人口总数，就得到人均国内生产总值，它代表一个国家国民的富裕程度和生活水准；（3）以国内生产总值年实际增长率反映新兴市场国家的经济增速，该指标能够较好地反映一国的实际经济增长水平。3 项指标的数据均来自世界银行 WDI 数据库[①]。

第二维度：国家治理。制度不断改进是促进新兴市场国家经济不断发展的重要因素。很多国家的经济发展实践表明，制度调整与改进决定着国家经济增长与结构优化的长期趋势。本研究使用世界银行发布的全球治理指标（WGI）[②]衡量新兴市场国家的治理水平。全球治理指标的 6 项指标分别是政治稳定（包括政府稳定）、政府效率（政府制定和执行政策的能力、政府提供公共服务的质量、政府的可信度等）、反馈问责（公民在国家决策过程中的参与度、言论和新闻自由度等）、规制安排（政府为促进发展而制定和执行规则的各种安排）、法律质量（契约执行、产权、警察和法院质量等）和腐败控制（公共权力监督、各种腐败行为的管控等）。

第三维度：资源禀赋。耕地资源、淡水资源和化石能源资源作为国家战略性自然资源，不仅直接关系到国计民生，也对促进国家对外的双边和多边经济合作具有重要意义。本研究选择人均耕地（包括种植农作物的土地、放牧用的草场、种植蔬菜用地）面积、人均水资源（指可再生内陆淡水资源）和人均化石能源（指煤炭、石油、天然气的产量）3 项指标反映新兴市场国家的资源禀赋状况，并进一步分析其利用情况。对于新兴市场国家而言，首先，耕地资源对于一国的经济发展具有重要意义，充裕的耕地资源是实现国家粮食安全的基本保障，也是一国经济腾飞的基础。其次，一切社会和经济活动都依赖淡水的供应量和质量，随着人口增长和经济发展，许多国家陷入缺水的困境，水资源是否充沛直接影响国民基本生活

① 世界银行 WDI 数据库：https://data.worldbank.org.cn/indicator/

② 全球治理指标：http://info.worldbank.org/governance/wgi/index.aspx#home

和工农业生产。最后，新兴市场国家正在逐渐成为世界化石能源的生产和消费中心，有相当一部分国家的经济发展主要依赖化石能源出口，因此化石能源也直接影响这些国家的未来发展前景。人均耕地面积和人均水资源数据来自世界银行WDI数据库，人均化石能源数据来自历年《BP世界能源统计年鉴》①。

第四维度：环境保护。环境保护是促进可持续发展的重要组成部分，但新兴市场国家在大力促进其经济发展过程中很容易出现的一个问题是在追求高速经济增长的同时忽视环境保护。本研究以人均二氧化碳排放量和自然资源租金占国内生产总值比重两项指标反映新兴市场国家发展过程中的环境保护情况，从而评估其绿色发展水平。二氧化碳排放量是化石燃料在燃烧过程中产生的排放，包括消费固态、液态和气态燃料及天然气燃烧时产生的二氧化碳。自然资源租金总额通常是指石油租金、天然气租金、煤炭（硬煤和软煤）租金、矿产租金和森林租金之和。对各种自然资源的开发利用，可以获得一定的经济增长，因此自然资源租金占GDP的比重就反映出一个国家的经济发展对自然资源开发利用的依赖程度。关于环境保护的两项指标的数据均来自世界银行WDI数据库。

第五维度：社会发展。本研究选择出生人口平均预期寿命、受教育年限、失业率和女性劳动力占比（女性劳动力在总劳动力中所占的比例）4项指标反映新兴市场国家的健康、教育、就业等社会发展情况，这一系列指标主要用于衡量一国居民的健康状况、人力资本水平、国民经济收入来源与水平、性别平等程度及社会进步情况。预期寿命、失业率和女性劳动力占比数据来自世界银行WDI数据库，

① 《BP世界能源统计年鉴》：https://www.bp.com/zh_cn/china/home/news/reports.html。

受教育年限数据来自联合国开发计划署的《人类发展报告》。

第六维度：营商环境。营商环境是衡量国家或地区经济发展环境优劣的重要指标，直接影响外商投资和经济增长，对新兴市场国家意义重大。本研究利用世界银行发布的企业营商环境指数评估新兴市场国家的营商环境[①]。这一指数包含两方面指标：一方面是衡量政府对企业提供服务的有效性，主要包括开办企业、办理施工许可、获得电力、登记财产、交税和跨境贸易的便利程度；另一方面是衡量各国企业在其发展过程中所受到的制度与法律保护程度，包括获得信贷、投资者保护、合同执行、破产办理、工人雇佣等各方面的法律法规框架的健全程度。

第七维度：结构转型。结构转型通常是指一国或地区的生产资源或要素逐渐由农业领域转移到工业或服务业领域，或者从传统经济领域转移到现代经济领域的过程（Alvarez-Cuadrado 等，2011；Herrendorf 等，2014）。结构转型是一国经济发展的重要表现，可以更好地反映新兴市场国家经济崛起背后的长期发展潜力和方向。本研究选取城镇化率（一国城镇人口占其总人口的比重）和制造业（按国际标准产业分类 ISIC 中第 15—37 类的产业）增加值占国内生产总值比重两项指标评估新兴市场国家的结构变化与转型情况。其中前者用于评估城乡结构变化，后者用于衡量工业化发展程度。两项指标的数据均来自世界银行 WDI 数据库。

第八维度：规模效应。规模是参与全球竞争的基础，足够的规模才有足够的容错能力和更大的发展潜力。不同规模的国家发展路径和战略存在差异，发展的效应也不同。本研究以人口规模和土地规模

① 数据来源：https://www.doingbusiness.org/en/data

分别评估新兴市场国家的消费和劳动力市场情况，以及经济发展的规模效应。数据均来自世界银行 WDI 数据库。

基于以上 8 个维度，本研究构建具有双层结构的评估模型反映新兴市场国家综合发展所包含的主要方面。这一双层结构评估模型包含 8 项一级指标、23 项二级指标，由此得到一套关于新兴市场国家综合发展水平的评估结构及其指标体系，并在此基础上构建起相应的评估模型。

三、 新兴市场国家综合发展指数评估模型

本研究采用由低到高逐层加权平均的定量方法计算新兴市场 30 国综合发展水平，即综合发展指数。该指数由 8 项一级指标得分等权平均得到，每项一级指标的发展水平得分由隶属该一级指标的所有二级指标通过等权平均得到，二级指标的得分则源于这项指标的实际统计数据。其中，对二级指标的评分基于指标含义而定，本研究构建的指标体系中含有两类指标：一类是正向指标，数值越大，反映出一国发展水平越高，这类指标在本研究构建的指标体系中最多，例如，“国内生产总值总量”“人均国内生产总值”“城镇化率”等，共有 20 项。设定这类指标的数值越大，评估得分越高。另一类是负向指标，即数值越大，表明一国发展水平越低，这种类型有“失业率”“人均二氧化碳排放量”“自然资源租金占国内生产总值比重”3 项二级指标。设定这类指标的数值越小，评估得分越高。

具体来看，本研究对新兴市场国家综合发展水平的测算与排序是在原始数据矩阵（DATA）的基础上构建评分矩阵（SCORE），进

一步得到排序矩阵（RANK）。其中，原始数据矩阵共有 30 行和 23 列，设定其元素为 X_{ij}。X_{ij} 表示第 i 个国家（i = 1,⋯,30）对应第 j 项二级指标（j = 1,⋯,23）的原始数据。在原始数据矩阵的基础上构建二级指标评分矩阵（$SCORE^{(2)}$），加权得到一级指标评分矩阵（$SCORE^{(1)}$），最终测算得到综合评分矩阵（SCORE）。其中二级指标评分矩阵共有 30 行和 23 列，其元素是$S_{ij}^{(2)}$。$S_{ij}^{(2)}$表示第 i 个国家（i = 1,⋯,30）对应第 j 项二级指标（j = 1,⋯,23）的评分结果。对于正向指标，评估得分的具体计算公式为：

$$S_{ij}^{(2)} = \frac{X_{ij} - \min\limits_{i=1,..,n}\{X_{ij}\}}{\max\limits_{i=1,..,n}\{X_{ij}\} - \min\limits_{i=1,..,n}\{X_{ij}\}} \times 30 + 70$$

对于负向指标，评估得分的具体计算公式为：

$$S_{ij}^{(2)} = \frac{\max\limits_{i=1,..,n}\{X_{ij}\} - X_{ij}}{\max\limits_{i=1,..,n}\{X_{ij}\} - \min\limits_{i=1,..,n}\{X_{ij}\}} \times 30 + 70$$

这里使用面板归一化方法，即最小值和最大值的取值均在研究区间内，从而使不同年份的得分结果可比。

在二级指标评分矩阵的基础上，构建一级指标评分矩阵。一级指标评分矩阵共有 30 行 8 列，其元素是$S_{ij}^{(1)}$。$S_{ij}^{(1)}$表示第 i 个国家（i = 1,⋯,30）对应第 j 项一级指标（j=1,⋯,8）的评分结果。假设二级指标评分矩阵的第 m 列到第 s 列是属于第 j 项一级指标，设第 p 列（m ≤ p ≤ s）的权重为$W_p^{(2)} \geqslant 0$。那么，$S_{ij}^{(1)}$是由所有二级指标加权所得，即，$S_{ij}^{(1)} = \sum_{p=m}^{s}\left(S_{ij}^{(2)} \cdot w_p^{(2)}\right) / \sum_{p=m}^{s} w_p^{(2)}$。这里设定$W_p^{(2)} = 1$。

根据一级指标评分矩阵，构建出综合发展指数评分矩阵。这一矩阵共有 30 行 1 列，其元素是 S_i。S_i 表示第 i 个国家（i = 1,⋯,30）对应的综合发展得分。假设第 j 项一级指标（j = 1,⋯,8）的权重为 $W_j^{(1)} \geqslant 0$。那么，S_i 是由 8 个一级指标得分加权得到，即，$S_i = \sum_{j=1}^{8} (S_{ij}^{(1)} \cdot w_j^{(1)}) / \sum_{j=1}^{8} w_j^{(1)}$。这里设定 $W_j^{(2)} = 1$。

同样采取逆序方法，基于二级指标得分矩阵，构建出对应的二级指标（$RANK^{(2)}$）排序矩阵。二级指标矩阵的元素 $R_{ij}^{(2)}$ 表示第 i 个国家（i = 1,⋯,30）对应第 j 项二级指标（j = 1,⋯,23）的排序结果。

$$R_{ij}^{(2)} = \text{Rank}\left\{ S_{ij}^{(2)} \middle| \left[S_{ij}^{(2)} \right]_{i=1,\ldots,30} \right\}，\text{并且有 } 1 \leqslant R_{ij}^{(2)} \leqslant 30$$

根据一级指标评分矩阵，构建出一级指标排序矩阵（$RANK^{(1)}$），其包含的元素是 $R_{ij}^{(1)}$，表示第 i 个国家（i = 1,⋯,30）对应第 j 项一级指标（j = 1,⋯,8）的排序结果。

$$R_{ij}^{(1)} = \text{Rank}\left\{ S_{ij}^{(1)} \middle| \left[S_{ij}^{(1)} \right]_{i=1,\ldots,30} \right\}，\text{并且有 } 1 \leqslant R_{ij}^{(1)} \leqslant 30$$

根据评分矩阵，构建排序矩阵，设定其元素是 R_i，表示第 i 个国家（i=1,⋯,30）综合发展水平排序情况，$R_i = \text{Rank}\{ S_i | [S_i]_{i=1,\cdots,30} \}$，并且有 $1 \leqslant R_i \leqslant 30$。$R_i = 1$ 表示 i 国的综合发展水平在 30 个新兴市场国家中得分最高，排名首位；$R_i = 30$ 表示 i 国的综合发展水平得分最低，排名末位。

结合上述模型，本研究对新兴市场 30 国的综合发展水平进行测算排序与评估，在测算过程中本研究采用相等权重的确权方法，具体指标及权重设置如表 1–1 所示。

表 1-1　新兴市场国家综合发展指标及权重

一级指标（权重）	二级指标	权重
经济发展（0.125）	GDP总量	0.041 7
	人均GDP	0.041 7
	GDP增速	0.041 7
国家治理（0.125）	反馈问责	0.020 8
	政治稳定	0.020 8
	政府效率	0.020 8
	规制质量	0.020 8
	法律质量	0.020 8
	腐败控制	0.020 8
资源禀赋（0.125）	人均耕地面积	0.041 7
	人均可利用淡水资源	0.041 7
	人均化石能源产量	0.041 7
环境保护（0.125）	人均二氧化碳排放量	0.062 5
	自然资源租金总额占GDP比重	0.062 5
社会发展（0.125）	出生人口平均预期寿命	0.031 3
	平均受教育年限	0.031 3
	失业率	0.031 3
	女性劳动力占比	0.031 3
营商环境（0.125）	营商环境指数	0.125 0
结构转型（0.125）	城镇化率	0.062 5
	制造业增加值占GDP的比重	0.062 5
规模效应（0.125）	人口规模	0.062 5
	土地面积	0.062 5

在数据处理方面，主要使用 2013—2017 年的实际统计数据，对于个别国家缺失个别年份数据的情况，使用线性插值估算系列中的缺失值，即根据过去可得的连续 3 年的数据，求得一个平均值，再

以此平均值代表当年缺失的数值。序列开头或结尾的缺失值则使用相近的数值来替代，即在一个序列的开头丢失数据的情况下向后沿用一个值，在一个序列的结尾丢失数据的情况下向前沿用一个值。

四、新兴市场30国综合发展水平测算结果与分析

结合本研究构建的双层评估模型，运用世界银行、联合国系统等权威国际组织提供的相关统计数据，测算 2013—2017 年新兴市场 30 国的综合发展水平的平均得分及排序，以及经济、社会、治理、环境等 8 个主要发展维度的分项发展水平的 5 年平均得分及排序情况（见表 1–2）。

表 1–2　新兴市场 30 国综合发展水平得分及排序

国家	综合发展		分项发展水平得分情况							
	排序	得分	经济发展	国家治理	资源禀赋	环境保护	社会发展	营商环境	结构转型	规模效应
中国	1	86.94	88.03	81.94	71.45	93.90	91.82	84.31	90.67	93.42
智利	2	86.71	79.26	97.76	79.54	92.59	94.30	92.80	86.70	70.72
马来西亚	3	86.20	79.17	90.43	75.03	91.61	92.90	99.39	90.58	70.48
俄罗斯	4	86.00	78.04	79.00	84.52	87.24	94.99	92.46	85.32	86.46
波兰	5	85.86	79.54	94.53	72.49	94.18	96.06	95.68	83.82	70.54
秘鲁	6	85.02	76.49	84.38	80.58	96.34	93.50	91.21	86.28	71.36
罗马尼亚	7	84.60	78.52	88.10	73.22	97.34	94.13	90.76	84.49	70.27
哥伦比亚	8	84.36	76.59	84.13	79.52	97.36	90.14	90.30	85.41	71.39
墨西哥	9	84.29	77.99	83.78	72.19	96.09	91.35	92.30	87.59	73.00

（续表）

国家	综合发展		分项发展水平得分情况							
	排序	得分	经济发展	国家治理	资源禀赋	环境保护	社会发展	营商环境	结构转型	规模效应
巴西	10	84.21	77.34	85.04	77.61	97.24	89.86	79.79	87.02	79.77
泰国	11	84.10	76.09	83.58	72.28	96.17	92.85	93.96	86.82	71.06
阿根廷	12	83.84	78.00	83.86	77.09	96.10	92.61	79.85	90.41	72.83
土耳其	13	83.57	80.66	83.80	72.03	96.88	87.48	89.68	86.63	71.40
哈萨克斯坦	14	82.93	78.20	81.11	84.48	83.80	95.14	88.95	79.25	72.51
印度尼西亚	15	82.71	76.80	83.71	72.54	97.62	88.18	83.99	84.51	74.32
多米尼加	16	82.46	77.98	83.48	70.71	98.22	89.24	83.28	86.80	70.00
印度	17	81.89	78.40	84.10	70.88	98.36	82.97	76.99	76.55	86.84
突尼斯	18	81.81	74.39	83.92	71.55	97.25	84.09	88.16	84.99	70.11
南非	19	81.74	75.25	88.36	72.57	91.62	83.11	89.01	82.40	71.56
菲律宾	20	81.73	76.86	83.50	71.05	99.04	90.01	78.99	83.19	71.23
越南	21	81.58	76.24	81.99	71.24	97.71	93.92	84.09	76.30	71.15
摩洛哥	22	81.56	74.88	83.38	71.38	98.42	83.54	87.49	82.79	70.63
沙特阿拉伯	23	81.53	82.81	83.63	80.28	75.06	86.45	85.28	86.53	72.16
厄瓜多尔	24	81.52	75.40	80.20	76.23	95.77	91.97	80.44	81.89	70.25
危地马拉	25	81.18	75.35	79.70	71.44	98.89	87.41	84.73	81.83	70.12
加纳	26	80.45	75.26	86.32	71.06	95.86	86.40	82.67	75.71	70.35
乌兹别克斯坦	27	79.85	76.75	74.31	71.53	93.01	92.96	77.71	81.93	70.58
伊朗	28	79.50	76.57	76.71	73.40	87.12	86.02	79.30	84.66	72.20
埃及	29	79.03	75.24	76.96	70.40	96.64	82.57	80.25	78.38	71.78
巴基斯坦	30	78.34	75.29	75.94	70.93	99.33	81.03	76.18	75.39	72.62

注：根据新兴市场 30 国综合发展指标体系测算。

根据本研究的测算结果，新兴市场 30 国中综合发展水平较高的 10 个国家是中国、智利、马来西亚、俄罗斯、波兰、秘鲁、罗马尼亚、哥伦比亚、墨西哥、巴西，综合发展水平较低的 10 个国家分别是巴基斯坦、埃及、伊朗、乌兹别克斯坦、加纳、危地马拉、厄瓜多尔、沙特阿拉伯、摩洛哥、越南，泰国、阿根廷、土耳其等 10 个国家处于发展水平的中间状态。

从区域分布看，欧洲的俄罗斯、波兰和罗马尼亚综合发展排名比较靠前，分别居新兴市场 30 国中的第 4、5、7 位；而非洲的突尼斯、南非、摩洛哥、加纳、埃及 5 个国家综合发展排名比较靠后，分别位于新兴市场 30 国中的第 18、19、22、26 和 29 位；亚洲和拉丁美洲的新兴市场国家综合发展排名比较分散，有排列在前 3 位的中国、智利和马来西亚等国，也有排在后 10 位的巴基斯坦、伊朗、危地马拉等国。从综合发展指数得分看，新兴市场 30 国综合发展水平平均得分为 82.85。14 个国家综合发展得分高于平均水平，其中中国得分最高，为 86.94，其次是智利和马来西亚，分别得分 86.71 和 86.20。巴基斯坦得分最低，为 78.34，其次是埃及和伊朗，分别得分 79.03 和 79.50。从资源禀赋得分看，中国的得分为 71.45，俄罗斯得分为 84.52，沙特阿拉伯得分为 80.28。

五、新兴市场30国发展的主要特征与存在的问题

通过上述测算结果与具体指标分析，可以发现新兴市场 30 国的一些特征，同时也发现这些国家目前存在的主要问题。

（一）主要特征

1. 亚洲新兴市场国家成为驱动全球新兴市场经济增长的重要引擎，中国引领作用凸显

本研究将新兴市场 30 国按亚洲、非洲、欧洲和拉丁美洲进行区域划分，经济发展指数比较高的国家大多分布在亚洲和欧洲，而拉丁美洲和非洲国家的经济发展排名比较靠后。在经济发展排名前 5 位的新兴市场国家中，中国因其较高的经济总量、较快的经济增速，居新兴市场 30 国首位；沙特阿拉伯和土耳其紧随其后，排名第 2 位、第 3 位，但其综合发展分别位居第 23 位和第 13 位，尤其是沙特阿拉伯因环境保护、社会发展等因素使其综合水平排名比较靠后。除这三个国家外，经济发展排名前 5 位波兰和智利在综合发展的排名也在前 5 位。经济发展指数排名最为靠后的新兴市场国家主要集中在拉丁美洲和非洲，这些国家大多是经济总量较低且经济增速不高，包括加纳、埃及、危地马拉、突尼斯、厄瓜多尔（见表 1–3）。

表 1–3　新兴市场 30 国综合发展和经济发展排名分区域对比

区域	国别	综合发展排名	经济发展排名	区域	国别	综合发展排名	经济发展排名
亚洲	中国	1	1	欧洲	波兰	5	4
	沙特阿拉伯	23	2		罗马尼亚	7	7
	土耳其	13	3		俄罗斯	4	10

（续表）

区域	国别	综合发展排名	经济发展排名	区域	国别	综合发展排名	经济发展排名
	马来西亚	3	6	拉丁美洲	智利	2	5
	印度	17	8		阿根廷	12	11
	哈萨克斯坦	14	9		墨西哥	9	12
	菲律宾	20	15		多米尼加	16	13
	印度尼西亚	15	16		巴西	10	14
	乌兹别克斯坦	27	17		哥伦比亚	8	18
	伊朗	28	19		秘鲁	6	20
	越南	21	21		厄瓜多尔	24	23
	泰国	11	22		危地马拉	25	24
	巴基斯坦	30	25				
非洲	加纳	26	26				
	南非	19	27				
	埃及	29	28				
	摩洛哥	22	29				
	突尼斯	18	30				

注：根据本研究构建的新兴市场30国综合发展指标体系测算。

2020年新兴市场30国中亚洲国家经济总量为21.98万亿美元，占新兴市场30国国内生产总值的比重高达75.58%，这一比重相比1990年的44.06%，提高了31.52个百分点。而新兴市场30国中拉美国家所占份额则从1990年的30.62%降至2020年的13.36%，下降了17.26个百分点。同样，欧洲的新兴市场国家经济份额也出现较大幅度的下降，从 1990 年的 19% 下降到 2020 年的 8%，下降了 11 个百分点。总体上，亚洲和拉丁美洲新兴市场国家经济总量在新兴市场 30 国中的比重变化呈现“剪刀差”的发展趋势。1990 年之后，亚洲地区新兴市场国家经济总量比重不断上升，拉丁美洲和欧洲经济贡献不断下降，亚洲逐渐成为驱动新兴市场国家发展最强劲的动力（见图 1–1）。

在亚洲的新兴市场国家中，中国、印度、土耳其、印度尼西亚和沙特阿拉伯是经济总量最大的 5 个国家，2020 年合计贡献了亚洲新兴市场国家经济总量的 90.20%。在这 5 个国家中，经济体量最大的中国和印度也实现了最快和最稳定的经济增长，2000—2019 年，这两个国家从未出现负增长，且平均经济增速分别高达 9.01% 和 6.47%。受全球疫情影响，2020 年世界经济萎缩了 3.5%，印度经济出现更大幅度的下降，从 2019 年增长 4.04% 到 2020 年 –7.96%（见图 1–2）。虽然中国也受到疫情影响，但经济增速仅从 2019 年的 5.95% 放缓到 2.3%，仍然保持一定水平的经济增长，也成为驱动世界经济增长最重要的引擎。

2. 新兴市场国家在能源生产和消费方面的集中度高，能源合作前景广阔

根据美国能源情报署（EIA）发布的《国际能源展望》（IEO, 2011）预测，到 2035 年化石燃料仍将占世界能源消费量的 78%。虽然未来可再生能源将是一次能源中增长最快的能源，但是化石燃料将继续占能源总量的主导地位。到 2035 年，世界能源消费量将增加 53%，中国和印度将占总增长量的一半。《BP 世界能源统计年鉴（2021）》数据显示，在后疫情时代经济复苏利好的驱动下，2020 年中国的一次能源需求增长 2.1%，是当年少数几个能源需求仍保持增长的国家之一。

新兴市场国家在全球能源市场具有特殊的重要意义。从能源生产看，2017 年世界化石能源产量为 113.2 亿吨油当量，新兴市场 30 国

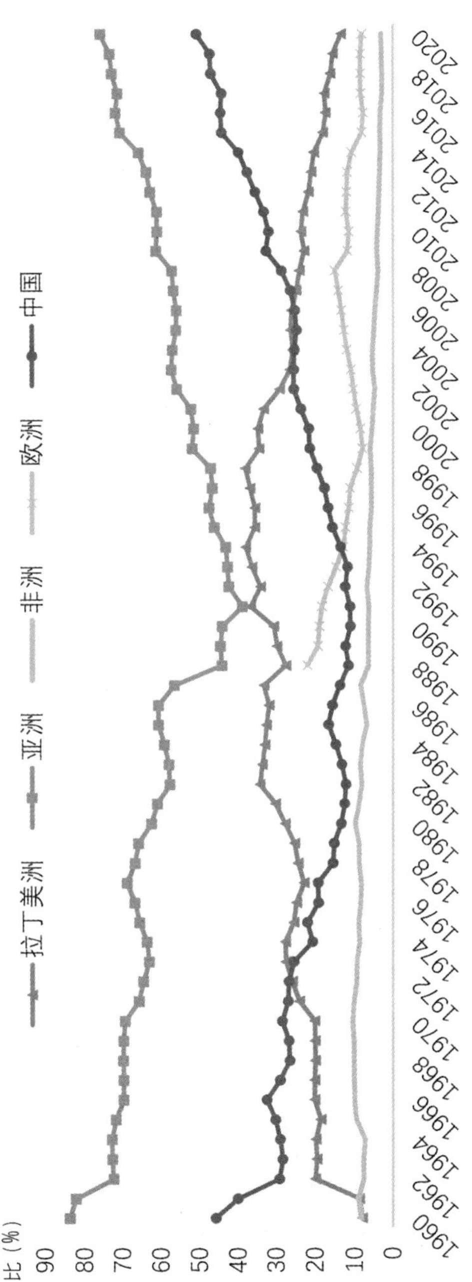

图 1-1　1960—2020 年新兴市场 30 国各区域经济总量占比及其变化情况

注：根据世界银行 WDI 数据库 GDP（现价美元）指标数据整理。

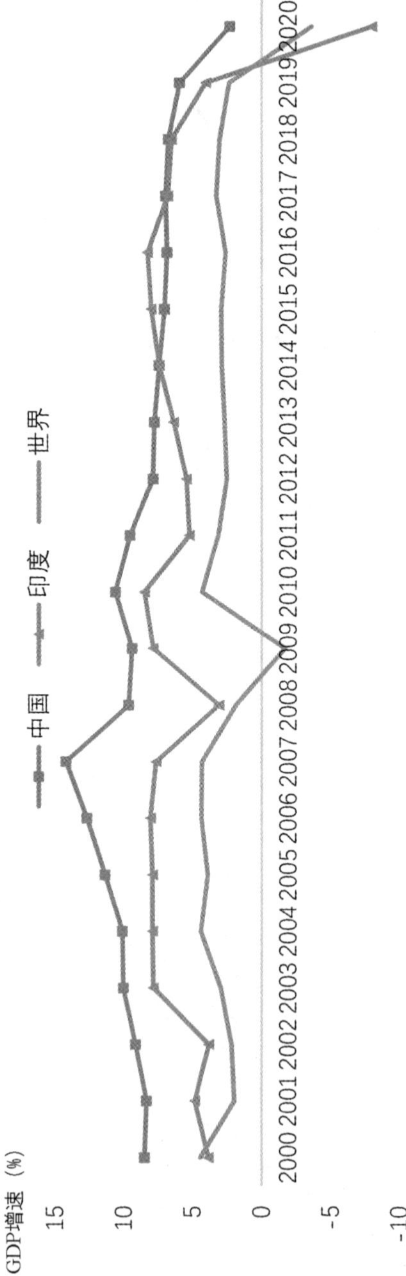

图 1-2　2000—2020 年中国、印度和世界的经济增长情况

数据来源：世界银行 WDI 数据库

生产了 64.82 亿吨油当量，占 57.26%，其中在煤炭、石油、天然气产量方面，新兴市场 30 国分别占世界总产量的 77%、50% 和 45%；从能源消费看，2017 年世界化石能源总消费量 115.09 亿吨油当量，新兴市场 30 国的消费量为 62.17 亿吨油当量，占 54.01%，其中新兴市场 30 国的煤炭、天然气和石油，分别占世界总消费量的 75.55%、44.44% 和 43.16%[①]。

近两年，虽然全球经济遭遇严重衰退，但中国、印度、印度尼西亚等新兴市场国家仍然在能源生产和消费方面表现不凡。2019 年全球煤炭产量增长了 1.5%，其中中国和印度尼西亚分别增长了 3.2 艾焦（EJ）和 1.3 艾焦；2019 年中国的能源消费加速增长，尤其是天然气消费增加较多（增加了 240 亿立方米），仅略低于美国的消费增长（270 亿立方米）。《BP 世界能源统计年鉴（2021）》显示，在后疫情时代经济复苏利好的驱动下，2020 年中国的一次能源需求增长 2.2%。2020 年，中国是少数几个能源需求仍保持增长的国家之一，尤其是受疫情冲击，在全球天然气消费萎缩 2.3% 的情况下，中国天然气消费仍增长了 6.9%。

虽然新兴市场 30 国的能源生产和消费量规模很大，但能源供给与需求存在空间分布的巨大差异，使生产和消费的区域布局出现严重错位。俄罗斯、沙特阿拉伯是世界上重要的化石能源输出地，亚太地区则是最大的化石能源输入地，因此生产与消费存在空间分离问题。一方面，中国、印度等能源消费大国的生产量无法满足其自身需求；另一方面，俄罗斯、沙特阿拉伯等能源生产大国的生产远超过其需求量而导致供给过剩。表 1–4 显示，新兴市场国家的产消差

① 化石能源生产和消费的数据均来自《BP 世界能源统计年鉴》（https://www.bp.com/zh_cn/china/home/news/reports.html）。

在 –6.41 亿吨油当量到 6.97 亿吨油当量之间，生产与消费出现较大的空间分离。其中中国的产需缺口为 6.41 亿吨油当量，印度、土耳其、泰国等新兴市场国家的能源消费量也很大，其产量同样不能满足自身需求，而俄罗斯、沙特阿拉伯、印度尼西亚等国则是能源生产大国，尤其是俄罗斯和沙特阿拉伯，其能源产量超过其需求量，分别达到 6.97 亿吨油当量和 3.89 亿吨油当量。因此，这种生产与消费在国家之间的严重不均衡状况，正好为新兴市场 30 国之间的能源合作提供了巨大机会。

表 1–4　2017 年新兴市场国家化石能源的生产与消费差

单位：亿吨油当量

国家	产消差	国家	产消差	国家	产消差
俄罗斯	6.97	秘鲁	–0.02	巴基斯坦	–0.4
沙特阿拉伯	3.89	罗马尼亚	–0.09	波兰	–0.44
印度尼西亚	2.08	埃及	–0.14	泰国	–0.71
伊朗	1.57	越南	–0.14	土耳其	–1.17
哈萨克斯坦	0.93	阿根廷	–0.15	印度	–3.34
哥伦比亚	0.86	巴西	–0.16	中国	–6.41
南非	0.28	摩洛哥	–0.19		
厄瓜多尔	0.17	墨西哥	–0.25		
乌兹别克斯坦	0.09	智利	–0.3		
马来西亚	0.06	菲律宾	–0.38		

注：产消差指的是新兴市场 30 国的化石能源生产与消费的差值，正值代表国家化石能源生产量大于消费量，负值表示生产量小于消费量。数据来源于《BP 世界能源统计年鉴》。多米尼加、加纳、危地马拉和突尼斯 4 个国家的能源消费数据未公布。

3. 新兴市场 30 国劳动力资源充沛，人力资源开发潜力大

新兴市场国家有着庞大的人口规模。2020 年，新兴市场 30 国的总人口为 48.20 亿人，约占全球人口总量的 62.17%，其中中国和印度的人口总量为 27.82 亿人，占新兴市场国家人口总量的 57.72%，即超过一半的新兴市场国家人口分布在中国和印度[①]。庞大的人口基数不仅意味着巨大的消费市场，也为经济增长提供了充沛的劳动力保障，成为促进新兴市场国家经济发展的重要动力之一。

2020 年，新兴市场 30 国 15—64 岁劳动年龄人口为 32.64 亿人，全球相应的劳动年龄人口总数为 50.52 亿人，占比为 64.6%，这意味着新兴市场 30 国拥有全世界接近 2/3 的劳动年龄人口。具体来看，在新兴市场 30 国总人口中，67.72% 的人口为 15—64 岁的劳动年龄人口，这一比重高于世界平均水平（65.19%），也高于中等收入国家平均水平（66.39%）。图 1–3 显示，1960—1987 年新兴市场 30 国总人口中 15—64 岁劳动年龄人口占比一直低于世界平均水平，1988 年开始高于世界平均水平，并呈不断上升的趋势。其中，沙特阿拉伯、泰国、中国等新兴市场国家 2020 年 15—64 岁的劳动年龄人口占其总人口的比重均超过 70%，分别为 71.81%、70.49% 和 70.32%。

从劳动力供给市场看，2020 年新兴市场 30 国的劳动力总数达 21.22 亿人[②]，占当年全球劳动力 33.86 亿人的 62.66%，接近 2/3，而新兴市场 30 国又有近 2/3（64.9%）的劳动力集中在中国、印度、印度尼西亚 3 个国家。充沛的劳动力供给压低了劳动力价格，为这些

---

① 人口总量数据来自世界银行 WDI 数据库（https://data.worldbank.org.cn/indicator/SP.POP.TOTL?view=chart）。

② 数据来自世界银行 WDI 数据库（https://data.worldbank.org.cn/indicator/SL.TLF.TOTL.IN?view=chart）。

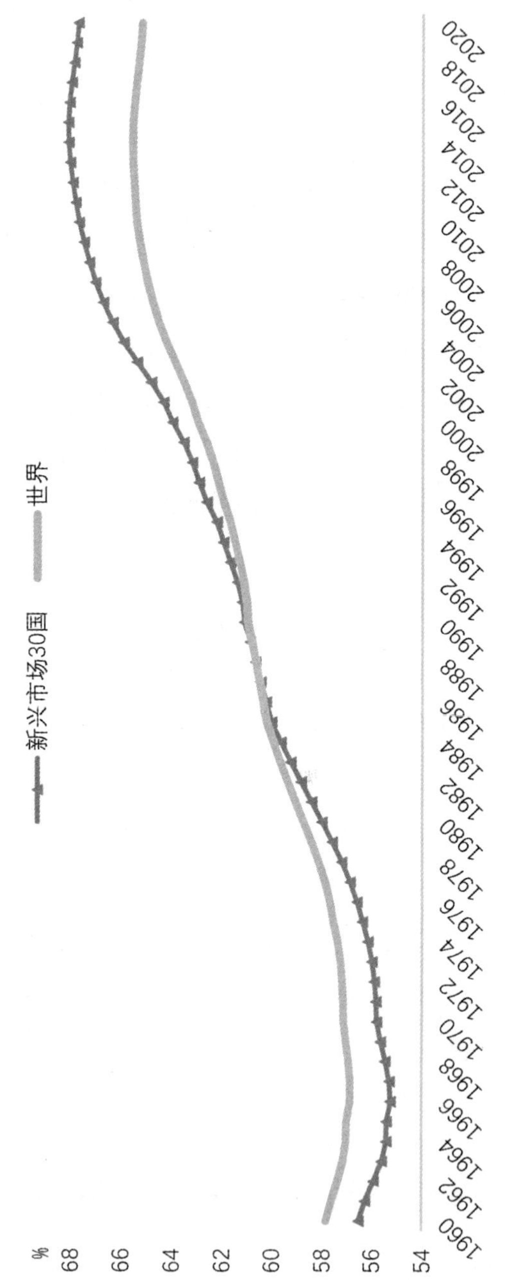

图 1-3　1960—2020 年 新兴市场 30 国和世界 15—64 岁人口占比

数据来源：世界银行 WDI 数据库

新兴市场国家的经济发展提供了丰富的人力资源。

（二）存在的主要问题与面临的挑战

1. 过度依赖能源和资源的经济结构，不利于国家经济长期可持续增长

新兴市场 30 国中有相当数量的国家经济结构单一，未形成全行业产业链，面临较大的经济波动风险。从 2013 年和 2017 年新兴市场 30 国的经济发展指数排名变化情况看，2013 年和 2017 年中国均排名首位，经济发展一直处于新兴市场国家前列（见表 1–5）。土耳其的经济发展指数排名也一直比较靠前，未发生显著变化。排名进步的国家有波兰、罗马尼亚、泰国、伊朗、越南，大多得益于其经济结构的多元化发展、成熟的工业品市场和稳定的经济发展环境。尤其是波兰和罗马尼亚由于稳定的经济增长和较高的经济发展水平而实现经济发展水平排名的快速进步，两国的经济发展指数排名分别从 2013 年的第 10 位和第 13 位上升到 2017 年的第 3 位和第 4 位。经济发展排名退步比较严重的国家包括哥伦比亚、秘鲁、乌兹别克斯坦、厄瓜多尔、巴西、智利、哈萨克斯坦等，这些国家过度依赖能源和自然资源，经济结构单一减弱了其抗风险能力，不利于其经济长期可持续增长。

表 1-5　2013 年和 2017 年新兴市场 30 国经济发展指数排名对比

排名变化	国家	2013年	2017年	排名变化	国家	2013年	2017年
上升	伊朗	30	20	下降	哥伦比亚	11	24
	罗马尼亚	13	4		秘鲁	12	21
	波兰	10	3		乌兹别克斯坦	16	25
	泰国	23	16		哈萨克斯坦	5	12
	巴基斯坦	28	22		俄罗斯	4	10
	多米尼加	20	14		厄瓜多尔	17	23
	加纳	21	15		南非	22	28
	印度	15	9		巴西	7	11
	越南	24	19		沙特阿拉伯	2	5
	阿根廷	9	6		突尼斯	27	30
	埃及	29	27		危地马拉	26	29
	菲律宾	18	17		智利	6	8
	马来西亚	8	7		摩洛哥	25	26
	土耳其	3	2	不变	中国	1	1
	印度尼西亚	19	18				

注：根据经济发展指数测算。

根据世界银行的统计数据，2019 年新兴市场 30 国自然资源租金占国内生产总值的比重为 5.1%，是世界平均水平（2.02%）的 2.5 倍。新兴市场 30 国的这一比重在世界平均水平以上的国家共有 18 个，其中沙特阿拉伯的自然资源租金占比甚至高达 24.81%，为世界平均水平的 12.3 倍；其次是伊朗、哈萨克斯坦、俄罗斯，其自然资源租

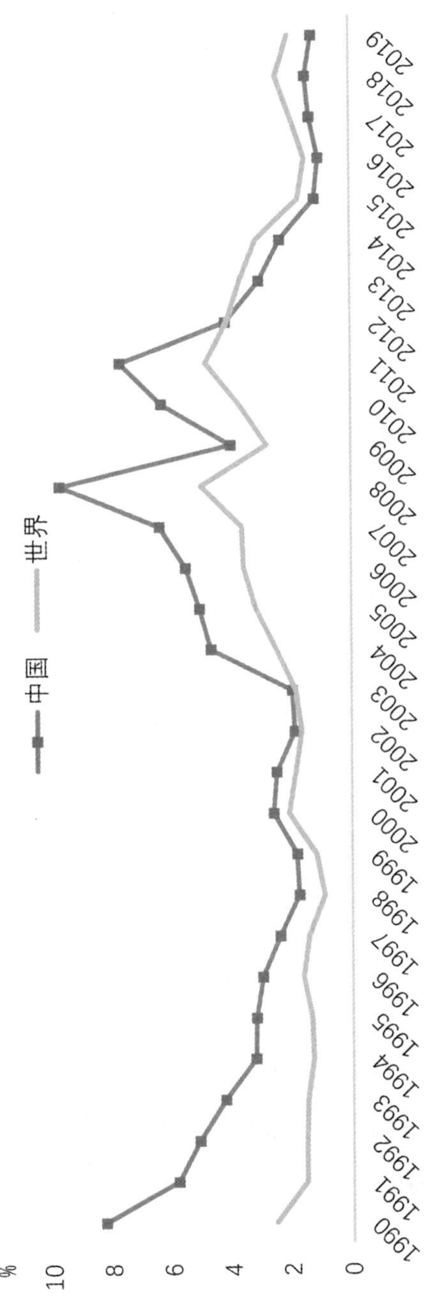

图 1-4　中国与世界自然资源租金占国内生产总值的比重

数据来源：世界银行 WDI 数据库

金占国内生产总值比重也分别高达 23.65%、17.62%、13.10%。由此看出，多数新兴市场国家的经济增长仍过度依赖资源开发，这种经济发展模式比较脆弱，难以长期维持。

从动态变化看，近十年多数新兴市场国家的自然资源租金占国内生产总值的比重呈下降趋势，这反映出新兴市场国家正在努力寻求经济发展模式转型，以摆脱单一资源依赖型经济增长模式。1990—2018 年中国自然资源租金占国内生产总值的比重经历了先下降后上升然后又快速下降的波动态势，2012—2019 年这一比重均低于同期世界平均水平（见图 1–4）。这反映出中国已经逐步脱离了经济增长对自然资源的严重依赖，通过促进经济结构的多元化带动经济增长。类似的变化也在越南、智利、秘鲁等国家发生，其中越南自然资源租金占国内生产总值的比重从 2011 年的 12.05% 下降到 2019 年的 3.37%，智利从 2011 年的 12.11% 下降到 2019 年的 2.30%，秘鲁从 2011 年的 12.62% 下降到 2019 年的 1.66%。可见，新兴市场 30 国均在努力探索经济结构多元化的经济转型发展新模式。

2. 新兴市场 30 国面临粮食安全问题

保障粮食安全就是要满足持续增长的人口对粮食的需求，而提高耕地的粮食生产能力则是粮食安全的重要保障。新兴市场国家耕地资源总量比较丰富，但由于人口众多，因此人均耕地资源不足，加上工业化、城市化导致耕地不断地非农化，一些国家面临着耕地资源不足与粮食产量过低的双重压力，国家的粮食安全从而无法得到保障。

2017 年，新兴市场 30 国的人均耕地面积仅为 0.163 公顷[①]，低

① 数据来自世界银行 WDI 数据库（https://data.worldbank.org.cn/indicator/AG.LND.ARBL.HA.PC?view=chart）。

于世界平均水平（0.192 公顷）。同时，新兴市场 30 国之间的耕地资源差异较大。例如，耕地资源短缺的马来西亚，人均耕地面积仅为 0.029 公顷，哈萨克斯坦则以 1.652 公顷的人均耕地面积居世界第二位，仅次于澳大利亚（1.904 公顷 / 人）。阿根廷和俄罗斯的人均耕地面积在世界上排名第 4 位和第 5 位，分别为 0.899 公顷与 0.852 公顷，耕地资源也比较丰富。这意味着新兴市场 30 国之间的农业合作潜力较大。

从人均粮食产量看，新兴市场 30 国的长期处于世界平均水平之下（见图 1–5）。一般将人均粮食产量 400 千克作为粮食安全线，新兴市场 30 国的人均粮食产量在 2017 年最高时只有 380 千克，没有达到粮食安全线。

表 1–6　2017 年新兴市场 30 国的人均粮食产量

单位：千克

国家	人均粮食产量	国家	人均粮食产量	国家	人均粮食产量
阿根廷	1734.53	印度尼西亚	413.13	智利	187.93
罗马尼亚	1385.53	南非	331.68	秘鲁	161.01
哈萨克斯坦	1115.94	墨西哥	300.43	厄瓜多尔	151.22
俄罗斯	907.59	摩洛哥	275.07	突尼斯	143.64
波兰	840.69	伊朗	260.07	危地马拉	118.50
巴西	566.72	菲律宾	258.54	加纳	105.88
泰国	559.42	埃及	240.73	马来西亚	95.63
越南	506.12	印度	234.27	哥伦比亚	88.52
中国	445.71	乌兹别克斯坦	217.46	多米尼加	60.25
土耳其	445.44	巴基斯坦	212.11	沙特阿拉伯	43.17

数据来源：世界银行 WDI 数据库

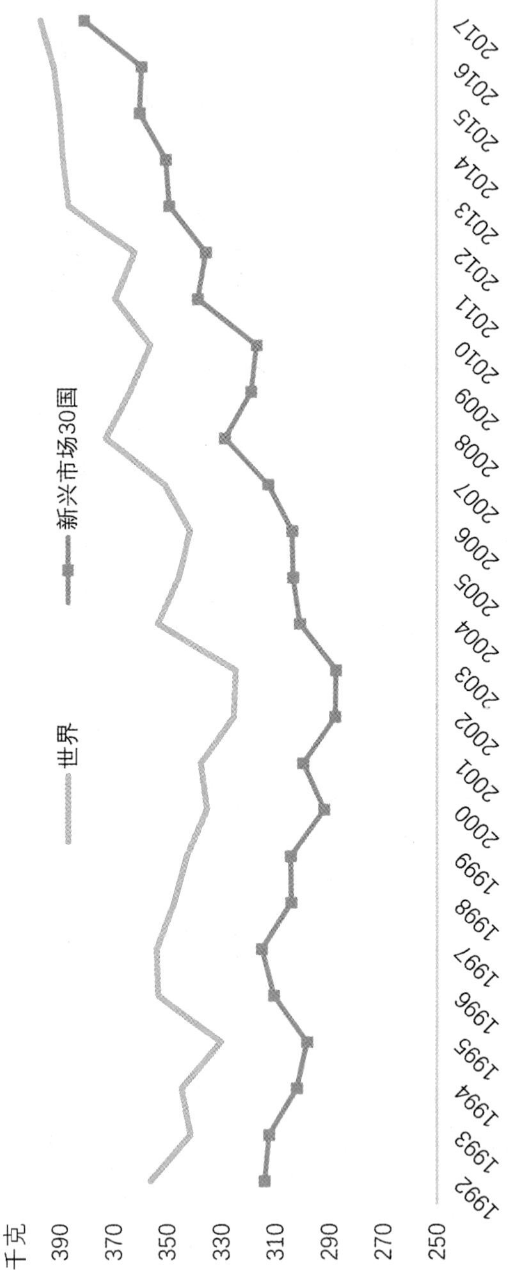

图 1-5　新兴市场 30 国与世界人均粮食产量

数据来源：世界银行 WDI 数据库

从表 1–6 可以看出，未达到粮食安全线的新兴市场国家有 19 个，其中沙特阿拉伯的人均粮食产量在新兴市场 30 国中最低，为 43.17 千克，仅达到粮食安全线的 10.8%，面临严重的粮食安全问题。人均粮食产量低于 100 千克的新兴市场国家还有多米尼加、哥伦比亚和马来西亚。新兴市场 30 国中人均粮食产量最高的国家是阿根廷，达 1 734.53 千克；高于 1 000 千克的新兴市场国家还有罗马尼亚和哈萨克斯坦，人均粮食产量分别为 1 385.53 千克和 1 115.94 千克。从区域分布看，非洲新兴市场 5 国均处于粮食安全线以下；欧洲 3 国则全部位于粮食安全线以上且人均粮食产量很高；拉丁美洲除了阿根廷和巴西外，其他 7 国均处于粮食安全线以下；亚洲新兴市场国家中有 10 个处于安全线附近。

3. 以煤为主的能源消费结构使新兴市场国家面临更大的减碳压力

以化石燃料为主的能源消费结构正在成为全球气候变暖的重要诱因（范世涛等，2013）。新兴市场国家正处于工业化进程加速阶段，这些国家的能源需求大大增加，再加上新兴市场国家能源消费结构以煤炭消费为主，煤炭燃烧产生的二氧化碳比其他燃料更高，使新兴市场国家面临的环境问题更为严峻。图 1–6 显示，新兴市场 30 国二氧化碳排放量占世界二氧化碳总排放量的比重从 1992 年的 37.57% 增长到 2018 年的 60.21%，增加了 22.63 个百分点，尤其是 2000 年以后二氧化碳排放占世界二氧化碳总排放的比重快速增加。新兴市场国家进入快速工业化进程后对能源需求增加，同时节能环保重视不够，从而产生更多的二氧化碳排放。

《BP 世界能源统计年鉴（2021）》数据显示，2020 年受疫情影响，世界能源需求下降 45%（全球能源使用产生的二氧化碳排放量

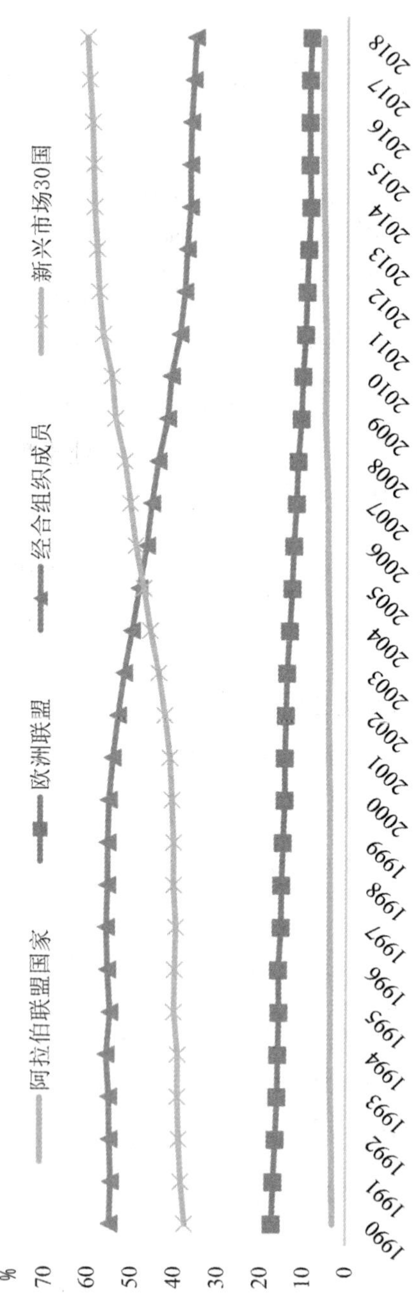

图 1-6　1990—2018 年二氧化碳排放区域分布

数据来源：世界银行 WDI 数据库

下降 6.3%），煤炭消费下降 4.2%，然而，中国和马来西亚的煤炭消费分别增长了 0.5 艾焦和 0.2 艾焦。目前，中国在全球二氧化碳排放总量中的份额为 31%。同时，数据也显示中国的能源结构持续向绿色能源转型，2007 年中国能源结构中煤炭占比 73%，2020 降到 57%。2020 年中国是可再生能源增长的最大贡献者（1.0 艾焦），其次是美国（0.4 艾焦），中国的可再生能源消费增长量占全球可再生能源消费增长量的 1/3。

六、 结论与建议

本研究的主要结论为：（1）新兴市场 30 国中综合发展水平最高的 10 个国家是：中国、智利、马来西亚、俄罗斯、波兰、秘鲁、罗马尼亚、哥伦比亚、墨西哥和巴西；综合发展水平最低的 10 个国家分别是：巴基斯坦、埃及、伊朗、乌兹别克斯坦、加纳、危地马拉、厄瓜多尔、沙特阿拉伯、摩洛哥和越南；泰国、阿根廷、土耳其等 10 个国家处于发展水平的中间状态。（2）新兴市场 30 国发展的主要特征是：亚洲新兴市场国家成为带动全球新兴市场国家经济增长的最重要引擎，中国的引领作用尤为显著；新兴市场国家在能源生产和能源消费方面的严重不对称，使这些国家的能源合作前景广阔；新兴市场 30 国劳动力资源充沛，可促进发展的人力资源丰富。（3）新兴市场 30 国目前在国家综合发展方面存在的主要问题是：过度依赖能源和自然资源的经济结构不利于经济可持续增长；多数新兴市场国家面临较为严重的粮食安全问题；以煤为主的能源消费结构使新兴市场国家面临更大的减碳压力。

基于上述结论，本研究提出以下政策建议。

第一，继续坚持开放发展战略，发挥中国的引领作用。对外开放是新兴市场国家经济起飞的重要推动力。在通过对外开放获得增长动力和发展机遇的新兴市场国家中，中国是一个典型。中国具有高度开放的商品市场和适度开放的资本市场，通过先商品后资本，先直接投资后资本投资的方式，逐步形成渐进式有管理的开放节奏，保证国内资本市场和经济发展的稳定，这对于新兴市场国家的发展尤为重要。

第二，加大节能减排力度，推进能源结构调整。以中国为代表的新兴市场国家应从能源消费总量和结构两个维度促进能源结构转型，尽早实现碳达峰和碳中和。具体来看，一方面要加大节能力度，通过提高能效抑制过高的能源消耗；另一方面要积极有序地推进能源结构调整，提高非化石能源消费比重。

第三，加强农业国际合作，提高农业生产效率，保障粮食安全。据统计，2020 年全世界面临饥饿的人口达 7.2 亿—8.11 亿，比 2019 年增加了 1.61 亿①。新兴市场国家需要更加集约地利用耕地资源，提高农业生产效率，保障粮食安全。新兴市场 30 国之间在耕地资源有效利用等农业合作方面潜力巨大，在国际合作框架下深化农业改革、促进农村发展对新兴市场国家具有特别重要的意义。

① 数据来自联合国粮农组织、世界粮食计划署等多个国际组织联合发布的《2021 年世界粮食安全和营养状况》报告。

第二章

新兴市场 30 国的经济发展

吴舒钰

新兴市场国家是全球经济增长的重要引擎，在全球经济复苏中起到了关键作用。然而，近年来新兴市场国家频发的金融动荡也暴露了一些国家经济结构不合理、金融市场不完善等问题。本研究对新兴市场国家的总体经济状况和经济结构进行描述分析，并基于基本经济事实，总结新兴市场国家经济增长的驱动力和存在的问题，对新兴市场国家经济发展的前景进行展望。本研究发现，新兴市场国家对全球经济的贡献在最近十多年内有显著的提升，而亚洲国家是新兴市场国家经济增长的主力军。不同新兴市场国家的经济增长驱动力有所不同，能源储备、人力资源、储蓄投资都是经济增长的个性化条件，然而在较长时间范围内实现快速而稳定的经济增长的新兴市场国家都具有一个共性特征，那就是有管理的对外开放。除此之外，本研究还探讨了新兴市场国家经济发展过程中遇到的重要问题，包括外向型经济发展模式使得部分国家易受到外部因素的影响；脆弱的国内金融市场导致金融危机频发；单一的经济结构使得一些国家的经济有较高的外部依赖性；部分国家陷入增长停滞的困境等。

一、新兴市场国家的经济发展概况

新兴市场国家是具有较大的经济体量规模、较快的经济增速、较好的经济结构变化、较充足的发展动力的国家。按照世界银行以人均国民生产总值为标准的划分，新兴市场 30 国中除了沙特阿拉伯、波兰、智利这 3 个跨过高收入国家临界线的国家之外，其余 27 个国家均为中等收入国家①。作为世界经济的主要增长点，新兴市场国家在全球经济中的地位正逐步提升。

（一）新兴市场国家的总体经济状况

进入 21 世纪以来，新兴市场国家在全球经济中的重要性有了显著提升，2017 年新兴市场 30 国贡献了约 27.7 万亿美元的国内生产总值，占全球国内生产总值的 34.2%；而在 2000 年，新兴市场国家占世界国内生产总值的比重仅为 16.6%。2008 年全球金融危机给西方发达国家及全球经济造成了巨大的损失，但也成为新兴市场国家发展的重要契机。危机期间及后危机时代，西方发达国家增长乏力，而新兴市场国家经济则迅速反弹，在全球经济中所占的份额有了显著的提升。

① 对各国收入水平的界定参考世界银行 2018 年的分类标准。具体来说，人均国民生产总值在 1 025 美元以下的为低收入国家，1 026—12 375 美元之间的为中等收入国家（其中，1 026—3 995 美元之间的为中低收入国家，3 996—12 375 美元之间的为中高收入国家），超过 12 375 美元的为高收入国家。本研究将各国 2018 年的人均国内生产总值比对世界银行的新分类标准，得出新兴市场国家的收入水平划分。

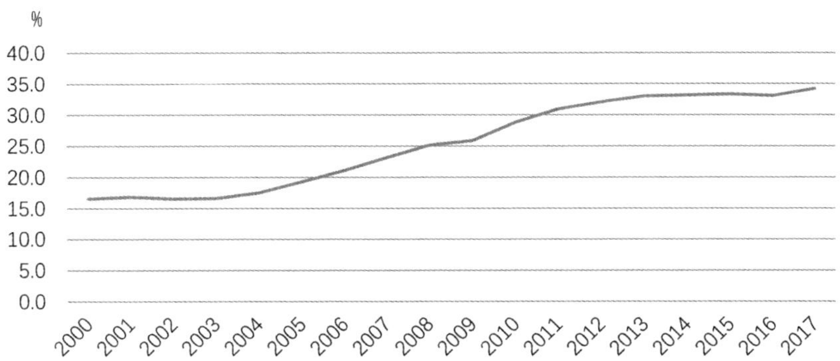

图 2-1　新兴市场国家 GDP 占世界 GDP 的比重

数据来源：世界银行 WDI 数据库

新兴市场国家经济地位的提升主要得益于哪些国家和地区呢？在将新兴市场 30 国按地域划分后，我们发现亚洲国家引领了新兴市场国家的经济增长。2017 年亚洲新兴市场国家经济总量占新兴市场 30 国经济总量的比重为 71%，相比 2000 年提高了近 19.7 个百分点，而拉美国家所占份额则从 2000 年的 34.8% 下降至 2017 年的 17.8%。在亚洲的新兴市场国家中，中国、印度、印度尼西亚、土耳其和沙特阿拉伯是经济总量最大的 5 个国家，它们合计贡献了亚洲新兴市场国家经济总量的 88.3%。而在这 5 个国家中，经济体量最大的中国和印度也实现了最快和最稳定的经济增长。在 2000 年至 2017 年间，这两个国家从未出现负增长，且平均国内生产总值增速分别高达 9.3% 和 6.6%。其中中国国内生产总值占新兴市场 30 国国内生产总值的比重从 2000 年的 21.8% 迅速提高至 2017 年的 43.9%，成为世界经济增长的重要引擎。

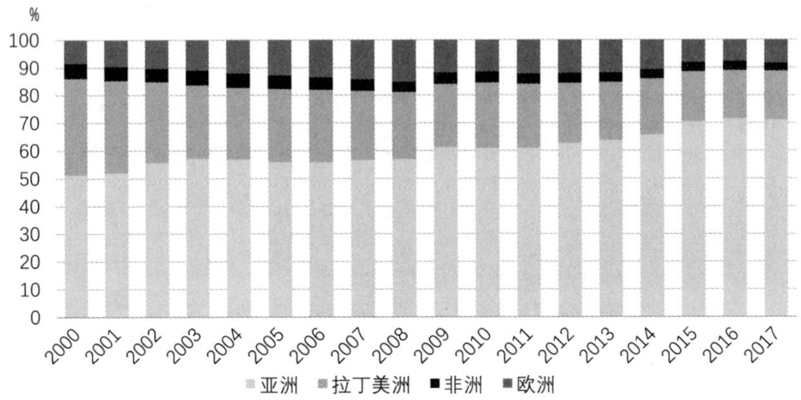

图 2-2 各大洲新兴市场国家 GDP 占新兴市场 30 国 GDP 的比重

数据来源：根据世界银行 WDI 数据库制图

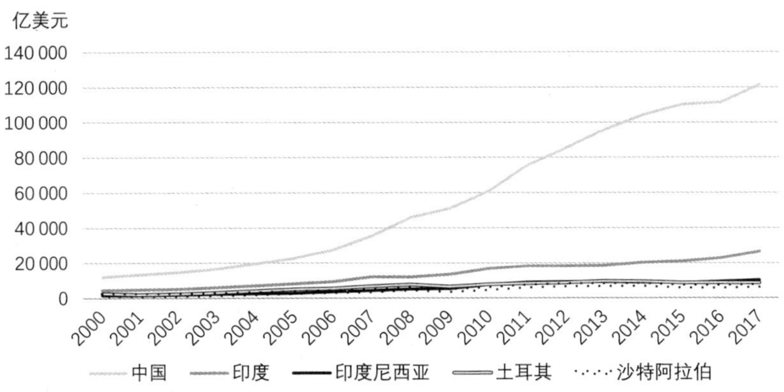

图 2-3 主要亚洲新兴市场国家的名义 GDP

数据来源：根据世界银行 WDI 数据库

尽管经济总量在全球所占的份额不断提升，但新兴市场国家的经济发展水平与发达国家相比仍有较大差距。在 30 个新兴市场国家中，仅有 3 个国家达到了高收入国家水平，其余国家均为中等收入国家。2017 年，新兴市场 30 国的平均人均国内生产总值为 7 272 美元，与世界平均水平（10 769 美元）仍有一定差距，但已超过中等收入国家的人均国内生产总值水平（5 229 美元）。

不同地区的新兴市场国家处于不同的发展阶段。欧洲新兴市场国家的经济发展水平较高，人均国内生产总值达到 11 802 美元，接近高收入国家人均国内生产总值的阈值；拉美新兴市场国家的人均国内生产总值为 8 864 美元，且各国发展水平相对平均；亚洲国家的发展水平紧随其后，人均国内生产总值为 6 606 美元，但不同国家的发展水平差距十分明显，最富有的沙特阿拉伯的人均国内生产总值高达 20 804 美元，而最贫穷的巴基斯坦的人均国内生产总值仅为 1 467 美元，两者之间相差 14 倍；非洲国家的经济发展水平比较落后，人均国内生产总值的仅为 3 423 美元，除南非之外，其他非洲新兴市场国家也都仍处于中低收入水平的发展阶段。

表 2–1　新兴市场 30 国的人均 GDP 水平及增速

地区	收入水平	2017年人均GDP（美元）	2008—2012年平均增速（%）	2013—2017年平均增速（%）	2008—2017年平均增速（%）
亚洲		6 605.83	3.41	3.77	3.59
沙特阿拉伯	高收入	20 803.74	1.90	–0.29	0.80
土耳其	中高收入	10 499.75	2.65	4.33	3.49
马来西亚	中高收入	10 117.57	2.56	3.77	3.16
哈萨克斯坦	中高收入	9 030.32	3.12	1.85	2.49
中国	中高收入	8 759.04	8.88	6.54	7.71
泰国	中高收入	6 578.19	2.82	2.43	2.62
伊朗	中高收入	5 627.75	–0.69	2.69	1.00
印度尼西亚	中低收入	3 836.91	4.41	3.79	4.10
菲律宾	中低收入	2 981.93	2.92	4.90	3.91
越南	中低收入	2 365.62	4.74	5.12	4.93
印度	中低收入	1 981.50	4.61	6.23	5.42
乌兹别克斯坦	中低收入	1 826.57	6.20	4.86	5.53
巴基斯坦	中低收入	1 466.84	0.25	2.84	1.54

（续表）

地区	收入水平	2017年人均GDP（美元）	2008—2012年平均增速（%）	2013—2017年平均增速（%）	2008—2017年平均增速（%）
欧洲		11 801.53	2.35	2.76	2.55
波兰	高收入	13 861.05	3.49	3.33	3.41
罗马尼亚	中高收入	10 792.96	1.63	5.02	3.32
俄罗斯	中高收入	10 750.59	1.92	-0.07	0.93
拉丁美洲		8 863.85	2.41	1.27	1.84
智利	高收入	15 037.35	2.79	1.00	1.90
阿根廷	中高收入	14 591.86	1.62	-0.44	0.59
巴西	中高收入	9 880.95	2.71	-1.29	0.71
墨西哥	中高收入	9 281.10	0.21	1.22	0.72
多米尼加	中高收入	7 222.55	2.40	4.94	3.67
秘鲁	中高收入	6 700.81	5.35	2.29	3.82
哥伦比亚	中高收入	6 375.93	2.94	1.92	2.43
厄瓜多尔	中高收入	6 213.50	3.15	0.35	1.75
危地马拉	中高收入	4 470.61	0.56	1.48	1.02
非洲		3 423.48	2.74	1.34	2.04
南非	中高收入	6 120.51	0.56	-0.03	0.27
突尼斯	中低收入	3 494.32	1.53	0.96	1.24
摩洛哥	中低收入	3 036.17	3.11	1.98	2.54
埃及	中低收入	2 440.51	2.14	1.35	1.75
加纳	中低收入	2 025.89	6.38	2.44	4.41
新兴市场30国		7272.41	2.89	2.52	2.71
高收入国家		42346.17	-0.04	1.37	0.67
中等收入国家		5229.03	2.29	2.00	2.14
低收入国家		766.51721	4.05	3.33	3.69
世界		10768.96	0.80	1.63	1.22

数据来源：世界银行 WDI 数据库

进入 21 世纪以来，新兴市场国家一直保持着强劲的增长动力。据统计，新兴市场 30 国的国内生产总值增速与中等收入国家的国内生产总值增速平齐，近 20 年来的平均国内生产总值增速比世界高出约 2.6 个百分点。在全球金融危机期间，新兴市场国家仍保持经济的正增长。2009 年以后，新兴经济体的经济增速迅速反弹，在 2010 年就恢复至危机之前的高增长水平，随后一直保持着 4% 以上的经济增速。

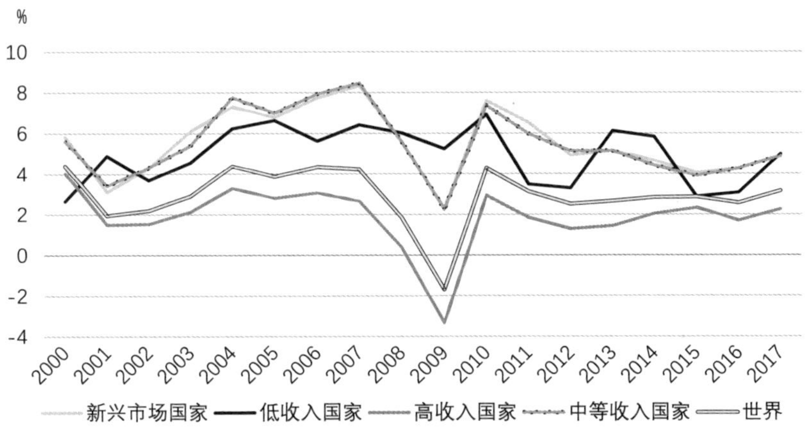

图 2-4　新兴市场 30 国与不同收入水平国家的 GDP 增速对比①

数据来源：世界银行 WDI 数据库

在新兴市场国家中，亚洲国家作为占新兴市场 30 国经济总量 70% 以上的重要组成部分，一直保持着快速的经济增长。2000 年以来，亚洲新兴市场国家的平均增速高达 5.4%，超过拉丁美洲（3.3%）、非洲（4.1%）和欧洲（3.9%）的平均增速。更为重要的是，亚洲国家的经济比较平稳，在受美国等西方国家金融危机影响、全球增长乏力的情况下，仍能保持健康稳定的经济增长。2009 年，受

① 本研究选取 2010 年不变价国内生产总值，对新兴市场 30 国的国内生产总值进行加总，并计算得出 30 国国内生产总值总量的实际增速。

全球金融危机的冲击，欧洲和拉丁美洲的经济陷入衰退的困境，而亚洲国家却能保持 2.5% 的经济增速，2010 年亚洲的国内生产总值增速又反弹至 7%，超过了危机之前的水平。对比亚洲和拉丁美洲主要新兴市场国家可见，作为亚洲最大的 3 个新兴市场国家，中国、印度和印度尼西亚一直保持平稳的增长态势，即便在金融危机期间，中国仍能保持 10% 以上的经济增速。而拉丁美洲最大的 3 个新兴市场国家巴西、墨西哥和阿根廷的经济增长却波动比较剧烈。2002 年拉美经济危机期间，巴西和墨西哥均陷入增长停滞，阿根廷更出现了 10.9% 的经济收缩。全球金融危机期间，这 3 个国家均出现了经济的负增长。虽然在危机过后出现了短暂的增长反弹，但阿根廷和巴西在 2011 年后均出现增长的断崖式下跌，这种不稳定的经济增长状况一直持续到现在。

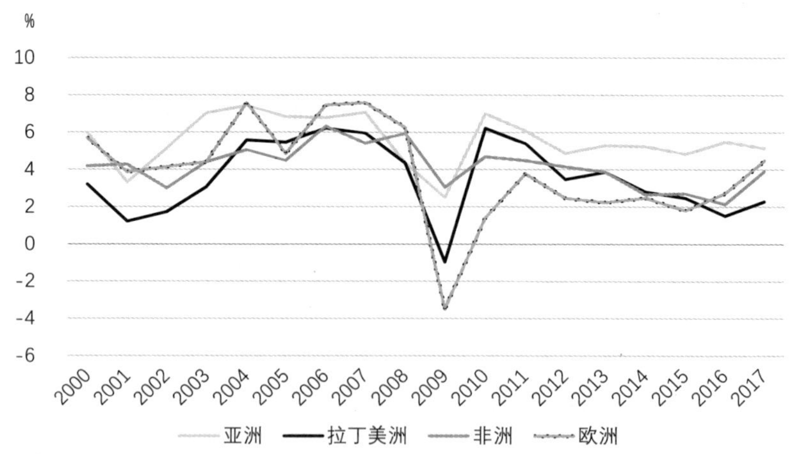

图 2-5　不同地区新兴市场国家的平均 GDP 增速[①]

数据来源：世界银行 WDI 数据库

① 本图测算的是不同地区新兴市场国家 GDP 增速的平均值，采用算术平均的测算方法的目的是给不同的国家分配相同的权重，而非以经济总量进行加权，从而避免中国这样的经济大国对测算结果产生过大的影响。

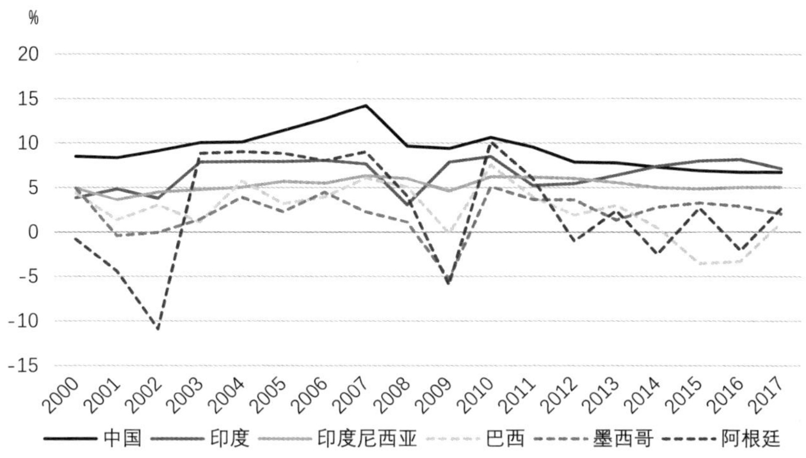

图 2-6　主要新兴市场国家的 GDP 增速

数据来源：世界银行 WDI 数据库

新兴市场 30 国作为一个整体，在过去数十年内是全球经济增长的引擎，而新兴市场 30 国内部的经济版图也正在重新布局。亚洲新兴市场国家的人均国内生产总值增速持续高于欧洲、拉丁美洲等经济发展水平较高的地区，最近十年以来，新兴市场 30 国的人均国内生产总值增速为 2.71%，超过世界的人均国内生产总值增速（1.22%）和中等收入国家的平均增速（2.14%）。以中国、印度为代表的亚洲新兴市场国家正在实现对拉丁美洲、欧洲等地区新兴市场国家的追赶。2000 年中国和印度的人均国内生产总值分别为 959 美元和 443 美元，分别是阿根廷人均国内生产总值的 12.4% 和 5.8%，而 2017 年中国和印度的人均国内生产总值分别是阿根廷人均国内生产总值的 60% 和 13.6%。由图 2-7 可见，新兴市场国家的人均国内生产总值及其增速呈现比较显著的负相关关系，人均国内生产总值越低的国家在过去十年间实现了越快的经济增长。值得关注的是，这一统计规律并不适用所有国家。中国相比于其他新兴市场国家实现了更快的经济增长，其人均国内生产总值的年均增速高达 7.7%，而埃及、巴基斯坦、危地马拉、伊朗、突尼斯、南非等国家的人均国内生产总值增速却显著低于处于相似经济发展水平的其他国家，这些低增长国家大多存在一个共性，即政治或经济环境不稳定导致经济增长的波动性较高，存在一定阶段的增长停滞。

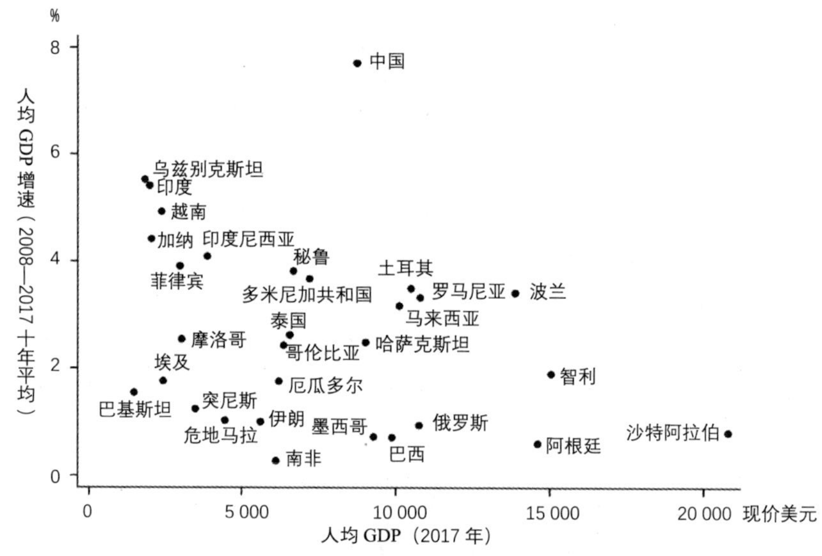

图 2–7　新兴市场 30 国人均 GDP 及其平均增速

数据来源：世界银行 WDI 数据库

研究新兴市场国家的总体经济状况，不仅需要关注这些国家的经济总量、经济增长和经济发展水平，还需对宏观经济和金融的稳定性有整体把握。在经济金融稳定性方面，我们首先关注的是物价指数。我们发现拉丁美洲和非洲的新兴市场国家通胀率较高，最近三年的平均通胀率分别为 6.7% 和 7.6%，而亚洲和欧洲新兴市场国家的通胀率则稳定可控。近三年的平均通胀率超过 5% 的新兴市场国家共有 9 个，包括阿根廷、加纳、埃及等，而这些国家大致可分为三类。第一类是政局动荡的国家，如埃及、土耳其等，政局动荡使得外资撤离、企业减产，从而导致供给不足、物价上涨。第二类是能源资源依赖型国家，如乌兹别克斯坦、哈萨克斯坦、俄罗斯、南非、巴西等，国际大宗商品价格的波动，如 2015 年石油、天然气、铁矿石、大豆价格大幅下滑使得这些国家的外汇收入减少，造成货币贬值的同时也带来了输入性通胀。第三类是债务高企、政府缺乏自律和公信力的国家，如阿根廷、加纳等。在一般政府债务占国内生产总值比重从 2015 年的 34.7% 迅速攀升至 2017 年的 50.2% 的情况下，阿根廷仍然保持高达 5.9% 的财政赤字率，经常账户赤字也在进一步扩大。政府为了缓解财政负担而向缺乏独立性的央行施压，从而使得物价水平居高不下。除了这些国家之外，大部分新兴市场国家的通胀率保持稳定，特别是经济增速平稳、工业和出口结构多元化的东亚、东南亚国家和经济发展水平相对较高的欧洲新兴市场国家。

表 2-2　不同地区新兴市场国家的通胀率和汇率波动性（2015—2017 年平均）[①]

单位：%

地区	通货膨胀率	汇率波动性
亚洲	3.69	1.39
欧洲	3.21	2.78
拉丁美洲	6.71	2.74
非洲	7.60	2.45

数据来源：世界银行 WDI 数据库、CEIC 数据库

① 通胀率选取的是世界银行 WDI 数据库中的各国 GDP 平减指数。汇率波动性的测算方式是取各国货币对美元的月末汇率，计算月度汇率变化率，并测算相应年份的月度汇率变化率绝对值的平均数作为该年度的汇率波动性。各地区的通胀率和汇率波动性是该地区各个新兴市场国家通胀率或汇率波动率的算数平均值。

此外，为了考查新兴市场国家金融稳定性，我们选取汇率波动性这一指标对新兴市场 30 国进行评估，稳定的汇率环境有助于降低不确定性，增加进出口和跨境金融投资，从而促进经济增长。如表 2–2 所示，亚洲新兴市场国家的汇率波动性显著低于欧洲、拉丁美洲和非洲地区的新兴市场国家。究其原因，一方面一些亚洲新兴市场国家，特别是以资源出口为经济支柱的出口导向型国家采用了盯住美元的汇率制度，如沙特阿拉伯、伊朗等，而欧洲或拉美国家往往采用浮动性汇率制度；另一方面，宏观经济的震荡、跨境资本的剧烈波动也使得一些拉丁美洲国家的汇率承压，如 2017 年阿根廷比索对美元汇率贬值约 14.8%，这与跨境资本的外流、投资者信心的缺失、金融市场的不景气息息相关。

（二）新兴市场国家的经济发展指数

为了清楚地刻画新兴市场国家总体经济状况，对各国经济发展阶段、经济规模等情况有整体把握，本研究依据各国的名义国内生产总值、人均名义国内生产总值以及国内生产总值增速这 3 项指标，测算了新兴市场国家经济发展指数，并将新兴市场 30 国进行排名，其结果如表 2–3 所示。2017 年经济发展指数较高的国家大多分布在亚洲和欧洲地区，而拉丁美洲和非洲国家的经济发展指数排名比较落后。在经济发展指数排名前 5 名的新兴市场国家中，中国因其较高的经济总量、较快的经济增速，一直位居新兴市场 30 国中的第 1 名，土耳其紧随其后，而东欧大国波兰和罗马尼亚在最近 5 年内因稳定的经济增长、较高的经济发展水平而实现了排名的快速进步，两者的经济发展指数排名分别由 2013 年的第 10 名和第 13 名分别提升至 2017 年的第 3 名和第 4 名。经济发展指数排名最为落后的新兴市场国家均集中在拉丁美洲和非洲地区，这些国家大多经济总量较低且经济增速不高，包括突尼斯、厄瓜多尔、危地马拉等。

表 2–3　新兴市场 30 国最近五年经济发展指数排名

地区	国家	2013年		2014年		2015年		2016年		2017年	
		指数	排名	指数	排名	指数	排名	指数	排名	指数	排名
亚洲	中国	86.97	1	87.67	1	88.08	1	88.08	1	89.36	1
亚洲	土耳其	82.61	3	80.46	3	80.46	3	78.70	6	81.07	2
欧洲	波兰	78.60	10	79.99	5	79.49	4	78.97	4	80.65	3
欧洲	罗马尼亚	77.79	13	77.94	14	77.75	11	78.55	7	80.55	4
亚洲	沙特阿拉伯	84.27	2	84.68	2	83.24	2	81.48	3	80.39	5
拉丁美洲	阿根廷	78.88	9	75.65	22	79.41	5	76.25	18	79.81	6
亚洲	马来西亚	79.16	8	80.07	4	78.85	7	78.28	10	79.47	7
拉丁美洲	智利	80.88	6	79.03	8	78.89	6	78.37	8	79.11	8
亚洲	印度	77.43	15	78.23	12	78.65	8	78.95	5	78.76	9
欧洲	俄罗斯	81.22	4	79.62	6	74.91	25	76.14	19	78.33	10
拉丁美洲	巴西	80.49	7	78.92	9	74.61	26	74.70	25	77.98	11
亚洲	哈萨克斯坦	81.13	5	79.60	7	76.82	13	75.54	22	77.89	12
拉丁美洲	墨西哥	77.76	14	78.73	11	78.35	10	77.69	11	77.44	13
拉丁美洲	多米尼加	77.03	20	78.77	10	78.49	9	78.36	9	77.25	14
非洲	加纳	76.91	21	74.12	30	73.60	29	74.43	26	77.24	15
亚洲	泰国	76.06	23	74.95	27	76.10	18	76.32	16	76.99	16
亚洲	菲律宾	77.08	18	76.58	18	76.56	14	77.08	12	76.99	17
亚洲	印度尼西亚	77.08	19	76.68	17	76.52	15	76.77	14	76.97	18
亚洲	越南	75.65	24	76.06	20	76.50	16	76.27	17	76.72	19

（续表）

地区	国家	2013年		2014年		2015年		2016年		2017年	
		指数	排名	指数	排名	指数	排名	指数	排名	指数	排名
亚洲	伊朗	74.34	30	76.94	16	73.11	30	81.98	2	76.48	20
拉丁美洲	秘鲁	77.92	12	75.83	21	76.16	17	76.56	15	75.97	21
亚洲	巴基斯坦	74.84	28	75.04	26	75.14	23	75.62	21	75.79	22
拉丁美洲	厄瓜多尔	77.09	17	76.55	19	74.26	27	73.46	30	75.66	23
拉丁美洲	哥伦比亚	77.94	11	78.00	13	76.08	19	75.37	23	75.54	24
亚洲	乌兹别克斯坦	77.10	16	77.04	15	77.20	12	77.08	13	75.34	25
非洲	摩洛哥	75.60	25	74.52	29	75.49	22	73.49	29	75.30	26
非洲	埃及	74.41	29	74.90	28	75.88	20	75.83	20	75.20	27
非洲	南非	76.17	22	75.62	23	74.97	24	74.33	27	75.19	28
拉丁美洲	危地马拉	75.21	26	75.59	24	75.68	21	75.15	24	75.10	29
非洲	突尼斯	75.03	27	75.12	25	73.86	28	73.76	28	74.17	30

数据来源：世界银行 WDI 数据库

2017 年的新兴市场 30 国经济发展指数排名与 2013 年的对比，可以反映最近五年来新兴市场国家经济发展相对位置的变化。图 2-8 左上角区域是经济指数排名有所进步的国家，右下角区域是经济指数排名退步的国家。由图可见，中国、土耳其等国经济发展指数排名一直比较靠前，并未发生显著的变化。经济发展指数排名显著进步的国家包括罗马尼亚、波兰等东欧国家和马来西亚、印度、越南等南亚、东南亚国家，而经济发展指数排名显著退步的国家包括哈萨克斯坦、乌兹别克斯坦、沙特阿拉伯等西亚国家和巴西、哥伦比亚、秘鲁、厄瓜多尔等拉美国家。由此可见，过度依赖能源和资源的经济结构会使一国经济的抗风险能力减弱，不利于经济的持续稳

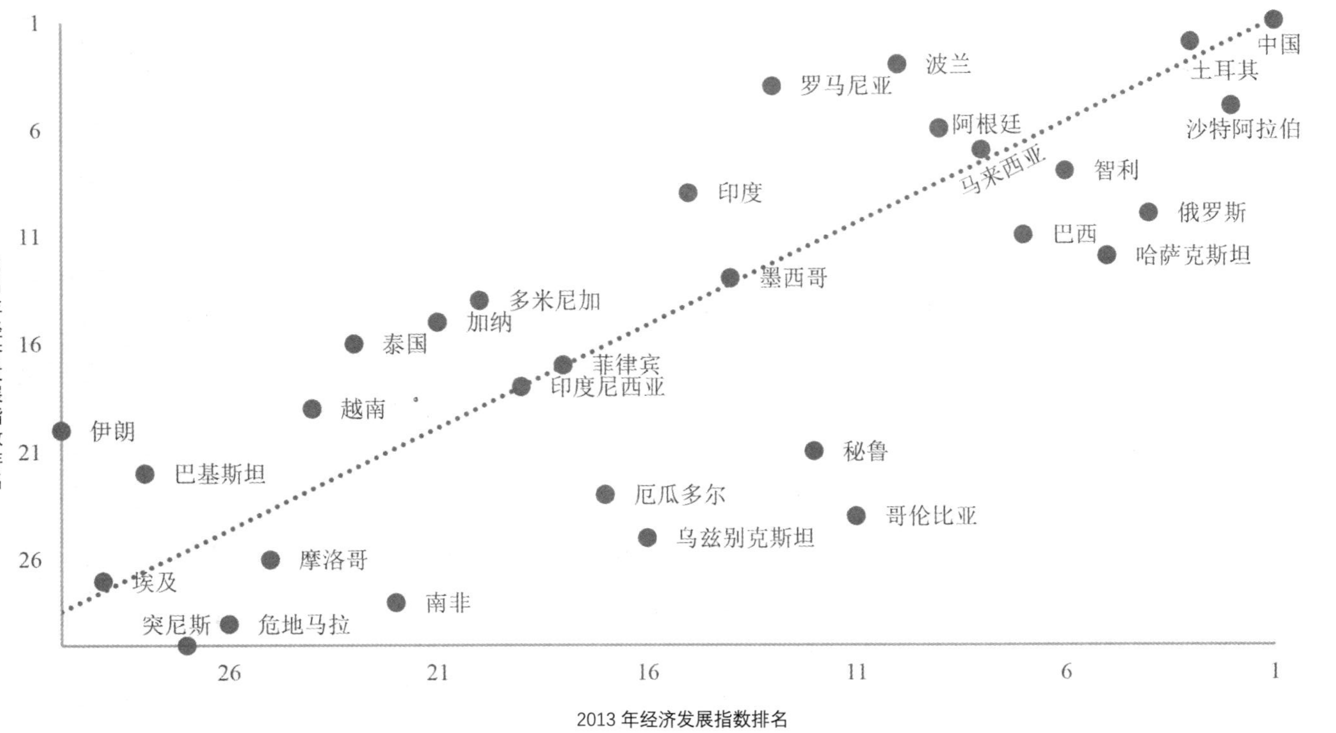

图 2-8 新兴市场 30 国 2013 年与 2017 年经济发展指数排名比较

数据来源：世界银行 WDI 数据库

定发展，而经济发展得以改善的国家大多具有多元经济结构、成熟的工业品市场以及稳定的政治和经济环境。

二、新兴市场国家经济发展的基本特征

新兴市场国家分布在亚、非、拉和东欧地区，不同的地理位置、资源禀赋、政治环境决定了各国有着不同的经济结构和经济发展模式。本研究将从新兴市场国家三次产业构成、投资消费结构和贸易分布入手，分析新兴市场国家的经济结构。在此基础上，探讨这 30 国经济增长驱动力和经济发展的一般规律。

（一）经济结构剖析

由于具备不同的资源禀赋和基础条件，新兴市场国家的经济结构存在很大的差异。有的国家能源和矿产资源储备丰富，因此能源资源成为经济发展的支柱行业；有的国家劳动力成本低廉，因而大力发展劳动力密集型产业，成为世界重要的加工厂。这 30 国作为一个整体，与世界其他国家相比，也存在一些经济发展的个性特征。

1. 新兴市场国家的三次产业结构

新兴市场国家的三次产业结构与中等收入水平国家的平均水平相似，30 国的平均农业增加值占国内生产总值的比重为 9.2%，制造业增加值占国内生产总值比重为 15.6%，服务业增加值占国内生产总

值的比重为 53.8%[①]。因经济发展水平各异，新兴市场 30 国的农业、制造业、服务业结构差距很大。由图 2-9 可见，在新兴市场国家中，经济发展水平相对较低的国家往往比较依赖农业，农业增加值占比较高的几个国家，包括乌兹别克斯坦、巴基斯坦、加纳、印度等国都是中低收入国家；而人均国内生产总值较高、经济较为发达的国家，包括波兰、沙特阿拉伯等国的农业增加值占比却低于 5%。农业对大部分新兴市场国家来说都十分重要，在这 30 个新兴市场国家中，只有墨西哥、沙特阿拉伯、波兰和南非的农业增加值占比低于世界平均值（3.42%），其他国家，特别是亚洲和非洲国家的部分国家，则对农业有较大的依赖。

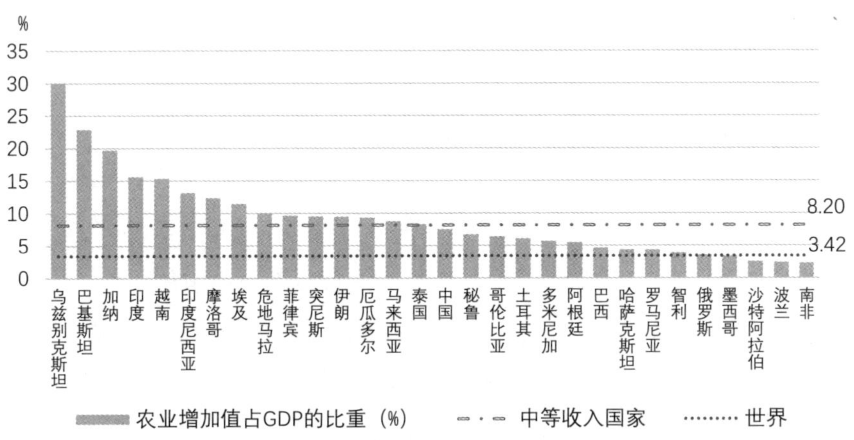

图 2-9 新兴市场国家农业增加值占 GDP 的比重（2017 年）

数据来源：世界银行 WDI 数据库

① 此处数据来源为世界银行 WDI 数据库。在数据口径上，世界银行的“农（林渔）业增加值”项包含了 ISIC 产业分类的 1—5 类，其中包括农林牧副渔业；“制造业增加值”项包含了 ISIC 产业分类 15—37 项，为传统制造业；“服务业增加值”项包含了 ISIC 产业分类 50—99 项，其中包括零售批发、交通运输、金融、教育、医疗、房地产等行业。由此可见，这三项加总并未包括全行业，诸如建筑业、矿业、烟草饮料等这些行业都没有包括在以上三大类中，因此这三项增加值加总低于 100%。

有两个因素造成了新兴市场国家不同的农业依赖度。第一是各个国家不同的经济发展水平。一般来说，经济发展水平越高的国家工业和服务业体系越发达，对农业的依赖度越低，图 2–10 证实了这一点。作为新兴市场国家中人均国内生产总值最低的国家之一，加纳在 1999—2005 年农业占国内生产总值的比重都高达 35% 以上，乌兹别克斯坦 2017 年的农业增加值占比也超过 30%。农业占国内生产总值比重超过 10% 的国家大多被划为中低收入国家，除了几个特殊样本外，它们的人均 GDP 都低于 5 000 美元。第二是这些国家的资源禀赋。如图 2–11 所示，新兴市场 30 国的耕地面积差异很大，印度的耕地面积占国土面积的比重超过 50%，而沙特阿拉伯、智利、秘鲁、哥伦比亚等能源和矿产资源丰富的国家耕地面积占国土面积的比重却不到 2%，不同的资源禀赋决定了各国发展农业的比较优势。总体来说，耕地面积越高的国家，农业增加值在国内生产总值中的占比越高。然而，这一规律并非对所有国家都适用。乌兹别克斯坦的耕地面积仅占总国土面积的 10.3%，大约是中等收入国家的平均水平，而农业贡献了乌兹别克斯坦国内生产总值的 30.8%，中等收入国家的农业增加值占比却仅有 8.6%。波兰和罗马尼亚拥有肥沃而广袤的耕地，但它们的农业占国内生产总值的比重却不到 5%。因此，影响一个国家对农业依赖程度的最主要因素并非土地资源禀赋，而是这个国家是否拥有发达的工业和成熟的服务业，是否能较好地融入全球产业链，将有限的资源投入生产具有更高附加值的产品。

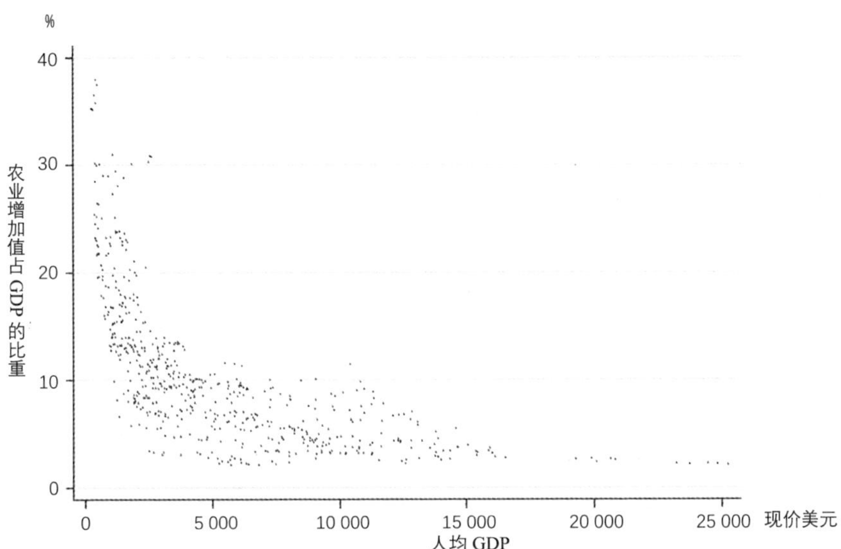

图 2–10　1999—2018 年新兴市场 30 国的农业增加值和人均 GDP

数据来源：世界银行 WDI 数据库

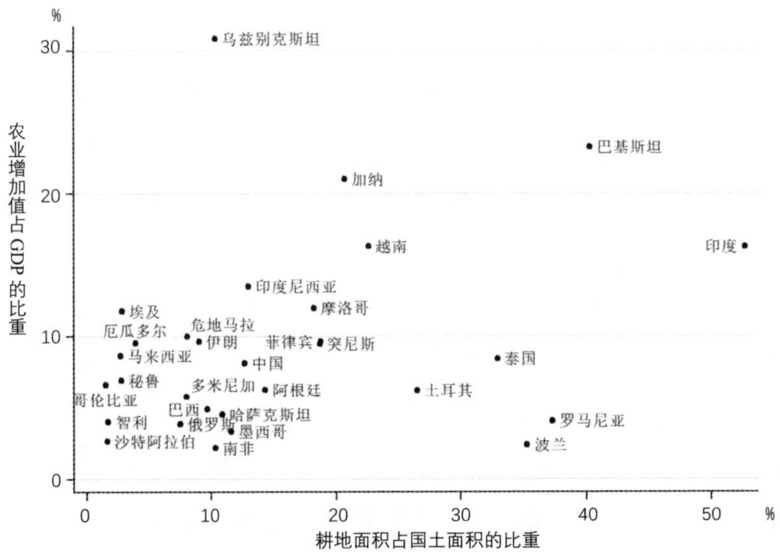

图 2–11　2016 年新兴市场 30 国的农业增加值和耕地面积

数据来源：世界银行 WDI 数据库

与农业相比，新兴市场国家制造业占国民经济的比重与经济发展水平之间的关系并不明显。低收入国家经济以农业为主，工业基础薄弱，工业增加值占国内生产总值的比重较低；而高收入国家已实现制造业的转型升级，将大量低端制造业转移到国外，国内经济则以高附加值的制造业和服务业为主要支柱，制造业占比也较低，因此制造业在国民经济中的比重呈现两头低、中间高的状况。新兴市场国家大多是处于中等收入水平的发展中国家。如图 2–12 所示，整体来看，新兴市场 30 国的制造业增加值占国内生产总值的比重与制造业的科技附加值呈现正相关的关系。产业结构中，中高科技产业所占的比重越高，新兴市场国家就越体现出依赖制造业的特征，然而这个规律并不适用于沙特阿拉伯、巴西等收入水平相对较高的国家。这些国家更多体现出高收入国家对制造业依赖度的倒 U 型特征，它们的中高科技产业占制造业增加值的比重超过 1/3，而制造业增加值占国内生产总值的比重却仅有 10% 左右。此外，各国因不同的经济发展模式而具有完全不同的产业结构。工业化程度较高、国内产业链条比较完善或以货物出口作为主要经济增长点的国家的制造业占国民经济的比重往往较高，而能源资源储备丰富、经济相对闭塞落后或服务业比较发达的国家的制造业规模则相对较小。以人均收入水平相似的两个国家中国和哈萨克斯坦为例，中国的制造业贡献了 30% 左右的国内生产总值，而哈萨克斯坦的制造业仅占国民生产总值的 10% 左右。

分地区来看，东南亚、南亚国家的制造业对经济的贡献要高于西亚国家，印度尼西亚、菲律宾、越南等国家因低廉的劳动力成本，承接了因中国劳动力价格上涨而转移的制造业，成为世界加工厂；而沙特阿拉伯、伊朗等具有丰富能源储备的西亚国家工业体系则相对欠发达；东欧国家的制造业是国民经济的支柱，波兰和罗马尼亚因具有丰富的矿产资源，而发展起发达的煤矿勘探行业及一系列中下游行业，包括造船业、钢铁行业、机器制造业等；而拉美和非洲国家的制造业在国民经济中所占的比重则相对较低。如表 2–4 所示，新兴市场 30 国中，制造业占国内生产总值比重最高的国家大都分布在亚洲地区，包括被称之为“世界加工厂”的中国、泰国等；而制造业占比较低的国家，包括巴西、智利、南非等则集中在拉美和非洲地区。

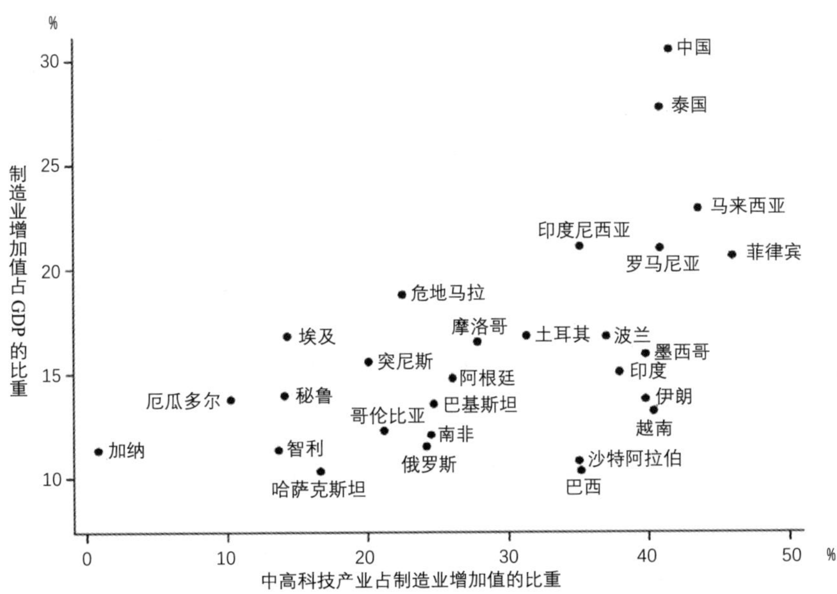

图 2–12　制造业增加值对 GDP 的贡献率与制造业科技结构的关系（2014 年）

数据来源：世界银行 WDI 数据库

与制造业相似，影响不同国家对服务业依赖程度的也并非人均收入水平。当人均收入水平较高时，劳动力价格上涨可能导致国内制造业的外移，推动国内主导产业由低附加值的制造业向配套服务业转型，因此高收入或中高收入水平国家的服务业在国民经济中的比重可能较高；然而，产业结构单一、工业基础薄弱的国家，如一些非洲和加勒比岛国也不得不依赖自身资源禀赋，开发旅游等服务业，因此服务业占国内生产总值的比重也相对较高。表 2–4 所示，服务业占国内生产总值比重较高的国家大多为拉美和非洲经济结构比较成熟、收入水平较高的大经济体，包括巴西、南非和墨西哥；而危地马拉和突尼斯的工业体系则相对落后，这些国家借助自身自然资源禀赋，依赖农业和旅游服务业实现经济发展。

表 2–4　新兴市场国家制造业和服务业占 GDP 比重最高和最低的国家

单位：%

	国家	制造业占GDP的比重（2015—2017平均）	国家	服务业占GDP的比重（2015—2017平均）
新兴市场国家中对应指标最高的国家	中国	29.3	巴西	62.9
	泰国	27.4	危地马拉	61.3
	马来西亚	22.4	南非	61.3
	印度尼西亚	20.6	墨西哥	60.8
	罗马尼亚	19.9	突尼斯	59.6
新兴市场国家中对应指标最低的国家	南非	12.0	印度	48.0
	加纳	11.1	印度尼西亚	43.5
	智利	11.0	加纳	41.7
	哈萨克斯坦	10.9	越南	40.6
	巴西	10.6	乌兹别克斯坦	35.1
	高收入国家	14.1	高收入国家	69.8
	中等收入国家	19.3	中等收入国家	53.9
	低收入国家	8.0	低收入国家	40.8
	世界	15.6	世界	65.0

数据来源：世界银行 WDI 数据库

2. 新兴市场国家投资消费构成情况

新兴市场 30 国差异化的经济结构体现在各国不同的投资消费构成上。不同地区国家的投资消费构成有明显的差异，相较于其他国家，亚洲新兴市场国家的投资占国内生产总值的比重较高，而消费占比则明显偏低。新兴市场 30 国投资占国内生产总值比重最高的国家大多集中在亚洲地区，而消费占比最低的 5 个国家则全部是亚洲国家。拉丁美洲和非洲国家则存在明显的高消费、低投资倾向，除巴基斯坦这个存在严重发展问题的亚洲中低收入国家之外，其他所有的高投资、低消费的新兴市场国家均是拉美和非洲国家，包括危地马拉、埃及等。在所有新兴市场国家中，中国是投资占比最高、消费占比最低的国家，2017 年中国的投资占国内生产总值的比重高达 44.8%，而这种高投资的经济结构也帮助中国实现了数十年稳定、高速的经济增长。

表 2–5　新兴市场国家投资和消费占 GDP 比重（2015—2017 年）

单位：%

	地区	国家	投资占GDP的比重	地区	国家	消费占GDP的比重
新兴市场国家中对应指标最低的国家	拉丁美洲	危地马拉	12.9	亚洲	中国	53.4
	非洲	埃及	14.9	亚洲	伊朗	62.3
	拉丁美洲	巴西	15.8	亚洲	哈萨克斯坦	64.8
	亚洲	巴基斯坦	15.8	亚洲	泰国	66.7
	拉丁美洲	阿根廷	17.8	亚洲	印度尼西亚	67.0
新兴市场国家中对应指标最高的国家	亚洲	印度	31.1	亚洲	菲律宾	84.8
	非洲	摩洛哥	32.0	亚洲	巴基斯坦	91.8
	亚洲	印度尼西亚	33.9	非洲	突尼斯	91.9
	亚洲	伊朗	34.0	拉丁美洲	危地马拉	95.5
	亚洲	中国	44.8	非洲	埃及	95.6

注：表中数据反映的是相关国家 2015—2017 年的平均值

数据来源：世界银行 WDI 数据库

投资是重要的经济增长引擎，这在新兴市场 30 国得到了印证。作为“三驾马车”之一，改革开放以来投资一直是中国经济的主要驱动力，而在其他新兴市场国家，高投资也与较高的经济增速息息相关。如图 2–13 所示，投资占国内生产总值的比重与国内生产总值增速成显著的正相关关系。巴西、南非、哥伦比亚等国家高消费、低投资的经济结构使之长期陷入低增长的泥沼，而中国、印度、印度尼西亚等国投资占国内生产总值的比重均超过 30%，这些国家在近些年来都能实现 5% 以上的高速增长。值得一提的是，这一投资和经济增长之间的正相关性也存在一些特例，如沙特阿拉伯。2017 年沙特阿拉伯的投资占国内生产总值的比重约为 29%，高于新兴市场国家的平均水平，而经济却陷入收缩困境；这与低油价对能源部门的冲击息息相关，也印证了除了高投资，多元化的经济结构对于经济的稳定增长也至关重要。

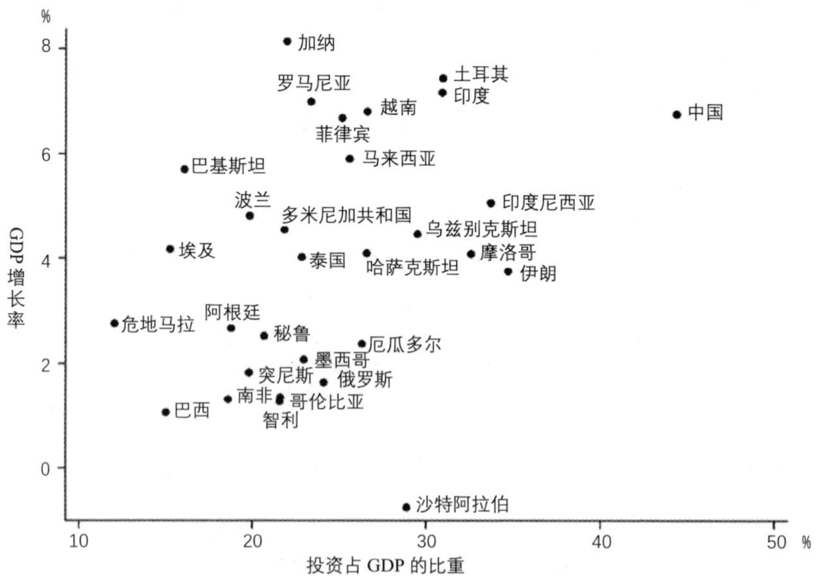

图 2–13　新兴市场 30 国投资占比与 GDP 增长率之间的关系（2017 年）

数据来源：世界银行 WDI 数据库

3. 新兴市场国家的对外开放

除了不同的产业结构和投资消费结构，新兴市场国家的对外开放程度也各不相同。在 30 个新兴市场国家中，进出口总值与国内生产总值比值最高的国家是越南（187.9%），而进出口总值与国内生产总值比值最低的是阿根廷，仅为 24.6%。较高的比值意味着一个国家拥有较高的贸易开放度，然而较低的比值却并不意味着一个国家对外贸易闭塞。巴西和阿根廷的进出口总值与国内生产总值比值分别都只有 25.2%，中国的进出口总值与国内生产总值比值为 38.3%，这并不是因为巴西、阿根廷或中国的贸易开放度较低，而是因为这些国家的经济体量较大，拥有较为庞大的国内消费市场。因此与越南、马来西亚等经济体量较小的国家相比，这些经济大国的开放度指标就显得相对较低了。尽管平均来看，新兴市场国家的进出口总值与国内生产总值比值（47.3%）低于全球的平均值（57.9%），但如果去除新兴市场 30 国中最大的 3 个经济体即中国、印度和巴西，其余国家的进出口总值与国内生产总值比值为 63.6%，超过全球和中等收入国家的平均水平。因此从对外贸易来看，新兴市场国家代表着相当开放的经济体。

表 2-6　进出口总值与 GDP 比值最高和最低的国家（2017 年）

单位：%

比值最高的国家	比值	比值最低的国家	比值
马来西亚	132.7	乌兹别克斯坦	35.3
泰国	123.5	巴基斯坦	26.2
波兰	100.2	巴西	25.2
突尼斯	93.7	阿根廷	24.6

数据来源：世界银行 WDI 数据库

新兴市场国家不仅有着相当开放的商品市场，而且实现了货物和服务贸易的顺差，2017年新兴市场30国共计实现贸易顺差2 366亿美元，约占国内生产总值的0.87%。尽管整体盈余，但各个国家的贸易状况差异显著。对外开放程度最高的几个亚洲国家都实现了较高的贸易顺差，如越南、马来西亚和泰国的贸易顺差占国内生产总值的比重分别为3.1%、7.1%和13.4%，这些国家都以较低的生产成本为比较优势，拥有发达的中低端制造业而成为世界工厂，向全球提供低廉的制造业产品。除东南亚国家外，哈萨克斯坦、俄罗斯等资源丰富的国家也因大量的能源资源产品出口，而成为为数不多的实现贸易盈余的国家。反观贸易赤字严重的国家，往往是经济发展不稳定、缺乏扎实工业基础的国家，这些国家主要分布在拉丁美洲和非洲地区，如突尼斯（–11.4%）、埃及（–10.4%）和摩洛哥（–9.3%）等。实现基本平衡或适当盈余的贸易顺差是任何一个国家特别是处于快速发展阶段的新兴市场国家经济增长的重要引擎，而且也是创造外汇收入、促进金融稳定的重要保障。亚洲的一些新兴市场国家在经历亚洲金融危机之后，迅速调整经济结构，保持健康的经常账户并致力于构建稳健的金融体系。近20年来，即便是面临全球金融危机等较强的外部冲击，它们仍然能保持快速而稳定的经济增长。

将新兴市场国家的进出口进行分解，可以进一步探究这些国家的贸易结构，以此为切入点，可以分析新兴市场国家的经济发展规律。总体来看，最近20年来，新兴市场国家与发达国家之间的贸易占总贸易的比重逐渐降低，从1999年的75%降至2017年的59%[①]，这符合全球贸易的整体走势。一般而言，与发达国家的贸易会产生

① 新兴市场国家与发达国家的贸易占比的测算方法是取各个新兴市场国家对发达国家出口占比与进口占比的平均值，数据来源为世界银行WDI数据库。

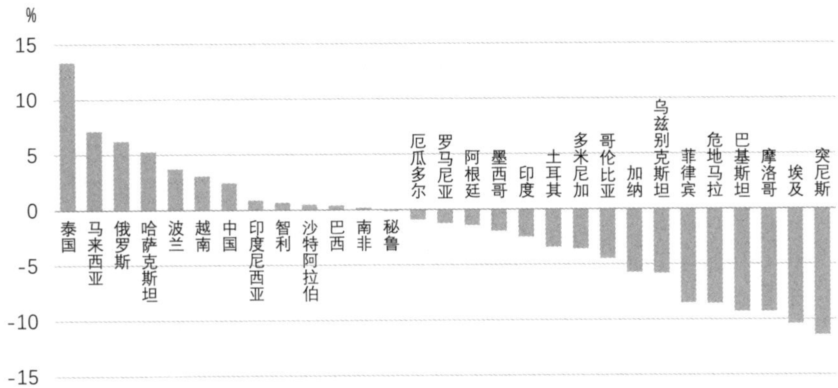

图 2-14　新兴市场国家商品和服务净出口占 GDP 的比重（2015—2017 年平均值）

数据来源：世界银行 WDI 数据库

一定的溢出效应，外贸企业在与发达国家进行业务往来的同时也能够从发达国家学习先进的技术和企业管理经验。在经济起步阶段，这将有效地激发发展中国家的后发优势，促进经济增长。这些年来与发达国家贸易量的减少，一方面反映出发达国家的有效需求不足、制造业外移；另一方面也体现出以新兴市场 30 国为代表的发展中国家正在全球产业链中占据更多、更重要的位置。

新兴市场国家的出口主要分布在哪些行业呢？从整体上看，新兴市场国家对能源出口较为依赖。新兴市场 30 国平均能源出口占其总出口的比重为 18%[①]，超过世界平均值（11.9%），其中一些石油、天然气等资源储备丰富的国家，如沙特阿拉伯、伊朗、哈萨克斯坦、俄罗斯等国的能源出口占其总出口的比重甚至超过 50%。能源出口是新兴市场国家外汇创收的重要手段，也是促进经济增长的重要引

① 新兴市场 30 国平均能源出口占比的测算方法是取各个新兴市场国家能源出口占 GDP 的比重的平均值，数据来源为世界银行 WDI 数据库。

擎，但由于受外部因素的影响大而成为新兴市场国家经济和金融危机的导火索之一。对石油、天然气、矿产资源等大宗商品出口依赖较大的国家，在大宗商品价格下行周期往往会出现较为剧烈的金融波动。反观出口结构更多元化、对大宗商品出口依赖性较低的国家，包括波兰、中国、智利等，其经济弹性更强，能够更好地应对外部经济和政治冲击。

表 2–7　新兴市场国家中能源出口占比最高和最低的国家及其占比情况（2015—2017 年平均）

单位：%

能源出口占比最高的国家	能源出口占总出口比重	能源出口占比最低的国家	能源出口占总出口的比重
沙特阿拉伯	76.5	中国	1.4
伊朗	69.1	摩洛哥	1.1
哈萨克斯坦	64.1	巴基斯坦	1.1
俄罗斯	56.4	智利	0.8
哥伦比亚	53.7	多米尼加	0.4

数据来源：根据世界银行 WDI 数据库计算。

除了在能源上把握了全球经济的命脉，新兴市场国家在全球制造业产业链中所发挥的作用也越来越大。新兴市场国家工业制成品占出口总货物的比重很高，特别是中国、菲律宾、越南等亚洲国家和波兰、罗马尼亚等欧洲国家。中国的工业制成品占出口总货物的比重高达 93.9%，比世界平均值高出 24.8 个百分点。值得关注的是，在这些国家的工业制成品出口中，高科技产品的出口所占的比重也在逐年攀升，表现最为突出的是菲律宾，其高科技产品占出口工业制成品的比重高达 55.3%，远超世界平均值；中国的高科技产品在出口工业制成品的占比也高达 24.9%。这一方面说明新兴市场国家实现了经济结构转型和产业升级，这些国家的出口已不局限于鞋帽衣袜等低技术附加值产品，而是向先进制造业过渡；另一方面也说明新兴市场国家在全球产业链中的地位正逐渐巩固，成为发达国家高科技产品装配制造过程中重要的一环。

表 2–8　新兴市场国家的工业制成品和高科技产品出口（2015—2017 年平均）

单位：%

工业制成品占出口总货物比重最高的国家	工业制成品占货物出口比重	高科技产品占出口工业制成品比重最高的国家	高科技产品占出口工业制成品比重
中国	93.9	菲律宾	55.3
菲律宾	84.2	马来西亚	38.0
越南	83.0	哈萨克斯坦	31.4
墨西哥	82.6	越南	29.7
突尼斯	79.8	中国	24.9
波兰	79.7	泰国	21.5
土耳其	79.7	墨西哥	15.0
罗马尼亚	79.1	巴西	12.7
世界	69.1	世界	17.5

数据来源：世界银行 WDI 数据库

尽管很多国家都实现了经常账户开放，并且将对外贸易作为重要的经济增长引擎，但在资本账户方面，很多国家都相对封闭。表 2–9 反映了新兴市场国家的金融开放程度[①]。我们发现，除了经济发

① Chinn–Ito 金融开放指数衡量的是一个国家资本账户的开放程度，它是介于 0 到 1 之间的变量，指标的设计基于国际货币基金组织发布的《汇率安排和汇率管制年报》，指数越大表示一个国家的资本账户越开放。数据来源：http://web.pdx.edu/~ito/Chinn–Ito_website.htm

展水平相对较高的欧洲和拉美的新兴市场国家以外，绝大多数新兴市场国家的金融开放指数都低于 0.5，特别是中国、泰国、印度尼西亚等亚洲国家。金融开放程度不够导致新兴市场国家所吸引的外国直接投资较少，在 30 个新兴市场国家中，仅有 10 个国家的外国直接投资占国内生产总值的比重超过世界平均值，包括金融开放程度相对较高的拉美国家智利、多米尼加、秘鲁等；而受到西方国家严重制裁的伊朗、政治经济震荡频发的巴基斯坦以及南非等所吸引的外国直接投资占国内生产总值的比重均不到 1%。虽然资本账户的相对封闭阻碍了一部分国际资本流入新兴市场国家而不利于经济增长，但这也使这些国家的宏观经济免遭国际经济波动的影响。后危机时代，亚洲的新兴市场国家，包括中国、印度、泰国、马来西亚、印度尼西亚等成为全球增长的新动能，适当的资本管制配合合理的货币和财政政策工具，帮助这些国家更好地应对全球金融危机，在更加稳定的金融环境下实现实体经济的发展和赶超。

表 2-9　新兴市场国家的金融开放指数（2016 年）

地区	国家	Chinn-Ito金融开放指数
非洲	埃及	0.166
	摩洛哥	0.166
	南非	0.166
	突尼斯	0.166
	加纳	0.000
亚洲	沙特阿拉伯	0.699
	菲律宾	0.449
	土耳其	0.449
	印度尼西亚	0.416

（续表）

地区	国家	Chinn-Ito金融开放指数
	马来西亚	0.416
	越南	0.416
亚洲	伊朗	0.283
	中国	0.166
	印度	0.166
	哈萨克斯坦	0.166
	巴基斯坦	0.166
	泰国	0.166
	乌兹别克斯坦	0.000
欧洲	波兰	0.699
	俄罗斯	0.657
	罗马尼亚	N/A
拉丁美洲	危地马拉	1.000
	秘鲁	1.000
	智利	0.699
	多米尼加	0.699
	厄瓜多尔	0.699
	墨西哥	0.699
	哥伦比亚	0.416
	阿根廷	0.166
	巴西	0.166

数据来源：Chinn-Ito 金融开放指数（http://web.pdx.edu/~ito/Chinn-Ito_website.htm）

（二）经济增长的驱动力

发展中国家的经济增长离不开充足的固定资本、高素质的劳动力和稳定的政治环境，而不同的资本、劳动力储备也决定了完全不同的经济增长模式。新兴市场30国北接亚欧大陆板块，南连拉丁美洲和非洲，不同的地理版图意味着这些国家拥有不同的发展条件：拉美国家巴西、阿根廷有着丰富的矿产品资源；欧洲国家波兰、罗马尼亚有着丰富的资本储备和完善的工业基础；东南亚国家印度尼西亚、越南有大量年轻的劳动力资源和成本低廉的土地供给；突尼斯、摩洛哥等非洲国家濒临地中海，与南欧发达国家隔海相望。这些国家都因势利导，充分利用自身的比较优势发展经济。总体而言，经济增长的个性化驱动因素包括能源与资源出口、教育与人力资源、储蓄和投资等，但跨越低收入和中等收入水平的新兴市场国家也具有一些共性，那就是充分开放的经济体和稳定的发展环境。

1. 能源资源储备是新兴市场国家经济增长的重要推动因素

在新兴市场国家中，有不少是能源资源储备丰富的国家。分地区来看，西亚、中东地区新兴市场国家的能源储备最为丰富，其中能源资源储备最丰富的沙特阿拉伯的人均化石能源产出达20吨/年，哈萨克斯坦、伊朗等国的人均化石能源产出也超过5吨/年。相较于这些化石能源资源丰富的西亚国家，印度、巴基斯坦、越南、泰国等南亚、东南亚国家和突尼斯、埃及等非洲国家的能源资源则比较贫瘠，新兴市场30国中能源资源储备最为贫乏的巴基斯坦的人均化石能源产出仅有0.15吨/年，仅为沙特阿拉伯的0.77%。总体来看，新兴市场国家的平均化石能源产出为1.38吨/年，而世界平均值却为1.5吨/年。

因此，虽然对于少部分新兴市场国家来说，能源出口是创造外汇及促进增长的重要驱动力，但这一模式并不能在所有的新兴市场国家推广。

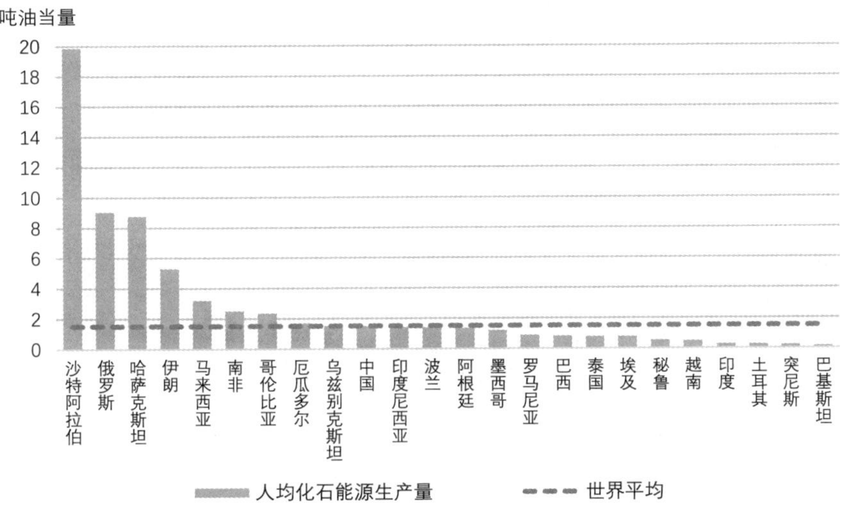

图 2–15　新兴市场国家的人均化石能源产出（2017 年）[①]

数据来源：根据 BP Statistical Review of World Energy（June 2018）数据计算。

能源出口是实现经济发展的一条捷径，这在图 2–17 中有所印证。化石能源产出较高的国家，除了备受制裁困扰的伊朗外，几乎无一例外地都达到了人均 10 000 美元及以上的中高收入或高收入水平。沙特阿拉伯是新兴市场国家中最富有的国家，其人均化石能源产出约为 20 吨，人均国内生产总值也达到 20 000 美元以上。然而，值得关注的是，能源资源储备并非新兴市场国家经济增长的必要条件。在人均化石能源产出低于世界平均值的能源贫乏国家俱乐部中，也不乏经济发展水平较高的国家，包括中国、波兰、罗马尼亚、土耳

① 化石能源包括石油、天然气、煤炭，在测算化石能源总产出时，取各不同种类能源产出的石油当量进行加总。

其等。由图 2–16 可见，过去近 20 年的数据并未发现较高的能源产出与较高的经济增速有必然的关联，即便是人均化石能源产出达 20 吨以上的沙特阿拉伯，也不止一次地遭遇过剧烈的经济衰退。能源供给严重不足，石油的对外依赖度高达 60% 以上的中国，1999 年—2017 年却保持着年均 9.2% 的实际经济增长，即便在全球金融危机期间，也保持着 10% 左右的经济增长，并未出现过经济衰退的情况。除了堪称增长奇迹的中国，人均能源产出仅为世界平均值 1/3 的越南也在过去近 20 年实现了年均 6.3% 左右的高速、稳定的经济增长。由此可见，在影响新兴市场国家经济增长的因素里，能源资源储备仅是对某些特定国家适用的一个重要因素，但能源依赖型增长模式并非放之新兴市场国家皆适用的普遍模式。

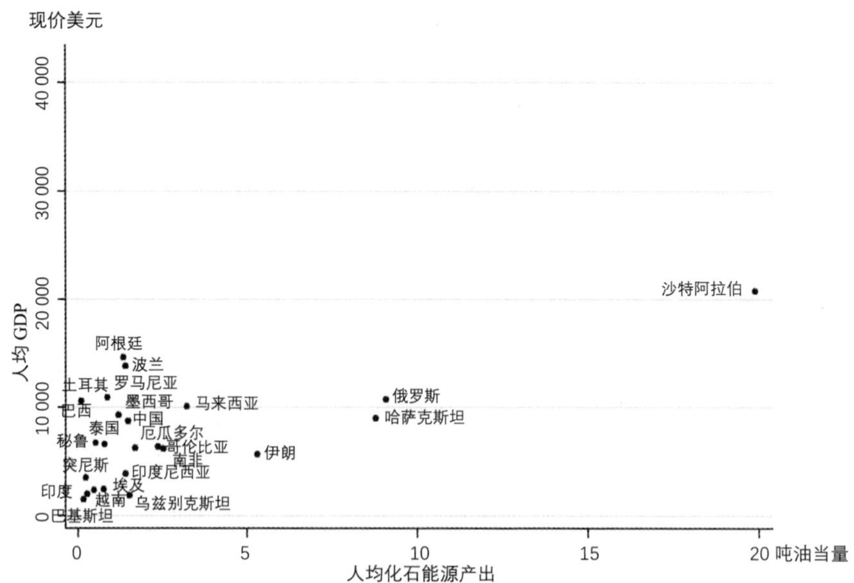

图 2–16 新兴市场国家的人均化石能源产出和人均 GDP（2017 年）

数据来源：世界银行 WDI 数据库、BP Statistical Review of World Energy（June 2018）数据

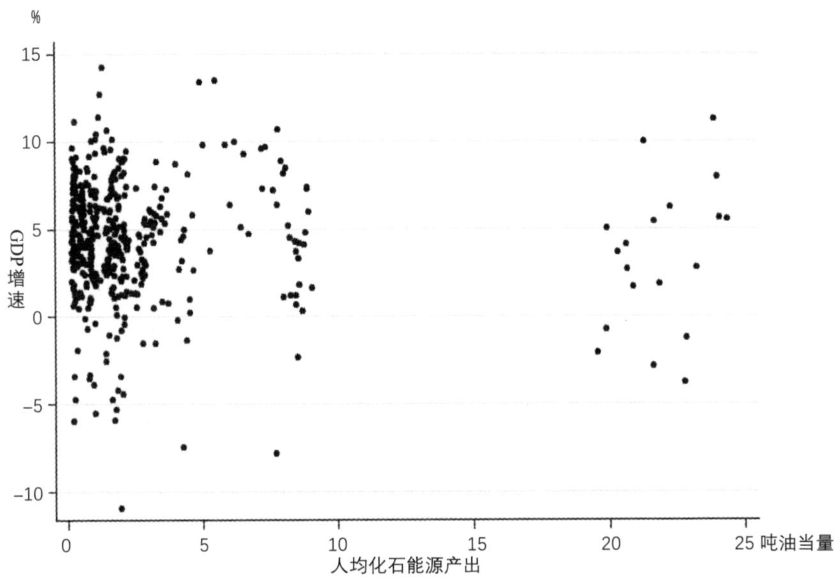

图 2–17 新兴市场国家的人均化石能源产出和 GDP 增速（1999—2017 年）

数据来源：世界银行 WDI 数据库、BP Statistical Review of World Energy（June 2018）数据

充足的能源资源储备和供给对新兴市场国家来说，也并非代表着绝对优势，资源诅咒的现象在某些新兴市场国家仍然存在。伊朗作为中东地区最大的经济体之一，因其高原油储备和低开采成本而成为全球主要石油输出国，但也因此卷入一系列地缘政治危机和与西方国家的政治纷争之中，美国对其长期以来的制裁造成了经济增长的停滞，严重影响了国内产业的发展和民生福祉。更重要的是，对能源出口的依赖使得一些新兴市场国家经济极易受外部因素的影响——国际原油价格的走势决定了这些国家的出口收入，进而通过汇率、利率、物价等价格因素向国内金融部门传导。原油价格也影响产油国的财政收入，进而左右着国内经济走势。如图 2–18 所示，在 2014—2015 年国际原油价格下行期间，主要产油国的经济增速都

出现了较大的下滑，俄罗斯的经济增速从 2013 年的 2.5% 降至 2015 年第三季度的 –3.5%。

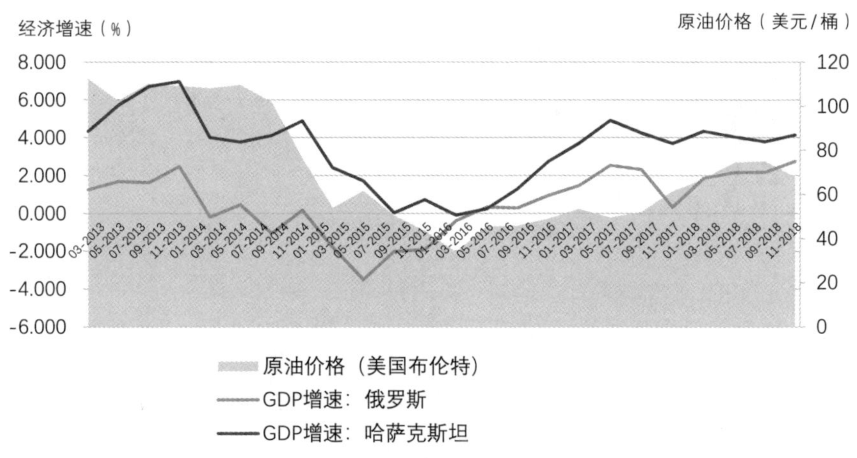

图 2–18　国际原油价格与主要产油国的经济增长

数据来源：CEIC 数据库

2. 充足的受教育人口是新兴市场国家经济增长的重要基础

新兴市场国家有着庞大的人口基数。2017 年，新兴市场 30 国的总人口为 46.94 亿人，约占全球人口总量的 62.5%；其中，中国和印度的人口总量为 27.25 亿人，占新兴市场国家人口总量的 58%。庞大的人口基数不仅意味着巨大的消费市场，也为经济增长提供了充足的劳动力资源。如表 2–10 所示，新兴市场国家的总人口增长率约为 1%，按国别简单平均的人口增速高达 1.25%。在新兴市场国家占全球 2/3 的总人口中，有 67.2% 的人口为 15—64 岁的劳动年龄人口，超过世界 65.46% 和中等收入国家 66.7% 的平均水平。大量的劳动力供给是一部分新兴市场国家经济增长的重要引擎。一些在最近几年来增长尤其显著的新兴市场国家都普遍存在人口年轻化的特征，虽然中国存在人口老龄化的倾向，但2017年15—64岁人口占比仍高达71.7%，其他一些高增长东南亚国家也存在充足的劳动力供给，如泰国、马来西亚、越南15—64岁人口比重分别为71.3%、69.4%和69.8%。大量的劳动力供给压低了劳动力价格，成为后发国家实现追赶型增长的重要基础条件。

表2–10 新兴市场国家的人口增长和受教育程度（2015—2017年）

单位：%

	人口增长率		年轻人口比重①		大学毛入学率②	
	人口加权平均	国别平均	人口加权平均	国别平均	人口加权平均	国别平均
新兴市场国家	1.00	1.25	67.25	69.98	41.95	47.07
高收入国家	0.56		65.99		76.78	
中等收入国家	1.12		66.70		34.89	
低收入国家	2.55		54.26		8.82	
世界	1.16		65.46		37.34	

注：表中数据均为2015—2017年的平均值。
数据来源：根据世界银行WDI数据库计算。

与人口数量同样重要的是人口质量，受教育水平决定了人口质量，从而也在很大程度上影响劳动生产率和经济增长。与世界平均水平相比，新兴市场国家的平均受教育水平较高，按人口加权的平均大学毛入学率为41.95%，按国别简单平均的大学入学率则高达47.07%，远超37.34%的世界平均值和34.89%的中等收入国家平均

① 年轻人口比重是指15—64周岁人口占总人口的比重。

② 大学毛入学率是所有年龄段的公民中完成中学学习后成功被大学录取（不管是否取得大学学位）的公民占全体公民人数的比例。

值。按国别来看，受教育状况与不同国家的收入水平有显著的正相关性。高收入国家，包括智利、波兰、沙特阿拉伯的大学入学率都达到 65% 以上，而中低收入国家，包括乌兹别克斯坦、巴基斯坦的大学入学率则低至 10% 以下。总的来说，欧洲和拉美新兴市场国家的受教育水平高于亚洲国家的受教育水平，而以中国为代表的亚洲新兴市场国家正在人口质量上实现对世界平均乃至发达国家的追赶。中国的大学毛入学率从 1999 年的 6.46% 不断地上升到 2017 年的 51%；而在相同时间范围内，金砖五国中唯一的拉美国家巴西的大学毛入学率则从 16.1% 提高至 50.5%。此外，中国在科技专利申请、国际期刊发表和引用等高科技领域对发达国家也形成了较快的赶超之势。

表 2–11　新兴市场国家的大学毛入学率（2016 年）

单位：%

收入水平	国家	大学毛入学率
高收入	智利	90.322 76
	沙特阿拉伯	66.599 8
	波兰	66.556
中高收入	土耳其	103.745 1
	阿根廷	89.081 9
	俄罗斯	81.815 56
	秘鲁	69.616 44
	伊朗	68.846 13
	哥伦比亚	58.721 84
	多米尼加	54.499
	巴西	50.488 51
	泰国 中国	49.286 68 48.441 05
	罗马尼亚	48.022 76
	哈萨克斯坦	46.121 73

（续表）

单位：%

收入水平	国家	大学毛入学率
中高收入	马来西亚	44.116 69
	墨西哥	36.850 74
	南非	20.476 36
	厄瓜多尔	N/A
	危地马拉	N/A
中低收入	埃及	34.436 19
	突尼斯	32.580 14
	摩洛哥	31.959 84
	越南	28.259 87
	印度	26.928 59
	加纳	15.669 95
	巴基斯坦	9.733 5
	乌兹别克斯坦	8.436 61
	印度尼西亚	N/A
	菲律宾	N/A

数据来源：世界银行 WDI 数据库

3. 高储蓄是新兴市场国家经济增长的重要保障

在新兴市场 30 国中，除了一部分依赖丰富能源资源储备发展能源经济的中东国家和依靠充足的劳动力资源发展劳动密集型产业的东南亚国家外，还有一部分国家则利用其高储蓄优势，促进产业投资，通过高投资拉动经济增长，这对于处于中等收入水平的发展中国家来说尤为重要。

虽然从总体来看，新兴市场国家的储蓄率并不高于世界平均水平，但分地区来看，不同地区呈现出完全不同的情况。亚洲国家的储蓄率显著高于其他地区。在新兴市场 30 国中，储蓄率最高的是中国，其 2015—2017 年的三年平均储蓄率高达 46.6%，超出世界平均水平近 20 个百分点；伊朗、哈萨克斯坦、沙特阿拉伯等西亚国家也拥有较高的储蓄率，这是较高的能源出口与较低的居民消费共同作用的结果；其他的高储蓄国家大多分布在东南亚地区，泰国、印度尼西亚、马来西亚等国的储蓄率都在 30% 以上，超过世界及中等收入国家的平均水平。新兴市场国家中储蓄率最低的国家大多分布在拉丁美洲和非洲地区，其中埃及和危地马拉的储蓄率都低于 5%，巴西、阿根廷的储蓄率也都只达 20% 左右。低储蓄率降低了信贷供给，推高了实际利率，增加了企业的融资成本，从而抑制了经济发展。如图 2–19 所示，高储蓄国家的贷款利率相对较低，中国的年均贷款利率只有 4.35%，而巴西的年均贷款利率则高达 47.7%。

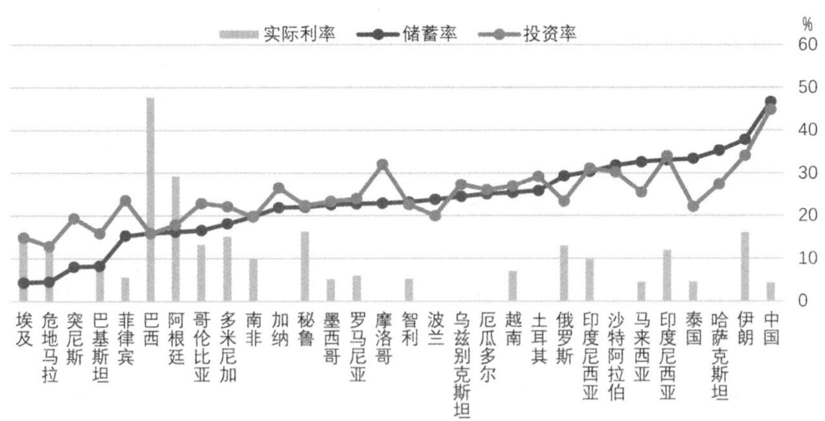

图 2–19　新兴市场国家的储蓄率、投资率和贷款利率（2015—2017 年平均值）

数据来源：世界银行 WDI 数据库

高储蓄在提供国内企业相对低廉的信贷的同时，还挤出了一部分外国融资，降低了外部杠杆率，保障了国内的资金安全。与拉美国家相比，东亚、东南亚国家的外债占国内生产总值的比重较低，经常账户顺差较高，因此这些亚洲国家的偿债风险可控。高储蓄、低利率、低外部杠杆率为部分亚洲新兴市场国家经济的快速、稳定经济增长营造了安全的金融环境，是这些国家经济增长的重要保障。如图 2–20 所示，除了少数特殊年份，新兴市场国家的储蓄率和国内生产总值增速呈现比较显著的正相关关系。全球金融危机后，在政府的一系列刺激政策下，中国的储蓄率曾经高达 50% 以上，投资率也超过了 45%，这也带来了 10% 左右的实际经济增长；而低储蓄的阿根廷、哥伦比亚等国则陷入低增长困境，特别是在全球金融危机

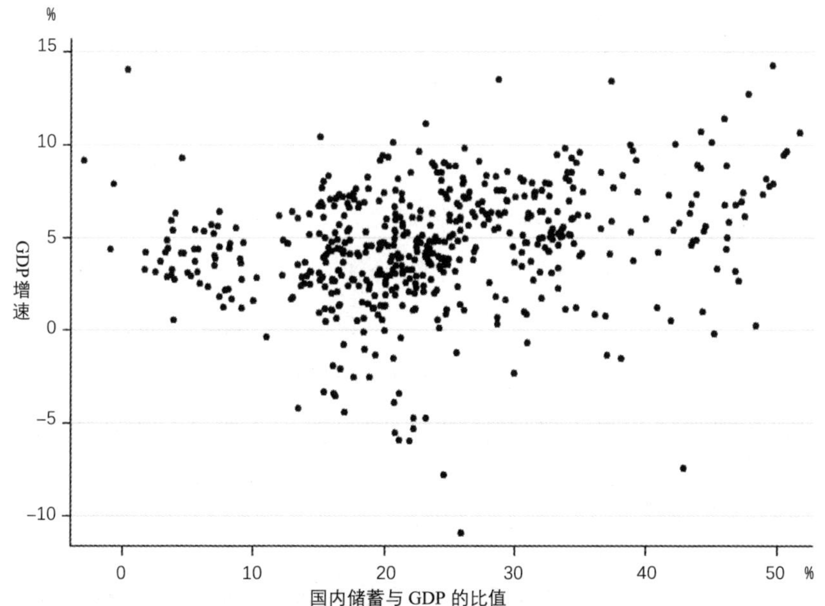

图 2–20　新兴市场国家的储蓄率和 GDP 增速（1999—2018 年）

数据来源：世界银行 WDI 数据库

期间，这些低储蓄国家的抗风险能力低于高储蓄的国家，经济迅速陷入衰退。

4. 有管理的对外开放是新兴市场国家经济起飞的重要推动力

作为全球最具发展潜力的国家，新兴市场 30 国虽然各有各的资源禀赋和发展模式，但它们具有一个共同特点，那就是充分开放的市场。对外开放是新兴市场国家经济腾飞的重要推动力。不管是能源资源储备丰富的国家，包括沙特阿拉伯、俄罗斯，还是资源相对匮乏的国家，如波兰、泰国等，都需要很好地融入世界经济体系，在全球产业链中寻找适合自己的位置，通过对外开放，在发展本国优势产业的同时，引进先进技术，推动产业升级。

从整体上看，新兴市场国家经常账户的对外开放程度高于世界其他国家。新兴市场 30 国的进出口总值与国内生产总值的比值为 47.3%，如果不包括中国、印度、巴西这三个开放大国，该指标更是高达 63.6%，超出全球和中等收入国家的平均水平。进出总值与国内生产总值比值最高的东南亚国家越南、马来西亚和泰国的总值都超过了 100%，且这些国家都实现了较高的贸易顺差。充分的开放不仅有助于新兴市场国家向全球输出具有自身比较优势的商品，获得大量的外汇收入，培育一大批出口企业引领国内工业企业的发展，而且在与发达国家进行经贸往来时，国内企业还有机会学习发达国家先进的科学技术和管理经验，帮助企业打造自身优势，更好地融入全球市场。

在通过对外开放获得增长动力和发展机遇的新兴市场国家中，中国是一个非常好的案例。中国具有高度开放的商品市场和适度开放的资本市场。在开放过程中，遵循渐进式有管理的开放节奏，通过先商品后金融，先直接投资后证券投资的方式，中国将本国市场的大门逐步向世界打开。合理地掌握节奏，一方面能促进外国先进生产技术的外溢，帮助国内企业学习提高，促进经济结构调整完善，另一方面还能对国内行业适度保护。更重要的是，渐进式、有管理的开放能保证国内金融市场稳定，而稳定的环境对新兴市场国家尤为重要。图 2–21 展示了中国、韩国、日本和新加坡的货币对美元的汇率指数，我们从中可以看出，在 20 世纪 60 年代"亚洲四小龙"中的韩国、日本、新加坡经济起步阶段，这些经济体的货币对美元都保持了相对稳定的汇率。中国自改革开放以来，一直采用"盯住美元"或有管理的浮动汇率制度，在实施汇率改革、改善汇率形成机制的过程中，采用适当的政策和市场手段，保证汇率不大起大落。稳定的汇率有助于形成良好的市场反馈，对于促进出口、帮助国内企业走出去、吸引外国企业走进来至关重要。

图 2–21　中国和部分"亚洲四小龙"经济体的货币对美元的汇率指数

注：上图以 1960 年 12 月兑美元汇率为 100，上升趋势代表货币的升值。

数据来源：CEIC 数据库

三、新兴市场国家经济发展的重点问题

新兴市场国家以全球 62.5% 的人口贡献了全球经济总量的 34.2%，尽管发展增速快、潜力足，但除了全球最大经济体中国之外，其他国家受制于较小的经济体量和较低的经济发展水平，仍然很难在全球经济体系，特别是全球金融市场上扮演重要的角色。具有较高经济发展水平的新兴市场大国，如中国、巴西、土耳其等面临着经济结构转型的难题，而经济发展水平较低的小型经济体，如加纳、巴基斯坦、乌兹别克斯坦等则亟需寻找符合自身优势条件的经济增长点。在发展过程中，这些新兴市场国家面临着以下四个重点问题。

（一）外向型经济发展模式使新兴市场国家易受外部因素的影响

新兴市场国家外向型发展模式在助力经济起飞的同时，也成为扰乱经济金融市场的主要导火索。在全球和区域性金融危机中，新兴市场国家都不可避免地受到波及，这表现在汇率的大幅度贬值、金融市场的动荡。近年来，随着美国经济基本面的走高，美国开启加息进程，这在使得美元坚挺的同时，促使大量国际资本向美国回流。受此影响，2018 年以来，亚洲、非洲和拉美的主要新兴市场国家的货币对美元都有不同程度的贬值。中国的人民币、印度卢比和巴西里拉分别贬值大约 6%、11% 和 15%。值得关注的是，土耳其里拉和南非兰特仅 2018 年就分别贬值了近 30% 和约 14%，是除委内

瑞拉之外贬值幅度最大的国家。美元强势不仅带来了新兴市场国家货币大幅度贬值和资本外逃的直接后果，而且通过“羊群效应”加剧了国际投资者对于新兴市场国家政府和金融市场的不信任和恐慌情绪，使这些国家的债券利率飙升、股票市场暴跌。

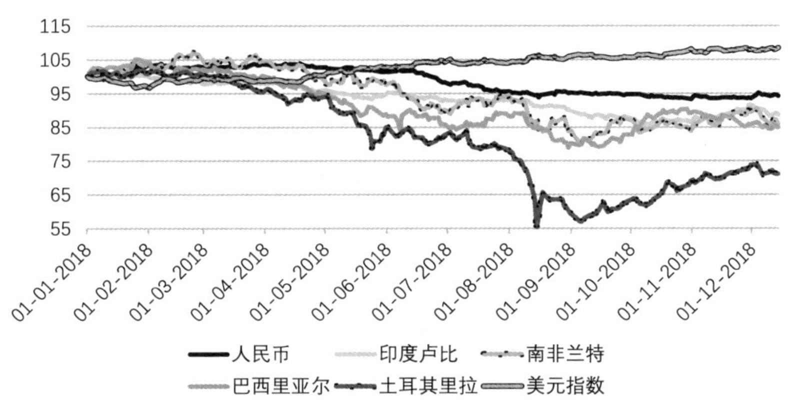

图 2–22 主要新兴市场国家货币兑美元的汇率指数

数据来源：CEIC 数据库

由外部因素引发的金融波动不仅使金融资产缩水，通过财富效应影响居民消费，而且使抵押品价值降低，这与不断高抬的利率水平共同作用，对生产部门的投资行为造成了很大的冲击。更重要的是，金融市场的不确定性增强会改变企业部门对未来的预期，这将扭曲生产和投资行为，从而拖累经济增长。新兴市场国家大多经济体量较小，他们并不能影响全球经济的走势，却一次又一次地被发达国家的政策调整和经济波动所影响。由于新兴市场国家与发达国家处于不同的经济周期，因此美国、欧元区的货币和财政政策往往与这些国家的政策需求相悖，这将加剧一些新兴市场国家的经济波动，造成短期增长停滞或衰退。

（二）脆弱的国内金融市场是新兴市场国家金融危机频发的根本原因

外部因素带来的冲击可通过适当地管制资本和金融账户来缓解，除了经济发展水平较高的欧洲和拉美国家以外，绝大多数新兴市场国家的金融开放指数都低于 0.5，包括泰国、印度尼西亚等东南亚国家。尽管如此，资本管制并不能有效地熨平任何跨境资本流动，消灭金融危机。图 2–23 和图 2–24 是中国和其他新兴市场国家全球金融危机以来的跨境资本与国内生产总值之比。与其他所有新兴市场国家情形类似的是，中国在全球金融危机之前经历了持续的资本流入。金融危机虽因美国金融市场的问题而起，但却很快对其他发达国家和新兴市场国家造成了较大冲击，危机期间中国和其他新兴市场国家均发生了资本流动的逆转，经历了较大规模的资本流出。中国 2008 年底资本流出与国内生产总值之比达到 7.1%，欧洲和亚洲的一些新兴市场国家，包括俄罗斯、马来西亚等都经历了更为严重的资本外流。金融危机后新兴市场国家经济迅速脱离泥潭实现反弹，这也吸引了大量国际资本流入。但从 2014 年起，随着美国经济复苏，美联储结束量化宽松政策，开启缩表和加息窗口，一些新兴市场国家的跨境资本流动的方向又发生了明显的逆转。中国由私人部门资本账户的持续顺差转变为持续逆差，2014—2016 年间，外流资本与国内生产总值之比平均高达 4.6%，俄罗斯、罗马尼亚等东欧国家和马来西亚、菲律宾、泰国等亚洲国家也经历了跨境资本的迅速外流。作为 2018 年受强势美元及其他外部因素冲击最严重的国家，土耳其里拉兑美元的汇率由 2018 年初的 3.78 一路下跌至 8 月中旬的最低值 6.89，单日最大跌幅甚至达 20% 左右，濒临崩盘。外汇市场的波动与股票和债券市场产生联动效应，土耳其的隔夜拆借利率 2018 年攀升超过 10 个百分点，伊斯坦布尔综合指数也累计下跌 20%。复杂的国际环境与脆弱的经济基本面叠加，使土耳其的宏观金融风险不断积聚。截至 2017 年末，土耳其的非金融部门负债与国内生产总值之比已经高达 113%，相较 2008 年初已经上升近 30 个百分点，短期外债与外汇储备的比例超过国际公认的安全红线。对高杠杆、高经常账户赤字的土耳其来说，美元等主要国际货币的收紧进一步抬高其外债违约风险，银行体系的货币错配问题将可能引发一场新的金融风波，成为其经济增长的潜在隐患。与这些国家情形不同的是，一些新兴市场国家，如智利、秘鲁、墨西哥等即便在美联储缩表加息期间均保持着相对稳定的资本净流入，并未受到发达国家货币政策变动的影响。值得一提的是，一些经历较为严重资本外流的国家，如泰国、马来西亚等的资本账户都是适当管制的，而秘鲁、智利、墨西哥却是金融市场高度开放的经济体。①

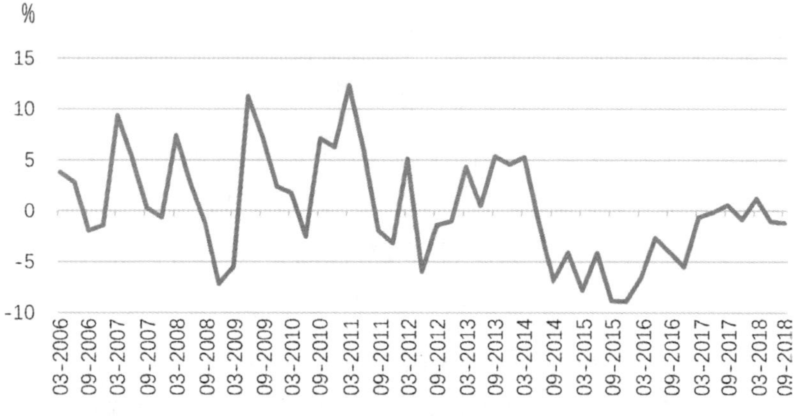

图 2–23　中国跨境资本流动与 GDP 的比值

注：图中的正值表示资本净流入，负值表示资本净流出。

数据来源：CEIC 数据库

① 分析数据来源为 CEIC 数据库。

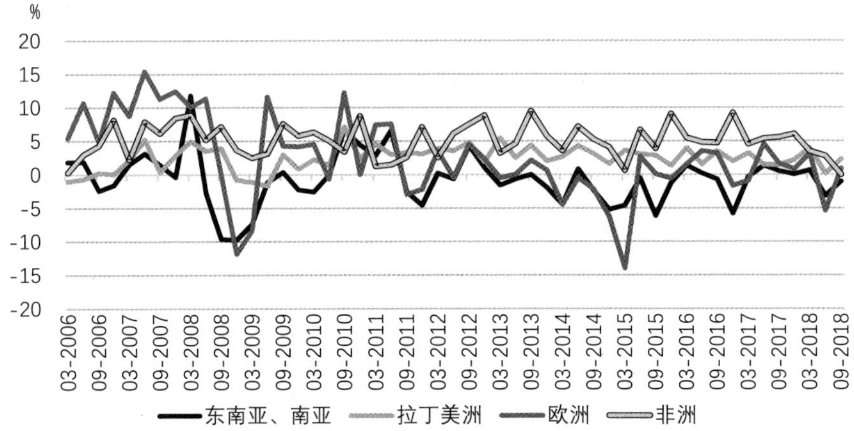

图 2–24　不同地区新兴市场国家的跨境资本流动与 GDP 的比值（平均值）

数据来源：CEIC 数据库

在面临外部金融冲击时，适当的资本管制可为国内市场提供一定的缓冲，而健康、稳定的金融体系和实体经济才是抵御外部金融风险最重要的武器。新兴市场国家大多为处于中等收入水平的发展中国家，它们金融市场的广度和深度都远不及发达国家，在快速发展的过程中，政策制定者将关注点集中在促增长，而对金融体系的一些问题不够重视。以 1997 年亚洲金融危机为例，危机之前，泰国等东南亚新兴经济体的银行体系信用扩张速度过快，大量国际资本涌入东南亚，银行资产负债表出现严重的货币错配问题。在出口竞争力不足且缺乏政府稳定基金的情况下，这些国家就极易受到外部冲击的影响。1996 年，泰国外债总额达 1 087 亿美元，其中短期外债为 477 亿美元，超过外汇储备额，同年度泰国的经常账户还出现了高达国内生产总值 8% 的逆差，这些国内金融系统和经济结构存在的问题才是新兴市场国家易受外部冲击影响的根本原因。

（三）单一的经济结构使新兴市场国家经济具有较高的外部依赖性

新兴市场国家中有不少国家的经济结构相对单一，经济增长主要依赖某个行业，尚未形成全行业产业链。一些能源依赖型国家，如沙特阿拉伯和哈萨克斯坦的能源出口占总出口的比重超过 60%，而这些国家的经济发展又高度依赖出口。在 2008 年全球金融危机过后，沙特阿拉伯的净出口占国内生产总值的比重曾超过 25%，哈萨克斯坦的净出口占比也曾高达 20% 左右。除了这些能源依赖型的国家，新兴市场国家中也不乏外部依赖程度较高的工业化国家，如印度。一方面，印度缺乏能源和资源储备，工业生产的原材料大量依赖进口；另一方面，印度的高科技行业和高端服务业相当发达，而传统制造业基础则相对薄弱。这种空心化的产业结构不仅使大量适龄劳动人口得不到充分就业，贫富分化扩大，引发一系列民生问题，而且使国民经济的对外依赖程度提高。当国际大宗商品价格出现波动，或美国等发达国家的经济政策发生改变时，这些经济结构单一的国家，不管是以石油等大宗商品出口为主导产业的能源依赖型国家，还是印度等产业结构单一的国家，都比产业链条完整、对外依存度较低的新兴市场国家更容易出现经济波动。

经济结构单一的国家不仅易受到外部经济冲击的影响，而且在政治动荡时也缺乏强大的抵抗力。一些主要石油生产国，包括伊朗、俄罗斯等国都在近年内接连受到美国日益严厉的制裁。在 2018 年 5 月单方面退出伊核协议之后，美国恢复了对伊的经济制裁，这包括禁止除豁免国之外的实体与伊朗进行与石油、矿物制品等相关的贸易，制裁与伊朗中央银行存在业务往来的外国金融机构等。此举意在扼杀伊朗赖以为生的石油行业，堵死伊朗开发核武器的道路，更重要的是巩固美国在中东地区的政治地位和经济利益。2014 年乌克兰危机之后，美国对俄罗斯实施了一波接一波的制裁，这不仅包括对某些企业高管和政府官员的制裁，也包括针对国防、能源、金融等不同领域的大范围制裁。2019 年以来，因不满俄欧关系的改善，美国甚至放话将对“北溪 –2”天然气管道项目进行制裁，而这一项目的主要目的是通过基础设施管网的构建，便利俄罗斯与欧洲主要国家之间的天然气贸易，对俄罗斯和欧洲国家而言均是双赢之举。美国独断的单方面制裁和长臂管辖严重地影响了这些新兴市场国家的经济运行，而对石油等行业的过度依赖使得伊朗、俄罗斯等国在面临美国制裁和其他政治风波时缺乏招架之力，其后果就是金融市场动荡，实体经济迅速下滑，人民的生活水平受到较大的冲击。

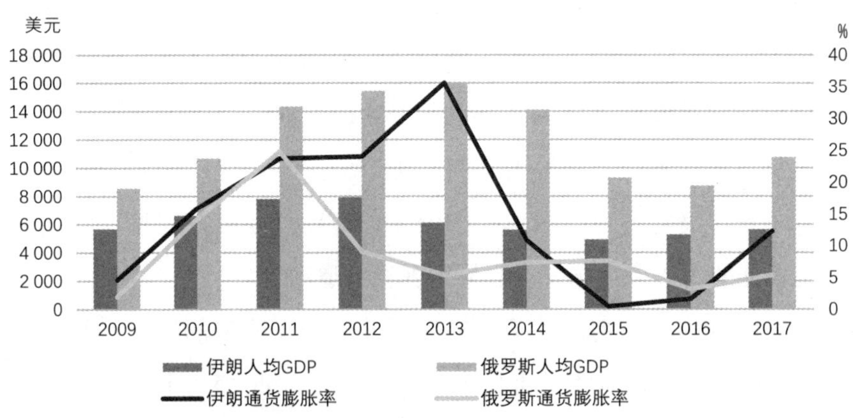

图 2–25 主要受制裁国家的人均 GDP 和通货膨胀率

数据来源：世界银行 WDI 数据库

（四）部分国家陷入增长停滞的困境

新兴市场国家中有一部分国家具备较好的发展基础，却在过去几十年内，经济增速下滑，经济波动加剧，长期增长陷入停滞。如图 2–26 所示，一些拉美国家在 20 世纪 60 年代末期就达到了较高的经济发展水平。阿根廷 1974 年人均国内生产总值为 2 845 美元，约是美国人均国内生产总值的 39.4%，在当时达到了高收入国家水平。然而，在最近 40 多年的发展过程中，并没有实现落后者的赶超，反而与美国之间的差距越来越大。在接连经历 80 年代拉美主权债务危机和 21 世纪后的金融危机后，阿根廷经济一蹶不振，人均国内生产总值仅能达到美国 6.8% 的水平。虽然危机过后，阿根廷经济出现迅速反弹，但脆弱的金融体系和不稳定的政治环境使阿根廷极易受到来自国内外经济冲击的影响，难以实现长期稳定的经济增长。截至 2018 年末，阿根廷人均国内生产总值为 11 653 美元，仍然处于中等收入国家的行列。其他陷入长期增长停滞的新兴市场国家经历了近 50 年的发展，与美国之间的发展水平差距并没有缩小。巴西、墨西哥和南非在 60 年代末人均国内生产总值是美国的 10% 以上，而 2018 年该水平仍只有 15% 左右。

与部分新兴市场国家陷入增长困境不同的是，日本、新加坡、韩国等亚洲国家却在相同的时间段实现了赶超式发展。在 60—90 年代，这些国家和地区的人均国内生产总值从与上述发展停滞国家相似的起点，一路攀升至发达国家水平。日本的人均国内生产总值从 1969 年的 1 669 美元上升至 1995 年的 43 440 美元，与美国人均国内生产总值的比值从 33% 上升至 151%；新加坡的人均国内生产总值更是从低于阿根廷的水平持续上升至 2018 年的 64 582 美元，与美国的比值高达 103%。

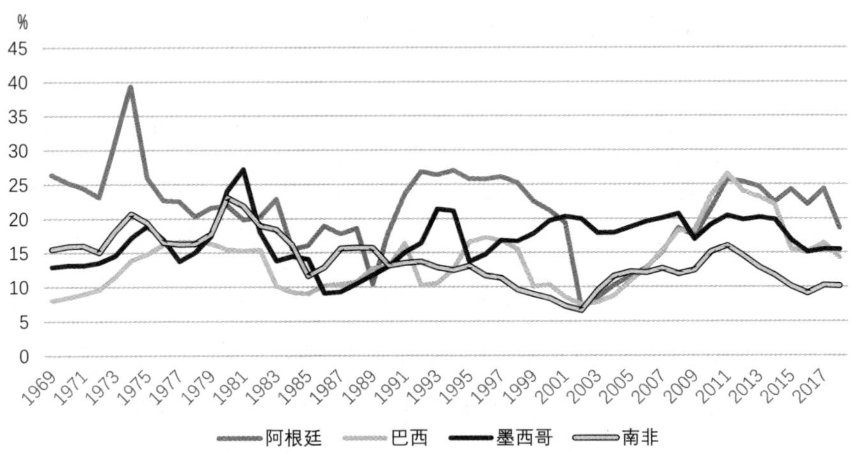

图 2–26　陷入增长停滞的新兴市场国家人均 GDP 与美国的比值

数据来源：世界银行 WDI 数据库

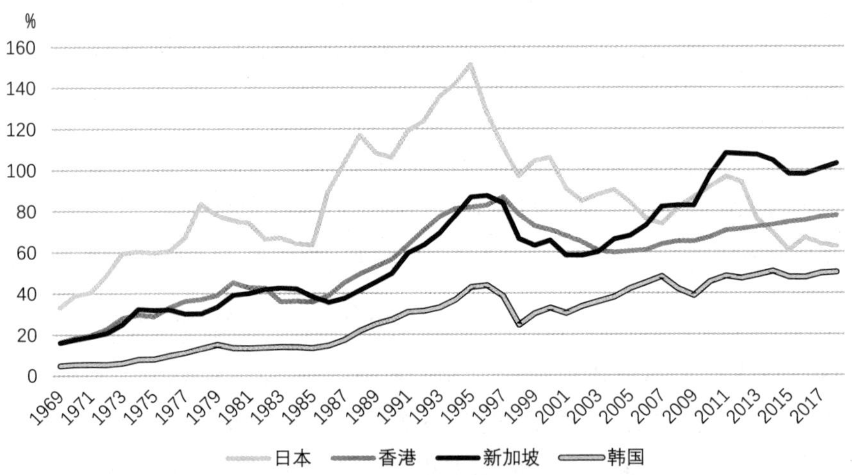

图 2–27　跨越中等收入的亚洲经济体人均 GDP 与美国的比重

数据来源：世界银行 WDI 数据库

从相似的发展起点出发，却步入不同的发展路径，这是因为阿根廷、巴西、南非等拉美和非洲国家与亚洲的一些国家选择了不同的发展道路。日本、中国等亚洲大国在开放的经济环境中大力发展制造业，在发展的起步阶段不断地学习引进西方发达国家的先进技术，在巩固制造业基础的同时，不断地推动产业升级，提高行业竞争力，在全球产业链中抢占关键地位。香港和新加坡作为重要的转口贸易经济体，也在全球市场上找到自己的最优定位，它们大力开发港口，发展与商贸活动配套的高端服务业和金融行业，并力争在高科技领域占据一席之地。反观以巴西为代表的陷入中等收入困境的拉美国家，并没有能充分发挥自身的核心竞争力。巴西具有很好的自然资源条件：土地肥沃，适合大豆、橡胶树、果树等生长；森林覆盖率高达 62%，木材资源丰富；水资源也十分充沛，人均淡水拥有量为 2.9 万立方米；石油资源丰富，探明储量居世界第 15 位；巴西更拥有种类多样且规模庞大的矿产资源，包括钛矿、锡矿、铁矿石等。[①] 尽管具有优异的自然资源禀赋，巴西却未能充分利用这些条件，发展成熟的现代化农业和工业。在 50 年代推广全面进口替代战略并致力于建设门类齐全的工业体系后，巴西的确经历了数十年的快速增长。然而，在经济起飞过程中，政府并没有很好地处理收入再分配的问题，畸形的产业结构也使制造业所能容纳的中低端就业岗位有限。其结果就是一部分资本家和庄园主先富起来，而社会绝大多数民众的收入水平仍低于最低工资水平，大量农村人口仍深陷贫困，贫富分化成为制约经济长期发展的重要社会问题。进口替代战略所带来的大量外债也是巴西及其他拉美国家金融动荡频发的根源。90 年代的新自由主义改革虽然让巴西出现了短期经济增长，但在市场成为经济主导之后，经济发展的过度市场化导向使得发展的天平从公平和效率兼顾倒向效率优先，而政府的作用被一再削弱，

① 数据来源：中国外交部官方网站（https://www.fmprc.gov.cn/web/gjhdq_676201/gj_676203/nmz_680924/1206_680974/1206x0_680976/）

也使得逆周期调节能力不足，宏观经济抗风险能力较弱。在美国等发达国家货币政策收紧、利率提高，抑或发达国家经济出现下行压力时，拉美新兴市场国家无不出现大量的资本外逃和国内经济动荡，80年代初和90年代末的几次经济危机使得阿根廷、巴西等拉美国家很难重回经济稳定增长快车道，成为陷入增长停滞困境的新兴市场国家代表。

四、新兴市场国家经济发展的前景展望

在全球发展中国家中，新兴市场国家是拥有较高经济规模、稳健高速的经济增长、优化的经济结构、充足的发展动力的一批国家。这些国家已成为引领全球经济增长的重要力量，未来也将在全球减贫和中等收入群体扩张等方面担当重要的角色。近年来，全球经济、政治环境不稳定。美国等西方发达国家掀起保护主义，不断挑起贸易纷争，企图遏制一些新兴市场国家的良好发展势头。在多次退出一些双边和多边协议后，美国加大了对某些新兴市场国家的制裁，最终目的是巩固自身在地区和全球范围内的关键利益。面对不断增加的不确定性和美国等西方发达国家的围追阻截，新兴市场国家更应该练好内功，坚定不移地推进国内各项改革，致力于维护稳定的国内经济、政治环境，提升产业竞争力，在全球价值链中找到自身不可替代的位置。此外，新兴市场国家也应该抱团取暖，积极参与符合新兴市场国家特征的多边互助机制设计，并在中国所主导的“一带一路”建设中发挥更重要的作用。展望未来，新兴市场国家将在如下几个方面改变全球经济版图和治理格局。

（一）新兴市场国家抱团取暖，共同防范宏观金融风险

由于具备差异化的禀赋，且又处在相似的经济发展阶段，面临相似的发展问题，在这些新兴市场国家之间建立货币合作框架，实现跨境经济和金融合作将是一个对各方都有利的选择。事实上，在亚洲金融危机之后，东南亚国家联盟和中、日、韩三国共同签署了《清迈协议》，旨在建立区域性货币互换框架，各国划拨一定份额的储备金，用于成员国金融危机期间的救助。相较于国际货币基金组织等成熟的机构，这种区域性的金融合作安排的好处在于其充分的时效性和便利的制度安排。如若发生危机，各国如果想从国际货币基金组织获得资金援助，需等待 2—3 周的审查时间，但该制度安排下，提取应急基金所需的时间更短、手续更简单、附加条款更少。然而，这种制度安排仅局限在亚洲地区的部分新兴市场国家，覆盖面较少，资金量相较国际货币基金组织也十分有限，无法帮助其他区域的新兴市场国家应对危机。金融危机的传染往往是跨区域的，因此，未来有必要构建一套更适用于新兴市场国家的跨区域金融稳定框架，将一些重要的拉美国家也纳入成员国范畴，从而在新兴市场国家面临金融动荡时，提供适时、有效的应急安排。这一金融稳定框架除了在金融危机期间给予成员国必要的资金支持，还可以在经济稳定期间对各成员国的宏观经济和金融市场运行状况进行常规的监测，与各国宏观经济政策制定者进行沟通并予以技术咨询，对潜在风险信号进行及时的预警和应对。

（二）金砖五国共寻发展新机遇

作为新兴市场国家中最具代表性的五个发展中大国，巴西、俄罗斯、印度、中国和南非被冠以“金砖国家”称号，它们不管在国土面积、人口还是经济方面都拥有巨大的体量，对全球经济走势产生举足轻重的作用。[①]金砖五国横跨四大洲，纵接南北半球，这些国家有着完全不同的资源禀赋和产业结构，而又同处发展中国家阵营，面临着相似的发展问题。这种共同点和差异之处为未来的合作提供了重要契机。

当前，由五个国家等额出资设立的金砖国家新开发银行已在中国上海生根，该开发型金融机构不仅致力于为发展中国家的基础设施建设提供项目融资，而且也对新兴市场国家发展过程中遇到的问题进行梳理，总结发展中国家经济增长的一般规律和基本经验。放眼未来，新兴市场国家，尤其是金砖五国，在全球经济治理版图中所扮演的角色越来越重要。中国将从经济大国不断向经济强国迈进，在高科技、高附加值的制造业领域站稳脚跟，扎扎实实地推进中等收入倍增计划，实现全面现代化；印度在巩固信息科技、高端服务业领域优势的同时，可学习中国改革开放以来的发展经验，充分利用人口红利，大力发展制造业，促进就业、改善民生和消除贫困；俄罗斯、巴西和南非均是自然资源储备丰富的国家，而充足的石油、矿产资源供给恰好与中国、印度等新兴市场国家的能源需求相匹配，为金砖五国乃至所有新兴市场国家之间的合作提供了很好的机会。

---

① 根据外交部网站的数据，金砖国家国土面积占全球的 26%，人口占世界人口的 43%，贡献了全球 23% 的 GDP 和 16% 的贸易，对世界经济增长贡献率达到 50%。详见：https://www.fmprc.gov.cn/web/gjhdq_676201/gjhdqzz_681964/jzgj_682158/jbqk_682160/

金砖五国应完善信息共享机制，畅通大宗商品交易渠道，在全球大宗商品市场上加强合作，力争赢得更多的话语权，营造一个稳定的、符合新兴市场国家发展利益的国际环境。

（三）共建“一带一路”，培育新兴市场国家经济发展新动能

中国所主导的“一带一路”倡议一经提出，就得到了众多新兴市场国家的积极响应。“一带一路”倡议致力于打造一个政策沟通、设施联通、贸易畅通、资金融通、民心相通的互联互通共同体。通过积极参与共建“一带一路”，新兴市场国家可充分融入中国的经济辐射圈，扩大与中国等主要发展中国家的经贸和投资往来。在“一带一路”国际合作框架下，一些新兴市场国家的优质农牧产品和大宗产品供给将与中国巨大的市场需求相契合，出口导向型的经济发展模式将为新兴市场国家创造更多的外汇收入和就业机会，帮助这些国家改善基础设施条件和提升人力资本，为其经济起飞和长期发展创造良好条件，而在实现较高的经济增速和稳定的经济增长后，新兴市场国家便有了更强的抵御宏观经济风险的能力。

通过共建“一带一路”，新兴市场国家的公路、铁路、港口等重要基础设施的建设需求将得到有效满足，基础设施投资不仅能直接刺激短期经济增长，而且能降低经济交往的成本，这将有助于激发长期经济增长潜力。此外，与中国的国际产能合作还将促进新兴市场国家制造业的发展。回顾历史上主要的新兴市场国家所发生的金融危机，其背后往往都存在一个结构性问题的商品市场，不管是对能源过度依赖的拉美国家，还是经济增长内生动力不足、产业升

级面临机制性障碍的东南亚国家。在经济自发增长动力不足的时候，新兴市场国家往往通过大量举债的方式来维持较高的经济增长速度，这往往会催生金融市场泡沫，形成大量的银行呆账、坏账，增加系统性金融风险。中国已进入后工业化时代，制造业规模全球最大、工业产能世界最多，在“一带一路”框架下进行国际产能合作，将直接有利于一些新兴市场国家利用中国的资金、技术和市场，促进自身的产业快速发展。新兴市场国家在未来数十年通过互联互通和优势互补发展，将共同在全球舞台中扮演更加重要的角色。

新兴市场30国的治理研究

第三章

刘　敏

随着全球化进程的不断推进，国际政治经济格局发生了明显的变化。以美国为代表的大多数发达国家的政治和经济实力正在衰退，欧洲一体化进程遭遇挫折，殖民国家独立后民主化进程受挫，与此同时，包括中国在内的新兴市场国家或新兴经济体崛起，尤其在2008年金融危机爆发后，以“金砖国家”为代表的新兴市场国家，不仅成为促进世界经济增长的主要动力，作为对现有传统的国际治理机制的重要补充和替代①，更成为当今世界完善全球经济治理所不可或缺的一部分。

对此，习近平主席在2017年指出：“放眼世界，我们面对的是百年未有之大局。新世纪以来一大批新兴市场国家和发展中国家快

① 以美国为代表的传统治理主体间博弈格局发生变化，引发传统治理机制失灵，比如联合国机构、国际货币基金组织等治理机制在应对金融危机、恐怖活动、贫富差距加大等问题上能力不足，经过几轮改革仍没有取得实质性进展。参考 Ngaire Woods. Global Governance after the Financial Crisis: A New Multilateralism or the Last Gasp of the Great Powers? [J]. Global Policy, 2010(1): 51—63. 薛澜，俞晗之 . 迈向公共管理范式的全球治理——基于“问题—主体—机制”框架的分析 [J]. 中国社会科学，2015（11）：76—90.

速发展，世界多极化加速发展，国际格局日趋均衡，国际潮流大势不可逆转。”“放眼世界，我们面对的是百年未有之大变局。”[①]习近平主席多次指出“全球经济治理应该以平等为基础，更好地反映世界经济格局新现实，增加新兴市场国家和发展中国家的代表性和发言权，确保各国在国际经济合作中权利平等、机会平等、规则平等”。[②]

在此背景下，我们认为新兴市场国家崛起对于完善全球经济治理的意义重大，想要在今后全球治理体系中提高话语权，难以避免地会与现有传统大国形成直接竞争；唯有打破西方话语体系下对新兴市场国家的误解、误判，主动参与和推动全球治理，才有可能成为未来全球治理体系的塑造者，为构建更加公平、公正的全球治理体系做出贡献。

一、治理概况：基于世界治理指数数据分析

治理概念提出得较早[③]，但作为一种政治理念，其研究仍需丰富。理论上，治理是各个社会主体运用公共权威来维护社会秩序，其理想状态就是达到善治，即政府与公民对社会政治事务的协同治理，

① 2017 年 12 月 28 日，习近平主席在人民大会堂接见回国参加 2017 年度驻外使节工作会议的全体使节并发表重要讲话。根据人民网关于“习近平系列重要讲话数据库”显示，这是习近平主席第一次提出“百年未有之大变局”，并在此后外交会议上多次提出。

② 2016 年 9 月 3 日，习近平主席在 20 国集团工商峰会上发表讲话的内容。

③ 治理（governance）英语词源的出处是拉丁文和古希腊语，原意是控制、引导和操纵。治理概念在 1989 年世界银行发布的《撒哈拉以南非洲：从危机到可持续发展》报告中提出后，开始受到更多关注。参见 The World Band (1989), Sub-Saharan Africa: From Crisis to Sustainable Growth, The World Bank.

也是公共利益最大化的治理过程①。由于在不同话语体系下，对治理的理解不同，导致在运用治理理论指导实践过程中存在大量的滥用和误用。为了减少治理的抽象化、泛滥化的理论运用缺陷，自 20 世纪 90 年代互联网信息技术时代开始，治理量化也拥有了更科学的计算方法，与治理有关的评估项目开始增加。国际上已有包括世界银行发布的全球治理指标、联合国奥斯陆治理中心负责的治理指标项目（Governance Indicators Project）、“巴黎 21”前导项目 Metagora、英国智库海外发展研究所设计的“WGA”（World Governance Assessment）等 10 多项评估项目②。

（一）指标选取与说明

新兴市场国家发展指标中治理数据选取的是全球治理指标，从文献分析和现有数据的可得性角度来看，全球治理六项指标具有充分被选取的理由，它是目前最具全球性、长期性、权威性的指标。从现有数据来看，全球治理指标覆盖了几乎全世界所有的 200 多个国家和地区，评估时间自 1996 年开始至今每年更新，并在 1999 年首次公布全球治理指标后的十年之间（1996—2009 年）发布了 10 次相关分析报告，被大量学者、政府机构等采用，如美国“千年挑战对外援助项目”声称，要注重援助那些治理良好的国家，并使用全球治理指标中的 5 项指标及其他 11 项指标来决定一国是否有接受援助的资格。此外，据世界银行统计，全球治理指标在风险评估机构与

① 参考俞可平 . 推进国家治理体系和治理能力现代化 [J]. 前线，2014（1）：5—13.
② 参考周红云 . 国际治理评估指标体系研究述评 [J]. 经济社会体制比较，2008（6）：23—36.

非政府组织也有广泛应用。[①]

1. 全球治理指标说明

具体来看，全球治理指标将治理界定为“传统和制度凭借权威在一国中的实践”[②]。包括：（a）选举、监督和取代政府的过程；（b）政府有效制定和执行良好政策的能力；（c）对公民的尊重以及管理经济社会相互作用的制度状况。具体来说，全球治理指标[③]抽取了来自33个组织、机构[④]的35项（2009年前是25项）数据源，基于UCM计算模型（Unobserved Components Model）[⑤]，综合聚类而成六项指标。值得说明的是，该指标考虑了数据源数量等因素所带来的估算误差，因此较其他指标更具精确性。

---

① 参见WGI数据库官网 http://info.worldbank.org/governance/wgi/index.aspx#home. Governance Assessment: Overview of Governance Assessment Frameworks and Results from the 2006 World Governance Assessment, Report from ODI Learning Workshop, 15, Feb2007.

② 原文为“the traditions and institutions by which authority in a country is exercised”，参见 Daniel Kaufmann, Aart Kraay and Massimo Mastruzzi. The Worldwide Governance Indicators: Methodology and Analytical Issues. World Bank Policy Research Working Paper No. 5430. Sept. 2010. pp4.

③ 全球治理指标相关参考 http://info.worldbank.org/governance/wgi/index.aspx#home.

④ 包括公司和个人的调查、商业风险评估机构的评价、多边援助机构、其他公共部门和组织机构，参见Governance Matters VIII: Aggregate and Individual Governance Indicators 1996—2008.

⑤ UCM模型是STATA统计中用于估算一组不可观察成分参数的模型，即不可观察成分模型。它将一系列时间序列分解为趋势性、周期性、循环性、特殊成分，同时也考虑了外生变量的因素。作为自回归积分滑动平均模型（Autoregressive Integrated Moving Average Model，简称ARIMA模型）的一个替代工具，UCM模型为妥善处理和分解问题提供了一个灵活的、正式的分析方法。

表 3–1 全球治理六项指标的说明

指标指标	说明	代表领域
反馈与问责（Voice and Accountability, VA）	衡量一国公民在政府选举中参与程度，以及言论、结社和新闻自由程度	（a）选举、监督和取代政府的过程
政治稳定与无暴力程度（Political Stability and Absence of Violence, PS）	衡量政府因违宪或暴力手段（包括政治动机的暴力与恐怖主义）而失去稳定或被推翻的可能性	
政府效能（Government Effectiveness, GE）	衡量政府公共服务质量，公务员服务及其独立于政治压力程度，政策制定及执行能力，以及政府兑现政策的可信度等	（b）政府有效制定和执行良好政策的能力
规制质量（Regulatory Quality, RQ）	衡量政府为促进私人部门发展而制定和执行良好政策和规则的能力	
法治（Rule of Law, RL）	衡量社会成员对社会规则的信心和遵守程度，尤其是契约执行，产权，警察和法院质量，以及发生犯罪和暴力事件的可能性	（c）对公民的尊重以及管理经济社会相互作用的制度状况
腐败控制（Control of Corruption, CC）	衡量把公共权力用于谋取私利程度，包括各种形式的腐败，也包括国家被精英和私人利益“俘获”的程度	

注：参考 Daniel Kaufmann, Aart Kraay and Massimo Mastruzzi. Governance Matters VIII: Aggregate and Individual Governance Indicators 1996—2008. The World Bank, Development Research Group Macroeconomics and Growth Team, June 2009. pp6.

2. 全球治理指标运用

本研究根据新兴市场国家与全球治理指标特征建立分析框架为：第一，数据分析方面，以宏观对比为主，即新兴市场国家与世界、发达国家、其他发展中国家及其内部区域和国家之间治理指数的对比；第二，由于新兴市场国家特征主要表现为经济实力的增强与经济增速的提高，因此，内容偏重于治理与经济的对比分析，尤其是治理对相关国家所起的经济效应是本研究的重点；第三，指标运用中遵循去意识形态性原则，具体来看，全球治理指标的相关研究领域从一般意义上可以理解为国家或地区的政权稳定性、政府治理能力与制度化水平，为了避免指标中潜藏的意识形态对分析所产生的干扰，在政权稳定性分析中我们着重分析了政治稳定这种较为客观而非具有价值观预设的指标，以及在治理能力和制度化水平分析中更多地放在对一国或地区政府效能、制度水平、腐败程度等的观察上。

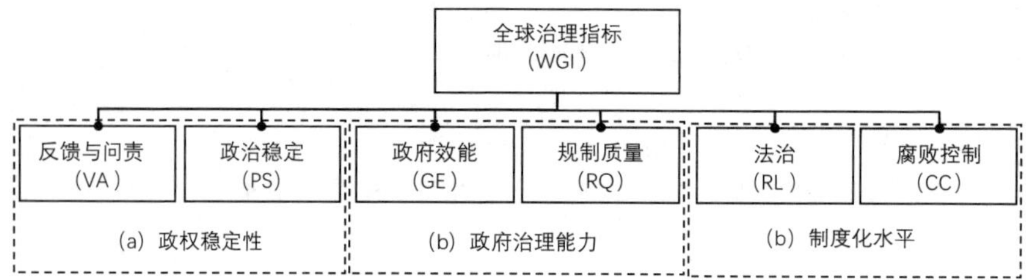

图3-1　全球治理指标体系与分析框架

注：根据全球治理指标体系内容建立。

全球治理六项指标具有充分被选取的理由，但也正如这项研究负责人考夫曼所承认的那样，在对该指标的分析与运用中仍然存在被质疑的空间和有待改进的地方（Daniel Kaufmann, 2009）[①]。首先，切忌过分解读，尤其是在相关的数据分析上，误差范围的存在以及指数本身设计上所具有的理论不自洽等缺陷，导致全球治理指标在不少层面仍有需要进一步解释或改进的空间；其次，作为一种工具，

① Daniel Kaufmann, Aart Kraay and Massimo Mastruzzi. Governance Matters VIII: Aggregate and Individual Governance Indicators 1996—2008. The World Bank, Development Research Group Macroeconomics and Growth Team, June 2009. pp6.

难免在反映特定国家环境层面的具体治理改革等问题上显得迟钝而具有一定的失真性和延迟性；最后也是最重要的一点，治理指数所呈现出的数据结果可作为一国或地区发展中值得参考的一个层面，而非具有结论性质的断言，如学者所言，单独使用此指标作为评判依据容易产生一些与现实相悖的结果。发展意味着多个层面的共同作用力，治理包括治理指标作为发展的一个层面，反映出的仅是国家或地区发展的一个层面，在政策设计上不应以此为单一依据[①]。

3. 全球治理指标解读说明

为了体现新兴市场 30 国的国际化属性，本研究在数据运用上采用了国际主流的全球治理数据库，这主要考虑新兴市场 30 国筛选自全球，那么，国际视角的研究必不可少。这就需要一方面立足于国际视角，从国际的视角来看这些国家的相关情况，这也是我们选取大多来自世界银行等国际组织数据库的主要原因；另一方面，在运用国际数据解读时，需要对其中具有价值观预置的指标进行慎重地解读，由于数据存在一定程度上的意识形态等“价值观预置”，这些预先植入给定的价值观可能给我们的观察和解读带来偏差[②]，这也是我们在利用国际数据进行解读时面临的一项风险。因此，为了避免这些预设价值观数据对我们研究的误导，在这些具有明显价值观的数据上，比如“反馈问责”指标，我们需要更加慎重地进行分析解读，并对其中结果存在的疑点提出合理的质疑，以期为今后的相关研究提供

---

① 参考刘敏：“一带一路”沿线国家的政治与治理 [J]. 经济研究参考，2017（15）：45—69.

② 参考臧雷振 . 治理定量研究：理论演进及反思——以世界治理指数（WGI）为例 [J]. 国外社会科学，2012（7）：11—16.

批判性视角，也为更好地构建本土数据库提供参考。

（二）基本情况

根据2017年新兴市场国家的治理水平排序显示，新兴市场国家的治理水平总体较弱，其平均治理水平为43.91，比世界治理平均水平（50）低6.09，这与新兴市场国家对全球的经济贡献形成明显反差。其中，大部分新兴市场国家治理水平不及全球平均水平，仅有8个国家治理水平略高，分别为智利、波兰、多米尼加、马来西亚、罗马尼亚、加纳、南非、阿根廷。其他国家治理水平低于全球治理均值，尤其是巴基斯坦、埃及和伊朗，数值刚过20。新兴市场国家的治理水平不仅较弱，还存在较高的差异性。以下我们将从全球层面、区域层面、具体国家等层面分别进行比对与分析。

1. 全球对比与分析

通过全球数据对比分析，我们发现在2017年新兴市场国家的治理不及全球平均水平，而且比发达国家[①]治理水平（85.23）低了近一半，仅比其他发展中国家（42.05）略高一点，如图3–3所示。其中，反馈与问责和政治稳定两项指标的数值均明显低于其他四项指标，其余代表政府治理与制度水平的指标数据则比较乐观，尤其是政府效能指标超过了全球平均水平。这说明新兴市场国家在政府治理能力与制度化水平方面具有一定的比较优势，在政权稳定性上的数据却不容乐观。

① 本研究参考国际货币基金官网对发达国家的划分标准，根据2015年的国际货币基金发布的《世界经济展望》报告，全球有35个发达国家。

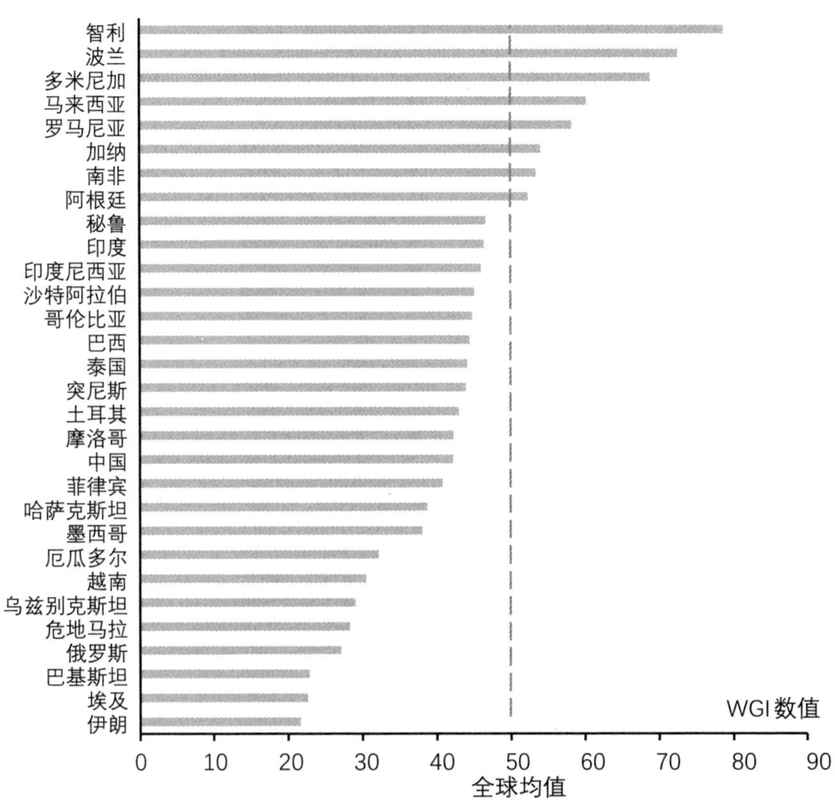

图 3–2　新兴市场国家的治理水平排序情况

注：数据为 2017 年相应国家全球治理六项指标的均值，全球治理指标分值设置在 0—100 分，全球均值为 50，由低到高显示相应的治理数值，数值越大，说明治理越好。

表 3-2　新兴市场 30 国治理水平及排名情况（2017 年）

排名	国家	指数	排名	国家	指数	排名	国家	指数
1	智利	78.51	11	印度尼西亚	45.91	21	哈萨克斯坦	38.68
2	波兰	72.46	12	沙特阿拉伯	45.02	22	墨西哥	38.03
3	多米尼加	68.75	13	哥伦比亚	44.72	23	厄瓜多尔	32.15
4	马来西亚	60.15	14	巴西	44.35	24	越南	30.48
5	罗马尼亚	58.19	15	泰国	44.04	25	乌兹别克斯坦	29.04
6	加纳	53.96	16	突尼斯	43.86	26	危地马拉	28.31
7	南非	53.34	17	土耳其	42.89	27	俄罗斯	27.12
8	阿根廷	52.26	18	摩洛哥	42.21	28	巴基斯坦	22.87
9	秘鲁	46.56	19	中国	42.12	29	埃及	22.63
10	印度	46.29	20	菲律宾	40.72	30	伊朗	21.66

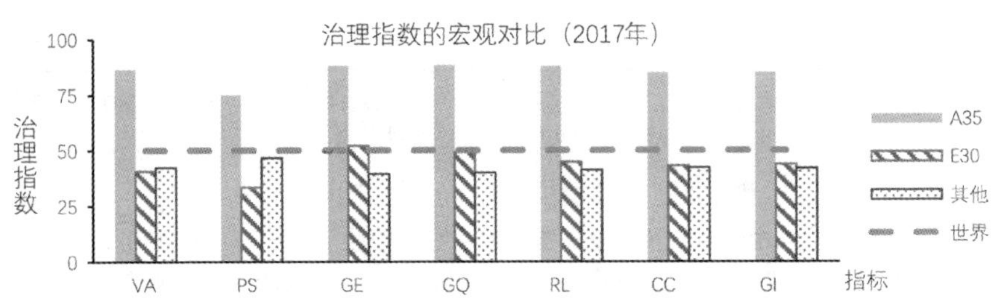

图 3-3　不同类型国家（地区）全球治理六项指标对比

注：GI（Governance Indicator）为六项指标的均值，表示总体的治理水平，六项指标代表的均为治理的正向含义；A35 表示发达国家各项指标的均值；E30 代表新兴市场国家均值；其他代表其余发展中国家均值。

数据来源：WGI 数据库

从时间序列来看，1996—2017 年，新兴市场国家治理指数呈现出一定幅度的波动。如图 3-4 所示，新兴市场国家的治理水平在 2007 年前后，分别呈现出一定的下降和稳中有升的趋势；自 2012 年之后数值逐年增加。这与其他发展中国家治理水平的变化略为相反，其他发展中国家的治理水平则是在 2009 年前后由上升转向稳中略降的趋势发展；自 2015 年之后数值逐年下降。相比而言，发达国家的治理水平在这 20 多年里一直处于高水平的稳定状态，数值保持在 85.5 左右。

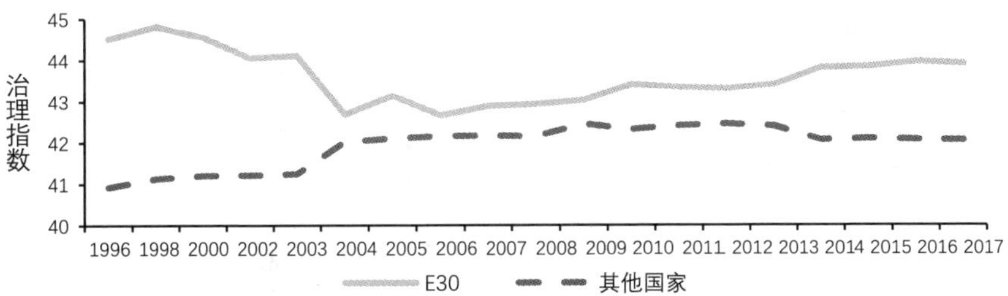

图 3–4　不同类型国家（地区）治理水平的变化趋势（1996—2017 年）
数据来源：WGI 数据库

分领域来看，1996—2017 年间，政权稳定性在相关国家呈现略有不同。以该领域的反馈与问责指标为例，如图 5 所示，发达国家相关数据长期处于高位，新兴市场国家与其他发展中国家数据总体处于较低水平；其中，2005 年前两类国家数值基本保持一致，2006 年新兴市场国家 VA 值明显的下降，从上年的 41.54 降至 38.86，之后又恢复平稳上升。相比而言，政府治理与制度水平领域的数值长期不变，新兴市场国家在该领域的治理水平长期高于其他发展中国家，如图 3–5 中规制质量指标所显示的那样。

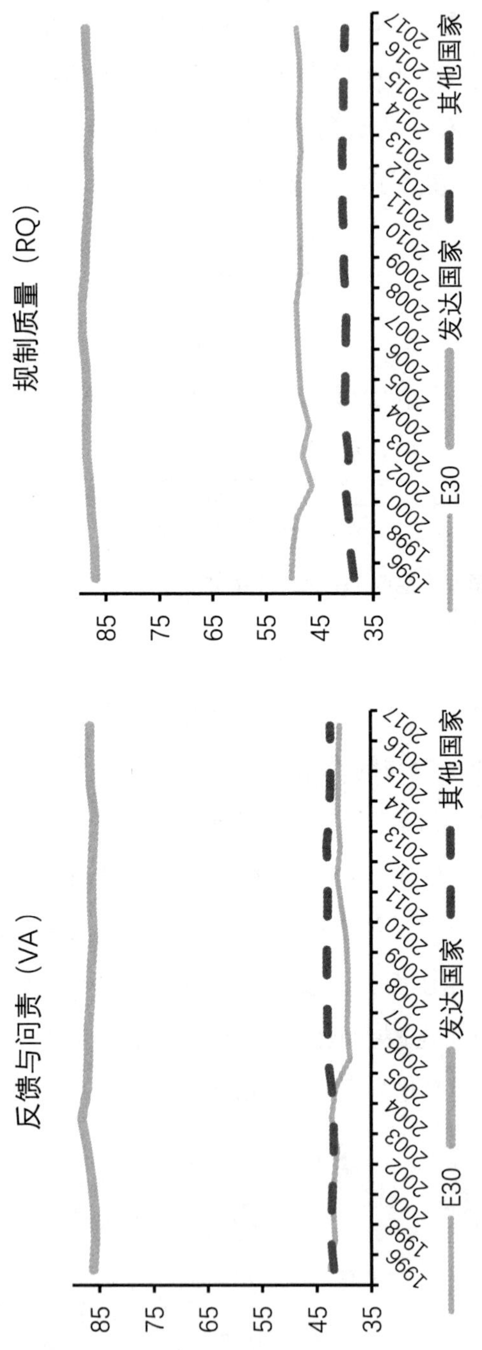

图 3-5 不同类型国家（地区）的反馈问责与规制质量情况（1996—2017 年）

注：上图纵坐标均表示相应领域的治理指数。

2. 区域对比与分析

新兴市场 30 国家分布于亚洲（13 国）、非洲（5 国）、拉丁美洲（9 国）、欧洲（3 国）四个大洲。[①] 总体来看，治理水平由高到低分别为：欧洲（52.59）、拉丁美洲（48.18）、非洲（43.20）、亚洲（39.22），如图 3–6 和图 3–7 所示。

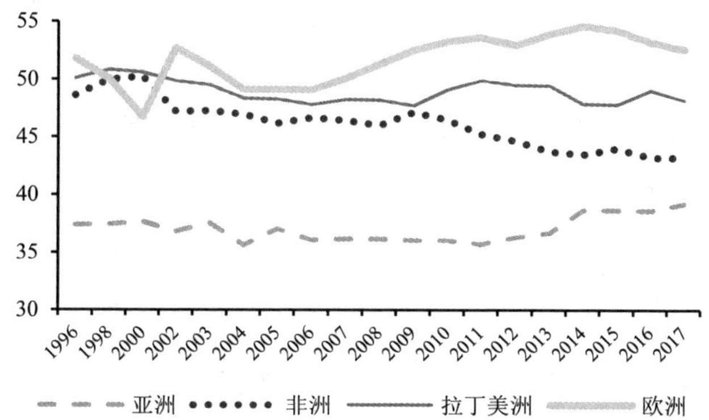

图 3–6 新兴市场国家分区域治理变化趋势（1996—2017 年）

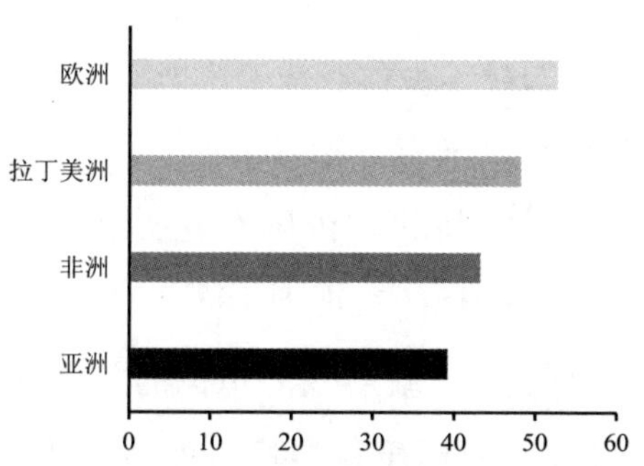

图 3–7 新兴市场国家分区域治理水平排序（2017 年）

注：左图纵坐标代表治理指数，右图横坐标代表治理指数；分区域治理数值为相应区域六项指标均值。

数据来源：世界银行数据库、WGI 数据库

① 新兴市场 30 国及区域的划分参考：胡必亮，等．新兴市场国家的综合测度与发展前景 [J]. 中国社会科学，2018（10）：59—85.

我们从图 3-6 所示的 1996—2017 年间四大区域治理变化趋势中发现，自从 2008 年金融危机爆发以来，虽然排序不变，但非洲的治理水平出现了明显的下降趋势，而亚洲则小幅度上升，尤其在 2014 年（38.65）比 2013 年（36.68）明显上升了 2 分，主要是由于政治稳定指标在非洲不断下降，而在亚洲则不断上升趋于稳定，比如东南亚大部分国家包括泰国、马来西亚、菲律宾等，以及哈萨克斯坦、中国等在政治稳定、政府治理和制度化领域的数据均有大幅度提升。[①] 另外，在 2002 年之前，欧洲的治理水平曾跌至第 3 位，主要是由于俄罗斯在 19 世纪末 20 世纪初经历了两场车臣战争，影响了该区域的政治稳定指标[②]，2002 年至今治理水平虽有波动，但排序没有发生过变化。以下我们将从 6 项指标分别进行分析。

分指标排序中，欧洲三国的 6 项指标均排名第 1 位，亚洲国家除了在政府效能与规制质量指标上排名第 2 位和第 3 位外，其余 4 项指标均排名最后。从 6 项指标的变化趋势来看，政治稳定与政府效能两项指标的变化明显且复杂，其余 4 项较为平稳。

具体从 6 项指标分别来看，新兴市场 30 国在反馈与问责指标上长期存在较大的差异性，除了非洲国家有所上升，其他区域国家基本维持不变；政治稳定指标的表现则不同，只有非洲国家有所下降，其他区域国家都有所上升；政府效能指标的差异日益减小，亚洲国家在此方面表现最佳；规制质量指标方面，与政治稳定指标一样，

---

① 比如中国在 2013 年和 2014 年间，政府效能指标由 55.45 上升到 64.9，提高了近 10 分；马来西亚、泰国、哈萨克斯坦、乌兹别克斯坦的政治稳定指标也都在当年提高了 10 分左右。

② 俄罗斯 2005 年前的政治稳定指标平均值仅为 14.09，2002 年该数值更是降至 7.7，相比该区域其他国家，比如波兰 2005 年 PS 均值达到 65，俄罗斯的政治动荡对欧洲在整体数据上的影响比较明显。

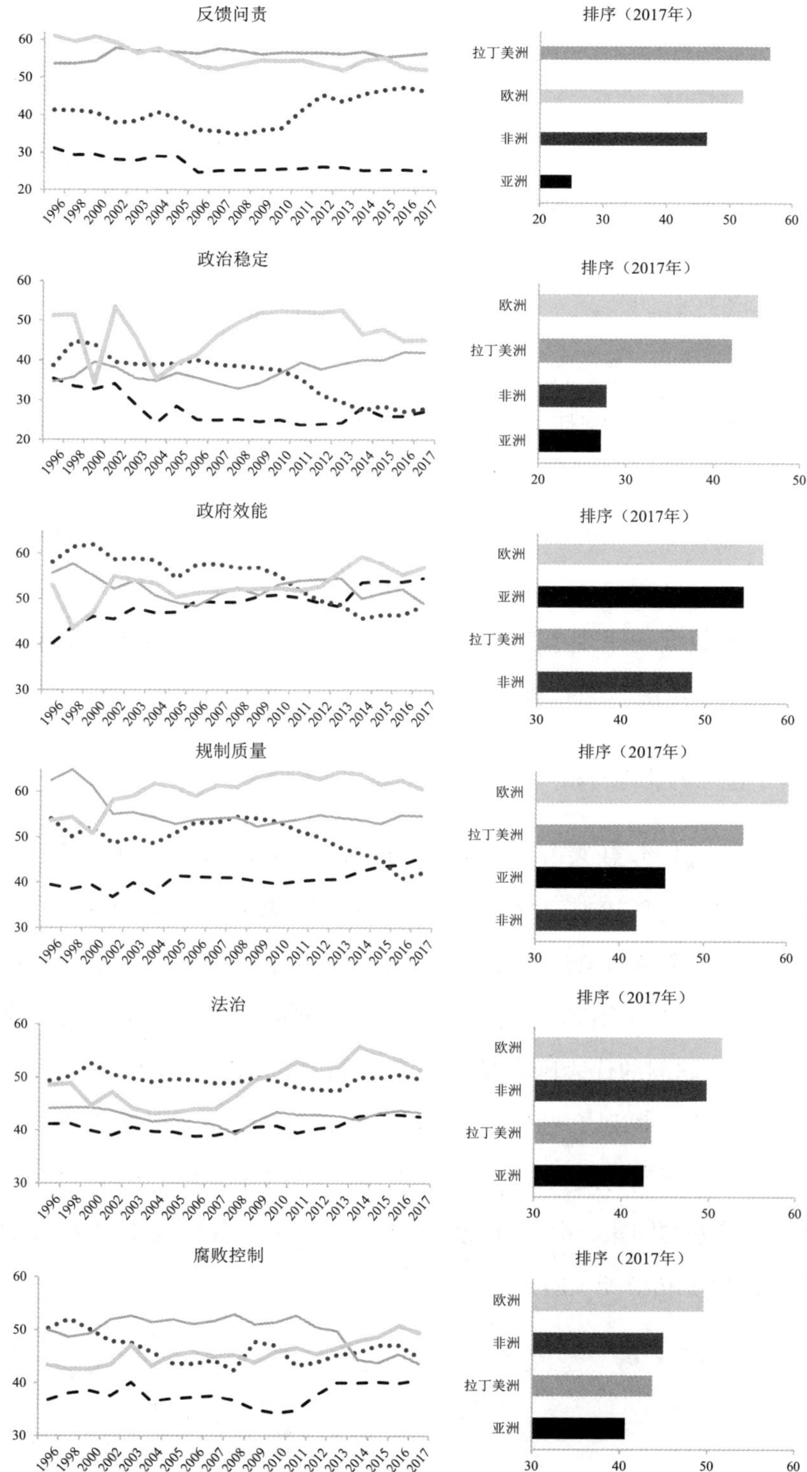

图 3-8　新兴市场国家治理分区域分指标变化趋势与排序情况

注：趋势图中纵坐标代表相应的治理数值，线条颜色所代表的区域与排序图中一致。

数据来源：世界银行 WGI 数据库

仅有非洲国家表现出下降趋势；法治指标方面，除欧洲国家不断提升，其余国家基本保持不变；最后，拉丁美洲国家近年来的腐败指数滑坡。

另外，我们需要注意三个比较明显的特征：一是政治稳定指标的波动性强，需要密切关注新兴市场30国的政治稳定指标变化情况；二是新兴市场30国的政府效能差异性正在减小，除拉丁美洲外其他区域国家的政府效能都有一定的提高趋势，这点与其经济实力提升较为一致，可能存在一定的相关影响；三是亚洲国家近年来在六项指标上的数据均呈现上升趋势；与之相反，非洲国家在所有指标上都体现出一定的下降趋势。

3. 国家对比与分析

根据2017年新兴市场国家的治理水平，我们将其分为治理良好、治理一般与治理较差三种类型国家。新兴市场国家大多治理水平一般，仅有8个超过全球治理平均水平，这8个国家分布于四大区域，也是各区域国家治理的代表。其中，亚洲的代表国家是马来西亚（60.15）；非洲的代表国家是加纳（53.96）和南非（53.34）；拉丁美洲代表国家为智利（78.51）、多米尼加（68.75）和阿根廷（52.26）；欧洲的代表国家为波兰（72.46）和罗马尼亚（58.19）。另外，仅有3个治理较差的国家，分布在亚洲和非洲，包括巴基斯坦（22.87）、埃及（22.63）和伊朗（21.66）。

表 3-3 不同治理水平的新兴市场国家列表（2017 年）

治理类型	良好	一般		较差
治理指数	100—50	50—40	40—25	25—0
具体国家	智利	秘鲁	哈萨克斯坦	巴基斯坦
	波兰	印度	墨西哥	埃及
	多米尼加	印度尼西亚	厄瓜多尔	伊朗
	马来西亚	沙特阿拉伯	越南	
	罗马尼亚	哥伦比亚	乌兹别克斯坦	
	加纳	巴西	危地马拉	
	南非	泰国	俄罗斯	
	阿根廷	突尼斯		
		土耳其		
		摩洛哥		
		中国		
		菲律宾		
国家数量（个）	8	12	7	3

注：治理良好、一般与较差的标准参考全球治理指标；表中国家按治理指数由高到低顺次排列。

资料来源：世界银行数据库、WGI 数据库

全球治理指标呈现出新兴市场国家治理水平较低的总体情况。从不同的区域来看，欧洲与拉丁美洲国家的治理水平较高，而非洲与亚洲国家治理较差；从六项指标所代表的领域来看，指数由高到底依次为：政府治理能力（50.62）、制度化水平（44.01）、政权稳定性（37.10）；从国家层面来看，不到 1/3 的新兴市场国家有着良好的治理水平，其余大多数国家的治理能力一般，亟待提升。据此我们

认为，在新兴市场国家今后的发展中，治理水平的提高将越来越成为影响其经济增长的重要因素。

二、治理水平与经济绩效：基于面板数据回归分析

研究表明，治理对于经济发展而言至关重要，将随着国家经济水平的提高而变得日益重要。① 目前，新兴市场 30 国发展已经历了初始阶段、发展阶段和崛起阶段，正在走向对各自区域社会经济发展发挥更大作用的阶段。相比发达国家，新兴市场 30 国虽然在宏观经济、经济增速、经济结构等方面表现良好，但总体经济发展水平，比如发展新动能、金融发展水平和市场化程度等方面，仍然存在较大差距。以上研究也表明，新兴市场 30 国的治理仍然很弱，这与经济发展有着明显差别，如图 3–9 所示，相比发达国家，新兴市场 30 国治理指数基本保持不变，经济发展速度较快。随着经济的进一步发展，较弱的国家治理将越来越可能成为经济发展中的制约因素。

为了准确把握新兴市场 30 国治理中政治稳定、政府效能等六项指标对经济发展的影响，本研究通过回归模型实证检验这些治理变量是否在一定时期内对经济产生显著影响，哪些因素对经济产生了显著影响，并据此进一步探讨这些形成显著经济效应的因素在新兴市场 30 国发展中的具体情况。

① 刘敏，刘清杰，刘倩．政治稳定一定促进经济增长吗？——基于“一带一路”沿线国家的动态门槛面板模型分析 [J]. 华东经济管理，2018（5）：32—39.

图 3-9　不同类型国家在经济与治理上的趋势与对比

注：实线代表发达国家，虚线代表 E30；治理图中的纵坐标为治理指数，经济类图中纵坐标为相应的 GDP 增速（%）和人均 GDP 增速（%），数值均为相应年份不同类型国家的均值。

数据来源：世界银行数据库、WGI 数据库

（一）模型与数据

回归模型以经济发展为被解释变量，以治理指标及其他控制变量为解释变量，对新兴市场 30 国在 1999—2017 年间的面板数据进

行固定效应和随机效应回归，并进行豪斯曼（Hausman）检验。以下是本研究建立的回归模型：

$$\text{economic development}_{it} = \text{governance}_{it-1}\,\beta + \text{control}_{it-1}\,\gamma + \mu_i + \varepsilon_{it} \quad (1)$$

其中，economic development_{it} 为 i 国 t 期的经济发展水平，以经济水平（GDP，现价美元）作为解释变量；governance_{it-1} 为一阶滞后的治理变量，为了精准测度治理的经济效应，将其逐步精确为三层面考察，其一是综合指标即治理水平[①]对经济发展的影响，其二是分领域包括政权稳定性（a）、政府治理能力（b）、制度化水平（c），共三个领域分别对经济的影响，其三是分指标包括反馈与问责（VA）、政治稳定（PS）、政府效能（GE）、规制质量（RQ）、法治（RL）、腐败控制（CC），共六项指标分别对经济的影响；control_{it-1} 为控制变量，是与经济相关的其他变量，包括经济结构（城镇化率，城镇人口占总人口比重 %）、经济开放度（进出口总值与国内生产总值比值）、宏观经济指标（通货膨胀率）；μ_i 表示难以用变量衡量的若干国别差异的个体效应；ε_{it} 表示随机误差项。

基于数据可得性原则，模型选取 2008—2017 年数据，以新兴市场 30 国为观察对象，共 300 个样本。下表 3–4 显示为固定效应模型的回归及检验结果。为了精准考察治理的经济效应，我们从综合治理指标、三大治理领域及其分属的六项具体指标，共三个方面层层深入探析治理对经济发展的影响。

---

① 选取六项指标均值代表治理水平。

（二）回归结果

表 3–4　回归结果

综合治理指标的经济效应		三大治理领域的经济效应		六项治理指标的经济效应	
治理水平（GI）	1.50***（3.03）	政权稳定性（a）	6.03（1.46）	反馈与问责（VA）	7.35**（2.45）
				政治稳定（PS）	1.08（0.47）
		政府治理能力（b）	1.96（0.52）	政府效能（GE）	1.39***（4.21）
				规制质量（RQ）	−8.75**（−2.25）
		制度化水平（c）	7.83*（1.84）	法治（RL）	−5.09（−1.34）
				腐败控制（CC）	8.60***（3.2）
城镇化率	3.40***（3.19）		3.19***（2.90）		4.65***（4.28）
进出口贸易额占比	4.94***（28.6）		4.95***（27.76）		4.79***（27.74）
通货膨胀率	−2.58（−1.05）		−2.66（−1.06）		−8.32（−0.34）
样本数量	300		300		300
国家数量	30		30		30
U（个体）	7.58		7.36		9.29
E（随机）	2.20		2.20		2.09
方差	0.92		0.92		0.95
豪斯曼检验	P>chi2=0.004 9		P>chi2=0.001 0		P>chi2=0.000 0
国别固定效应	存在		存在		存在

注：豪斯曼检验结果是选取模型的依据，P 值 <0.1 时为固定效应模型，以上回归中 P 值 <0.1，回归均通过豪斯曼检验采用固定效应模型；表中所列均为常用观察数值，包括回归系数（表示解释变量或控制变量对被解释变量的影响程度）；括号内为 t 值；***、**、* 分别代表 1%、5%、10% 的显著性水平；显著且正向经济效应的指标加粗，负向经济效应指标用斜体标出。

附：原始数据处理过程

以下表示第一部分：治理水平对经济水平影响程度的固定效应模型回归分析及其豪斯曼（Hausman）检验过程及结果：

```
. xtreg gdp gi exports inf urban, fe

Fixed-effects (within) regression               Number of obs      =       300
Group variable: id                              Number of groups   =        30

R-sq:                                           Obs per group:
     within  = 0.8169                                         min =         10
     between = 0.8469                                         avg =       10.0
     overall = 0.8407                                         max =         10

                                                F(4,266)           =    296.73
corr(u_i, Xb)  = -0.5607                        Prob > F           =    0.0000

------------------------------------------------------------------------------
         gdp |      Coef.   Std. Err.      t    P>|t|     [95% Conf. Interval]
-------------+----------------------------------------------------------------
          gi |   1.50e+10   4.95e+09     3.03   0.003     5.25e+09    2.47e+10
     exports |   4.943744   .1762116    28.06   0.000     4.596797     5.29069
         inf |  -2.58e+09   2.46e+09    -1.05   0.295    -7.43e+09    2.26e+09
       urban |   3.40e+10   1.07e+10     3.19   0.002     1.30e+10    5.50e+10
       _cons |  -2.97e+12   6.61e+11    -4.49   0.000    -4.27e+12   -1.66e+12
-------------+----------------------------------------------------------------
     sigma_u |  7.580e+11
     sigma_e |  2.196e+11
         rho |  .92256373   (fraction of variance due to u_i)
------------------------------------------------------------------------------
F test that all u_i=0: F(29, 266) = 23.53                    Prob > F = 0.0000
```

图 3–10　治理水平对经济水平的固定效应模型回归结果

```
                 ---- Coefficients ----
             |      (b)          (B)            (b-B)     sqrt(diag(V_b-V_B))
             |       fe           re         Difference          S.E.
-------------+----------------------------------------------------------------
          gi |   1.50e+10     4.88e+09        1.01e+10        3.63e+09
     exports |   4.943744     4.741261        .2024828        .1282804
         inf |  -2.58e+09    -3.16e+09        5.77e+08               .
       urban |   3.40e+10     7.61e+09        2.64e+10        9.99e+09
------------------------------------------------------------------------------
                           b = consistent under Ho and Ha; obtained from xtreg
            B = inconsistent under Ha, efficient under Ho; obtained from xtreg

    Test:  Ho:  difference in coefficients not systematic

                  chi2(3) = (b-B)'[(V_b-V_B)^(-1)](b-B)
                          =       12.90
                Prob>chi2 =      0.0049
                (V_b-V_B is not positive definite)
```

图 3–11　治理经济效应回归模型的豪斯曼检验过程与结果

以下表示第二部分：三大治理领域对经济水平影响程度的固定

效应模型回归分析及其豪斯曼检验过程及结果：

```
. xtreg gdp a b c exports inf urban, fe

Fixed-effects (within) regression               Number of obs      =       300
Group variable: id                              Number of groups   =        30

R-sq:                                           Obs per group:
     within  = 0.8175                                         min =         10
     between = 0.8534                                         avg =       10.0
     overall = 0.8468                                         max =         10

                                                F(6,264)           =    197.09
corr(u_i, Xb)  = -0.5540                        Prob > F           =    0.0000

------------------------------------------------------------------------------
         gdp |      Coef.   Std. Err.      t    P>|t|     [95% Conf. Interval]
-------------+----------------------------------------------------------------
           a |   6.03e+09   4.14e+09     1.46   0.146    -2.11e+09    1.42e+10
           b |   1.96e+09   3.74e+09     0.52   0.601    -5.41e+09    9.33e+09
           c |   7.83e+09   4.26e+09     1.84   0.068    -5.71e+08    1.62e+10
     exports |   4.953241   .1784267    27.76   0.000      4.60192    5.304561
         inf |  -2.66e+09   2.50e+09    -1.06   0.289    -7.59e+09    2.27e+09
       urban |   3.19e+10   1.10e+10     2.90   0.004     1.03e+10    5.36e+10
       _cons |  -2.84e+12   6.79e+11    -4.19   0.000    -4.18e+12   -1.51e+12
-------------+----------------------------------------------------------------
     sigma_u |  7.376e+11
     sigma_e |  2.201e+11
         rho |  .91824289   (fraction of variance due to u_i)
------------------------------------------------------------------------------
F test that all u_i=0: F(29, 264) = 21.75                    Prob > F = 0.0000
```

图 3–12　三大治理领域对经济水平的固定效应模型回归结果

```
                 ---- Coefficients ----
             |      (b)          (B)            (b-B)     sqrt(diag(V_b-V_B))
             |      fe           re          Difference          S.E.
-------------+----------------------------------------------------------------
           a |   6.03e+09     4.73e+09        1.30e+09        2.70e+09
           b |   1.96e+09    -4.12e+09        6.08e+09        1.82e+09
           c |   7.83e+09     4.75e+09        3.07e+09        2.66e+09
     exports |   4.953241     4.774515        .1787261        .1293544
         inf |  -2.66e+09    -3.52e+09        8.64e+08        3.73e+08
       urban |   3.19e+10     6.69e+09        2.52e+10        1.03e+10
------------------------------------------------------------------------------
                     b = consistent under Ho and Ha; obtained from xtreg
      B = inconsistent under Ha, efficient under Ho; obtained from xtreg

    Test:  Ho:  difference in coefficients not systematic

                  chi2(5) = (b-B)'[(V_b-V_B)^(-1)](b-B)
                          =       20.50
                Prob>chi2 =      0.0010
                (V_b-V_B is not positive definite)
```

图 3–13　三大治理领域经济效应回归模型的豪斯曼数据检验过程与结果

以下表示第三部分：治理六项指标对经济水平影响程度的固定

效应模型回归分析及其豪斯曼检验过程及结果：

```
. xtreg gdp va ps ge rq rl cc exports inf urban, fe

Fixed-effects (within) regression               Number of obs      =       300
Group variable: id                              Number of groups   =        30

R-sq:                                           Obs per group:
     within  = 0.8367                                         min =        10
     between = 0.7681                                         avg =      10.0
     overall = 0.7688                                         max =        10

                                                F(9,261)           =    148.60
corr(u_i, Xb)  = -0.5559                        Prob > F           =    0.0000

------------------------------------------------------------------------------
         gdp |      Coef.   Std. Err.      t    P>|t|     [95% Conf. Interval]
-------------+----------------------------------------------------------------
          va |   7.35e+09   3.00e+09     2.45   0.015     1.44e+09    1.33e+10
          ps |   1.08e+09   2.32e+09     0.47   0.641    -3.48e+09    5.65e+09
          ge |   1.39e+10   3.29e+09     4.21   0.000     7.39e+09    2.04e+10
          rq |  -8.75e+09   3.89e+09    -2.25   0.025    -1.64e+10   -1.09e+09
          rl |  -5.09e+09   3.80e+09    -1.34   0.181    -1.26e+10    2.38e+09
          cc |   8.60e+09   2.69e+09     3.20   0.002     3.31e+09    1.39e+10
     exports |   4.786954   .1725924    27.74   0.000     4.447103    5.126804
         inf |  -8.32e+08   2.41e+09    -0.34   0.730    -5.58e+09    3.92e+09
       urban |   4.65e+10   1.09e+10     4.28   0.000     2.51e+10    6.79e+10
       _cons |  -3.85e+12   6.89e+11    -5.58   0.000    -5.20e+12   -2.49e+12
-------------+----------------------------------------------------------------
     sigma_u |  9.290e+11
     sigma_e |  2.094e+11
         rho |  .95165924   (fraction of variance due to u_i)
------------------------------------------------------------------------------
F test that all u_i=0: F(29, 261) = 23.44                    Prob > F = 0.0000
```

图 3–14　治理分指标对经济水平的固定效应模型回归结果

```
                 ---- Coefficients ----
             |      (b)          (B)            (b-B)     sqrt(diag(V_b-V_B))
             |      fe           re          Difference          S.E.
-------------+----------------------------------------------------------------
          va |   7.35e+09     5.06e+09        2.29e+09        1.99e+09
          ps |   1.08e+09     1.16e+09       -8.12e+07        1.06e+09
          ge |   1.39e+10     8.21e+09        5.67e+09        9.29e+08
          rq |  -8.75e+09    -9.63e+09        8.79e+08        2.24e+09
          rl |  -5.09e+09    -4.02e+09       -1.07e+09        1.96e+09
          cc |   8.60e+09     7.23e+09        1.37e+09        5.92e+08
     exports |   4.786954     4.763785        .0231684        .1212163
         inf |  -8.32e+08    -3.03e+09        2.20e+09        2.48e+08
       urban |   4.65e+10     7.28e+09        3.92e+10        1.01e+10
------------------------------------------------------------------------------
                           b = consistent under Ho and Ha; obtained from xtreg
            B = inconsistent under Ha, efficient under Ho; obtained from xtreg

    Test:  Ho:  difference in coefficients not systematic

                  chi2(8) = (b-B)'[(V_b-V_B)^(-1)](b-B)
                          =       87.39
                Prob>chi2 =      0.0000
                (V_b-V_B is not positive definite)
```

图 3–15　治理分指标经济效应回归模型的豪斯曼数据检验过程与结果

（三）结论

第一，从治理综合指标的经济效应回归结果中可以得出：新兴市场 30 国的治理水平显著影响经济发展，总体治理水平的提高对新兴市场 30 国经济发展具有显著的促进作用。具体来看，总体治理水平对经济的影响非常显著，但相比城镇化率、进出口贸易额占比等控制变量而言，其系数值（1.5）较低[①]。根据治理经济效应的阶段性理论[②]，由于新兴市场 30 国已经摆脱传统走向崛起阶段，在此阶段，治理将开始对经济产生明显影响，这种影响程度虽然较低，但会随着经济水平的提高而日益显著。因此，随着新兴市场 30 国继续崛起，国家治理将成为新兴市场 30 国经济水平提高的关键因素，新兴市场 30 国今后需要注重提高治理指数以推动经济进一步发展。

第二，从三大治理领域的经济效应回归结果中可以得出：新兴市场 30 国的政权稳定性、政府治理能力、制度化水平，均从不同程度上促进了经济发展，其中制度化水平领域的经济效应相对显著。这说明在 2008 年金融危机之后，较政权稳定性、政府治理能力而言，新兴市场 30 国“对公民的尊重以及管理经济社会相互作用的制度状况”良好，相关制度建设对经济的快速发展起到了比较显著的影响。因此，新兴市场 30 国需要进一步加快制度建设，提高法治水平，严格控制腐败，以发挥制度化水平领域相关治理指标对经济发展的显著作用。

---

① 相比控制指标影响系数（3.4 和 4.94）而言，治理水平的回归系数（1.50）不及其一半，即治理对经济发展影响程度相对经济结构、经济开放度等宏观经济指标而言仍然较低，但都具有非常显著的经济影响。

② 治理经济效应的阶段性理论，亦即治理的经济效应受一国发展阶段和经济发展水平影响。大多数研究表明，在经济发达阶段，国家治理对经济具有显著的正向影响，且随着经济水平提高，这种影响变得越来越显著。

第三，从治理六项指标的经济效应回归结果中可以得出两个结论。其一，大部分治理指标对经济发展具有促进性，其中腐败控制（8.60）、政府效能（1.39）、反馈与问责（7.35）显著影响并促进经济发展，说明新兴市场 30 国对腐败的防治到位，政府治理能力较强，这些都对经济表现出了非常显著的促进作用，对此我们将在下文分别进行深入研究。其二，仅有一项指标，即规制质量（–8.75）对经济的影响表现为负值，说明自金融危机之后，新兴市场 30 国的政府在促进私人部门发展方面的政策制定或执行等可能存在一定的偏差，需要进一步矫正，相关治理能力有待提升①。另外，法治（–5.09）虽为负值但未通过 P 值可信度检验，其影响并不显著。

总之，根据以上实证结果表明，新兴市场 30 国的治理对于经济发展的影响显著。其中，政权稳定性的提升、较强的政府治理能力与腐败控制力度对经济发展的推动性都非常明显，而在促进私人部门发展方面的治理能力有待进一步提升。据此，下文将进一步分析各领域及其代表的指标在新兴市场 30 国中的具体表现。

三、政权稳定性

根据全球治理指标的界定，反馈问责（Voice and Accountability）与政治稳定（Political Stability）代表的是“选举、监督和取代政府

① 主要原因在于新兴市场 30 国正处现代化转型阶段，经济可以实现快速发展，但国家治理体系和治理能力现代化则需要一个相对缓慢的建设过程，治理的提高需要与经济进行不断的磨合与调试。此过程治理对经济的影响并非绝对的，表现出一定的抑制性或促进性都属于正常现象，如数据中表现出抑制性，说明政府在促进私人部门发展方面的政策制定等存在一定的偏差，需要有针对性地进行矫正。

的过程”，主要反映的是政府执政及更迭，体现出治理的过程，本研究将此归纳为“政权稳定性”。在新兴市场 30 国发展中，政治与社会秩序的变化与其政权变更紧密相关，政权变更是大部分新兴市场 30 国产生社会动荡的主要原因，比如在泰国、埃及、巴基斯坦、加纳、秘鲁等不少新兴市场 30 国经历过各种形式的政权变更并产生明显的政治或社会动荡事件。以上政治动荡并非偶然，而是受几次国际秩序变更的影响。具体而言，在第二次世界大战后，发达国家向发展中国家进行了多种方式的援助，其中推行议会民主制也是其中的一种，但之后相关国家政权更迭或垮台，由此造成持续性社会动荡，宣告这场“政治实验”失败[①]。不少新兴市场30国也经历了这场实验，有 6 个新兴市场国家曾发生过明显的政治转型失败的事件[②]。本章内容主要考察的是新兴市场 30 国的政权稳定性，以及反馈问责与政治稳定情况，并对这些受国际秩序变化影响下经历过政权更迭的相关国家情况进行了分析。

（一）基本情况说明

数据显示，相比政府治理能力和制度水平而言，新兴市场30国在政权稳定性领域的数值最低。如图 3–16 所示，1996—2017 年间，三大领域治理水平排序未产生变化，政权稳定性值长期低于其他领域。2017 年数据显示，新兴市场 30 国政权稳定性分值为 37.10，比最优的

---

① 刘瑜 . 两种民主模式与第三波民主化稳固 [J]. 开放时代，2016（3）：113—136.

② 笔者根据政体数据库（Polity IV）、政治暴力事件数据库（Major Episodes of Political Violence）采集相关数据测算所得。参考 http://www.systemicpeace.org/inscrdata.html.

政府治理能力值（50.62）低了近 14 分，也比制度水平值（44.01）低。

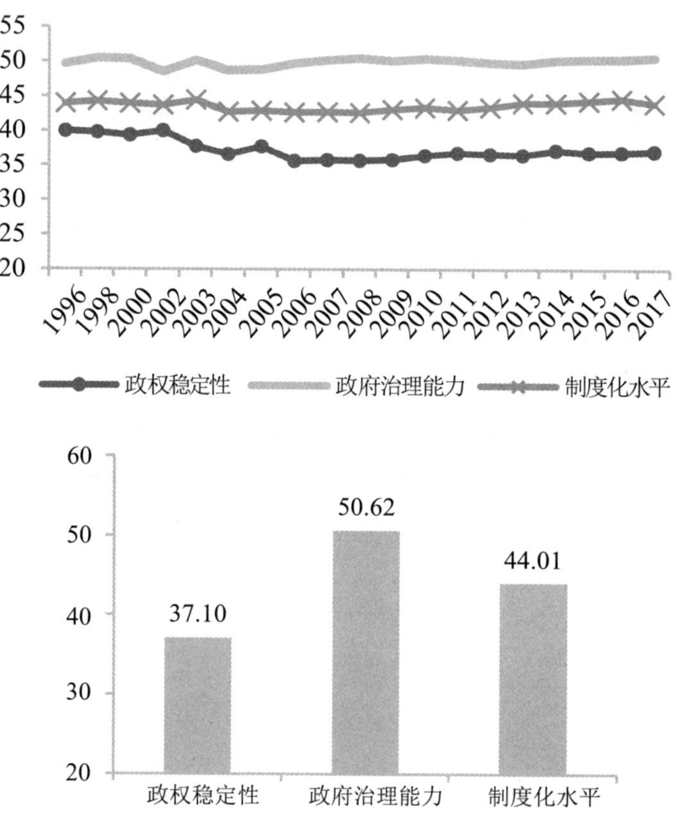

图 3–16　新兴市场 30 国治理分领域对比情况

注：纵坐标代表相应的治理指数值；左图表示治理分领域演变情况，选取 1996—2017 年数据，右图表示不同领域的排序情况，选取 2017 年数据。

数据来源：世界银行数据库、WGI 数据库

从分指标情况来看，图 3–17 显示，新兴市场 30 国反馈与问责指数长期高于政治稳定与无暴力指数，其中政治稳定与无暴力指数不仅是政权稳定性领域的最低值，相比治理其他五项指标也是最低的一项。表明在新兴市场 30 国长期存在一定程度的政治动荡。

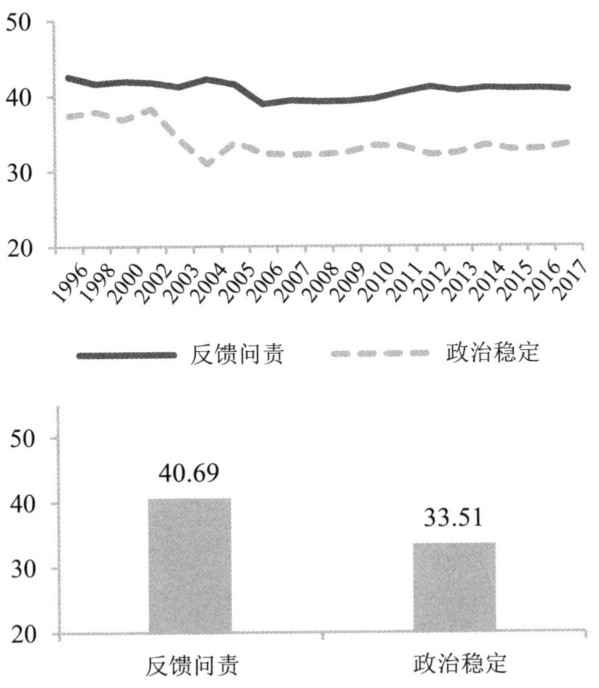

图 3–17　新兴市场 30 国反馈问责与政治稳定指数对比情况

注：纵坐标代表相应的治理指数值；左图表示指标动态演变情况，选取 1996—2017 年数据，右图表示两项指标的排序情况，选取 2017 年数据。

数据来源：世界银行数据库、WGI 数据库

区域的数据非常值得我们关注，图 3–18 中 2017 年排序表明，亚洲在反馈问责指标上的表现明显较差（25.05），比倒数第二的非洲（46.31）低了近一半，并且亚洲与非洲的政治稳定指数均明显低于其他两个区域，充分说明新兴市场 30 国政权稳定性的高低具有非常明显的区域化特征，下面分别观察反馈问责与政治稳定指标及相关国家的情况。

1. 新兴市场 30 国的反馈与问责

根据图 3–18 中的数据显示，新兴市场 30 国反馈问责在很大程度上受到所在区域的影响。在反馈与问责上，排名倒数五名的国家均为亚洲国家，包括乌兹别克斯坦、沙特阿拉伯等，排名前五的国家则没有亚洲国家，亚洲除了印度、印度尼西亚，其余国家的反馈问责度均较大程度的低于全球平均水平，也低于新兴市场 30 国的平均水平。

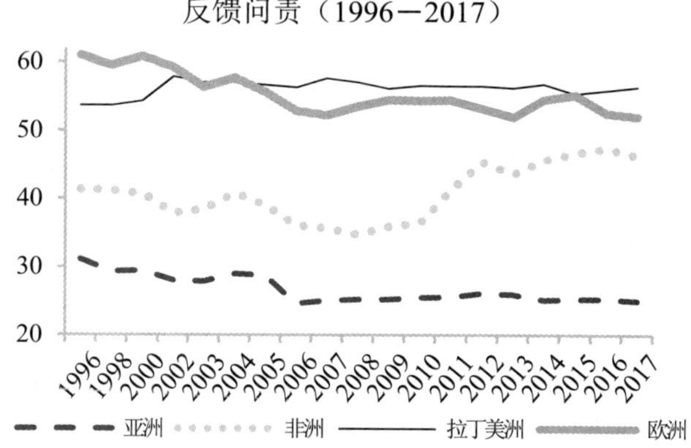

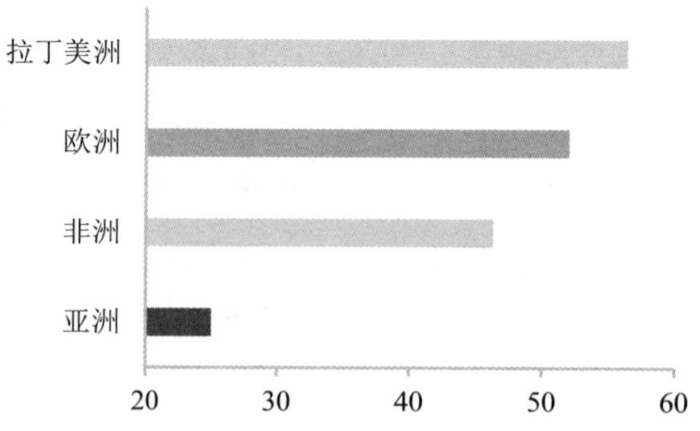

图 3–18　反馈问责分区域排名情况（2017 年）

注：横坐标为各区域 WGI 均值，排名由高到底，相应的治理水平由高到低。

数据来源：世界银行数据库、WGI 数据库

针对以上反馈问责指标的表现，我们认为该数据结果所反映出的情况可能与现实情况有所出入，存在明显的误读、误判。下此判断，主要是考虑到不同国家或地区对反馈问责所持的观念不同。目前与之相关的数据几乎全部来自美欧等发达国家和地区，基于这种具有“西方话语权体系”的逻辑，国际主流数据库所反映出的结果基本一致，都存在对发展中国家真实发展情况的普遍性误读，然而在数据不断被政界、学界和媒体等引用，甚至被用以进行实践项目评估时，这种数据结果就造成了事实上的不平等。

为了避免这种“西方话语权”逻辑下对数据进行价值观预设而形成的所谓的“结果”，对包括新兴市场 30 国在内的发展中国家的误解、误判所造成的不平等事实，本节内容将关注的重点放在的政体转型和政治稳定层面。

以一组来自政体项目（Polity Project）的数据库（Polity IV）为例，该数据主要反映的是各国在历史上的转型情况，相比而言，国家经历各种形式的转型，包括战争状态、调停状态、内乱状态等，更能从客观上反映一国情况及其目前局势，也是目前国际比较政治学界使用最广泛的政体数据库。具体来看，该数据库统计了所有人口数大于 50 万的国家（地区）政体稳定的年度情况，对 1800—2018 年各国政体表现评分，数值由正向负，从转型角度观察，一国经历由负值向正值的变化就表示该国发生了转型。

表 3–5　政权转型的新兴市场国家及其年份（1974—2018 年）

亚洲（6国）		非洲（3国）		拉丁美洲（8国）		欧洲（3国）	
国家/地区	转型年份（年）	国家/地区	转型年份（年）	国家/地区	转型年份（年）	国家/地区	转型年份（年）
印度尼西亚	1999	加纳	1996	阿根廷	1983	波兰	1989
伊朗	1997 2014↓	突尼斯	2011	巴西	1985	罗马尼亚	1990
		南非	1992↓ 1994	智利	1989	俄罗斯	1992
				多米尼加	1978		
巴基斯坦	1988 1999↓ 2007			厄瓜多尔	1979		
				危地马拉	1986		
菲律宾	1987			墨西哥	1994		
泰国	1978 1991↓ 1992 2006↓ 2008 2014↓			秘鲁	1980 1992↓ 1993		
土耳其	1980↓ 1983 2016↓						

注：↓表示当年发生了政权转型失败。笔者根据 Polity IV 数据库中 polity2 指标测算所得，该指标是该数据库中衡量一国政体发生变化的主要参考指标。需要说明的是，另一项 polity1 与 polity2 较为一致，区别在于 polity1 中更明确的显示出负值状态，比如 –88 表示“转型过程中”（transition），–77 表示“无政府战乱状态”（interregnum），–66 表示“外国干扰”（foreign interruption），此指标将在下文具体分析时运用以便观察。Polity IV 使用参考：http://www.systemicpeace.org/inscr/p4manualv2018.pdf。

以上数据主要说明了在新兴市场 30 国中，较多国家受西方影响在政体等层面进行了转型，并且在移植“西方模板”过程中，出现与本国政体不适应等情况，最终有 6 个国家发生了转型失败事件。具体来看，根据 Polity IV 数据库显示，新兴市场 30 国中有 20 个国家在西方民主化影响下发生了政权转型，如表 5 所示，其中 6 个国家经历了不同程度的转型失败，包括伊朗、巴基斯坦、泰国、土耳其、南非、秘鲁。其中，巴基斯坦、泰国、土耳其、秘鲁等国经历了多次转型。

以上数据可以证明我们的观点，目前西方式的治理话语权仍然在世界上占据主流地位，而随着发展中国家不断步入成熟，在政治、治理等领域所存在的理论和实践短板也在不断地弥补。那么，面对发展中国家在治理方面普遍存在的理论“赤字”①，包括我们所关注的数据领域也是如此。如果就“数据治理”论“治理”，难免在一定程度上陷入西方话语体系与逻辑，本研究无意讨论诸如政治民主等问题的本质，主要关注于政治秩序层面，及由此所产生的国家状态变化对经济社会的影响上。

此部分内容主要从数据的层面对反馈问责指标进行分析，就其数据结果质疑，并利用了一组政体数据观察了新兴市场 30 国中政体转型国家的发展变化情况。其中，针对反馈问责指标的分析和质疑，以期能为今后的研究提供更多批判性视角。

2. 新兴市场 30 国的政治稳定与无暴力程度

政治稳定与无暴力程度（Political Stability and Absence of Violence, PS）指标衡量的是政府因违宪或暴力手段（包括政治动机的暴力与恐怖主义）而失去稳定或被推翻的可能性。根据该指标反映的结果来看，如图 3–19 所示，新兴市场 30 国的政治稳定性低于全球平均水平，2017 年仅有 6 个国家的稳定指数高于全球均值，超过 8 成国家表现出

① 臧雷振 . 国家治理实践的政治学解释——中国治理经验及分析范式 [J]. 江苏行政学院学报，2018（5）：119—128.

一定的政治动荡性。排名较后或政治较为不稳定的新兴市场国家多分布在亚洲与非洲。1996—2017 年，新兴市场 30 国的政治稳定性波动较大。

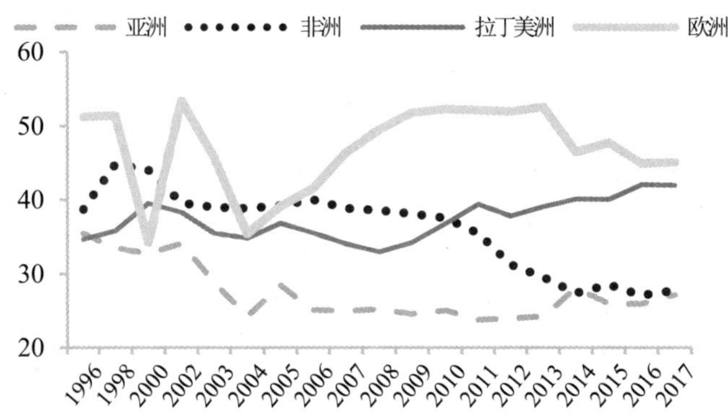

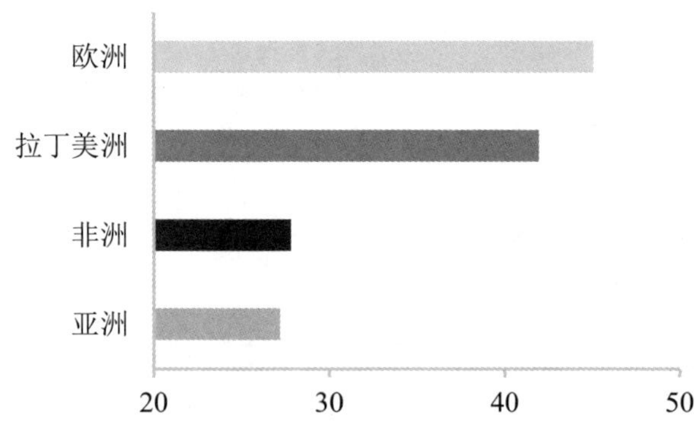

图 3–19　政治稳定分区域排名情况（2017 年）

注：横坐标为各区域 WGI 均值，排名由高到底，相应的治理水平由高到低。

数据来源：世界银行数据库、WGI 数据库

从表 3–6 显示的排名情况来看，排名倒五的分别为巴基斯坦、土耳其、埃及、菲律宾和突尼斯。这些国家分布于亚洲和非洲，基

本都处于亚欧非大陆交界的"震荡地带"。多数国家受到 20 世纪末"第三波民主化浪潮"影响，不同程度经历了"民主崩溃"导致国家转型失败。比如菲律宾和突尼斯，前者存在严重的政治家族化现象，导致地方政治分散，国家发展难以有效进行，后者受"阿拉伯之春"运动影响，至今都存在严重的社会动荡，民主化转型举步维艰。相比而言，不少拉美的新兴市场国家表现出较为稳定的政治特征。

表 3-6　新兴市场 30 国政治稳定指数排名情况（2017 年）

排名后五的国家（分值）		排名前五的国家（分值）	
巴基斯坦	1.90	阿根廷	53.33
土耳其	7.14	越南	59.52
埃及	9.05	智利	60.95
菲律宾	10.95	波兰	64.76
突尼斯	13.81	多米尼加	86.67

为了进一步分析新兴市场 30 国的政权稳定性，我们着重将分值较低的亚洲和非洲新兴市场国家进行对比分析。先从亚洲国家来看，2017 年有 6 个国家政治稳定高于该区域平均水平，分别为越南、马来西亚、哈萨克斯坦、中国、乌兹别克斯坦、印度尼西亚。图 3-20 显示，这些国家政治稳定性不仅高于该区域平均水平，其发展也是不断趋于稳定。尤其是印度尼西亚和乌兹别克斯坦，自 2005 年以来这两个国家的稳定性就呈现不断上升发展。另外，哈萨克斯坦和马来西亚两国的政治较为波动。相比而言，中国和越南不仅具有较好的政治稳定性，而且在很长时间内这种稳定性都能得以保持，因此这两个国家具有持续的政治稳定特征，这对于经济社会良好发展而言是必不可少的基础。

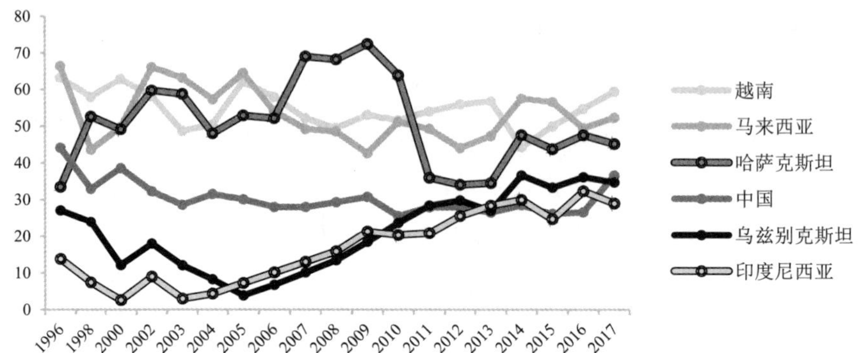

图 3–20　较为稳定的亚洲新兴市场国家的变化情况（1996—2017 年）

注：纵坐标代表政治稳定与无暴力程度指数，横坐标代表年份。具体国家按稳定性由高到低顺次排列。

图 3–21 显示为较为动荡的其余 7 个亚洲新兴市场国家，分别为巴基斯坦、土耳其、菲律宾、伊朗、印度、泰国、沙特阿拉伯。这些国家政治稳定性较差，存在明显的政治动荡。自 21 世纪初以来，受到由美国以反恐和反扩散为借口发动的两场战争，以及“阿拉伯之春”的影响，此区域相关国家的政治格局受到冲击，导致了长期的持续性地缘政治动荡[①]。图中也反映出稳定性不断下降的趋势，具有长期持续的政治动荡特征。

非洲新兴市场国家的政治稳定性较差，图 3–22 显示，非洲 5 个新兴市场国家中，埃及和突尼斯的政治动荡严重。受“阿拉伯之春”影响，2010 年之后，两国的政治稳定性呈现出大规模下降趋势，至今仍然存在较为严重的政治动荡。相比而言，加纳、南非和摩洛哥具有一定的持续性的政治稳定特征。

① 参考金良祥 .21 世纪初中东地缘政治格局变化及应对 [J]. 阿拉伯世界研究，2013（2）：29—39.

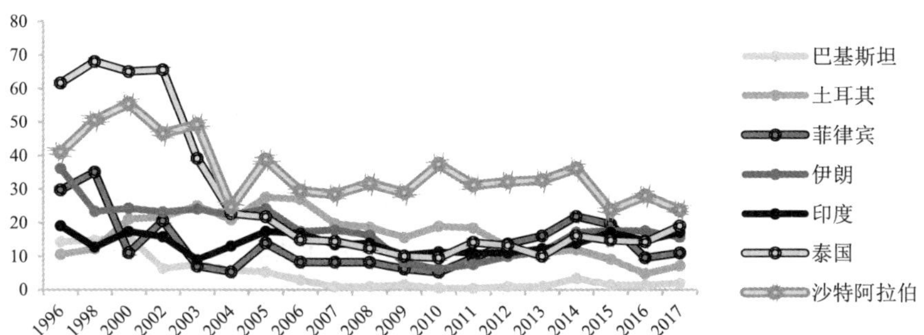

图 3-21 较为动荡的亚洲新兴市场国家的变化情况（1996—2017 年）

注：纵坐标代表政治稳定与无暴力程度指数，横坐标代表年份。具体国家按稳定性由低到高顺次排列。

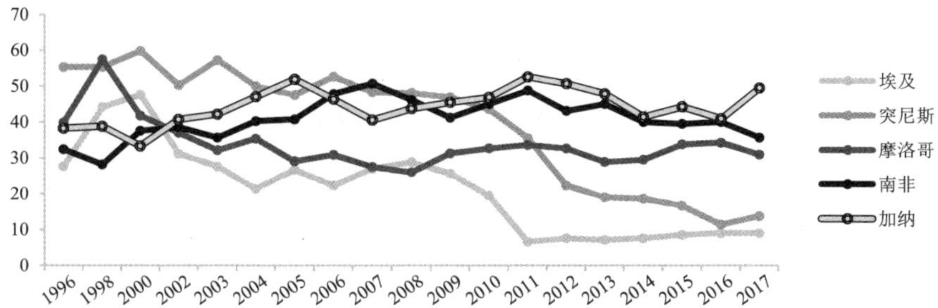

图 3-22 较为稳定的亚洲新兴市场国家的变化情况（1996—2017 年）

注：纵坐标代表政治稳定与无暴力程度指数，横坐标代表年份。具体国家按稳定性由低到高顺次排列。

综上，政治稳定性较差的新兴市场主要分布于亚洲和非洲，基本都处于亚欧非大陆交界的“震荡地带”。多数国家受到 20 世纪末“第三波”民主化浪潮影响，不同程度经历了“民主崩溃”导致国家转型失败，比如“阿拉伯之春”等。这些国家在转型中政权频繁变更，甚至垮台，导致这些国家至今都存在严重的社会动荡。

（二）政治稳定的经济效应

新兴市场国家的崛起与国家转型密切相关。事实与数据均表明，大部分新兴市场国家经历了政治变迁或转型，部分国家在这场转型中多次爆发政治动荡事件。研究表明，经济基础和社会文化是国家政治发展得以真正稳固的必要条件，然而新兴市场30国均为发展中国家转型而来，其国家在进一步发展上的经济基础和社会基础薄弱，直至目前虽然新兴市场30国在经济上崛起，但在其他领域仍发展缓慢。以下我们将进一步研究新兴市场30国治理对经济的影响，并据此对未来新兴市场30国经济可持续发展形成预判。

可以肯定的是，国家转型深刻影响了新兴市场30国的经济崛起。根据政体数据显示，新兴市场30国中有20个国家在西方民主化浪潮影响下发生了转型，并且这些国家的政体转型与经济崛起并非同时发生，且持续时间也不相同。具体而言，从发生时间上来看，这些国家的转型早于其作为经济体的崛起。图3–23展现的是这些国家在1974—2018年期间的政体和经济情况。数据表明，这些国家政体转型发生在1986年（图中政体转型指数由负向正表明转型发生），而作为经济体的崛起则是在十年之后的2004年开始，这在一定程度上说明了这些国家的经济崛起具有一定的治理基础。

从持续时间上来看，政体转型比经济崛起经历了更长的时间。虽然这些国家在转型上早于经济崛起，但其政体转型自1986年开始以来，到2000年前后才达到一个稳定状态，持续了近15年。相比而言，经济崛起明显是从2004年前后开始，即便经历了金融危机，到2008年已实现了国内生产总值翻一番的激增[①]，持续时间不到5年。

① 2004年，在西方民主化浪潮影响下的20个新兴市场国家国内生产总值总量约2.1千亿美元，2008年提高两倍多，约4.4千亿美元。

因此，这些国家的转型过程耗时较长，政体转型持续时间相当于经历了三次经济崛起。

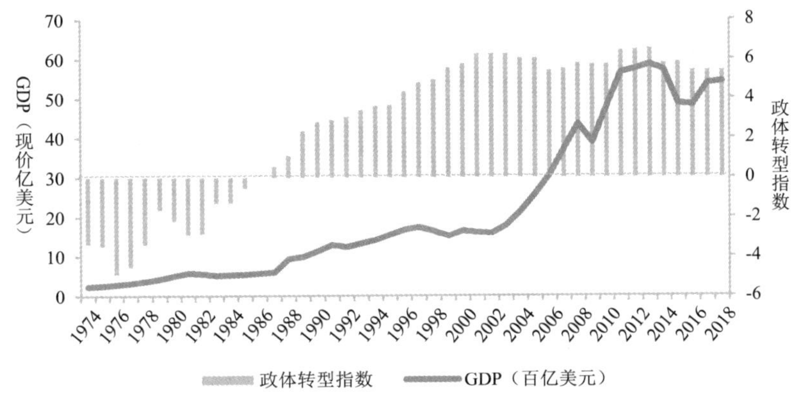

图 3-23　国家政体转型与经济增长变化趋势（1974—2018 年）

注：政体转型指数由负向正表明发生了转型；选取 20 个新兴市场国家在相应年份的政体评分和 GDP 均值。

数据来源：世界银行数据库、Polity IV 数据库

总体来看，新兴市场 30 国的政权稳定性具有一定的经济效应。其中反馈问责与政治稳定性对经济绩效也具有一定促进的作用，并且政治稳定的经济效应比较明显。图 3-24 表示反馈问责与政治稳定对经济绩效的影响；其中，政权稳定性提高 1 个单位，经济绩效就相应提高 0.06 个单位。

从经济发展的可持续性上来看，政治稳定与经济增长相辅相成，而经济可持续增长并非由哪种政体或制度所能决定。第三波民主化国家失败的经验说明，由西方主导的“程序民主”或“选举民主”并不适用于所有国家，以中国为代表的社会主义国家在不复制西方模式的改革与发展中，逐渐探索出适合于本国国情的发展道路[①]。无论是何

① 这被学者称为“第三条道路”，也被学者看作是对西方模式的超越。

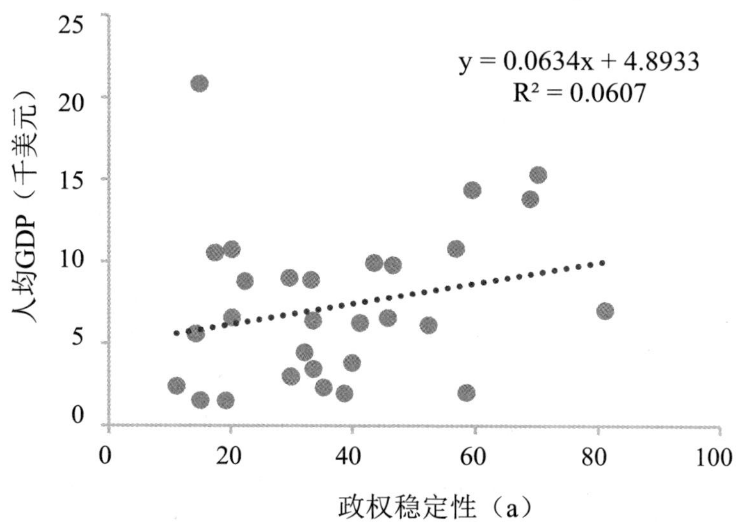

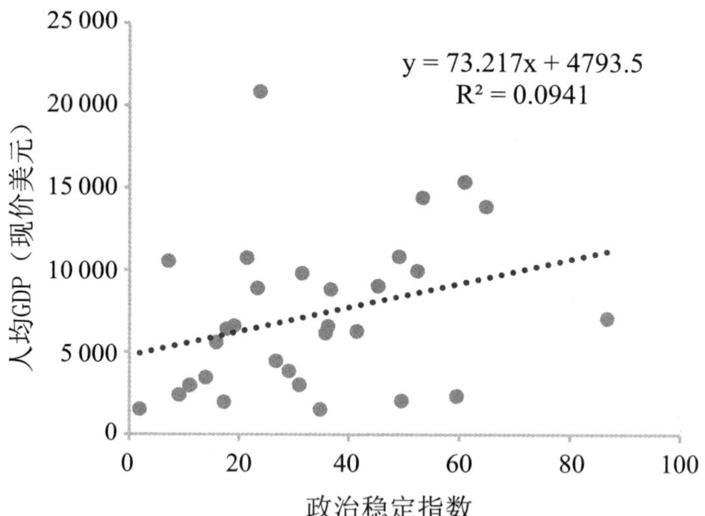

图 3-24　政权稳定性的经济绩效

数据来源：世界银行数据库、WGI 数据库

种政体，新兴市场 30 国崛起的事实已表明，今后民主之于经济的影响并非道路选择那么简单，而更多在于政体是否适应经济发展要求，是否能真正满足社会发展的要求。

今后新兴市场 30 国想要实现经济可持续发展，需要在政治稳定、经济水平、社会和结构等不同方面优化相关指标。比如，上文讨论过的 20 个在西方影响下产生政体转型的新兴市场国家需要关注的是稳定社会环境、降低失业率（7.26%），尤其是非洲国家，比如南非、突尼斯都有着超过 15% 的失业率；相比而言，更多的新兴市场国家，除了关注反馈问责指数，需要提高公民在选举中的参与度、言论自由和新闻自由度以外，其他指标表现良好，说明经济可持续发展的基础较好。比如，中国、越南、摩洛哥虽然反馈问责性较低，但一直以来没有发生明显政治动荡，还能够保持经济的持续、快速发展，已经算是创造了政治奇迹。

四、高效政府及其促进私人部门发展的空间

经济发展是新兴市场 30 国崛起的基础。在这个崛起过程中，高效的政府治理能力在推动经济发展上起了重要作用。按照分析框架，政府治理能力体现在对内的高效工作以及对外促进私人部门发展两个方面，新兴市场 30 国在政府内部治理效率上呈现出持续的高水平增长趋势，然而在促进私人部门发展方面则相对较弱。这与一些国家的营商环境恶化、经济结构不稳定、社会基础薄弱等关系密切。

（一）基本情况说明

根据全球治理指标解释，政府治理能力领域的数据所代表的是“政府有效制定和执行良好政策的能力”。相对于其他指标而言，新兴市场 30 国的政府治理能力是最强的，也是唯一一个高于全球均值的治理指标，如图 3–3 中新兴市场 30 国治理分领域对比情况所示，自 2008 年开始至今，新兴市场 30 国政府治理能力就一直高于全球平均水平。其中，政府效能指标值尤为突出，说明新兴市场 30 国政府普遍高效，具有较高的公共服务质量，以及较强的政策制定及执行能力。

新兴市场 30 国政府治理能力在区域分布上体现得较为均衡。如图 3–25 所示，政府效能指标所反映出的结果表明，新兴市场 30 国政府治理能力较强，且较为均衡。其中，亚洲新兴市场国家的政府效能普遍较强，自 2008 年以来一直处于上升趋势，另外，规制质量虽然处于第三位，但也处于不断上升的状态；相比而言，拉丁美洲新兴市场国家的政府效能自 2006 年以来基本上处于不断下降趋势，2015 年之后有所好转，目前与非洲新兴市场国家的政府效率相当。

政府效能排名前五的国家分别代表了不同区域的政府治理能力。如下表 3–7 所示，智利有拉丁美洲国家中最高效政府，一直都保持第一位的高效政府状态；亚洲的马来西亚和中国，尤其是中国的政府效能提速明显；欧洲代表国家为波兰；非洲代表国家为南非[①]。

为了更明确地显示政府效能提升与衰落的变化情况，我们采用 2008 年和 2017 年数据，制作了十年间新兴市场 30 国政府效能提升

① 南非的政府效能指数为 65.38（2017 年），排名第六。

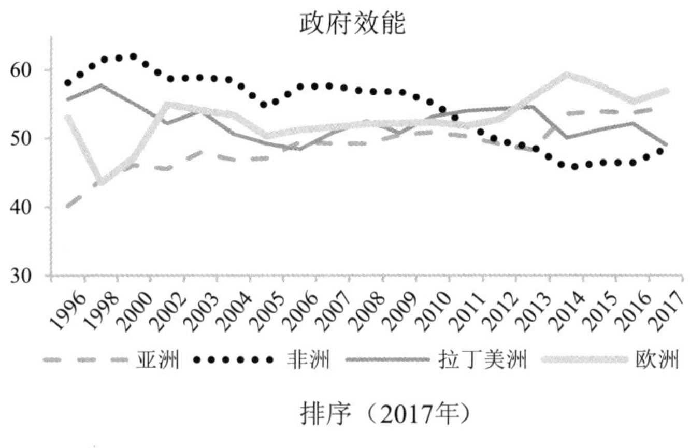

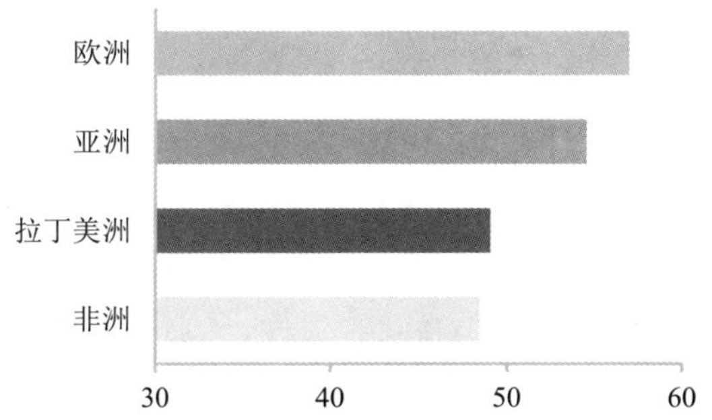

图 3-25　E30 政府效能变化趋势与排序情况

注：趋势图中纵坐标代表相应的治理数值，线条颜色所代表的区域与排序图中一致。

数据来源：世界银行 WGI 数据库

表 3-7　政府效能的前五名与后五名国家情况（2017 年）

政府效能（GE）			
前五名（分值）		后五名（分值）	
智利	77.88	危地马拉	26.92
马来西亚	76.44	埃及	29.33
波兰	74.04	巴基斯坦	31.25
中国	68.27	乌兹别克斯坦	32.69
泰国	66.83	厄瓜多尔	39.90

数据来源：世界银行数据库、WGI 数据库

与衰落图，见图 3–26。数据显示，新兴市场 30 国政府效能提升的国家共 16 个，大部分为亚洲国家，有 10 个；其余 14 个国家的政府效能在不同程度上显示出了衰落的趋势，这些政府效能衰落的国家几乎都分布在非洲和拉丁美洲[①]。值得一提的是，这项指标的变化与上一章政权稳定性的指标表现截然相反，那些在西方“新自由主义浪潮”影响和支配下进行了近半个世纪的民主化改革的非洲和拉丁美洲国家，虽然在反馈问责领域的指标表现良好，但政府效能的数据则不断下降，这点值得反思。

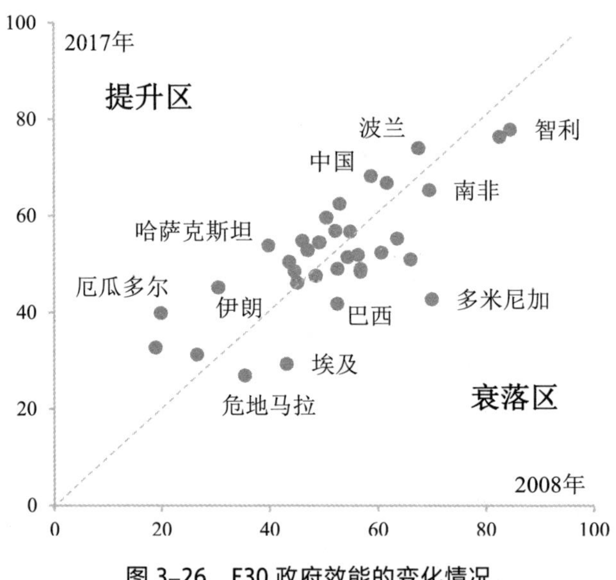

图 3–26　E30 政府效能的变化情况

注：采用 2008 年和 2017 年数据进行对比，45° 斜线上方为政府效能提升区，即 2017 年政府效能值高于 2008 年，共 16 个国家；下方为衰落区，即 2017 年政府效能低于 2008 年，共 14 个国家。

数据来源：世界银行数据库、WGI 数据库

① 衰落区国家除了非洲和拉美，还有三个亚洲国家，即菲律宾、马来西亚和土耳其。但相比多米尼加的下降值（–27.11），这三个国家的衰落度不明显，尤其是菲律宾和马来西亚，下降了不到 5 个分值。

具体来看，提升区中，厄瓜多尔的政府效能提升度最高（+20），十年间指数从19.9提升到39.9。主要原因在于厄瓜多尔规模较小，相对大国而言，小国治理改革的难度较低，短时间成效明显。2007年以来，厄瓜多尔的科雷亚总统政府上台后，对国家各方面进行了大规模改革，也被称为“21世纪社会主义”改革运动[①]，起到了一定的成效。其余的伊朗（+14.61）、哈萨克斯坦（+14.04）、乌兹别克斯坦（+13.76）、沙特阿拉伯（+9.59）、中国（+9.53）的政府效能提升度也很明显。需要说明的是，由于这些国家的规模较大，因此政府效能提升的质量也相对较高。衰落区中，多米尼加政府效能的降幅严重（–27.11），从69.90下降至42.79。这也与国家规模有很大关系，多米尼加、危地马拉、突尼斯这些降幅严重国家的人口数量都不足2 000万。其余大部分拉丁美洲国家与非洲国家的效能降幅较大，且这些国家大多呈现出波动性下降趋势，说明不仅政府效能衰落，一定程度上政府治理能力也缺乏一些必要的稳定性基础，比如贫困、教育等社会基础薄弱。

（二）政府治理能力的经济效应

理论与经验证明，随着一国经济的发展，政府治理能力的提升

---

① 拉丁美洲国家在20世纪80年代以来受到新自由主义运动影响，以印第安人运动为代表的社会运动长期活跃。在厄瓜多尔长期存在高度碎片化的政治格局，政治体制效率低下，腐败严重，各种社会运动频繁发生；自2007年科雷亚总统政府上台后进行了一系列大规模国家改革，比如2008年出台新宪法承认厄瓜多尔的多民族特征，并予以保护，国家治理发生了一定的转变。但由于拉美印第安传统文化的固化与新兴市场机制很难在短时间内调和，各种社会运动仍将在拉丁美洲国家不断发生。参见范蕾．拉美印第安人运动与政府关系的演进——以玻利维亚和厄瓜多尔为例[J]. 拉丁美洲研究，2018（4）：118—158.

能够有效地促进经济增长。然而，并非治理能力越高对经济发展就越有利，而是根据发展阶段发挥相应政府治理能力才能促进经济增长。新兴市场 30 国全部来自发展中国家，大部分正处在结构转型中期阶段，此时经济可以快速增长，但政府治理能力的提高作为一种制度变迁则是相对缓慢的进程，二者间矛盾不断加大就会陷入转型困境。发展经济的同时注重制度建设，提高政府治理能力才能兼顾两者，平稳地进入现代化发展阶段。

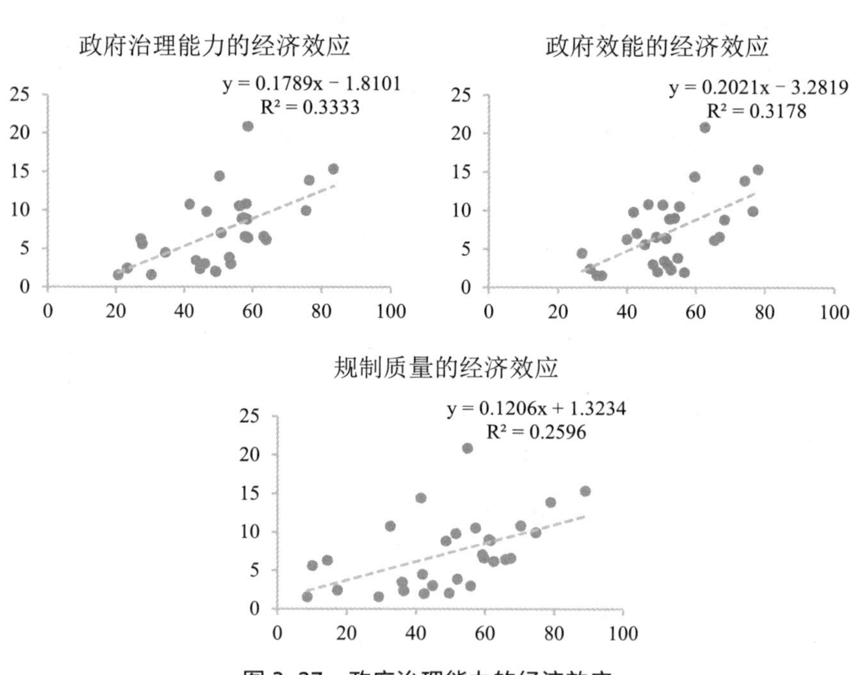

图 3-27　政府治理能力的经济效应

注：纵坐标表示 E30 各国人均名义 GDP（现价千美元），横坐标表示相应的治理指数。

数据来源：世界银行数据库、WGI 数据库

图 3-27 表明，新兴市场 30 国的政府治理能力促进了经济发展，当政府治理能力提升 1 个单位，人均国内生产总值相应提升 0.18 个单位。在代表政府治理能力的两个重要指标中，政府效能指标的经

济效应大于规制质量指标的经济效应。数据表明，政府效能指标和规制质量指标每提升 1 个单位，人均国内生产总值相应地分别提升 0.20、0.12 个单位，即指标每提升一个单位，政府效能就比规制质量多发挥近 0.1 个单位的经济效应，说明相比规制质量而言，新兴市场 30 国的政府效能提升能够更有效地推进经济发展。

首先，根据指标内容，政府效能即“衡量政府公共服务质量，公务员服务及其独立于政治压力程度，政策制定及执行能力，以及政府兑现政策的可信度等”，主要衡量的是政府内部体制及其行政工作的效率。新兴市场 30 国的政府效能较强，一方面，说明其政府体制及其工作效率高，能够快速、有效地提供社会所需的公共服务或公共产品，比如公路、铁路等经济社会发展所必须的基础设施；另一方面，说明政府在政策制定及执行上也具有较高的能力，能够根据经济社会发展快速有效制定相应政策，并落实执行。以中国的基础设施建设为例，随着工业化快速发展，新兴市场 30 国对铁路运输需求量将不断增加，高铁建设成为必然选择，中国自 2004 年开始陆续引进发达国家的高铁技术[①]，到 2018 年年末，高铁总公里数达 14.3 万公里，总里程居世界第一；港口建设方面，目前在全球港口集装箱吞吐量排名前十名的港口中，中国港口占有七席；另外，中国民航国内定期航班通航城市由 1950 年的 7 个增至 2018 年末的 230 个，定期航班通航机场数量由 1949 年的 36 个增至 233 个，已由“奢侈运输”变为大众交通。

其次，规制质量指标，即“衡量政府为促进私人部门发展而制定和执行良好政策和规则的能力”，主要衡量的是政府对市场的政策调控能力。相比政府内部工作效率，新兴市场 30 国政府在对外部，

① 2008 年，中国第一条具有完全自主知识产权的现代化高铁——京津城际高铁开通运营，时速 250 千米，打破当时世界高铁运营时速的纪录。

即私人部门或市场进行政策调控方面的能力较弱。这里关于政府促进私人部门经济发展方面，很重要的一个衡量指标就是营商环境。一国营商环境的好坏在一定程度上反映出了国家对于促进私营部门发展的战略方向。因此，我们通过具有代表性营商环境情况来具体观察和衡量各国促进私人部门发展的政策和战略方向。

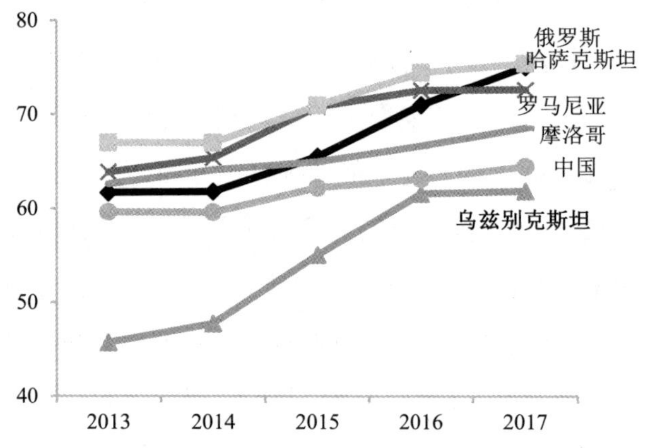

图 3–28　新兴市场 30 国营商环境优化明显的五名国家

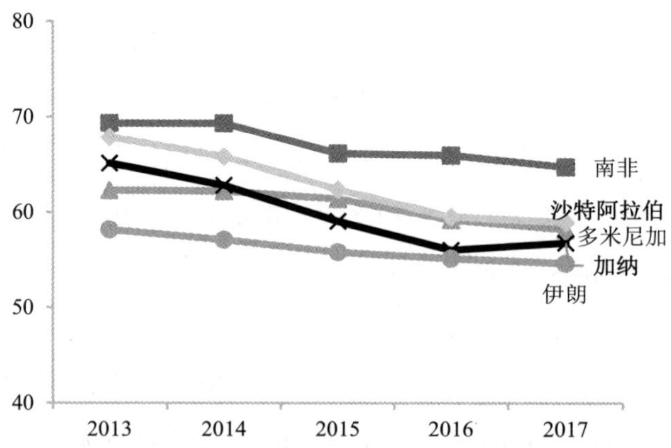

图 3–29　新兴市场 30 国营商环境恶化明显的五名国家

注：纵坐标为营商环境指数，最明显的两名国家用粗体表示。

数据来源：世界银行 Doing Bussiness 数据库

根据营商环境指数①，新兴市场 30 国营商环境在 2013—2017 年五年的发展时间里，虽然总体上呈现出一定的上升状态，但从国别来看，仍然有超过 10 个国家的营商环境指数是不升反降的。如图 3-28 所示，2013—2017 年，新兴市场 30 国共有 18 个国家的营商环境得到了不断优化。其中，营商环境优化程度较大的多为亚洲和欧洲国家②，优化最明显的国家是乌兹别克斯坦、哈萨克斯坦、罗马尼亚、俄罗斯、摩洛哥，优化值均在 5 分以上。相比而言，营商环境呈现出恶化趋势的共 12 个国家，非洲除摩洛哥以外，其余国家的营商环境均呈现恶化趋势，沙特阿拉伯、加纳、南非、多米尼加和伊朗等五个国家的恶化程度较大。

良好的营商环境是国家促进私人部门发展的一项重要指标，也是促进经济高质量发展的必要条件之一。新兴市场 30 国，尤其是在最近一段时间内营商环境波动性较大，且呈现出一定恶化趋势的国家，在今后的发展中需要更加重视和运用好国家政策及制度工具，构建高效、透明的营商环境，以促进经济可持续高质量发展。

表 3-8　待优化的指标及国家（2017 年）

单位：%

指标（世界均值）	低于世界平均水平的国家（数据）
城镇化率（54.82）	巴基斯坦（36.44）、越南（35.21）、印度（33.60）、埃及（42.71）、菲律宾（46.68）、泰国（49.20）、乌兹别克斯坦（50.55）、危地马拉（50.68）、罗马尼亚（53.94）、印度尼西亚（54.65）

① 营商环境指数是由世界银行 Doing Bussiness 小组于 2001 年开始研究并发布的研究成果，用于衡量和评估各国私营部门发展环境。参考世界银行 Doing Bussiness 数据库。

② 营商环境优化的亚洲国家有 8 个，欧洲国家有 3 个。

（续表）

单位：%

指标（世界均值）	低于世界平均水平的国家（数据）
失业率 （5.05）	南非（27.33）、突尼斯（15.38）、巴西（12.83）、伊朗（12.10）、埃及（11.77）、土耳其（10.82）、摩洛哥（9.10）、哥伦比亚（8.88）等
全国平均受教育年限（年） （8.4）	巴基斯坦（5.2）、摩洛哥（5.5）、印度（6.4）、危地马拉（6.5）、加纳（7.1）、埃及（7.2）、突尼斯（7.2）、泰国（7.6）等

注：表中国家按数值由低到高依次排序。

数据来源：世界银行数据库、联合国开发计划署数据库

另外，为了促进私人部门发展，政府在运用政策及制度工具时应统筹考虑，一方面，继续保持经济总量提升，另一方面，需要更加注重提高经济发展的质量，根据各国实际情况，在经济结构、社会基础等方面，弥补经济发展中的短板。如表 3-8 中所示，在经济结构方面，城镇化率是促进经济发展、调整经济结构的重要指标，新兴市场 30 国中有 9 个国家城镇化水平不及世界平均水平；失业率是衡量经济增长的重要指标，较高的失业率对于经济社会的整体发展而言都绝无益处，新兴市场 30 国中有近一半的国家，共 14 个，失业率水平高于世界平均水平，尤其是来自非洲的南非、突尼斯、埃及等失业率更是高达 10% 以上，不仅反映出经济增长中的不足，对于国家发展而言都是一个难以忽视的隐患；另外，国家发展程度决定国民受教育程度，而教育素质的提高能够促进经济增长，新兴市场 30 国中有一半的国家受教育年限未达到世界平均水平，从长期发展的角度来看，这些国家仍需要在教育等社会发展领域进行重点的投入，为下一步经济高质量发展奠定基础。

五、腐败控制与制度现代化

从经济可持续发展角度来看，腐败的存在对于国家的经济社会发展绝无益处。然而，腐败作为伴随人类社会发展而来的产物，广泛存在于世界各个国家。新兴市场 30 国各国的腐败控制力度由高到低分布较为均衡，但也存在部分国家腐败严重，尤其是在拉丁美洲地区的国家。虽然政府一直针对腐败进行各种治理和改革，但近年来腐败控制力度效果仍然较弱。严重的腐败问题如不得到有效治理，将成为制约该区域相关国家经济发展的潜在因素。

（一）基本情况说明

腐败控制（Control of Corruption）指标是衡量把公共权力用于谋取私利，包括各种形式的腐败，也包括国家被精英和私人利益“俘获”的程度。在全球治理指标数据库中，该指标所反映出的结果并不乐观。总体来看，新兴市场 30 国的腐败情况表现得比较均衡，各国对于腐败的治理不具有趋于一致的特征。如表 3–9 所示，新兴市场 30 国腐败控制力度由强到弱分布的国家比较均衡，分别占了约 1/3。但是，新兴市场 30 国有超过 2/3 的国家腐败控制力度不及全球平均水平，其中，越南、墨西哥、俄罗斯、哈萨克斯坦等国的腐败控制指数最低，均低于 20，存在严重的腐败。其余的 9 个国家中，智利、波兰和多米尼加的腐败控制力度最强，国家处于较为清廉的治理环境中。

表 3–9　新兴市场 30 国腐败控制情况（2017 年）

腐败控制力度	指数排名	国家数量（个）	具体国家
较强	100—50	9	智利、波兰、多米尼加、沙特阿拉伯、马来西亚、突尼斯、罗马尼亚、土耳其、摩洛哥
一般	50—35	11	乌兹别克斯坦、加纳、印度、印度尼西亚、阿根廷、中国、哥伦比亚、泰国、菲律宾、秘鲁、巴西
较弱	35—0	10	埃及、南非、厄瓜多尔、危地马拉、巴基斯坦、伊朗、哈萨克斯坦、俄罗斯、墨西哥、越南

注：国家按照腐败控制指数数值由高到低依次排序。
数据来源：世界银行数据库、WGI 数据库

从区域和国家来看，新兴市场 30 国腐败的区域特征体现得并不十分明显。如下图 3–30 所示，各区域腐败控制指数由 40.61（亚洲）到 49.52（欧洲）分布，具有轻微的差异性；其中，亚洲虽然腐败控制指数值最低，但自 2011 年以来，其腐败控制力度处于明显的上升趋势。然而，拉丁美洲的腐败控制力度自 2012 年以来不断下滑，该区域的腐败情况值得注意。

从具体国家来看，腐败控制较好的前十位国家中各区域分布均衡，智利、波兰、多米尼加的腐败控制力最高，也最清廉；其余，越南、墨西哥、俄罗斯腐败严重。

从十年来的变化趋势上看，近 2/3 的新兴市场国家的腐败控制力度正在提升，说明新兴市场 30 国大部分国家正在向廉洁建设发展，不断走向清廉。其中，大部分亚洲、欧洲新兴市场国家的腐败控制力度不断得到提升，如图 3–31 所示，亚洲除了越南、伊朗和乌兹别

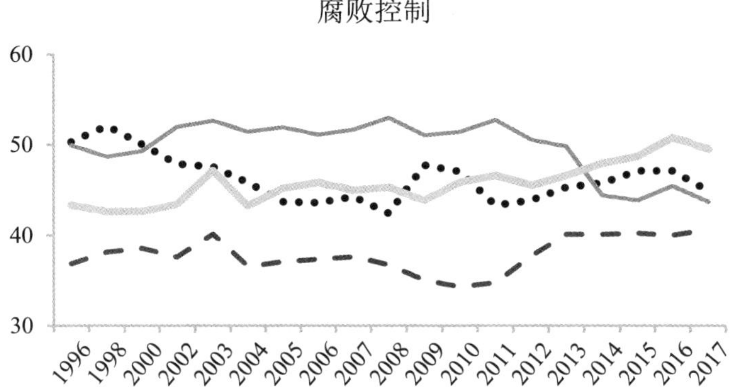

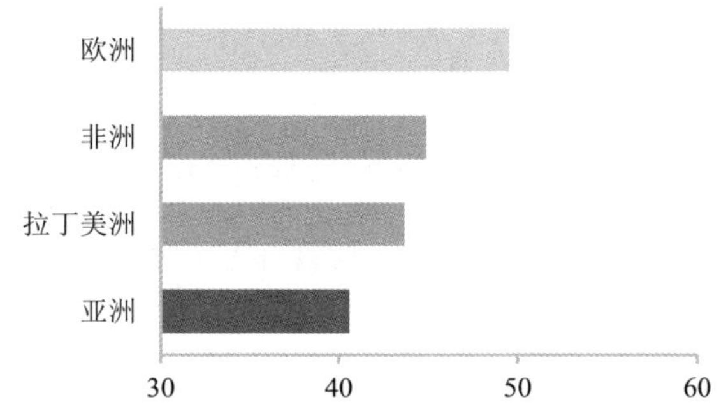

图 3-30 新兴市场 30 国腐败控制指标变化趋势与排序情况

注：趋势图中纵坐标代表相应的治理数值，线条颜色所代表的区域与排序图中一致。

数据来源：世界银行 WGI 数据库

克斯坦处在腐败控制力度减弱区，其余十国都处在提升区，腐败控制不断加强；相比而言，拉丁美洲大部分国家的腐败控制力度正在不断衰减，除阿根廷和厄瓜多尔之外，其余 7 个拉丁美洲国家的腐败控制逐年减弱，尤其是墨西哥、巴西、秘鲁的腐败控制严重削弱，墨西哥从 2008 年的 50 下降到 16.35。

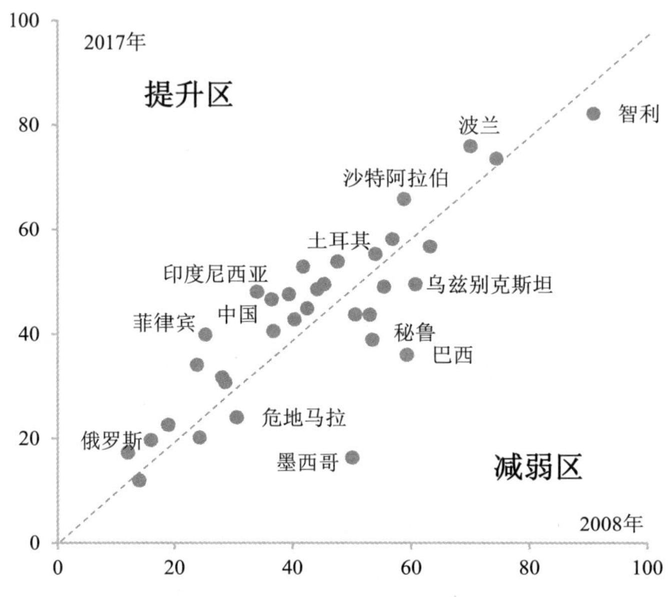

图 3–31　新兴市场 30 国腐败控制力度的变化情况

注：采用 2008 年和 2017 年数据进行对比，45° 斜线上方为腐败控制力度提升区，即 2017 年腐败控制值高于 2008 年，共 18 个国家；下方为减弱区，即 2017 年腐败控制低于 2008 年，共 12 个国家。

数据来源：世界银行数据库、WGI 数据库

（二）腐败控制的经济效应

一般来看，腐败对于经济发展具有阻碍作用，也即廉洁建设促进经济增长。从第二章回归分析的结果也可以发现，2008—2017 年数据显示，新兴市场 30 国的腐败控制对经济水平具有显著的促进作用，说明新兴市场 30 国大部分国家针对腐败进行的防范治理已经起到了显著的经济效应。然而，拉丁美洲大部分新兴市场国家的腐败问题依然严重，如图 3–32 以巴西和秘鲁为例进行分析发现，腐败控制的经济效应均为正向，即腐败控制促进了经济增长，说明拉丁美洲腐败问题

并不具有区域特殊性，也不具有类似“亚洲悖论”腐败的润滑剂经济效应，对腐败加大控制力度能够促进区域与相关国家的经济增长。

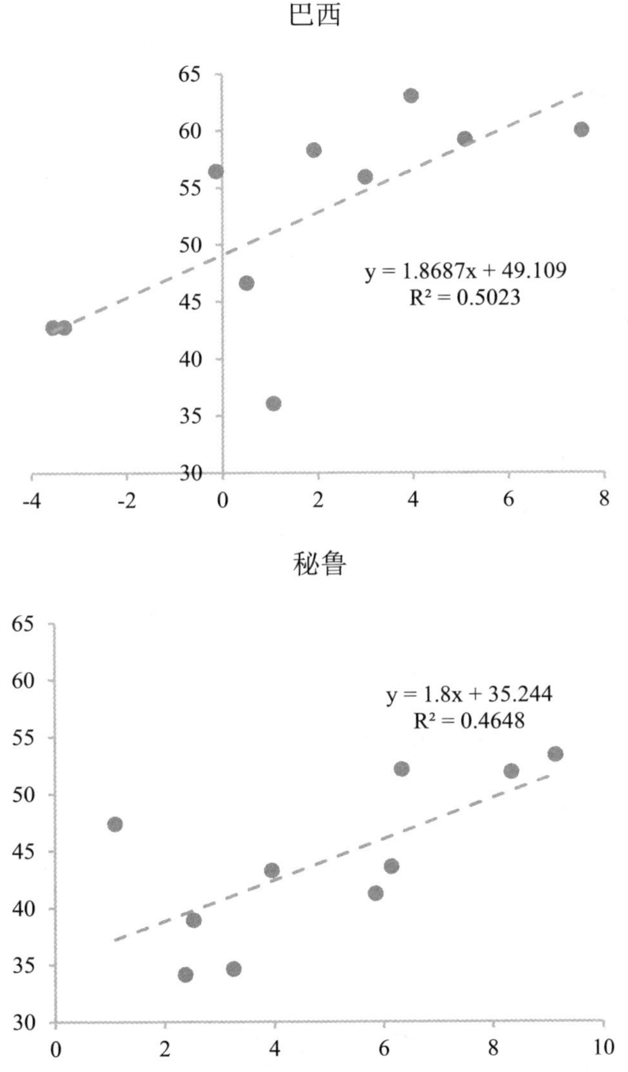

图 3-32　拉美典型新兴市场国家腐败控制的经济效应（2017 年）

注：横坐标为 GDP 增速（%），纵坐标为腐败控制指数；虚线及公式代表经济与腐败控制间的线性关系及系数，回归结果表明两者为正向关系，系数分别为 1.87 和 1.8。

从实践经验角度分析，拉丁美洲区域腐败问题由来已久且比较严重。自 20 世纪 90 年代以来，拉美腐败案件就被媒体频频揭发，且腐败案件数量多、涉案金额巨大、主犯地位高。近年来，该区域的腐败呈现出制度性腐败、腐败的跨国化趋势、选举腐败等特点。[①]以墨西哥的腐败为例，墨西哥从殖民地时期建立的公共事务治理体系就存在一定的制度漏洞[②]，多年来腐败活动猖獗得不到有效的治理，腐败早已成为嵌入正式社会制度之中的“制度性腐败”。在这种制度体系下，2014 年在墨西哥爆发了一起由地方政府和警匪联手制造的“伊瓜拉事件”[③]，这一系列以教师工会腐败为代表的社会组织腐败问题、因暴力事件牵出的地方政府和警察系统腐败问题以及因第一夫人涉嫌收受贿赂引发的民众对联邦政府高层存在腐败问题的质疑等丑闻，表明墨西哥腐败问题严重且难以治理，抑制了当地经济的进一步发展。总体来说，拉美区域腐败问题严重，根源来自制度和文化等深层领域，该区域相关国家在腐败的治理上仍需要加大投入力度和时间。

综上，新兴市场国家的治理水平相对较弱，尤其是非洲与亚洲国家治理较差。随着经济的进一步发展，今后新兴市场国家治理水平的提高将越来越成为影响其经济增长的重要因素，尤其在政府治理能力、政权稳定性、制度水平等方面的提升对于经济的促进性

---

① 刘纪新，闵勤勤 . 拉美国家的腐败问题与反腐败斗争评析 [J]. 拉丁美洲研究，2006（12）：8–14.

② 杨建民 . 墨西哥的腐败治理及启示 [J]. 天津行政学院学报，2016（7）：81–88.

③ 2014 年 9 月 26 日，一批师范院校学生就保护乡村教师权益问题前往格雷罗州伊瓜拉市举行示威游行，在回家路途上遭到当地警方开枪镇压，造成多人死伤之后，警方又将幸存的 43 名学生根据市长阿瓦尔卡的命令交给了当地的毒贩，致使这些学生最终全部惨遭杀害。参考：墨西哥 43 学生在示威后失踪［EB/OL］. 观察，2014–10–07.

将日益明显。具体来看，大多数新兴市场国家政权稳定性不高，但都有着较强的政府治理能力，尤其是亚洲新兴市场国家的政府效能普遍较高且不断提升，这对于经济可持续、高质量发展来说都是一个十分重要且良好的基础；另外，拉丁美洲新兴市场国家的腐败问题较为严重，这将成为制约该区域今后经济进一步发展的一个潜在因素。

第四章

新兴市场 30 国的资源分析

刘清杰

耕地资源、淡水资源和化石能源作为国家战略性自然资源，关系国计民生。研究新兴市场国家的资源禀赋对于进一步的双边和多边合作研究具有重要意义。本章围绕新兴市场 30 国的耕地资源、水资源和化石能源基本特征，分析其可能面临的粮食安全问题、水危机、化石能源利用问题等，从资源禀赋的角度为加强新兴市场 30 国框架下的进一步合作提供研究基础。

一、新兴市场30国的耕地资源与粮食安全

耕地是整个国民经济的基础，耕地资源对于一国的经济发展具有重要影响。耕地是提供粮食的基础，是实现国家粮食安全的基础保障。在近些年耕地资源增长有限的情况下，人口快速增长引起突出的人地矛盾问题，引发对世界粮食安全的担忧。世界银行 2010 年 9 月发布的《对耕地日益增长的全球关注》指出，受到人口增长、价

格波动、环境压力等因素的影响，耕地能否满足人类需求成为全球关注的焦点问题，全球对耕地的关注度逐渐提升[①]。

（一）新兴市场30国耕地资源基本特征

耕地来自自然土壤的发育，只有具备农作物生长条件的土地才能成为耕地。一般而言，有的耕地已经开发了，有的则没有得到开发，本研究所提到的耕地资源参考了联合国粮农组织的定义，是指用于种植短期作物的土地、可以放牧的短期草场、用作菜园的土地，也包括暂时闲置的土地。一国耕地资源决定了其农产品进出口情况以及经济发展情况，影响国家的粮食安全。

1. 整体来看，新兴市场国家耕地总体资源丰富，但人均资源短缺

根据世界银行的划分标准，将世界各主要区域分为北美、拉丁美洲和加勒比地区、东亚与太平洋地区、欧洲与中亚地区、撒哈拉以南非洲地区、南亚、中东与北非地区等 7 个地区，以及阿拉伯联盟、经合组织和欧盟等 3 个区域。根据联合国粮农组织的统计，2016 年世界耕地总面积为 14.26 亿公顷，占全球土地总面积的 11.19%。2016 年新兴市场 30 国的耕地面积为 7.58 亿公顷，占世界总耕地面积的比重为 53.14%，超过世界的一半。世界上耕地面积前 5 位国家中除了美国外，印度、俄罗斯、中国和巴西，分别以 1.56 亿公顷、1.23 亿公顷、1.19 亿公顷、0.81 亿公顷居于世界第 1、3、4、5 位，这四个国家也是主要新兴市场国家，新兴市场国家以超过世界

---

① World Bank. 2010. Rising global interest in farmland: Can it yield sustainable and equitable benefits?

一半的耕地资源而凸显出其重要位置。然而当考虑人口因素时，新兴市场国家则失去了耕地资源优势。

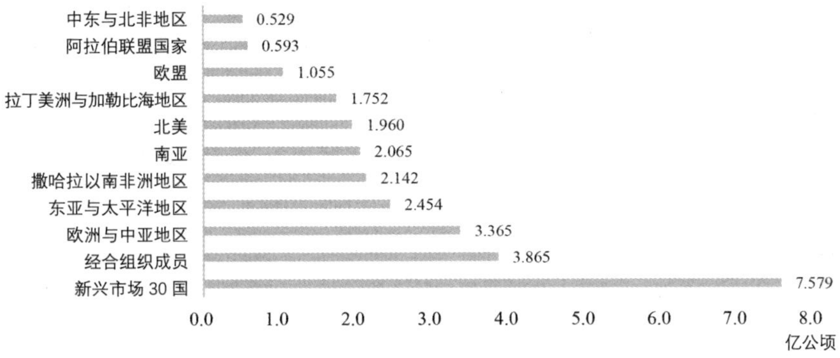

图 4–1　世界各主要区域的耕地总面积

数据来源：世界银行 WDI 数据库（2016 年）

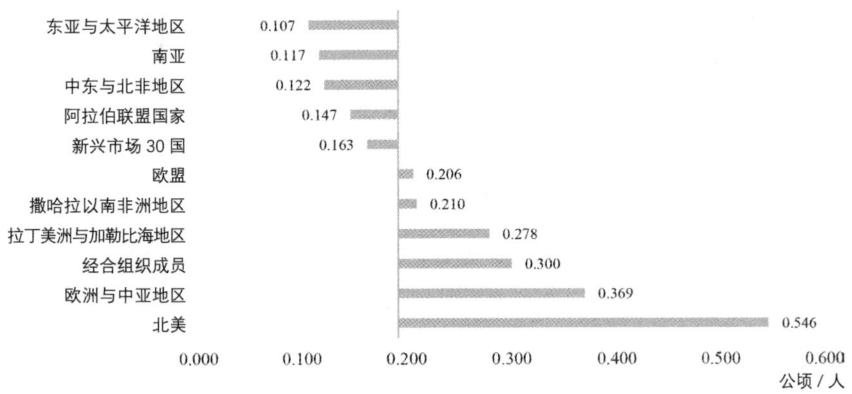

图 4–2　世界各主要区域的人均耕地面积

数据来源：世界银行 WDI 数据库（2016 年）

图 4–1 和图 4–2 为世界各主要区域耕地资源，包括耕地总面积和人均耕地面积。可以看出，新兴市场 30 国总耕地资源远超过其他地区和组织，几乎是经合组织成员国耕地资源的两倍。然而，新兴市

场国家的人均耕地资源却低于世界平均水平，并且阿拉伯联盟、南亚、中东与北非地区的新兴市场国家人均耕地资源非常低。

具体来看，图 4–2 将世界人均耕地面积 0.192 公顷作为横纵轴交叉点，位于纵轴右侧的为高于世界平均水平的地区，位于纵轴左侧的为低于世界平均水平的地区。从图中可以看出，北美人均耕地面积 0.546 公顷是世界上耕地资源最丰富的地区，其次是欧洲与中亚地区。而新兴市场 30 国的人均耕地面积仅为 0.163 公顷，低于世界平均水平，人均耕地资源最缺乏的是东亚与太平洋地区，仅为 0.107 公顷。阿拉伯联盟国家人均耕地面积为 0.147 公顷，南亚地区的人均耕地面积为 0.117 公顷，中东与北非地区的人均耕地面积为 0.122 公顷。

2. 新兴市场 30 国耕地资源分布不均衡

我们考察新兴市场 30 国的耕地资源分布时，发现耕地资源分布极度不平衡，新兴市场 30 国超过八成的耕地面积集中在其中的 10 个国家。

从图 4–3 来看，耕地资源排名前五的国家分别是印度（1.565 亿公顷）、俄罗斯（1.231 亿公顷）、中国（1.189 亿公顷）、巴西（0.810 亿公顷）、阿根廷（0.392 亿公顷），这些国家耕地资源在世界上排名分别为第 1、3、4、5、8，属于世界上耕地总面积非常多的国家。而在新兴市场国家中耕地总面积比较少的国家，如多米尼加（0.008 亿公顷）、危地马拉（0.009 亿公顷）、马来西亚（0.009 亿公顷）、厄瓜多尔（0.010 亿公顷）等国，在世界上也处于耕地资源较少的国家，排名比较靠后。从新兴市场 30 国的耕地面积分布来看，前十名的国家总耕地面积为 6.455 亿公顷，占总面积的 85.18%，因此新兴市场 30 国超过八成的耕地集中在 1/3 的国家中，耕地资源分布极度不平衡。

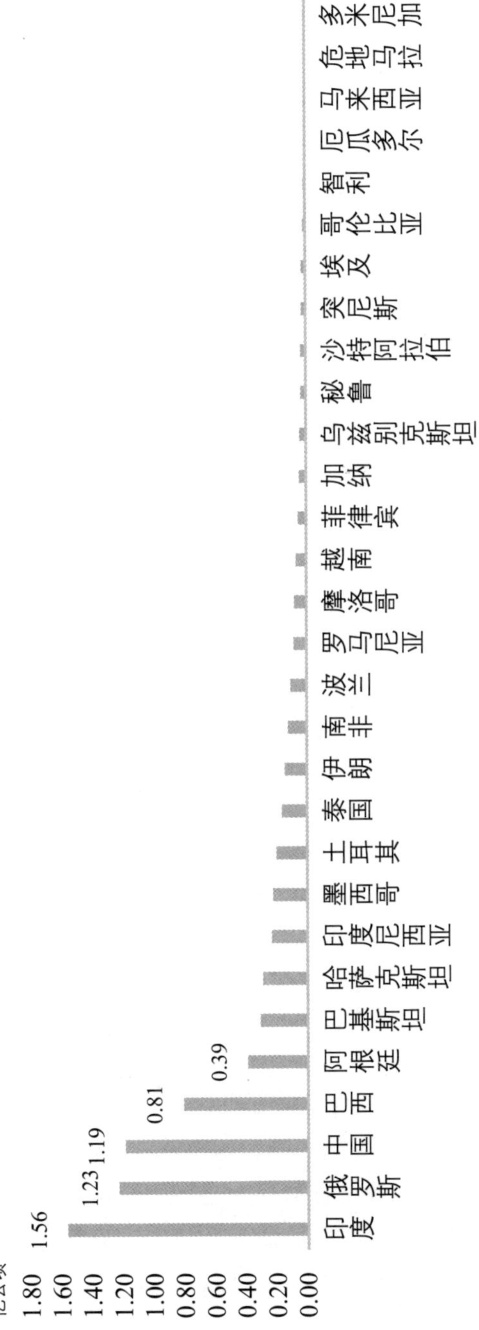

图 4–3　新兴市场 30 国的耕地面积

数据来源：世界银行 WDI 数据库（2016 年）

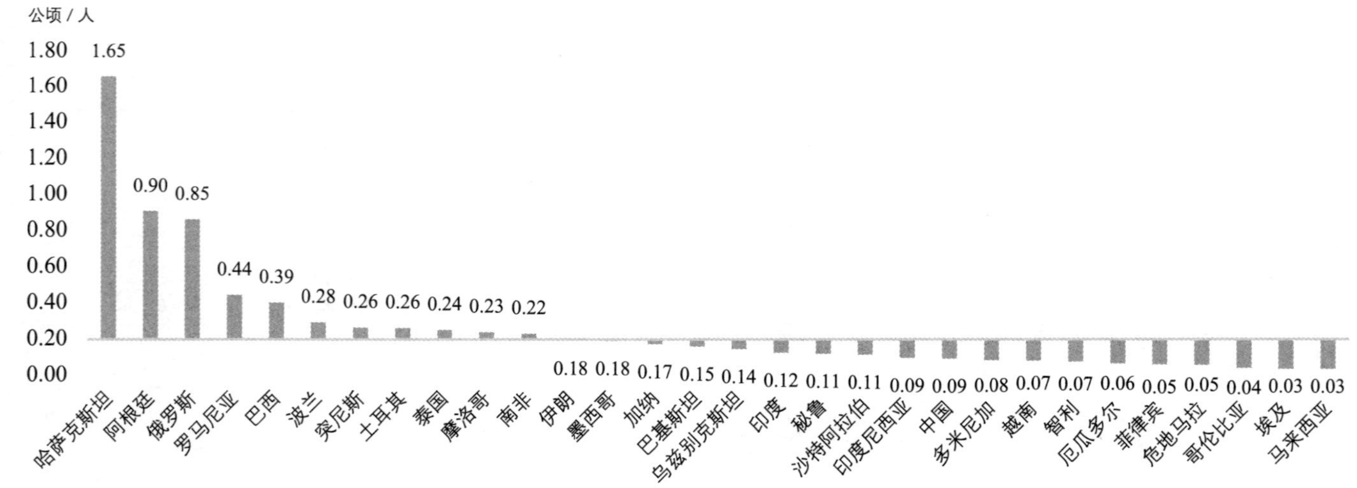

图 4-4　新兴市场 30 国人均耕地面积

数据来源：世界银行 WDI 数据库（2016 年）

从人均耕地资源来看，新兴市场30国表现出“剪刀差”特征。图4–4显示，新兴市场30国仅有16国高于世界人均耕地面积，接近一半（46.67%）的新兴市场国家人均耕地面积低于世界平均水平。人均耕地面积最低的是马来西亚，每人占有0.029公顷耕地，其次是埃及每人0.03公顷和哥伦比亚每人0.035公顷。中国的人均耕地面积为每人0.086公顷，低于世界平均0.192公顷，居于新兴市场30国第21位，属于耕地资源短缺的国家。在新兴市场30国中人均耕地面积最大的是哈萨克斯坦，每人占有1.652公顷耕地，在世界上排名第二，仅次于澳大利亚（1.904公顷/人）。在新兴市场国家中人均耕地资源排名第二和第三的阿根廷（0.899公顷/人）与俄罗斯（0.852公顷/人），占据世界排名第四和第五，世界排名第三的是加拿大（1.212公顷/人）。人均耕地资源世界排名前五的国家中，除了澳大利亚与加拿大外，哈萨克斯坦、阿根廷和俄罗斯均属于新兴市场国家。因此，新兴市场30国有世界上人均耕地资源最高的国家，也有人均耕地资源非常低的国家，并且人均资源丰富的国家只有前五个国家，其他国家均在世界平均线上下徘徊，多数处于平均线以下。

（二）新兴市场国家面临的耕地资源问题

1. 新兴市场国家的人地矛盾突出，人均耕地资源长期低于世界平均水平

1983年世界粮农组织指出，粮食安全的目标为“确保所有的人在任何时候既能买得到又能买得起所需要的基本食品”，由此可见，

保障粮食安全的关键是满足持续增长的人口对粮食的需求，而提高耕地的粮食生产能力是确保粮食安全的重要任务，提高耕地数量和耕地质量是强化粮食生产能力的基本前提。

世界范围的人地矛盾越来越严重。从图 4–5 来看，1961—1991 年，世界耕地面积经历了从快速增长到缓慢增长再恢复到快速增长的三个阶段，整体表现为增长态势；然而从 1992 年至今的 20 多年间，世界耕地面积始终在 14 亿公顷上下波动，没有表现出稳定增长的趋势。但从 1961 年至今，人口规模增长迅速。根据联合国粮农组织的预测，到 2030 年世界总人口达到 83.09 亿，到 2050 年将增至 91.5 亿。因此 20 世纪末至今，人口持续增长但耕地总体不变，矛盾日益凸显。

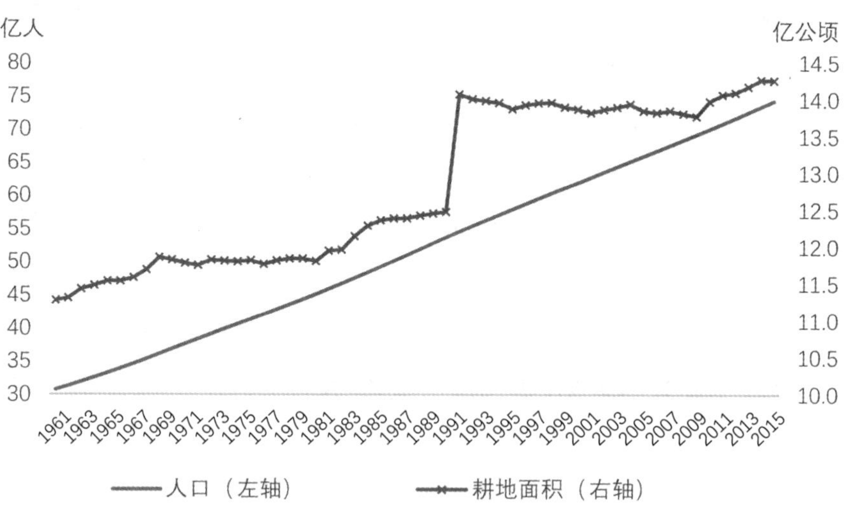

图 4–5　世界人口与耕地资源变化趋势

数据来源：世界银行 WDI 数据库

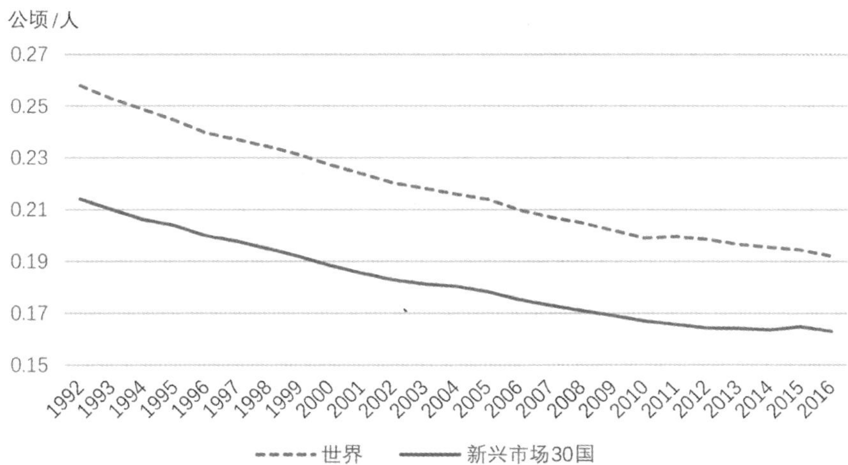

图 4–6　新兴市场 30 国与世界人均耕地资源

数据来源：世界银行 WDI 数据库

从图 4–6 中可以看出，新兴市场国家人均耕地面积以较大的幅度持续下降，与世界变化趋势同步，面临着同样严峻的人地矛盾。并且从人均耕地资源的绝对值来看，自 1992 年以来新兴市场国家人均耕地面积长期低于世界平均水平，人地矛盾更加凸显。

2. 新兴市场国家面临紧迫的粮食安全问题

粮食作为一种具有战略意义的特殊物品，是国家安全战略的重要组成部分。美国前国务卿基辛格在 1970 年说过："如果你控制了石油，你就控制了所有国家；如果你控制了粮食，你就控制了所有的人。"从 1918 年日本的"米骚动"到美国通过"粮食援助"来影响印度外交，从 2008 年墨西哥的"玉米饼起义"到 2011 年的"阿拉伯之春"，都表明粮食安全不仅是经济问题，还是社会和政治问题，甚至是外交问题。联合国粮农组织（FAO）对粮食安全的定义是，“保证任何人在任何地方都能够得到未来生存和健康所需要的足够食品”。具体包括三个目标：一是确保生产足够数量的粮食；二是最大限度地稳定粮食供应；三是确保所有需要粮食的人都能获得粮食。粮食需求随着人口的增加而增加，发展中国家尤甚。粮食是贫困人口的基本需求，人口增长引起刚性需求增加。2011 年 10 月联合国粮农组织发布《2011 世界粮食不安全状况》，强调粮食价格的居高不下和持续波动，将进一步加剧粮食不安全态势，严重影响依赖粮食进口国家的粮食安全，加重相应国家的经济危机[①]。

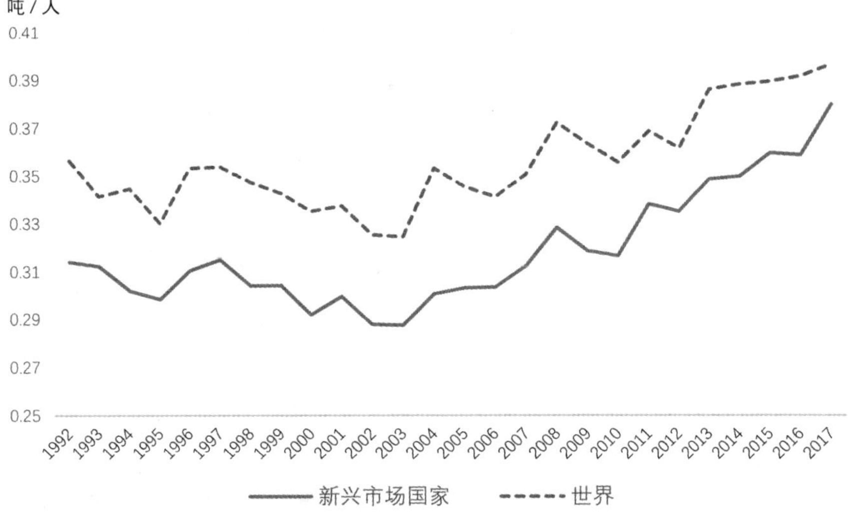

图 4–7　新兴市场 30 国与世界人均粮食产量

数据来源：世界银行 WDI 数据库

① Food and Agriculture Organization of the United Nations. 2011. The state of food insecurity in the world: How does international price volatility affect domestic economies and food security?

粮食产量是衡量粮食安全的重要指标。20 世纪 80、90 年代中国农业科学院课题组两次提出中国年人均粮食 400 千克必不可少。结合历史经验与国际实践，应该将人均粮食产量作为衡量粮食安全的关键指标，以年人均粮食产量 400 千克作为粮食安全调控基线，建立粮食安全调控机制。图 4–7 呈现了新兴市场 30 国与世界人均粮食产量 1992—2017 年的变化趋势，可以看出新兴市场国家的人均粮食产量长期处于世界平均水平以下。新兴市场 30 国的人均粮食产量在 2017 年最高时也仅只有年人均 380 千克，低于粮食安全调控基线。

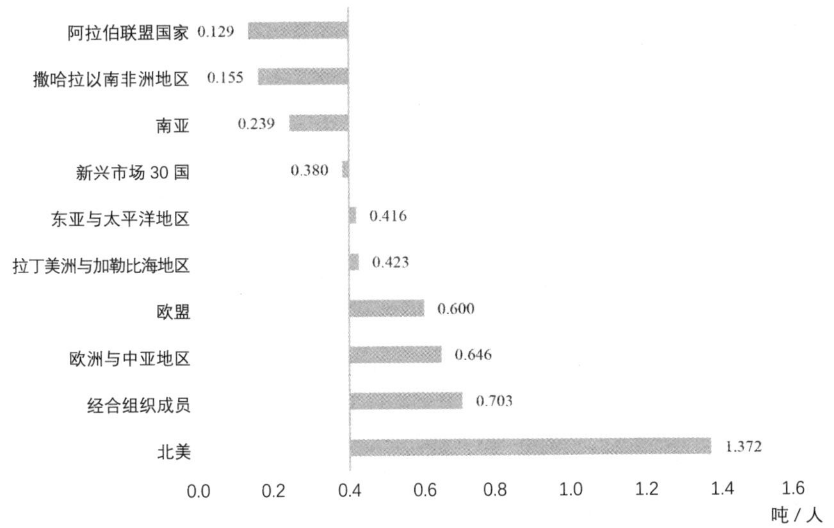

图 4–8 新兴市场 30 国与各主要区域人均粮食产量

数据来源：世界银行 WDI 数据库

当把新兴市场 30 国作为一个整体来分析时，我们发现，人均粮食产量方面仅比南亚、非洲、阿拉伯联盟国家高一点，但远低于北美、经合组织成员、欧洲与中亚地区、欧盟等地区。北美的人均粮食产量最高，达 1.372 吨 / 人，新兴市场 30 国的平均水平仅为 0.380

吨，低于 0.4 吨的安全线，面临比较紧迫的粮食安全问题。而阿拉伯联盟国家的人均粮食产量仅为 0.129 吨，远低于粮食安全线。进一步分析新兴市场 30 国在国家层面的人均粮食产量，以 2017 年世界人均产量 0.397 吨为纵轴交叉点，发现仅有 11 个国家位于世界平均线以上，其中阿根廷以 1.735 吨名列第 1 位，同年世界排名第 4 位，排在第 1 位的是澳大利亚，其人均粮食产量为 2.034 吨 / 人。罗马尼亚在新兴市场 30 国中排名第 2 位，以 1.386 吨仅次于阿根廷，在世界上排名第 8 位。哈萨克斯坦、俄罗斯、波兰的人均粮食产量在新兴市场 30 国中排名第 3、4、5 位，分别为 1.116 吨、0.908 吨、0.841 吨，在世界上位于第 12、18、19 位。除以上五个国家外，其他新兴市场国家的人均粮食产量均略高于或低于世界平均水平，其中中国以 0.446 吨 / 人略高于世界平均水平，也略高于 400 千克 / 人的安全线。新兴市场 30 国中有 19 个国家低于世界平均线，也低于粮食安全线，其中沙特阿拉伯的人均粮食产量只有 0.043 吨，其次是多米尼加，只有 0.06 吨。接近 2/3 的新兴市场国家仍低于粮食安全线，面临严重的粮食安全问题。

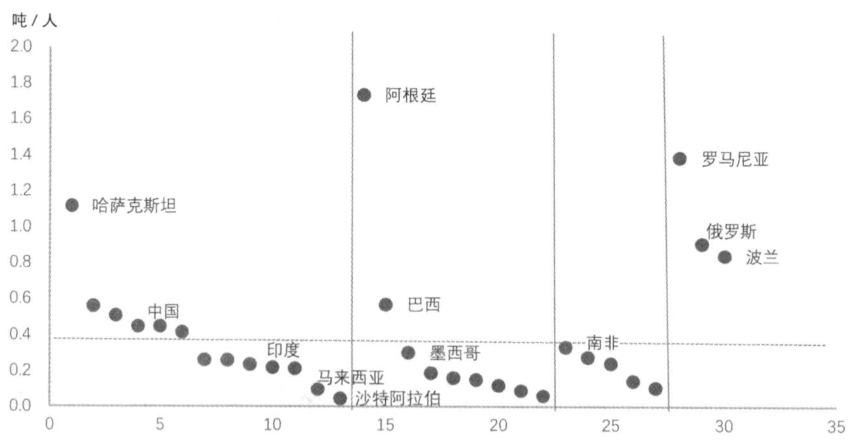

图 4–9　新兴市场 30 国人均粮食产量分区域情况（2017 年）

数据来源：世界银行 WGI 数据库（2017 年）

图 4–9 为新兴市场 30 国人均粮食产量分区域情况，虚线表示粮食安全线，从左到右垂直于横轴的三条线将坐标分成四个区域，分别是亚洲、拉丁美洲、非洲和欧洲。将人均粮食产量在每个区域按照从高到低排列，可以看出，非洲的新兴市场五国全部位于粮食安全线以下，欧洲三国全部位于粮食安全线以上，并且人均粮食产量均非常高。而拉丁美洲除了阿根廷和巴西外，其他 7 个国家都位于粮食安全线以下。亚洲的新兴市场国家有 10 个处于安全线上下，哈萨克斯坦的人均粮食产量较高，马来西亚和沙特阿拉伯处于非常低的水平。

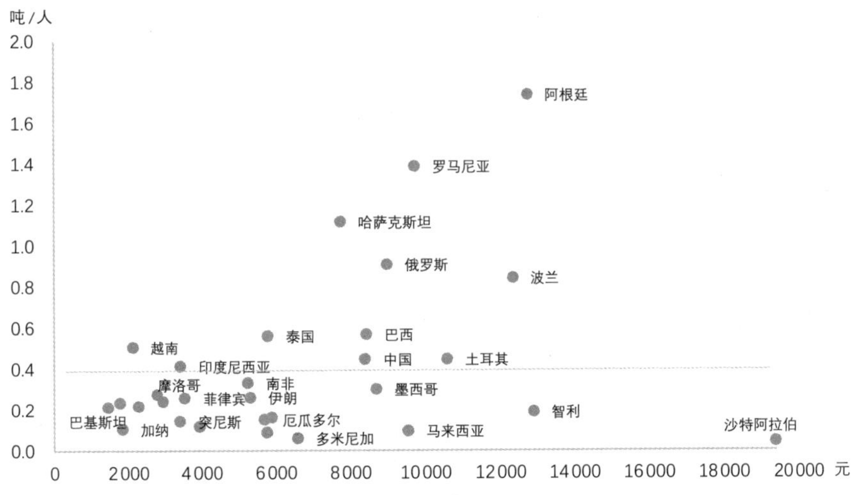

图 4–10　新兴市场 30 国人均粮食产量与人均收入水平

数据来源：世界银行 WDI 数据库（2017 年）

根据世界银行的划分方法，人均国民收入为 1 025 美元或以下的经济体为低收入经济体；中低收入经济体是人均国民收入在 1 026—3 995 美元的经济体；中高收入经济体是人均国民总收入在 3 996—12 375 美元的经济体；高收入经济体是人均国民收入为 12 376 美元及以上的经济体[1]。图 4–10 显示出目前新兴市场 30 国均位于中低收入水平以上，处于高收入水平的经济体只有沙特阿拉伯、智利、阿根廷、波兰四个国家。这四个国家中，阿根廷的人均粮食产量最高，为 1.735 吨 / 人；其次是波兰 0.841 吨 / 人，高于粮食安全线；而沙特阿拉伯和智利则分别为 0.043 吨 / 人和 0.188 吨 / 人，面临紧迫的粮食安全问题，尤其是对于沙特阿拉伯这样的海湾国家来说，粮食安全已是一个必须高度重视的战略问题。沙特阿拉伯作为世界上最大的沙漠国家，其国土面积虽然有 196 万平方千米，但是可耕种面积只占 1.7%，其中永久农业用地不到 0.1%。正是因为这些先天的不利条件，海湾国家的农业生产十分脆弱，粮食供应严重依赖进口，依存度高达 90%。沙特阿拉伯的人均粮食产量最低，1992 年至今的人均粮食产量呈现逐年下跌趋势，面临严重的粮食安全问题，自我供给无法满足需求，进口依赖度增加。

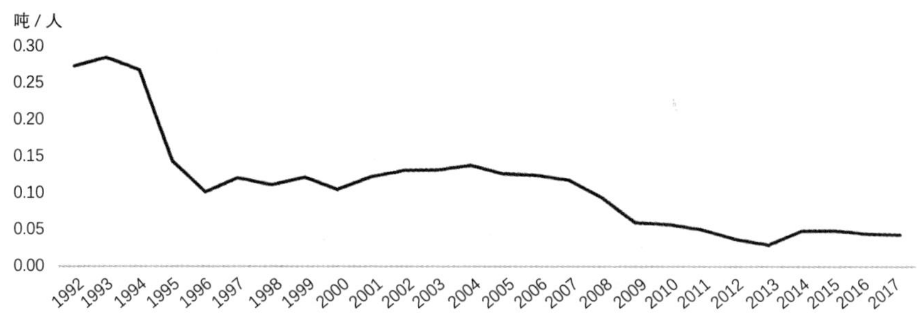

图 4–11　沙特阿拉伯人均粮食产量变化

数据来源：世界银行 WDI 数据库

① 此处对各国收入水平的划分参考了世界银行的定义，数据来源为 https://datahelpdesk.worldbank.org/knowledgebase/articles/906519–world–bank–country–and–lending–groups。

包括土耳其、马来西亚、罗马尼亚等在内的 16 个新兴市场国家位于中高收入水平，这些国家中有包括中国在内的 7 个国家在粮食安全线以上，超过一半的中高收入水平的新兴市场国家面临粮食安全问题。而处于中低收入水平的菲律宾、印度尼西亚等 10 个新兴市场国家中，只有越南和印度尼西亚的人均粮食产量超过 0.4 吨 / 人，其他 8 个国家包括印度、菲律宾和埃及等均面临粮食安全问题。

3. 耕地粗放生产，粮食产量低

耕地的粮食产出率直接影响耕地粮食产量，进而影响国家的粮食安全。粮食出产率指的是用于生产粮食的每公顷耕地生产的粮食产量，通常公吨计量。通常所指的粮食包括小麦、玉米、水稻、小米、荞麦等，另外在测算时临近年终的粮食收成通常会放在下一年计算。

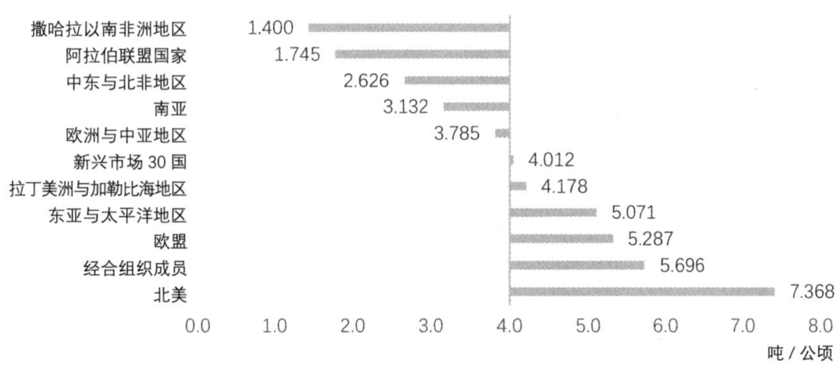

图 4–12　世界各主要区域的粮食出产率

数据来源：世界银行 WDI 数据库（2016 年）

如图 4–12 所示，2016 年世界平均粮食出产率为 3.967 吨 / 公顷，以此为横纵轴的交叉点，位于纵轴右侧的地区高于世界平均水平，位于纵轴左侧的地区为低于世界平均水平。新兴市场 30 国平均

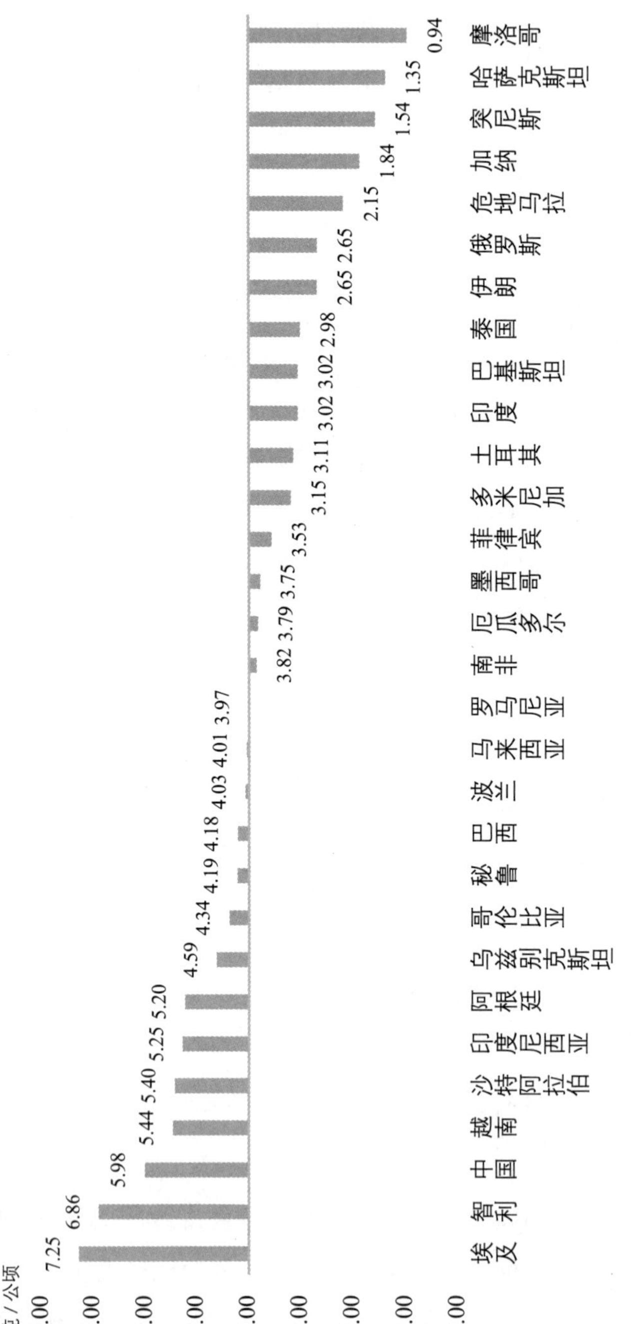

图 4–13　新兴市场 30 国的粮食出产率

数据来源：世界银行 WDI 数据库（2016 年）

粮食出产率为 4.012 吨 / 公顷，略高于世界平均水平。阿拉伯联盟、南亚、中东与北非、撒哈拉以南非洲地区的新兴市场国家粮食出产率均低于世界平均水平。其中撒哈拉以南非洲地区的粮食出产率仅为 1.400 吨 / 公顷。世界发达地区北美、欧盟、经合组织、东亚与太平洋地区的粮食出产率均高于世界平均水平，其中北美地区为 7.368 吨 / 公顷，几乎是新兴市场 30 国的粮食出产率的两倍，新兴市场国家的粮食出产率整体不高。

从图 4–13 中可以看出，新兴市场 30 国中，埃及的粮食出产率最高，每公顷耕地可生产粮食 7.25 吨，其次是智利 6.86 吨 / 公顷、中国 5.98 吨 / 公顷，排名世界第 9、15 和 25 位；摩洛哥、哈萨克斯坦的粮食出产率则较低，分别为 0.94 吨 / 公顷和 1.35 吨 / 公顷，处于世界上出产率倒数第 21 和第 35 位。新兴市场国家在粮食出产率方面表现出比较明显的差异。

图 4–14 为新兴市场 30 国的粮食出产率与人均耕地面积分布图，其中横纵轴交叉点为世界平均值，横轴为世界粮食出产率平均值 3.967 吨 / 公顷，纵轴为世界平均的人均耕地面积 0.192 公顷 / 人。由此，分成四个象限：第一象限为粮食出产率高且耕地资源比较丰富的地区，第二象限为粮食出产率低但人均耕地资源比较丰富的地区，第三象限为粮食出产率低且耕地资源紧缺的地区，第四象限为粮食出产率高但耕地资源紧缺的地区。从图中可以看出，新兴市场国家主要集中在世界平均值附近，偏向第三、四象限，整体上耕地资源紧缺，而粮食出产率差异较大。

具体来看，表现最好的国家是位于第一象限的阿根廷，其生产率高且耕地资源丰富，其粮食出产率为 5.203 吨 / 公顷，人均耕地资源为 0.899 公顷 / 人。位于第二象限的哈萨克斯坦，人均耕地资源丰

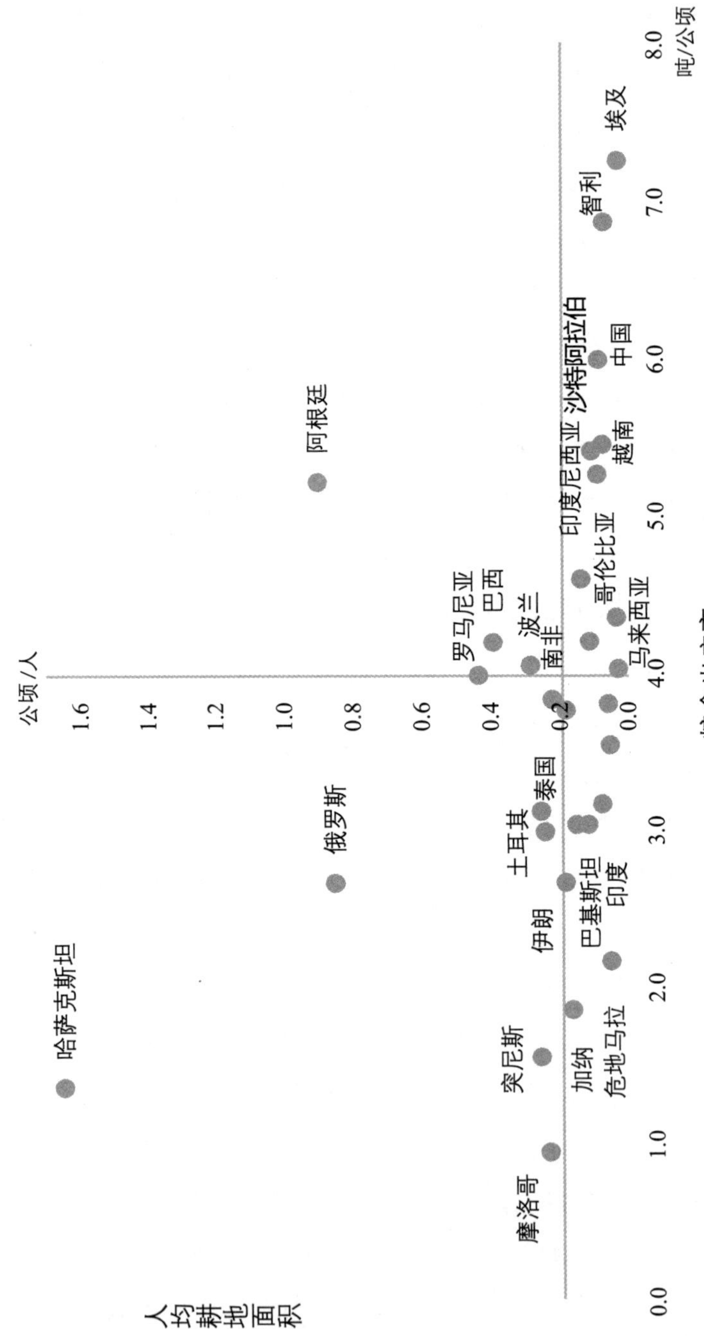

图 4-14 新兴市场粮食出产率与人均耕地面积

数据来源：世界银行 WDI 数据库（2016 年）

富，位于世界前列，然而其粮食出产率远低于世界平均水平，仅为 1.348 吨 / 公顷。俄罗斯也表现出类似的特征，人均耕地资源丰富，但是粮食出产率低。这些国家的农作物播种面积很大，但单位面积产量较低，因为地广人稀，仍然保留粗放的经营方式，降低了经济效益。而位于第三象限的摩洛哥、突尼斯、加纳、危地马拉的人均耕地资源紧缺，同时粮食出产率也低。落在第四象限的地区是耕地资源非常缺乏的埃及、智利、中国、沙特阿拉伯，其耕地粮食出产率较高，然而这些地区的耕地资源缺乏，导致其粮食自给率低，进口依赖度比较高。

4. 粮食进口依赖度增加

据经合组织与联合国粮农组织的联合预测，粮食贸易格局也已由传统的以自然资源禀赋为基础，发展为现代的以自然资源、技术资源、资本资源等综合禀赋为基础，欧美地区的粮食出口优势将进一步凸显，新兴市场国家粮食进口压力将进一步加大，粮食贸易的地区差异将更为显著。

根据联合国粮农组织提供的粮食安全指标“粮食进口依赖度”数据[①]，2011 年世界粮食进口依赖度最低的是阿根廷，依赖度为 –225.3%，其次是澳大利亚为 –214.8%。图 4–15 中为新兴市场国家粮食进口依赖度，依赖度为正值表示该国粮食主要通过进口满足需求，依赖度为负值表示该国粮食除能够满足自身需求外进行部分出口。新兴市场国家中有 20 个国家需要通过进口满足粮食需求，占比达到 66.7%。其中，沙特阿拉伯的粮食进口依赖度最高，为 96%，

① 联合国粮农组织提供的世界各国在 2009—2011 年的粮食进口依赖度最全，因此本章分析时以这个时间段为主。

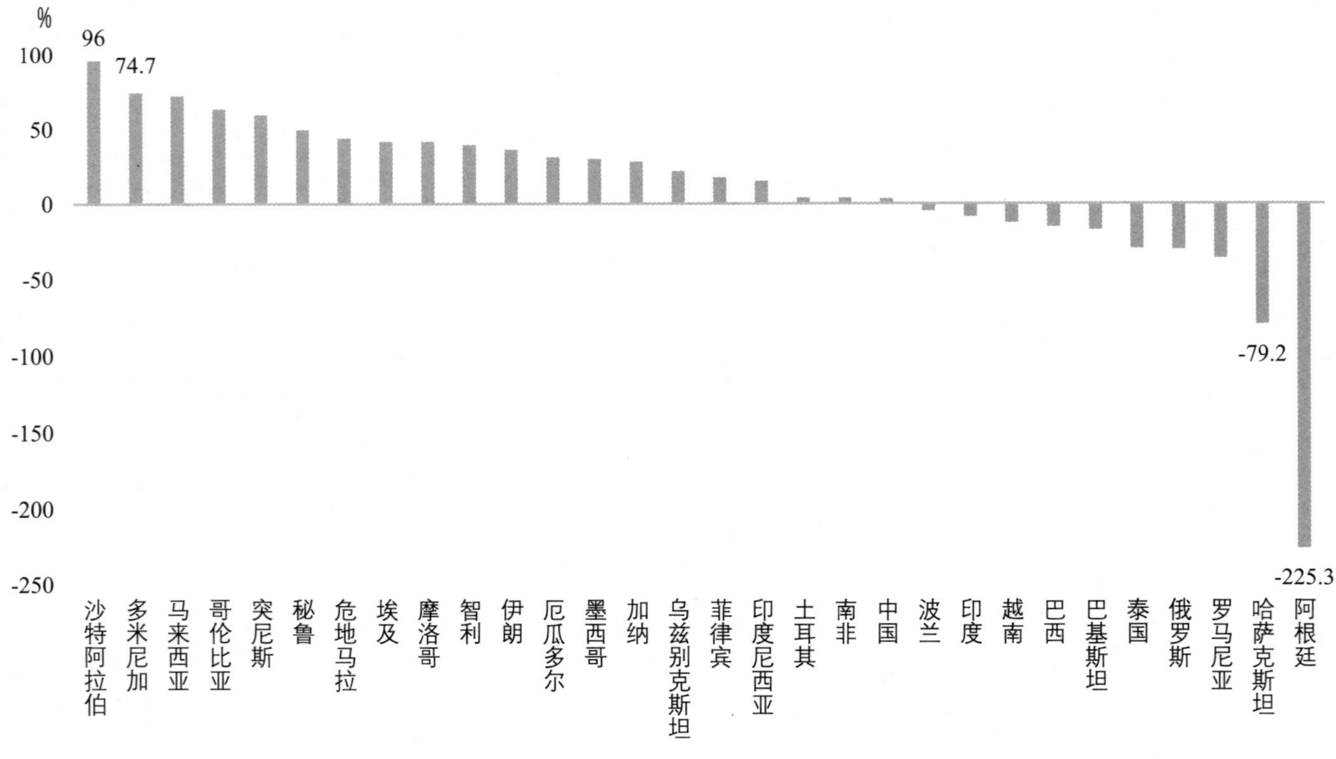

图 4–15　新兴市场国家粮食进口依赖度

数据来源：联合国粮农组织统计数据库

几乎所有的粮食需求都要靠进口获得；其次是多米尼加和马来西亚，进口依赖度分别为 74.7% 和 72.6%。而阿根廷的粮食进口依赖度在新兴市场 30 国中最低，也是世界上粮食进口依赖度最低的国家，其次是哈萨克斯坦为 –79.2%；中国的粮食进口依赖度为 3.4%，需要通过进口满足粮食需求。

图 4–16 表示新兴市场 30 国人均耕地水平与粮食进口依赖度。其中，（a）图包含数据上的异常值（哈萨克斯坦），（b）图剔除了异常值（哈萨克斯坦）。可以看出，新兴市场国家人均耕地水平越低的地区，对粮食进口的依赖程度越高，总体来看，两者呈现出显著的负相关。新兴市场国家人均耕地资源紧缺的特征使其面临更加严峻的粮食安全问题，提高人均耕地水平对保障粮食安全具有重要意义。同时，由图 16（a）可以看出，哈萨克斯坦的耕地资源与其粮食出口水平不成比例，去除哈萨克斯坦后做散点图（如图（b）），拟合度 R2 从 0.462 增加到 0.580，耕地资源每增加 1 单位将使其粮食进口依赖度降低更多，系数从 –118.13 变为 –203.87。可见，在提高新兴市场国家人均耕地资源的同时，对哈萨克斯坦农业的投资开发也是保障新兴市场国家粮食安全的重要任务。

3. 快速的城市化抑制新兴市场国家耕地资源

作为一种典型的多功能性自然资源，工业化、城市化过程中耕地资源的丧失使地球生命支撑系统面临直接威胁（李秀彬，1999），新兴市场国家耕地面积从 1992 年至今大幅缩减背后的原因值得探讨。经济发展不可避免要经历工业化和城市化进程，而在工业化、城市化过程中，为满足建设用地、工业用地的需求，耕地非农化趋势明显，耕地资源因此发生动态变化（Huang 和 Rozelle, 1995）。综合来

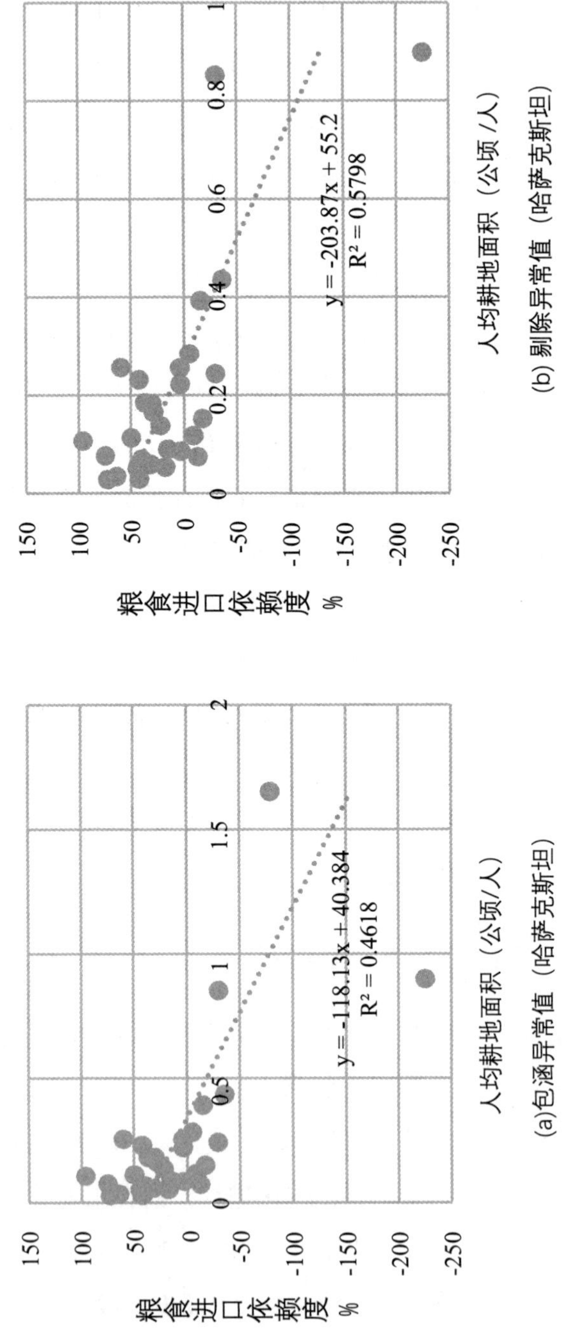

图 4-16 新兴市场国家人均耕地水平与粮食进口依赖度

数据来源：世界银行 WDI 数据库、联合国粮农组织统计数据库

看，土地沙土化、人口增长、城市化进程、经济增长均对耕地变化具有一定影响，探讨新兴市场国家耕地变化的驱动因素，为保护新兴市场国家耕地资源解决各国粮食安全问题提出对策建议，有助于新兴市场国家发展。

已有文献对耕地变化驱动因素的探讨主要聚焦在工业化、城市化过程中带来的耕地非农化占用问题，新兴市场国家发展伴随的经济增长、人口增长、城市化水平的提高对地区耕地资源变动具有重要影响。人口增长对耕地变化具有双重影响：一方面，人口增长会增加对农产品的需求量，增加对耕地资源的需求，国家需开垦耕地满足这种增长的需求；另一方面，人口增长业增加了对居住、交通等用地的需求，可能导致部分耕地转化为居住、交通等非农用地。国际经验表明，人口密集的国家在工业化过程中必然会遭受耕地严重损失，工业化进程越快，耕地损失也越多（余振国等，2003）。城市化是区域经济和社会发展在空间上的必然表现，城市化引起耕地非农化占用进而导致耕地数量大幅缩减（李秀彬，1996）。

对新兴市场国家的耕地变化研究主要是基于零散的研究，主要聚焦经济发展、人口增长和城市化因素，学者从经济增长（Tommy Firman, 1997）、人口增长（Maxim 和 Naftaly, 2002）、城市化（Adam 和 Krzysztof, 2004）的角度探讨了造成耕地非农化的原因。

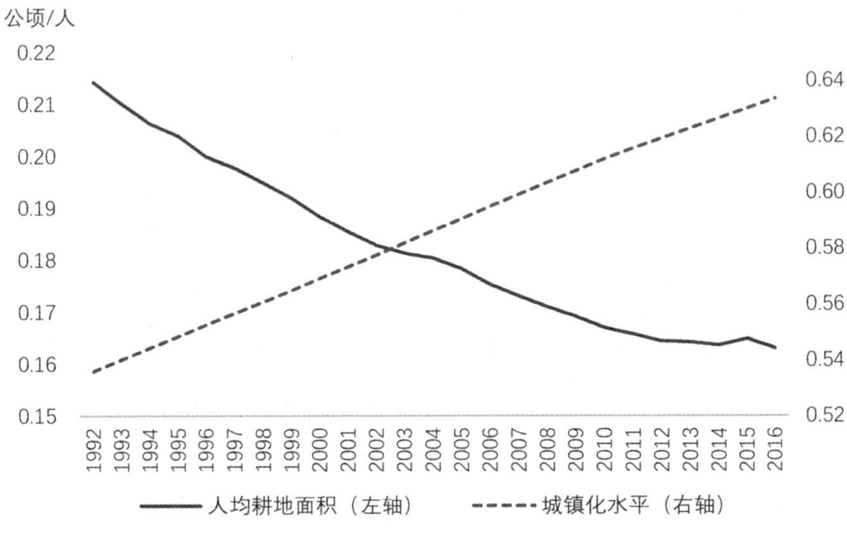

图 4-17 新兴市场 30 国的人均耕地面积与城镇化水平

新兴市场国家城市化水平的增长导致对耕地非农化的占用增加，从而使耕地面积减少。当前的土地利用制度无法充分表达耕地资源的价值，受到经济利益驱使，耕地资源逐渐向工业用地、建设用地等非农化过度，这造成了严重的社会问题，威胁国家粮食安全，这个问题在新兴市场国家耕地资源相对匮乏的情况下尤其严重（宋敏，2013）。杨利民等（2013）提到中国的人口将在 2028 年达到峰值 14.37 亿人，超载的人口对粮食需求的爆发式增长，使其面临更加严峻的形势，而崔许锋（2014）在其研究中提出中国城镇化率已经超过 50%，中国城市化正处于快速发展期，这必然引起对非农化用地的需求增长。如何实现耕地资源安全与城镇化共同发展成为社会应该关注的重要问题。

二、新兴市场30国的水资源与水危机

一切社会和经济活动都极大地依赖淡水的供应量和质量，随着人口增长和经济发展，许多国家陷入缺水的困境。20 世纪后半叶多数国家用水量激增，甚至在一些地区出现水危机，这引起世界的广泛关注，有关组织开始对水资源问题进行重点探讨（陈家琦等，2003）。1977 年联合国的世界水会议就已经将水资源问题上升到全球战略高度。1998 年世界环境与发展委员会（WCED）提出的一份报告中指出："水资源正在取代石油而成为在全世界范围引起危机的主要问题。"[①] 世界经济论坛在 2015 年 1 月宣布基于对社会影响破坏的量化，水资源短缺问题——水危机是全球第一大风险。

（一）新兴市场30国水资源的基本特征

本研究所指的水资源主要指陆地上的淡水资源，研究新兴市场国家的水资源使用的指标是可再生内陆淡水资源，可再生内陆淡水资源是指一国国内的可再生内陆淡水资源（内陆河流及降雨产生的地表水），人均可再生内陆淡水资源使用世界银行的人口估算值进行计算。

---

① WCED. 1989. Sustainable Development and Water.Statement on the WCED Report " Our Common Future" .Water International, 14（3）:151—152.

1. 新兴市场国家人均可利用水资源短缺

新兴市场 30 国人均水资源低于世界平均值。根据联合国粮农组织 2014 年的统计数据，世界共有可再生内陆淡水资源 42.81 万亿立方米，新兴市场国家的可再生内陆淡水资源为 24.54 万亿立方米，占世界的比重为 57.32%，而新兴市场国家的人口占世界 62.39%，用世界上 57.32% 的水资源供养 62.39% 的人口，水资源在新兴市场国家相对短缺。世界人均水资源为 0.593 万立方米，新兴市场国家人均水资源为 0.518 万立方米，整体低于世界平均水平。

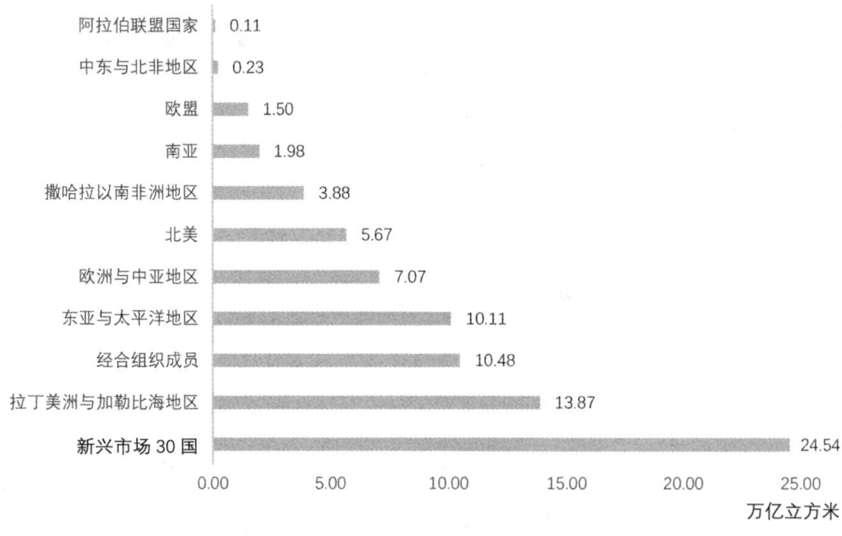

图 4–18 世界各区域水资源总量

图 4–19 的人均水资源图以世界人均水资源 0.593 万立方米作为横纵轴交叉点，横轴上侧的为高于世界平均水平，横轴下侧的为低于世界平均水平。从图 4–18 和 4–19 中可以看出，新兴市场国家水资源总量最高，但人均水资源比经合组织、拉美地区、欧洲与中亚地区、北美地区都低，在世界上水资源相对短缺。其中，阿拉伯联

盟、南亚、中东北非地区的水资源无论是总量还是人均都较低，在世界平均水平之下。

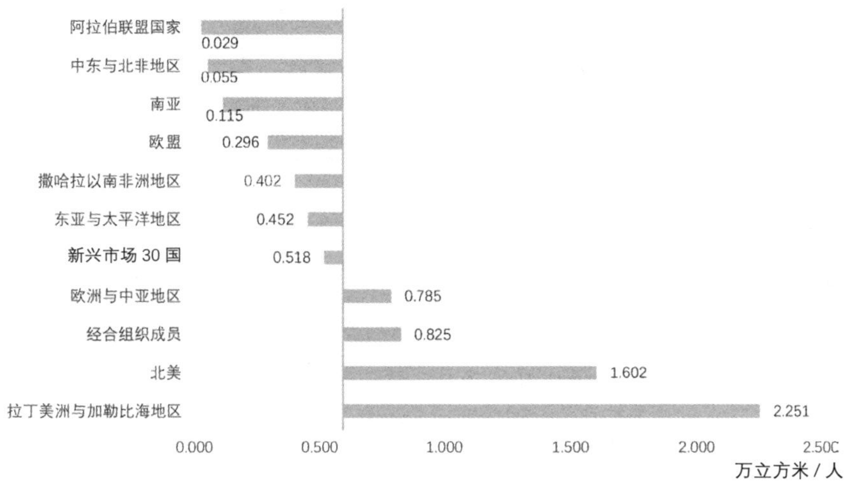

图 4–19　世界各区域人均水资源

数据来源：世界银行 WDI 数据库（2014 年）

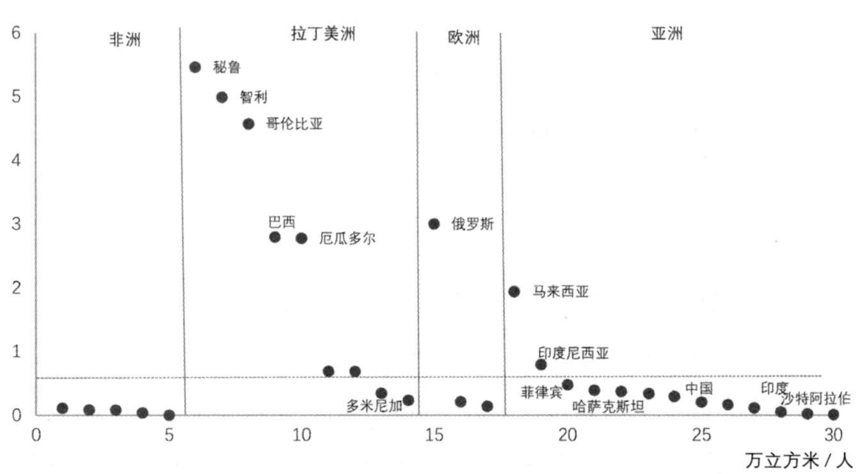

图 4–20　新兴市场 30 国人均水资源

资料来源：世界银行 WDI 数据库（2014 年）

图 4–20 表示的是新兴市场 30 国的人均水资源水平，及其在各大洲的分布情况，其中平行于横轴的虚线是世界人均水资源线，为 0.593 万立方米 / 人，从左到右与纵轴平行的三条线将坐标分为非洲、拉丁美洲、欧洲和亚洲地区。总体来看，新兴市场 30 国中有 20 个国家的人均水资源低于世界平均水平，占比达到 66.67%。其中非洲的五个国家均处于世界平均线以下，这些国家处于干旱半干旱地区，为世界上最缺水的地区。尤其是埃及极度缺水，人均水资源仅为 19.91 立方米。拉丁美洲的多米尼加和墨西哥低于世界平均水平，分别为 0.231 万立方米和 0.340 万立方米。阿根廷和危地马拉略高于世界平均线，分别为 0.684 万立方米和 0.686 万立方米。其他国家如秘鲁、智利、哥伦比亚等国人均水资源丰富，人均水资源可达到 5.454 万立方米、4.983 万立方米和 4.567 万立方米，远高于世界平均水平。巴西是全世界水资源最丰富的的国家，淡水资源总量为 5.661 万亿立方米，巴西占全球的 13.22%。然而巴西人口规模大，人均水资源不高，仅为 2.792 万立方米。欧洲的三个国家除俄罗斯外，波兰和罗马尼亚人均水资源均低于世界平均，分别为 0.141 万立方米和 0.213 万立方米。俄罗斯的人均水资源为 2.998 立方米，在新兴市场国家中排名第四，俄罗斯也是水资源总量非常高的国家，在世界上排名仅次于巴西，占世界总量的比重达到 10.07%。

在新兴市场 30 国中，亚洲这 13 个国家除马来西亚和印度尼西亚的人均水资源略高于世界平均水平外，其他 11 个国家均低于世界平均水平，其中中国和印度都是全世界水资源最丰富的国家，在世界上排第 5 名和第 9 名，水资源总量分别达到 2.813 万亿立方米和 1.446 万亿立方米，但是人均水资源严重短缺，分别为 0.112 万立方米和 0.206 万立方米，远低于世界平均水平，再加上国内水资源分布时空严

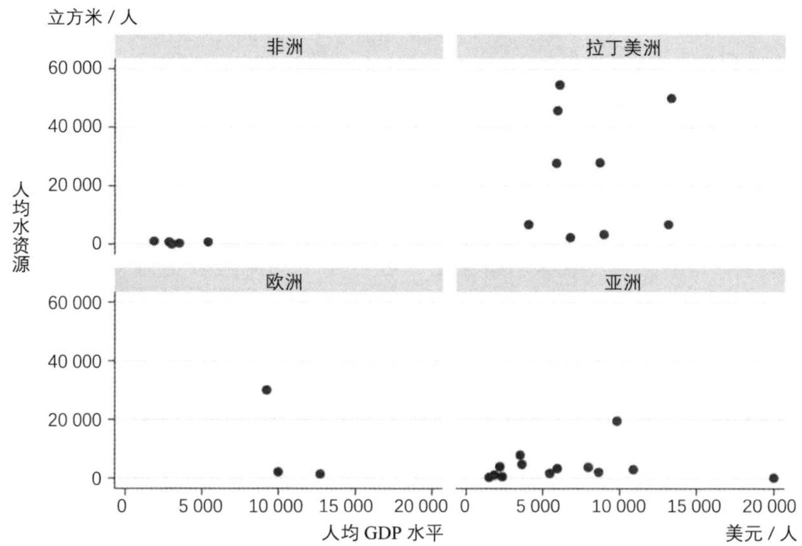

图 4-21 新兴市场国家人均水资源与经济发展水平之间的关系

重不平衡、人口迅速增长、管理粗放、用水效率低下、污染严重、周边水争端频发、气候变化等因素，形成了一系列严重的水危机。

联合国界定当一个地区的人均水资源量跌破 1 700 立方米为用水紧张，当人均水资源量低于 1 000 立方米为缺水，人均水资源低于 500 立方米为极度缺水（郭久亦等，2016）。世界上处于缺水线 1 000 立方米 / 人以下的 50 个缺水国，新兴市场国家占了 7 个，占比 14%，分别是非洲的埃及（19.91 立方米 / 人）、突尼斯（379.19 立方米 / 人）、南非（821.33 立方米 / 人）和摩洛哥（848.14 立方米 / 人），以及亚洲的沙特阿拉伯（77.63 立方米 / 人）、巴基斯坦（281.61 立方米 / 人）、乌兹别克斯坦（531.25 立方米 / 人）等。而在人均水资源 500 立方米 / 人的极度缺水线以下的 29 个国家，新兴市场国家占了 4 个，占比 13.79%，分别是埃及、沙特阿拉伯、巴基斯坦和突尼斯。

据预测再过 50 年，在最缺水的中东和非洲地区中，沙特阿拉伯将以 76 立方米 / 人的淡水资源成为第五大缺水国（莫杰，2013），水资源面临巨大危机。新兴市场国家水资源总量高，但是人口增长快，缺水矛盾异常尖锐，亟需引起重视。

2. 新兴市场国家用水矛盾突出，农业用水占用过多资源

水资源利用率指的是一定区域内水资源被人类开发和利用的状况，一般以被使用量与水资源的比值表示。水资源开发使用率越高，表示该地区水资源越欠缺，供给无法满足需求。本研究使用联合国粮农组织农业与水信息系统公布的年度淡水抽取量占内陆总淡水资源的百分比作为水资源利用率的测算指标。

新兴市场国家水资源需求大于供给，而水资源使用中农业用水占比最高，超过世界平均水平。2014 年世界总使用水 3.986 万亿立方米，新兴市场 30 国用水为 2.595 万亿立方米，占世界总用水的 65.11%，基本占到 2/3；而世界水资源总量为 42.81 万亿立方米，新兴市场国家水资源总量为 24.54 万亿立方米，占世界水资源的 57.32%，刚超过一半的比重。与此同时，对水的需求量达到世界总需求的 2/3，水资源供不应求问题更加紧迫。

世界平均水资源利用率为 9.32%，而新兴市场 30 国的水资源利用率略高于世界平均水平，为 10.57%，阿拉伯联盟国家、中东与北非地区的水资源利用率最高，年度淡水抽取量分别占到总资源的 225.73% 和 138.4%，这两个地区的水资源利用超过 100% 的原因可能是，在咸水淡化厂作为重要水源的国家，抽取量也包括来自咸水淡化厂的水，在从不可再生的蓄水层或咸水淡化厂的抽取量相当可观，或者废水回收利用率相当高的地方，则抽取量可能超过可

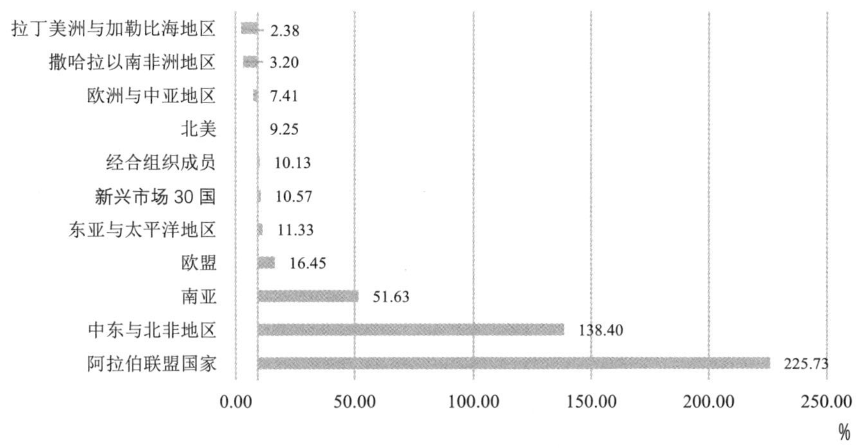

图 4-22　世界各地区水资源利用率

再生资源总量的 100%。世界上水利用率最高的国家是巴林，达到 8 935%，其次是埃及、阿联酋、土库曼斯坦、沙特阿拉伯，这些国家的水资源非常短缺，巴林的人均水资源极度短缺，仅 2.94 立方米 / 人，在世界上仅高于科威特这个无水之国。阿联酋、埃及居于其后，人均水资源为 16.51 立方米和 20.09 立方米。沙特阿拉伯人均水资源也只有 77.7 立方米。因此这些国家的水资源利用率非常高。世界各国的实践经验表明，当一个流域的地表水资源利用率超过 40% 时，就会出现水资源严重短缺和生态环境恶化等一系列问题（郭大本，2007）。由此可见，南亚地区 51.63% 的水资源利用率，也处于水资源短缺状态。新兴市场 30 国中包含埃及（4 333.33%）、沙特阿拉伯（986.25%）、乌兹别克斯坦（342.72%）、巴基斯坦（333.64%）、突尼斯（78.78%）、伊朗（72.61%）和印度（52.63%）在内的 7 个国家，水资源利用率均高于 40%，可能面临水资源短缺危机。

根据用途水资源分为工业用水、农业用水和生活用水，其中工农业用水是用于灌溉和畜牧生产以及直接工业使用，生活用水包

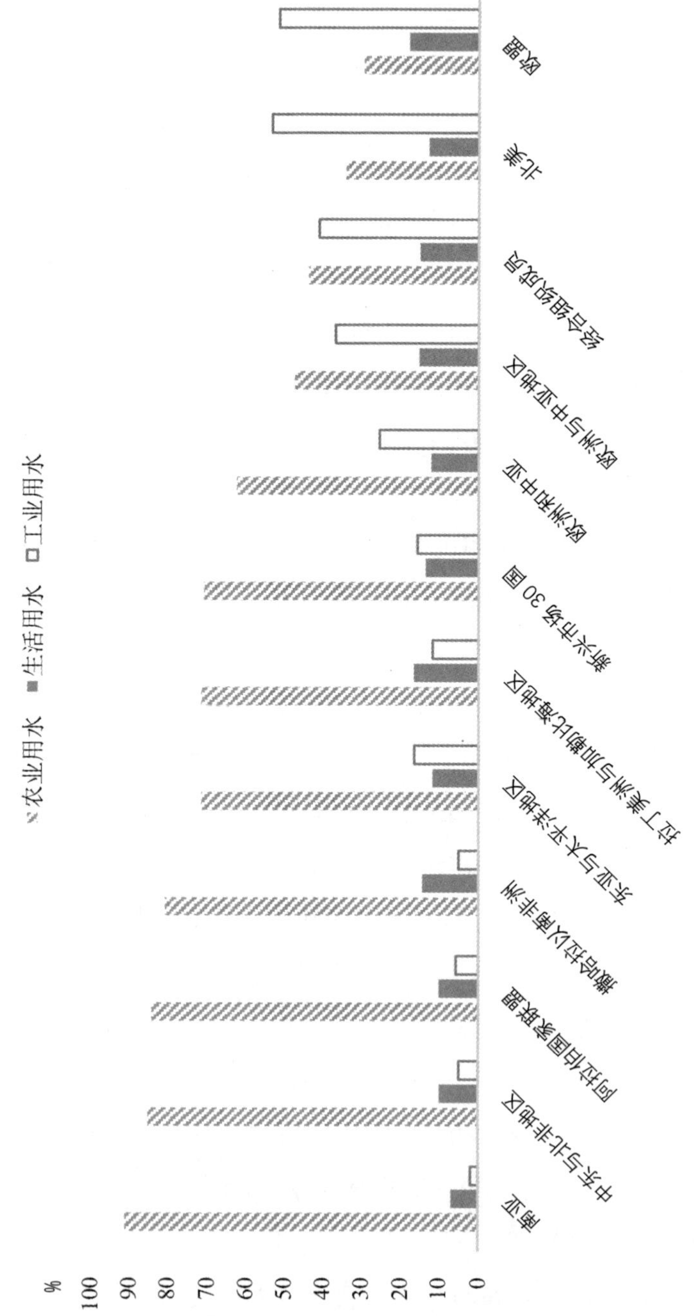

图 4-23　世界各主要区域水用途占比

数据来源：世界银行 WDI 数据库（2014 年）

括饮用水、市政用水或供水，以及公共服务、商业机构和居民用水。世界水资源利用率为 9.32%，其中水资源使用中农业用水占比 69.86%，生活用水占比 11.49%，工业用水占比 18.62%。新兴市场国家的水资源利用率超过世界平均水平，为 10.57%，其中农业用水占比 70.75%，生活用水占比 13.71%，工业用水占比 15.82%，农业用水和生活用水超过了世界平均水平。新兴市场 30 国中，农业用水占比较高的国家是越南（94.78%）、巴基斯坦（93.95%）、伊朗（92.18%）、印度（90.41%）等亚洲国家，这些国家超九成的水用在了农业上，也是水资源短缺的国家，农业用水过高阻碍了工业化发展过程中工业用水的使用，以及人口增长过程中对生活用水的使用，造成用水不足的矛盾。随着人类社会的发展和人口的剧增，世界各国工农业生产和人民生活的用水量也不断增加。新兴市场国家主要是中等收入国家，这些国家正处于工业化城市化发展中，对工业用水的需求急剧增加，而人口的增加和生活水平的提高生活用水需求也增加，再加上新兴市场国家相比于世界平均水平水资源更加短缺，因此用水矛盾也将更加突出。

（二）新兴市场国家水资源存在的问题

1. 新兴市场国家用水效率低，水资源短缺状况持续恶化

联合国 2012 年公布的最新《世界水资源开发报告》指出全球水资源浪费严重，很多国家由于管理不善、管道陈旧以及沟渠泄漏等，大概每年有 30% 的水资源被浪费（王春晓，2014）。图 4–24 显示从 1972 年至今新兴市场 30 国的人均水资源长期处于世界平均线以下，

并且水资源短缺问题日趋严重，人均水资源正在逐年衰减。多数新兴市场国家水资源可用量已经达不到灌溉的需求，快速增长的人口和用水的低效性使这一问题更加突出。

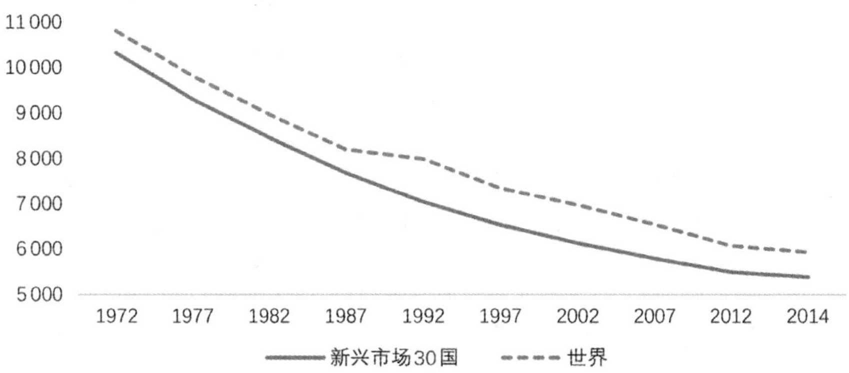

图 4–24　人均水资源变化趋势

数据来源：世界银行 WDI 数据库

新兴市场国家农业用水占去了水资源的 71%，一些国家的农业用水浪费严重，让水顺势流入下方较低农田的重力漫灌法，仍是当前多数国家大部分农民采用的普遍做法。由于多年来采取传统的大水漫灌方式，目前大部分灌溉系统耗用了远远超过需要的水量，由于蒸发和泄漏，农业灌溉用水通常要损失一半，造成土地盐碱化和涝浸，土质退化，产量下降，甚至毫无收入。中国的水资源总量比较丰富，然而由于中国当前的农业灌溉主要使用的方法还是“土渠输水、大水漫灌”的传统方式，这种农业用水造成水资源渗漏、蒸发，利用系数非常低，65% 的农业灌溉用水被浪费（景跃军等，2000）。中国的农业用水有效使用率仅为 40%，低于发达国家水平 70%—90%。中国消耗 1 300 千克水才能生产一千克粮食，而在发达国家仅需要消耗不到 1 000 千克的水资源就能够实现一千克粮食的生产（张永军，2014）。

新兴市场国家印度也同样面临着水资源短缺问题。印度水危机的表现首先是水资源严重短缺。印度是全世界水资源最丰富的国家之一，但其总人口达 12 亿多，历史数据表明印度的水短缺状况近年来在持续恶化，其人均水资源量已从 1997 年的 1 444.7 立方米，降为 2002 年的 1 322.6 立方米，2007 年的 1 222.1 立方米，2012 年的 1 142.4 立方米，2014 年降到 1 116.1 立方米，远低于世界平均值，更大大低于人均 1 700 立方米的缺水警戒线。与这一趋势相反的是印度用水量正迅速增加：1990 年的用水量为 5 000 亿立方米左右，到 2014 年已增长到 7 610 亿立方米，到 2025 年预计将达 1.093 万亿立方米，到 2050 年更是会高达 1. 447 万亿立方米。① 此外，印度用水效率很低，农业用水尤为粗放。2014 年的农业用水量高达 6 880 亿立方米，占总用水量的 90.4%，每耗水 1000 千克仅产粮约 377 克，而同样耗水 1000 千克在中国可生产粮食约 1 200 克。灌溉方式落后，灌溉水有效利用率极低。地面灌溉、喷灌和局部灌溉的灌溉水有效利用率分别为 60%、75% 和 90%。② 而这三种方式在印度 6 396. 2 万公顷灌溉田中的比例分别是 97%、2% 和 1%。综合计算，印度的灌溉水有效利用率仅为 35%—40%，其中地面水的有效利用率为 38%—40%，而地下水的情况还要差些。印度生活用水的低效与浪费极为严重。据统计，德里因泄漏、爆管等造成的水损失高达供水量的 40%，③ 孟买因偷水、管线老化等造成的损失更是高达

① Water and Related Statistics 2010, Central Water Commission website, p.38, http:// www.cwc.nic.in /ISO_ DATA_ Bank /W & RelatedStatatics_ 2010.pdf.

② “Annex I: Irrigation efficiencies”, UN Food and Agriculture Organization website, http://www.fao.org /docrep /t7202e /t7202e08.htm.

③ Rumi Aijaz, “Water Crisis in Delhi”, Seminar, No. 626, October, 2011, p.44.

40%—50%，[①] 其他城市的情况也与此类似。

2. 新兴市场国家水生产率低，农业用水占比高或成诱因

水生产率是反映经济发展与水资源消耗的重要指标，水的生产率计算用不变价国内生产总值除以水的年度总提取量所得，表示的是每立方米水产生的 2010 年不变价美元国内生产总值。

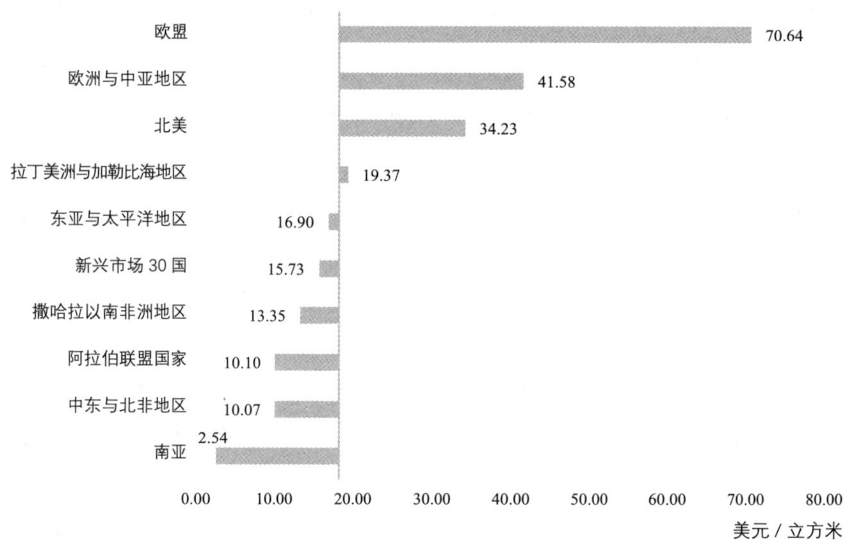

图 4–25　世界各地区水生产率

数据来源：世界银行 WDI 数据库（2014 年）

世界平均水生产率为 18.22 美元 / 立方米，表示每使用 1 立方米水产生的国内生产总值是 18.22 美元，以此为图 4–25 中横纵轴交叉点，可以看出新兴市场国家的平均水生产率为 15.73 美元 / 立方米，

① Wilson John, "Water Security in South Asia: Issues and Policy Recom–mendations", ORF Issue Brief, #26, February, 2011, p.4.

低于世界平均水平。阿拉伯联盟、南亚、中东与北非地区的水生产率均低于世界平均水平，尤其是南亚的水生产率仅为 2.54 美元 / 立方米。欧盟的水生产率最高，达到 70.64 美元 / 立方米，其次是经合组织（44.31 美元 / 立方米）和北美地区（34.23 美元 / 立方米），而这些地区的水资源利用率仅为 16.45%、10.13% 和 9.25%。有 20 个新兴市场国家的水生产率低于世界平均水平，占到新兴市场 30 国的 2/3。其中，乌兹别克斯坦的水生产率最低，仅为 0.96 美元 / 立方米；其次是巴基斯坦、越南和印度，分别为 1.12 美元 / 立方米、1.77 美元 / 立方米和 2.8 美元 / 立方米，即使用 1 立方米的水资源生产 2 美元左右的 GDP。世界上水生产率最高的国家是新加坡，水生产率达到 1 480.88 美元 / 立方米，新兴市场国家中波兰的水生产率最高，也仅为 46.65 美元 / 立方米。中国的水生产率为 13.71 美元 / 立方米，也低于世界平均水平。

新兴市场国家水资源生产率不高可能是农业用水浪费造成的，水生产率最低的阿拉伯联盟、南亚、中东与北非地区同时也是农业用水占比全球最高的地区，分别达到 84.25%、91.15%、85.21%。而且数据还反映出农业用水占比最高的南亚地区水生产率最低，仅为 2.54 美元，其次是中东与北非地区，为 10.07 美元，最后是阿拉伯联盟地区，为 10.1 美元。基于此假设，图 4–26 进一步反映了新兴市场 30 国水生产率与农业用水占比的散点图及趋势线，其中横轴表示农业用水占比，纵轴为水生产率，可以看出，两者呈现很明显的负向关系：农业用水对水生产率的解释系数为负，值为 0.386，R 平方为 0.54，拟合效果较好，说明农业用水占比提高一个单位，水生产率将下降 0.386 个单位。

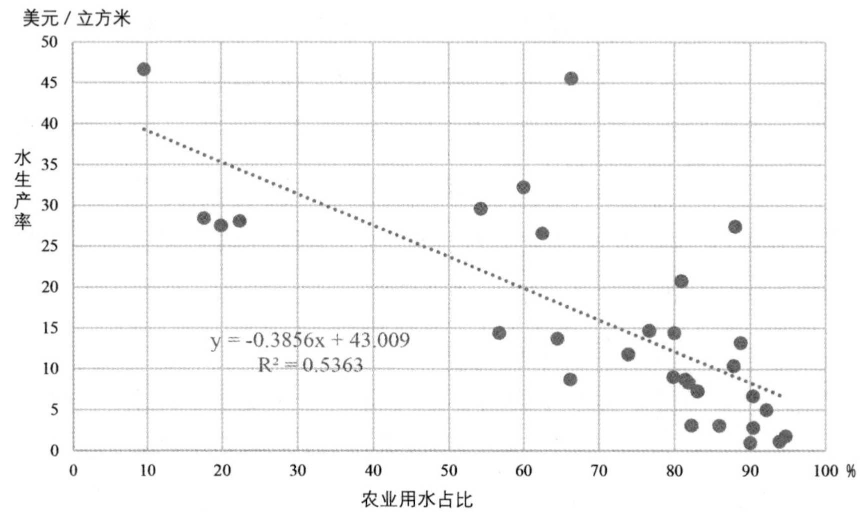

图 4-26　新兴市场 30 国水生产率与农业用水占比

数据来源：世界银行 WDI 数据库（2014 年）

表 4-1　相关性分析结果

	水生产率	农业用水	生活用水	工业用水
水生产率	1.000	–	–	–
农业用水	–0.732	1.000	–	–
生活用水	0.717	–0.666	1.000	–
工业用水	0.612	–0.951	0.408	1.000

数据来源：世界银行 WDI 数据库

本研究进一步纳入工业用水、生活用水的比重，通过相关性分析观察水生产率与水用途的关系，以检验前期假设，由此得到相关性分析结果如表 4–1 所示。从相关性结果来看，水生产率与农业用水呈现显著的负相关，相关系数为 –0.732；而工业用水和生活用水与水生产率的相关关系均为正，分别是 0.612 和 0.717。农业用水与工业用水、生活用水之间均为显著负相关，其中与工业用水的相关系数达到 –0.951。可见，农业用水严重挤占了工业用水，这对于处于用水紧张的新兴市场国家在工业化过程中的工业用水需求造成危机，也不利于水生产率的提高。

三、新兴市场国家化石能源分析

根据美国能源部能源情报署（EIA）的预测，到 2030 年，化石燃料仍然占世界一次能源构成的 83%（王克强等，2009），以煤炭、石油、天然气为主的化石能源以其丰富的储量和成熟的开发技术，将继续成为 21 世纪中叶之前能源生产和消费的主体。

（一）新兴市场国家的化石能源特征

化石能源是一种碳氢化合物或其衍生物，它由古代生物的化石沉积而来，是一次能源。化石燃料不完全燃烧后，都会散发出有毒的气体，但它又是人类必不可少的燃料。本研究分析所用到的与化石能源相关的数据主要来自历年的《BP 能源统计年鉴》和世界银行报告的公开数据。

1. 新兴市场国家是世界化石能源生产中心

新兴市场国家在全球能源市场上具有非常重要的地位，因为总体而言它们是世界最大的能源生产基地。2017 年世界生产化石能源 113.2 亿吨油当量，新兴市场 30 国生产 64.82 亿吨油当量，贡献了

57.26%，亚太地区以31.8%居于其次，北美地区仅为18.93%，而南美和非洲地区的生产量最低，仅为5.2%和6.5%。在新兴市场30国中，俄罗斯、哈萨克斯坦、土库曼斯坦、沙特阿拉伯等国家是主要的石油和天然气输出国。中国和印度是世界上第一和第四大煤炭生产国。俄罗斯是世界上第二大天然气生产国。2017年，新兴市场30国为世界提供了50%的石油产量、45%的天然气产量和77%的煤炭产量。

2017年，中东地区为全球生产了33.76%的石油，生产石油14.81亿吨，其中新兴市场国家沙特阿拉伯和伊朗分别位居中东地区石油产量前两位，分别是5.62亿吨和2.34亿吨，为中东地区贡献了超过一半的石油（53.74%）。从全球的石油产量来看，沙特阿拉伯排第二，仅次于美国，美国2017年生产石油5.71亿吨。俄罗斯2017年生产石油5.544亿吨，占12.64%，排列第三。

2017年世界天然气总产量为31.65亿吨油当量，新兴市场30国以14.19亿吨油当量的生产量为世界贡献了44.84%，其次是北美地区贡献了25.85%，独联体国家贡献了22.16%。相比于石油生产，天然气在新兴市场国家之间的分布更加多元化。俄罗斯一国的天然气生产贡献了世界的17.27%，仅次于美国（19.96%），是世界天然气的重要生产国，在新兴市场国家中位居俄罗斯之后的是伊朗，天然气生产占比为6.08%，中国和沙特阿拉伯低于伊朗，贡献了4.05%和3.03%的天然气产量。

从煤炭生产来看，世界上绝大多数煤炭都产自新兴市场国家，尤其是中国2017年的煤炭产量占到了当年世界煤炭总产量的46.36%，位居世界第一。除中国外，印度占世界煤炭总产量的比重也较高，为7.81%，印度尼西亚占比7.21%，俄罗斯占比5.48%。新

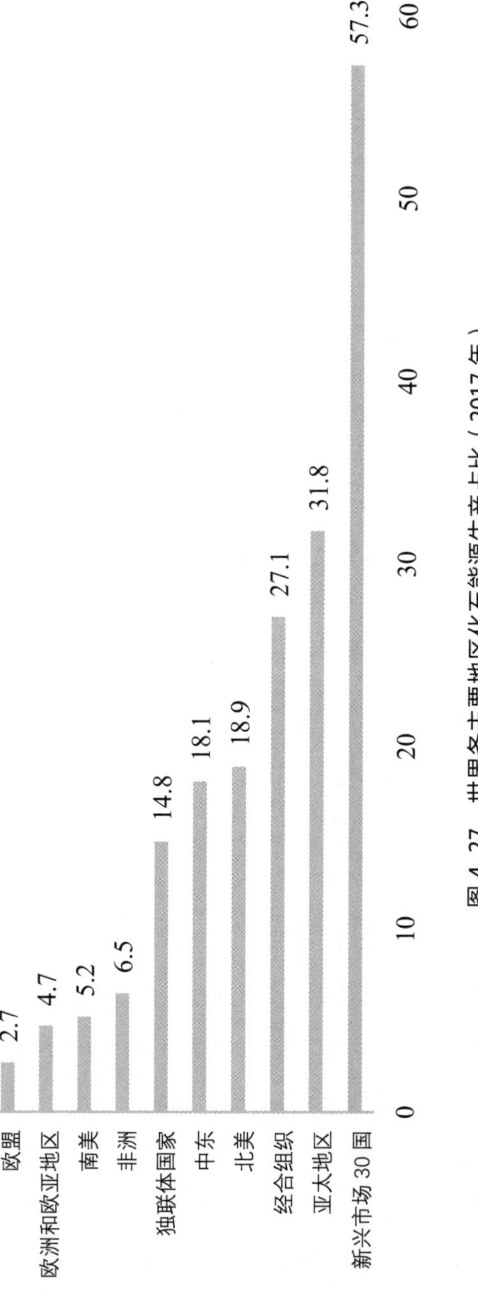

图 4–27　世界各主要地区化石能源生产占比（2017 年）

数据来源：《BP 世界能源统计年鉴》（2017 年）

兴市场国家贡献了世界煤炭生产量的 77%，无疑是全球煤炭生产中心。

图 4–28 为世界主要区域和组织的化石能源生产占比的动态变化情况。从 1999—2017 年的 19 年间世界主要区域化石能源产量占比的动态变化情况来看，新兴市场国家从 1999 年占世界的 38% 到 2017 年 64.82%，增长了 26.82 个百分点，并且一直都位居世界第一的位置。同样保持快速增长的是亚太地区，从 1999 年的 16.59% 上升到 2017 年的 36%，增长了 19.41 个百分点，这得益于其在煤炭生产方面的优势。而中东地区石油、天然气供应有所上涨，使其呈现出小幅度上涨态势。欧洲与北美地区的化石能源生产占比变化不大，甚至有所下降。从化石能源生产占世界的比重来看，新兴市场国家将以高比重长期维持在全球化石能源生产的中心，并将继续增长。

2. 世界能源消费中心正快速向新兴市场国家转移

英国石油公司（BP）在 2012 年 12 月发布的《世界能源展望 2030》中预计，到 2030 年发展中国家的一次能源消费将占到全球消费总量的 93%，尤其是中国、印度等代表性新兴发展中大国将对全球能源消费做出巨大贡献。（彭倩等，2014）2017 年世界上化石能源总消费为 115.09 亿吨油当量，其中新兴市场 30 国消费了 62.17 亿吨油当量，占世界的 54.01%，贡献了超过一半的化石能源消费。亚太地区的化石能源消费为 44.18%，占比略低于新兴市场 30 国，北美地区占 19.84%，而中东、非洲、南美地区的化石能源消费仅占世界的 7.73%、3.57%、4.35%。

新兴市场国家消费了世界 43.16% 的石油、44.44% 的天然气和 75.55% 的煤炭。在世界石油消费前 10 国中，新兴市场国家占了 5 个，

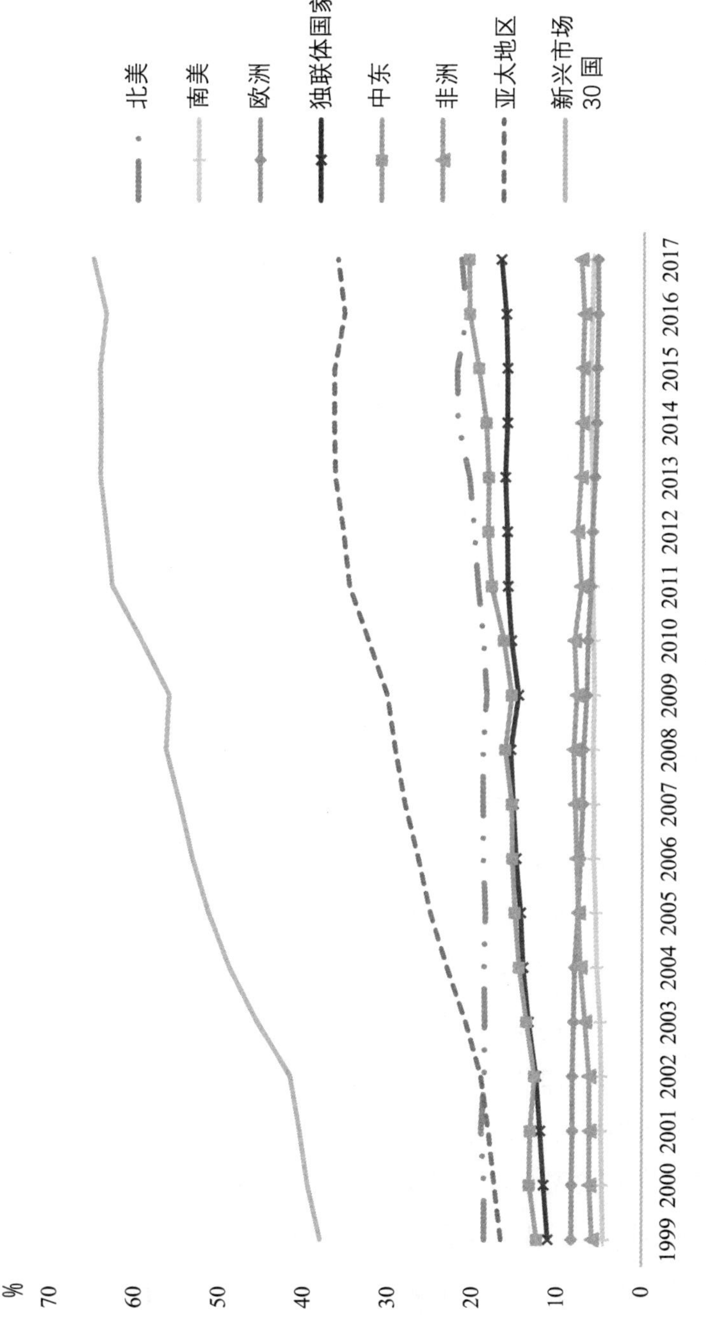

图 4-28　1999—2017 年世界各主要地区化石能源生产分布情况

数据来源：《BP 世界能源统计年鉴》

即中国（6.08亿吨油当量）、印度（2.22亿吨油当量）、沙特阿拉伯（1.72亿吨油当量）、俄罗斯（1.53亿吨油当量）和巴西（1.36亿吨油当量），分别排名世界第2、3、5、6、7位。在天然气消费的世界前10国中，俄罗斯以3.65亿吨油当量排名第二，中国、伊朗分别以2.07亿吨油当量和1.84亿吨油当量排名第三和第四，沙特阿拉伯和墨西哥则以0.96亿吨油当量和0.75亿吨油当量排名世界消费第七和第九。从煤炭消费情况来看，2017年中国消费了18.93亿吨油当量的煤炭，超过世界总消费的一半（50.72%），位居世界第一；印度的消费量为4.24亿吨油当量，占世界的11.36%，位居世界第二。这两个国家在全球煤炭消费中占比超过60%。

世界化石能源消费中心正快速向新兴市场国家转移。从图4–29中1985年至今各区域能源消费的动态变化过程来看，新兴市场国家和亚太地区的化石能源消费占世界的比重正逐年增长，尤其是新兴市场国家从1984年的化石能源消费占世界总量的35.42%上升到2017年的54.01%，增加了18.6个百分点，尤其是从2002年开始增幅进一步加大。欧洲、北美和独联体国家正从1985年占比较高的消费开始减少，其中欧洲从1985年的23.91%降到了2017年的12.9%，北美地区则从1985年的28.29%降到了2017年的19.84%，独联体国家更是从1985年的18.47%降到了2017年的7.42%。中东、南美和非洲地区的化石能源消费一直都比较低，后来有所增加，但比较稳定地维持在5%左右的水平。很显然，世界化石能源消费中心正在向新兴市场国家转移。

发达国家经济发展进入后工业化时期，经济向低能耗、高产出的产业结构转型发展，高能耗的制造业逐步转向发展中国家，并且发达国家高度重视节能与提高能源利用效率。新兴市场国家纷纷进

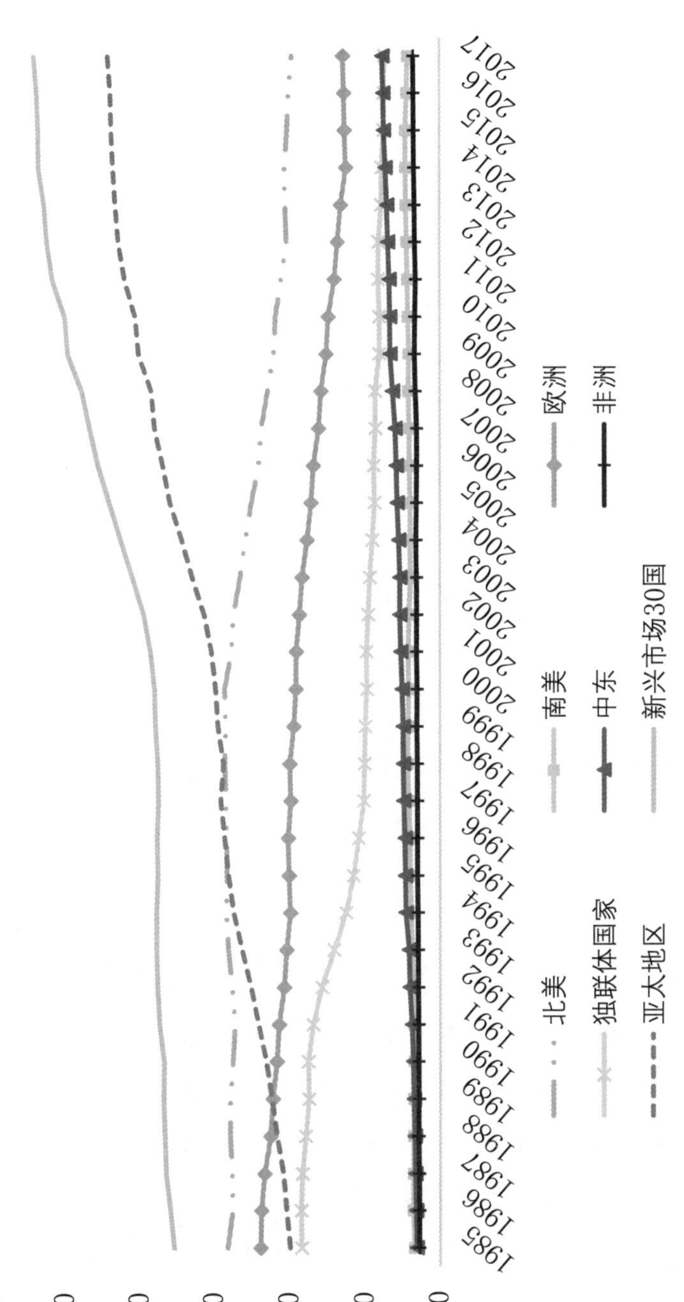

图 4-29　世界各主要地区化石能源消费占世界的比重

数据来源：《BP 世界能源统计年鉴》

入工业化发展阶段，同时伴随着人口的快速增长，对化石能源的需求快速增长。石油消费中心正在转向产油国和新兴市场国家，消费增长速度较快，消费量比较高。人口和经济的增长使新兴市场国家成为未来能源需求的增长地区。新兴市场国家是世界化石能源生产和消费中心，因此这些国家在能源合作方面具有很大潜力。

3. 新兴市场国家总体上人均化石能源资源短缺，人均消费并不高

新兴市场国家是世界化石能源的生产与消费中心，但如果我们考虑到新兴市场国家快速增长的人口因素时，却是另一番情景。从能源生产来看，世界人均化石能源生产量是 1.51 吨油当量，但新兴市场 30 国的人均化石能源生产量只有 1.38 吨油当量，低于世界平均水平，其中人均石油产量只有 0.464 吨油当量，人均天然气产量只有 0.302 吨油当量，都低于世界平均水平（分别为 0.584 和 0.421），但人均煤炭产量（0.614 吨油当量）高于世界平均水平。

从图 4–30 中 1999 年至今新兴市场 30 国人均化石能源生产量与世界平均对比分析可知，新兴市场国家的人均化石能源生产虽然经历了快速增长，从 1999 年的 0.984 吨油当量，上升到 2017 年的 1.381 吨油当量，但是长期处于世界平均线以下，人均化石能源不足。进一步观察化石能源中煤炭、石油、天然气的变化，我们发现石油和天然气的人均生产量长期低于世界平均值，同时新兴市场国家与世界的人均天然气生产量正在同步增长，而人均石油产量处于平稳波动的变化状态中。而变化比较明显的是人均煤炭生产量，新兴市场 30 国从 1985 年开始，人均煤炭生产量经历了快速增长，并且从 2004 年开始人均煤炭产量高于世界平均值，并经历了高于世界增长率的快速增长。总体而言，新兴市场 30 国的人均化石能源生产低于

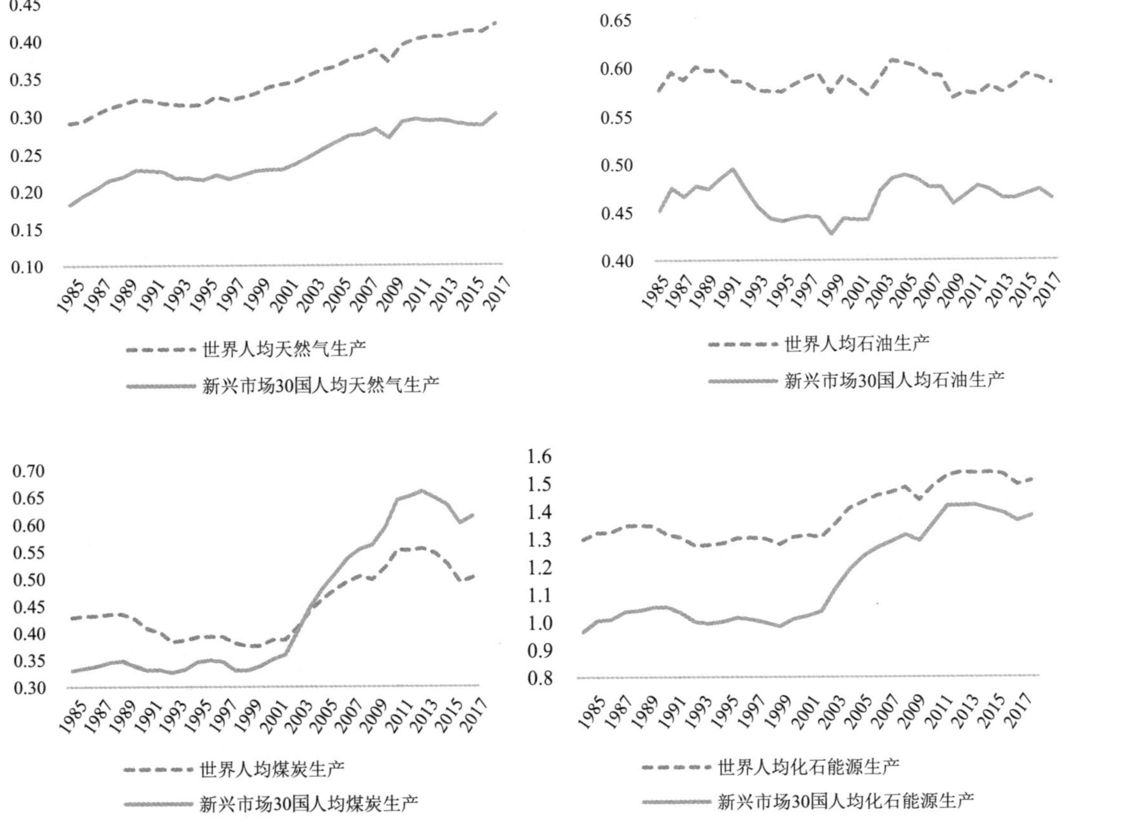

图 4-30　1999—2017 年新兴市场 30 国人均化石能源生产量与世界平均水平比较

数据来源:《BP 世界能源统计年鉴》

世界平均水平，同时新兴市场国家的人均煤炭产量逐渐高于世界平均水平。

进一步分析新兴市场30国的人均化石能源消费水平，2017年世界每年人均化石能源消费1.532吨油当量，新兴市场30国的人均化石能源消费低于世界平均水平，为1.324吨，经合组织人均消费3.505吨，欧盟为2.501吨，均高于世界平均水平。由此可见，新兴市场30国人均消费量非常低。印度是个典型的例子，印度总消费量排世界第三，仅次于中国和美国，然而其人均化石能源消费量仅为0.517吨油当量，国内获得通电的人口仅占总人口的78.7%，尚有21.3%的人口未能满足基本的用电需求，广大发展中国家居民的能源消费仍然是为了满足基本的生活需要。

从世界范围来看，经济水平越高的地区人均化石能源消费量越高，但瑞士、爱尔兰、挪威例外，这可能与这些国家特别注重环保有关，为避免化石能源污染环境，这些国家更注重对水能、太阳能和风能等清洁能源的开发利用，尤其是瑞士在这方面做得很好。新兴市场30国也表现出相近的特征，图4–31显示出新兴市场国家为样本进行估计发现拟合效果很好，R平方达到0.513，而人均国内生产总值对人均化石能源消费量的影响系数为2.705，这说明新兴市场国家的情况也符合基本的经济规律，即一般而言，经济发展水平越高的地区的人均化石能源消费量就越高。同时根据这些主要消费国在坐标上的分布来看，多数国家集中在中等收入水平范围内，对应的人均化石消费水平也相对较低。从图25中可以看出，沙特阿拉伯拥有充足的石油和天然气供应，因此人均化石能源消费较高，而马来西亚虽然能源资源不丰富，但是由于其经济较发达，有足够的资金支持其能源进口，因此其化石能源消费也比较高。人均能源消费

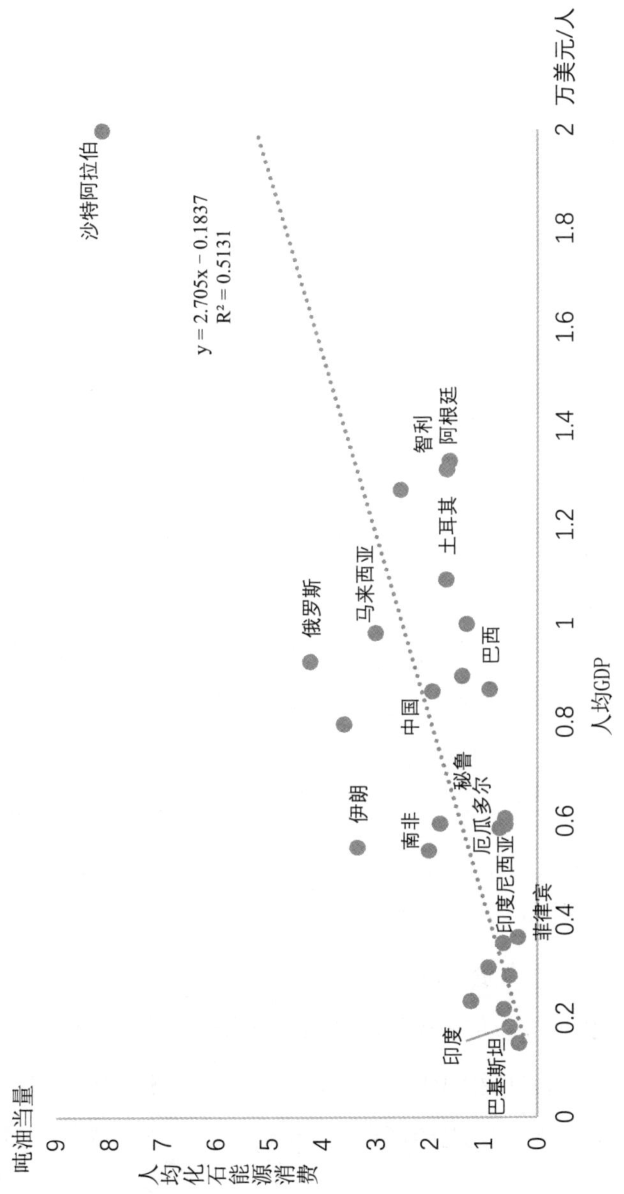

图 4–31　新兴市场 30 国不同经济发展水平国家的人均化石能源消费

数据来源：世界银行 WDI 数据库，《BP 世界能源统计年鉴》（2017 年）

最低的是巴基斯坦、菲律宾、印度、越南等国，这些国家的人均化石能源消费水平非常低，巴基斯坦的人均消费量为 0.343 吨油当量，菲律宾人均消费 0.361 吨，印度人均消费 0.517 吨，人均消费最高的是沙特阿拉伯，分别是巴基斯坦的 24 倍、菲律宾的 22 倍、印度的 16 倍。这几个国家的通电率也较低，印度为 78.7%，世界平均通电率为 84.58%，印度有超过两成的人还没有用上电，基本的生活用电都得不到满足。

4. 新兴市场国家能源生产与消费空间分离，促使其成为世界能源贸易中心

新兴市场 30 国的能源供给与需求存在空间分布的差异，从而使生产与消费的区域布局出现严重错位，这促使新兴市场国家成为世界能源贸易中心。俄罗斯、沙特阿拉伯是世界上重要的化石能源输出地，亚太地区是最大的化石能源输入地，因此生产与消费存在空间分离的问题。表现在新兴市场国家生产与消费的差上，也称为产消差，表示供需差异的问题。

图 4–32 表示的是新兴市场 30 国化石能源生产与消费的差值，正值代表国家化石能源生产量大于消费量，负值表示生产量小于消费量。从上图可以看出，新兴市场国家的产消差在 –6.41 亿吨油当量到 6.97 亿吨油当量之间波动，生产与消费出现空间分离，能源在新兴市场国家内流动补充消费缺口。中国是最大消费国，印度、土耳其、泰国均是消费大国，而能源生产大国是俄罗斯、沙特阿拉伯、印度尼西亚等国家，生产能源除能够供给自身消费外，就是出口，属于能源出口型大国。

新兴市场国家区域之间的生产与消费分离的现状促进其相互之

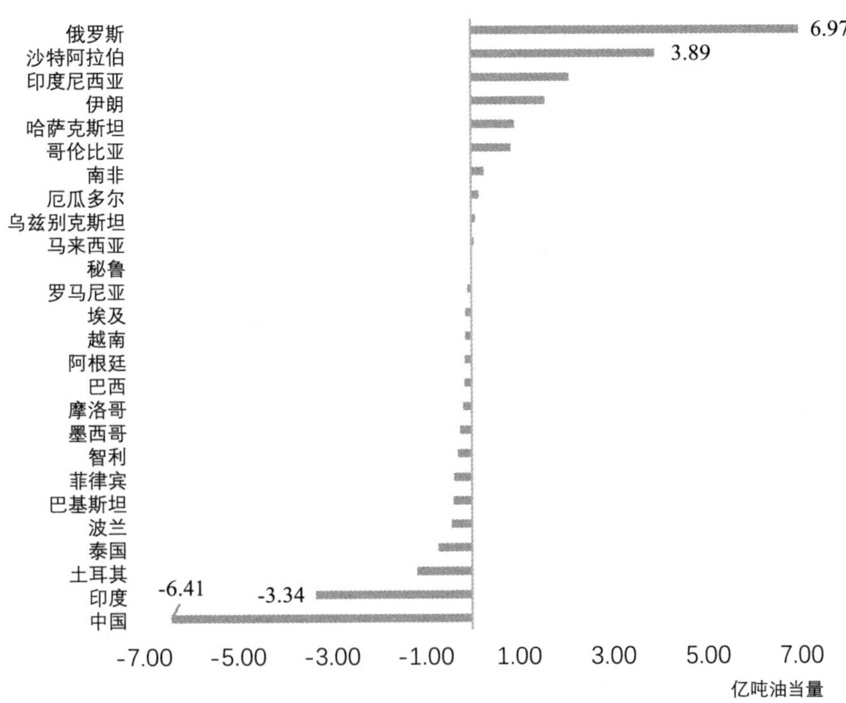

图 4–32　新兴市场国家化石能源的产消差

数据来源：《BP 世界能源统计年鉴》，2017 年

间的能源贸易逐渐扩大，区域之间的能源贸易情况显示新兴市场 30 国中的俄罗斯和沙特阿拉伯是世界上重要的化石能源出口国，2017 年俄罗斯的原油和石油产品出口量占世界的比重为 25.52%，沙特阿拉伯的原油和石油产品出口量占世界的比重为 20.83%。新兴市场国家中的中国和印度是世界上重要的化石能源进口国，中国的原油和石油产品进口量占世界的比重为 26.76%，印度的原油和石油产品进口量占世界的比重为 12.65%。然而，在这些国家之间的进出口贸易联系却比较弱，2017 年，俄罗斯和沙特阿拉伯石油出口共 8.31 亿吨油当量，中国进口石油 4.57 亿吨油当量，印度进口 2.44 亿吨油当量，然而俄罗斯和沙特阿拉伯仅占中国石油进口的 25.6%，也仅仅只占印

度石油进口的 28.6%，这表明这些国家之间的能源贸易发展空间仍然很大。

在天然气出口方面，俄罗斯和印度尼西亚是重要的天然气出口国，包括管道天然气和液化天然气，其中俄罗斯在 2017 年天然气出口 2 310 亿立方米，占世界总量的比重达到 20.37%。在天然气需求方面，中国是最大的天然气购买国，2017 年中国天然气进口 394 亿立方米管道天然气和 526 亿立方米液化天然气，总进口占世界比重为 8.12%。新兴市场国家中墨西哥和土耳其也是天然气的主要进口国，占比分别为 4.29% 和 4.73%。然而 2017 年俄罗斯对中国的天然气出口仅为 6 亿立方米液化天然气。中国的液化天然气的主要进口来源国是澳大利亚，液化天然气进口 237 亿立方米，其次是卡塔尔，为 103 亿立方米；管道天然气主要从土库曼斯坦进口，为 317 亿立方米，其次来自乌兹别克斯坦，为 34 亿立方米，也从哈萨克斯坦进口了 11 亿立方米。因此，中国的管道天然气来源中新兴市场国家仅仅只有 45 亿立方米，液化天然气来自新兴市场国家也只有 107.61 亿立方米，合计也只有 152.61 亿立方米，仅占中国进口总量的 16.59%。由此可见，在新兴市场 30 国框架内的能源贸易合作潜力很大。

5. 新兴市场 30 国消费结构长期以煤炭消费为主

能源消费结构受到地区资源禀赋和生产结构的影响，例如，中东地区的油气资源最为丰富的特征决定了其能源消费更加倾向于石油和天然气，而在亚太地区煤炭资源丰富，也促使其在消费结构中具有较高的比重，欧洲地区的天然气生产高于石油，因此在其能源消费结构中消费最多的是天然气（朱孟珏等，2008）。

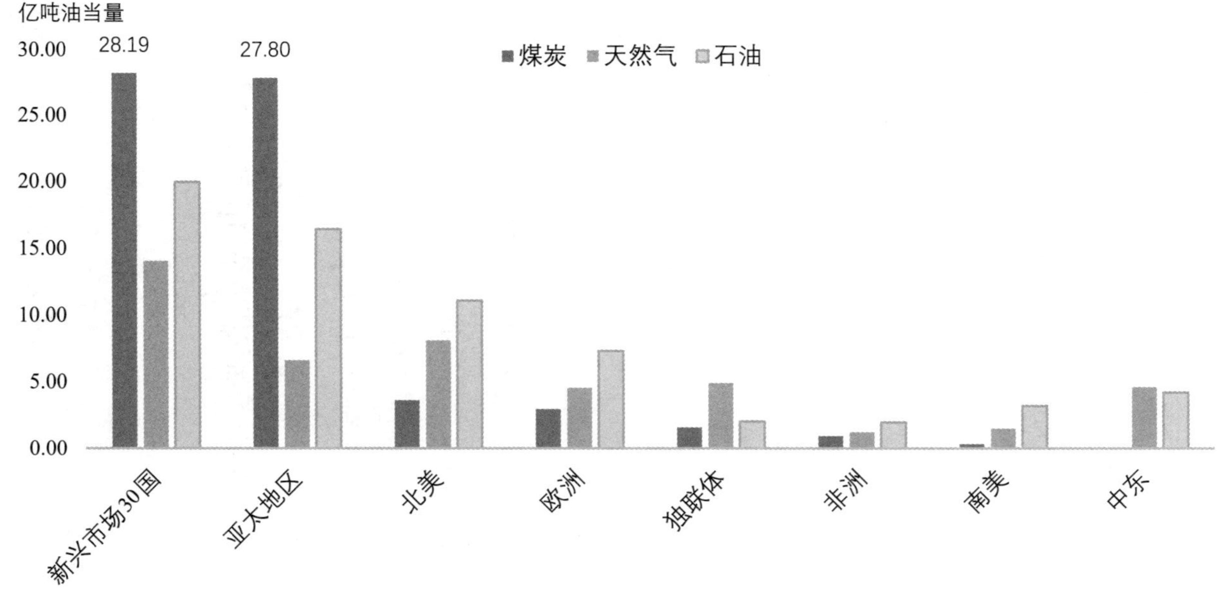

图 4–33 世界各主要区域煤油气消费

数据来源：《BP 世界能源统计年鉴》，2017 年

图 4–33 中可以看出，总体上新兴市场 30 国的煤炭消费总量最高，为 28.19 亿吨油当量，其次是亚太地区，为 27.8 亿吨油当量。这一方面是因为中国为世界煤炭生产大国，另一方面这些地区经济发展水平总体上还比较低，煤炭的使用比较广泛，导致新兴市场国家整体煤炭消费占比也较高。南美和北美地区的石油消费最高，中东地区的石油和天然气消费均较高，原因是这方面的资源禀赋高，生产石油和天然气的成本较低。可见，资源禀赋在一定程度上决定地区的能源消费结构。存在某种能源的高依赖性的国家多数是因其资源禀赋，许多高度依赖石油的国家本身是石油丰富的国家，比如科威特和沙特阿拉伯，而许多依赖天然气的国家本身天然气丰富，比如土库曼斯坦、卡塔尔、伊朗、阿联酋。中国和印度的煤炭资源非常丰富。然而，仍然有一些国家依赖能源进口，比如白俄罗斯、孟加拉国、菲律宾和新加坡。

从消费结构来看，北美和南美地区主要是以石油和天然气消费为主。新兴市场国家和亚太地区仍然是以煤炭消费为主，新兴市场 30 国的煤炭消费占世界煤炭消费的比重为 75.55%，而在新兴市场 30 国化石能源消费中煤炭消费占比 45.35%，石油和天然气分别占比 32.09% 和 22.56%。新兴市场 30 国的煤炭消费占比超过世界平均水平（32.42%），而石油和天然气消费占比低于世界平均水平，世界石油消费结构比重为 40.16%，天然气消费结构比重为 27.42%。

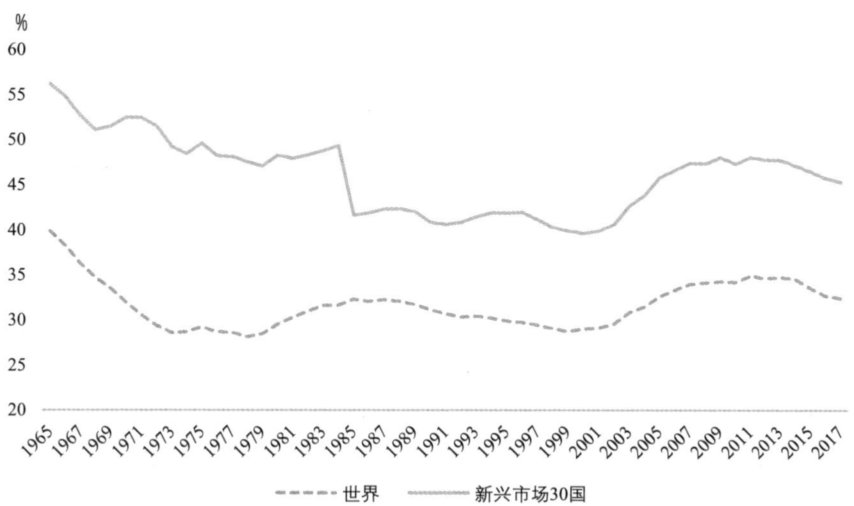

图 4–34 新兴市场国家化石燃料消费结构中煤炭消费比重

数据来源：《BP 世界能源统计年鉴》（2016 年）

图 4–34 表示的是新兴市场国家煤炭消费占比 1965—2017 年的变化情况，以及世界平均水平的动态变化。对比来看，新兴市场 30 国的煤炭消费占比长期高于世界平均水平，虽然比重有所降低，但是仍然处于较高的水平，长期维持在 40% 以上的水平。随着经济的发展，南美和中东地区长期维持在煤炭消费比重的低水平，非洲、欧洲和北美洲的煤炭消费占比也已经开始逐渐下降，而新兴市场 30 国的煤炭消费占比仍然高居不下。可见，处于工业化发展高速期的新兴市场国家，碳排放的成本尚未对其燃料选择产生重大影响，以煤炭为主的消费结构不尽合理，导致能耗高、能源利用率低、能源浪费严重的污染问题。

（二）新兴市场30国能源消费产生的问题

1. 以煤为主的能源消费结构使新兴市场 30 国面临更大的碳减排压力

能源消费产生的温室气体造成全球性气候变暖。根据《世界能源展望（2008）》的预测，2030 年与能源相关的二氧化碳排放量将达到 410 亿吨，比 2006 年增长 45%。并且根据预测，全球 75% 的与能源相关的二氧化碳排放可能来自中国、印度、中东地区（王克强等，2009）。以化石燃料为主的能源消费结构正在成为全球气候变暖的重要诱因（范世涛等，2013），新兴市场 30 国是正处于工业化进程的发展中国家，随着中国、印度等发展中国家进入能源密集型发展阶段，这些国家的能源需求大大增加，再加上新兴市场国家能源消费结构以煤炭消费为主，煤炭燃烧产生的二氧化碳比其他燃料更高，这使得其面临的环境问题更加严峻。

我们这里所指的二氧化碳排放是指化石燃料燃烧和水泥生产过程中产生的排放。它们包括在消费固态、液态和气态燃料以及天然气燃烧时产生的二氧化碳。2014 年全球共排放二氧化碳 361.386 亿吨，其中新兴市场 30 国排放 203.25 亿吨，占 56.24%，超过一半的二氧化碳排放来自新兴市场 30 国。图 4–35 中表示的是世界各主要区域的二氧化碳排放动态变化，可以看出，1992 年至今新兴市场 30 国二氧化碳排放量长期高于其他地区，并且呈逐年增长态势，具有同样增长趋势的是东亚与太平洋地区。新兴市场 30 国二氧化碳排放量占世界二氧化碳排放量的比重从 1992 年的 39.59% 增长到 2014 年的 56.24%，增加了 16.65 个百分点，尤其是 2000 年以后二氧化碳

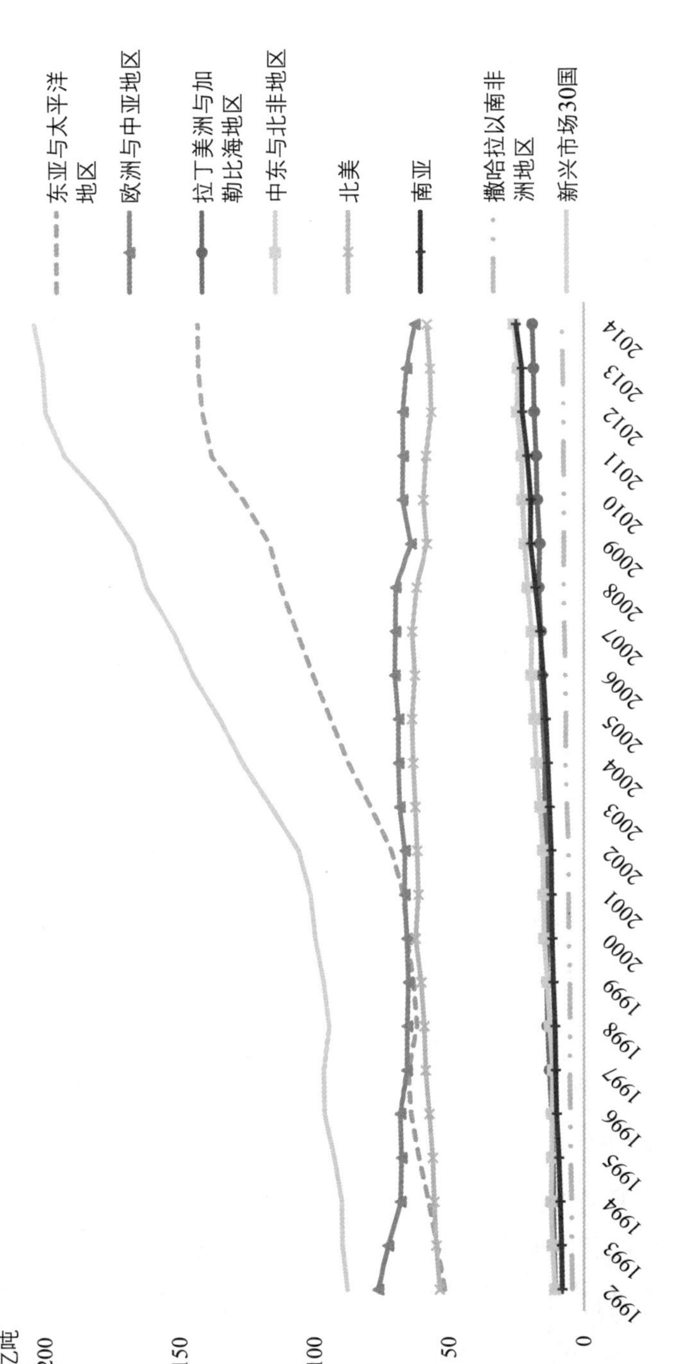

图 4-35 世界各主要地区二氧化碳排放量

数据来源：世界银行 WDI 数据库

排放占世界的比重快速增长，这可能是因为新兴市场国家进入快速工业化进程，对能源需求增加，同时在节能环保方面又做得不够好。由此可以看出，世界上二氧化碳排放比重从 2000 年开始有所减少的是北美地区和欧洲地区，而亚太地区与新兴市场 30 国的二氧化碳排放则是同步增长。

图 4–36 为经合组织、阿拉伯联盟、欧盟和新兴市场国家的二氧化碳排放量动态变化图。可以看出，经合组织在 1992 年的二氧化碳排放超过其他地区，达到 114.79 亿吨，占世界二氧化碳总排放量的 51.75%。这一时期由于经合组织多数国家推进工业化，对能源需求较高，对经济增长的关注超过节能环保，但从 2000 年开始逐步下跌，2014 年比重已经降到了仅占 33.62%。而与此动态变化方向正好相反的是新兴市场 30 国，1992 年的二氧化碳排放量为 87.82 亿吨，占世界总排放量的比重为 39.59%，2000 年开始快速增长，到 2014 年增长到占 56.24%。同时，欧盟和阿拉伯国家联盟的二氧化碳排放占世界总排放量的比重较低，欧盟是因为更加关注节能环保，阿拉伯联盟则是能源消费总体较少。

根据世界银行公布的数据，2014 年世界因为化石能源燃烧产生的二氧化碳排放总量 338.1 亿吨，其中由石油燃烧产生的二氧化碳为 120.28 亿吨，占比 35.57%；由天然气燃烧产生的二氧化碳为 66.85 亿吨，占比 19.77%；由煤炭燃烧产生的二氧化碳为 150.97 亿吨，占比 44.65%。图 4–37 显示，在世界各区域的能源燃烧排放的二氧化碳总量中，新兴市场 30 国由化石燃料燃烧产生的二氧化碳为 184.5 亿吨，远高于其他地区，其中煤炭燃烧产生的二氧化碳为 47.46 亿吨，占 58.57%，远超过世界平均水平。新兴市场 30 国化石能源燃烧排放的二氧化碳主要来自煤炭燃烧，这与其煤炭为主的消费结构密切相关。从各区域对比可以看出，亚太地区因为燃烧煤炭产生的二氧化碳是其

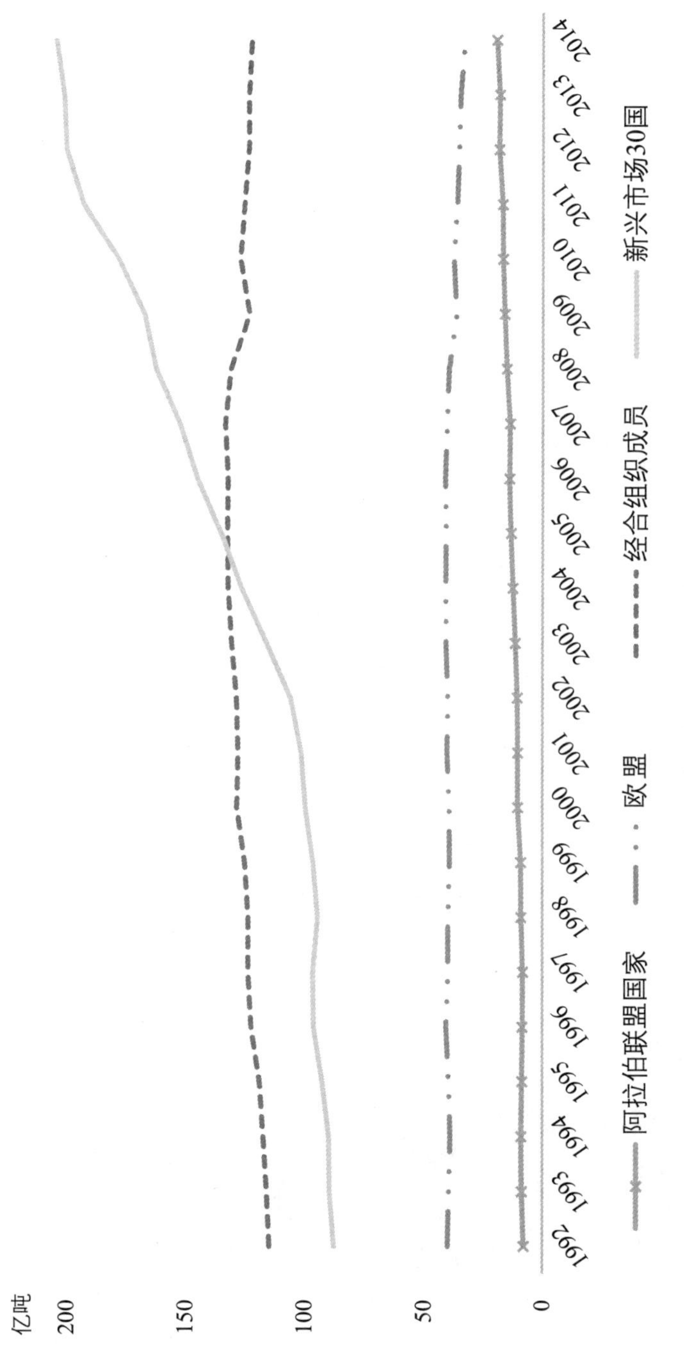

图 4-36　世界主要地区的二氧化碳排放量

数据来源：世界银行 WDI 数据库

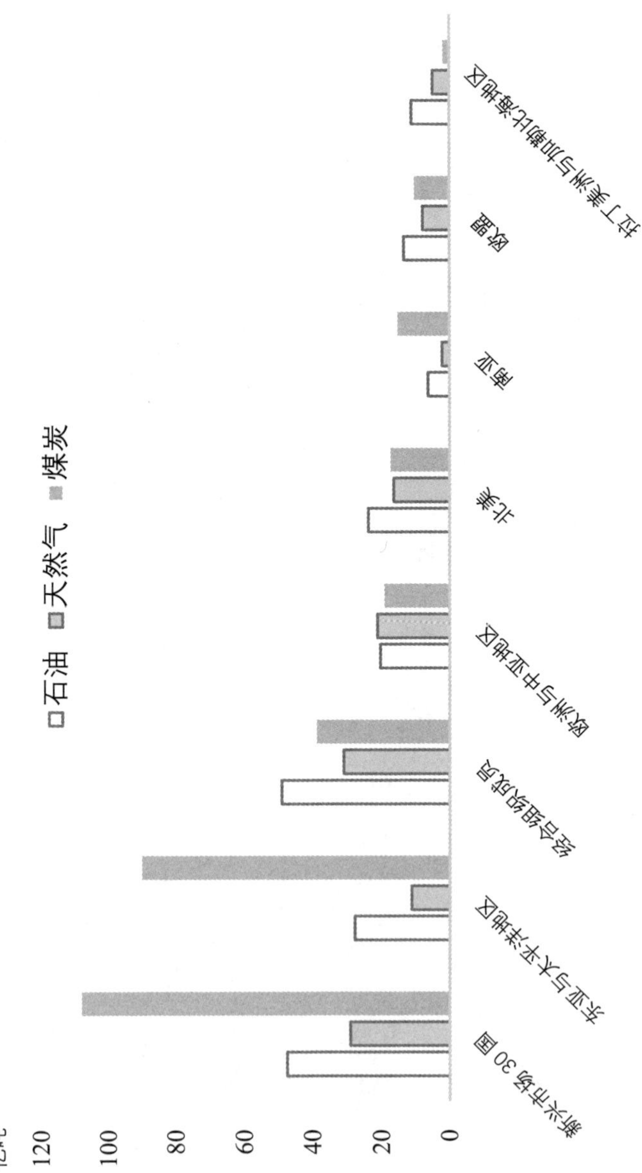

图 4-37　世界主要区域煤油气燃料产生的二氧化碳量

数据来源：世界银行 WDI 数据库（2014 年）

本地区所有能源燃烧产生二氧化碳的 69.87%，新兴市场 30 国煤炭燃烧产生的二氧化碳占到总排放量的 58.57%。显而易见，优化新兴市场 30 国的能源消费结构，降低煤炭消费，将有助于降低二氧化碳排放。

图 4–38 显示，新兴市场 30 国化石能源燃烧排放的二氧化碳占世界总体排放量的比重逐年上升，其中煤炭燃烧占了大部分。从图中可以看出，新兴市场 30 国的化石燃料排放的二氧化碳占世界总体的比重从 1992 年的 66.9% 上升到 2014 年的 77.78%，增加了 10.85 个百分点，而且新兴市场 30 国的二氧化碳排放长期维持在高水平。其中新兴市场国家在世界上煤炭燃烧产生的二氧化碳的占比快速提高，从 1992 年的 50.16% 上升到 2014 年的 71.58%，尤其是在 2001 年之前的占比略高于 50%，而从 2002 年开始这一比重开始快速提高，这可能与进入 21 世纪后新兴市场 30 国快速工业化城市化进程有关，同时，新兴市场国家也忽略了对碳排放引起环境问题的关注，缺少实际有效的降低碳排放措施。

2. 新兴市场 30 国能源利用效率低，节能减耗潜力大

能源强度是评价能源经济效率的指标，指单位国内生产总值能耗，测算方法是吨标油 / 万美元国内生产总值，能源强度越高，说明生产单位国内生产总值需要耗费的能源越多，能源效率越低。世界平均能源强度为 1.264 吨标油 / 万美元，新兴市场国家平均能源强度为 0.999，略低于世界平均水平，但在新兴市场国家中有接近 1/3 的国家的能源强度超过世界平均水平，其中乌兹别克斯坦的能源强度达到 2.801 吨标油 / 万美元，南非（2.176 吨标油 / 万美元）、俄罗斯（1.924 吨标油 / 万美元）、哈萨克斯坦（1.88 吨标油 / 万美元）、伊朗（1.786 吨标油 / 万美元）、中国（1.758 吨标油 / 万美元）、沙特阿拉伯（1.389 吨标油 / 万美元）、泰国（1.326 吨标油 / 万美元）、越南（1.304

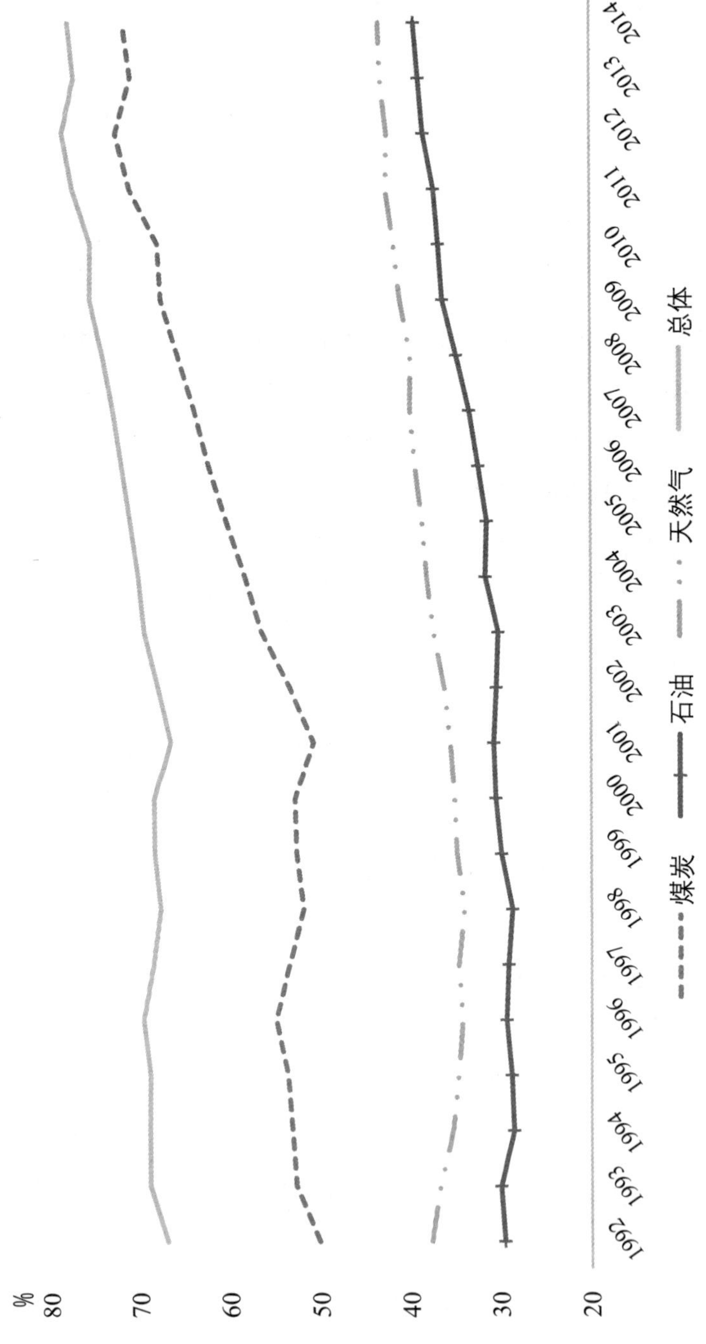

图 4-38　新兴市场 30 国化石能源燃烧排放的二氧化碳占比

数据来源：世界银行 WDI 数据库

吨标油 / 万美元）等国家的能源强度也高于世界平均水平，能源效率较低，能耗较大，而这些国家也是新兴市场国家中能源消耗总量较高，而人均能源资源短缺的国家。比较而言，世界上发达国家如瑞士的能源强度仅为 0.535 吨标油 / 万美元，这说明新兴市场国家能源效率的提高任重道远。

总体而言，欧盟国家的能源强度较低，仅为 0.878 吨标油 / 万美元；经合组织成员国为 1.097 吨标油 / 万美元，均处于世界平均水平以下，能效较高。但撒哈拉以南非洲地区的能源强度则较高，达 1.699 吨标油 / 万美元，即产生 1 万美元国内生产总值需要耗费 1.699 吨标油的能源，能源利用效率低；亚太地区的能源强度也较高，为 1.428 吨标油 / 万美元，高于世界平均水平；拉丁美洲地区的能源强度非常低，仅为 0.931 吨标油 / 万美元，能源利用效率高。

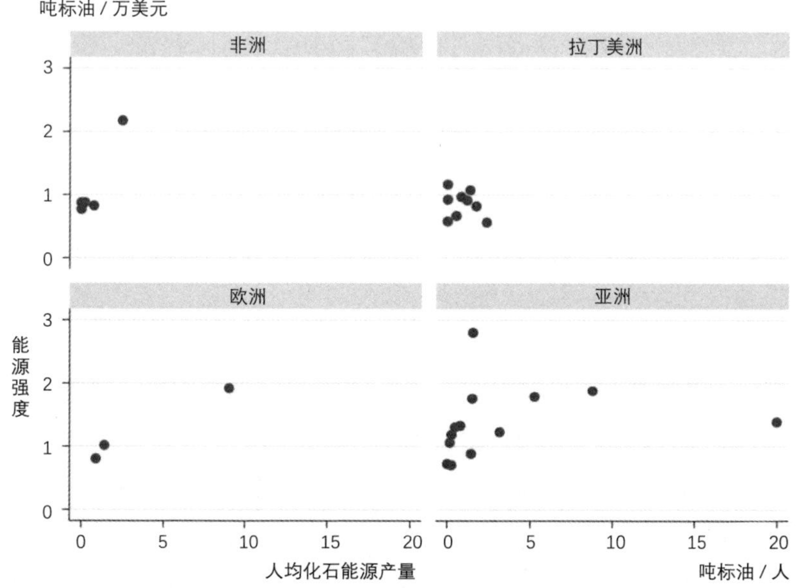

图 4-39　新兴市场 30 国的能源强度与人均化石能源产量

数据来源：世界银行 WDI 数据库

新兴市场国家包括中国、印度在内的多数国家处于化石能源总体丰富但人均短缺的境况，当我们用人均化石能源产量与能源强度进行对比分析时，可以发现如图 4-39 所示的规律。无论是在非洲还是欧洲或者亚洲，新兴市场国家总体表现的趋势是人均化石能源产量越高，能源强度对应也越高。

拉丁美洲的情况较好，人均能源短缺同时能源强度也较低，拉丁美洲的 9 个国家能源强度除了阿根廷和危地马拉之外，均低于 1 吨标油 / 万美元。阿根廷和危地马拉分别是 1.072 吨标油 / 万美元和 1.161 吨标油 / 万美元，也低于世界平均水平，人均化石能源中阿根廷最高，为 1.340 吨标油 / 人，相对于世界平均 1.51 吨标油 / 人来说，也比较低。需要特殊说明的是，哥伦比亚这个国家在拉丁美洲新兴市场国家中人均资源最高为 2.344 吨标油，高于世界平均水平，而其能源强度却非常低，为 0.562 吨标油，在世界上能源强度最低的国家中排名第 6 位，在新兴市场国家中，哥伦比亚是个特例，能源相对丰富，但利用效率却比较高。非洲地区的南非能源强度非常高，为 2.176 吨标油，其人均化石能源在非洲地区也最丰富，为 2.521 吨标油。欧洲地区的俄罗斯能源强度最高，为 1.924 吨标油，高于世界平均水平，其人均化石能源为 9.046 吨标油。亚洲地区国家分布比较分散，虽然表现出能源强度与人均资源的正向相关性，但是国家之间表现的特征差异较大，人均化石能源最丰富的亚洲国家沙特阿拉伯，能源强度不是最高的，为 1.389 吨标油，略高于世界平均水平，说明沙特阿拉伯相对来说是新兴市场国家中资源丰富但能源强度相对不高的国家，也属于新兴市场国家的一个特例。而能源强度最高的乌兹别克斯坦，其人均化石能源为 1.529 吨标油，略高于世界平均水平，但其能源强度达到 2.801 吨标油，远超过世界平均水平，乌兹别克斯坦

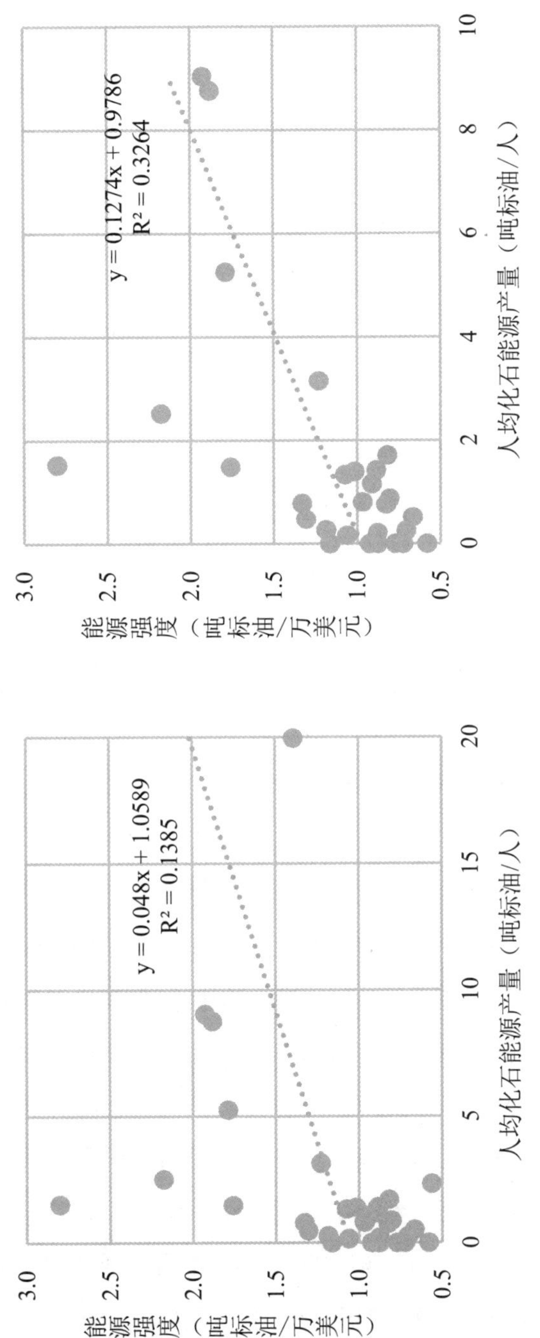

图 4-40　新兴市场国家人均化石能源产量与能源强度

数据来源：世界银行 WDI 数据库、《BP 世界能源统计年鉴》

资源比较短缺，然而能源利用效率又低，亟需改善能源利用方式。

新兴市场国家人均化石能源产量丰富的地区，能源强度表现出较高的趋势，图 4–40 中的左图表现出一定的正向相关关系，而剔除前文分析的哥伦比亚与沙特阿拉伯这两个特殊国家后，右图的拟合线更加陡峭，影响系数也更高，为 0.127，同时 R 平方也更高，说明人均化石能源产量提高 1 个单位，能源强度增加 0.127 个单位。可见，新兴市场 30 国的多数国家符合能源越丰富，能源利用效率也越低的规律，这可能是因为这些国家能源丰富，使其在资源使用方面较少关注到能源利用效率的问题。

新兴市场 30 国中 2014 年能源强度排名前六位的国家依次为乌兹别克斯坦（2.801 吨标油 / 万美元）、南非（2.176 吨标油 / 万美元）、俄罗斯（1.924 吨标油 / 万美元）、哈萨克斯坦（1.880 吨标油 / 万美元）、伊朗（1.786 吨标油 / 万美元）、中国（1.758 吨标油 / 万美元），图 4–41 显示出新兴市场国家中能源强度最高的六个国家和世界平均水平的能源强度动态对比变化情况。从图中可以看出，世界能源强度逐年下降，从 1990 年的 1.792 下降到 2014 年的 1.264，说明从世界总体水平来看，能源利用效率是逐年提高的。但新兴市场 30 国能源效率最低的国家中除了伊朗之外，其他国家的能源强度也是逐年降低的，尤其是乌兹别克斯坦虽然在 2014 年能源强度最高，但是从动态变化来看，其能源强度也经历了不断下降的过程，从 1998 年能源强度最高时的 8.713 吨标油 / 万美元下降到 2014 年的 2.801 吨标油 / 万美元。自 1991 年独立后，按照乌兹别克斯坦国家统计局数据，经过五年左右的波动和调整期后，其国内经济逐步走上了稳定的发展轨道，能源强度也开始有所降低，能源利用效率开始逐渐提高；但是乌兹别克斯坦能源效率低，依然是其面临的重要问题，亟需进

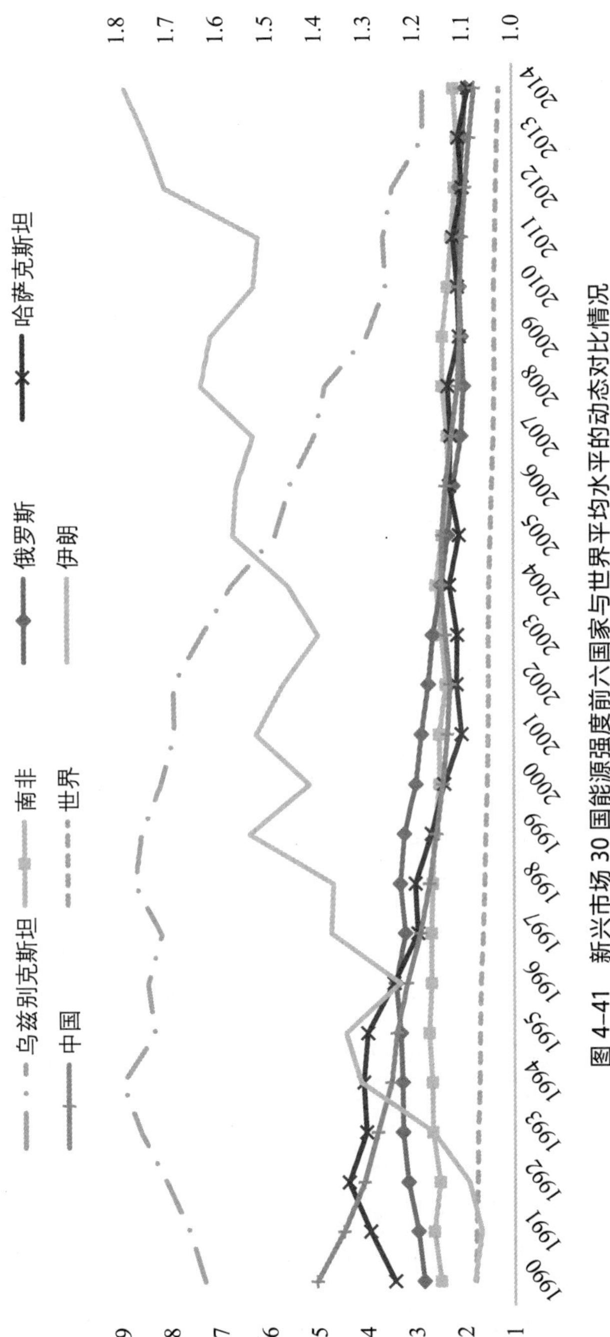

图 4-41　新兴市场 30 国能源强度前六国家与世界平均水平的动态对比情况

注：伊朗为右坐标轴，其他国家为左坐标轴。

数据来源：世界银行 WDI 数据库

一步开展能源改革，以提高能源利用效率。

2014 年伊朗的能源强度为 1.786 吨标油 / 万美元，在新兴市场国家中排名第五位，能源利用效率低。观察其从 1990 年开始的变化情况，可以发现，伊朗的能源强度处于波动中上升的态势，从 1990 年低于世界平均水平的 1.082 吨标油 / 万美元上升到 2014 年远高于世界平均水平的 1.786 吨标油 / 万美元。另外，中国的能源强度正在逐年降低，从 1990 年的 5.040 吨标油 / 万美元快速降低到 2014 年的 1.758 吨标油 / 万美元，虽然仍然高于世界平均水平，但是其能源利用效率的提高趋势是非常明显的。

在开发利用新能源的同时，节能也是解决能源危机的重要途径，是与开发煤炭、石油、天然气同样重要的措施。在发达国家，节能观念已从 20 世纪 70 年代初为应付能源危机而实行节约和缩减，演变为从增盈 / 省钱、保护环境着眼，强调提高能源利用效率，同时使工作和生活环境更舒适，并把节能当作改进公共关系的一种手段，如政府机构带头节能，企业积极参与节能环保活动，以提升自身形象。节能技术水平的高低已成为衡量一个国家能源利用情况的综合性指标，也是一个国家总体科学技术水平的重要标志。美国的一份研究报告认为，在不降低公众生活水平的前提下，依靠节能可以降低美国能源消费总量的 50% 左右（王克强等，2009）。目前，许多国家制定了节能法，大量的节能技术正在得到推广，节能汽车、热电联产、新型流体燃料、高性能电池等形形色色的节能新技术获得快速发展。新兴市场国家面临化石能源短缺、能源利用效率低的双重问题，因此同样面临严峻的节能压力，提高能源利用效率应该是当前的紧要任务。应进一步吸收发达国家经验，结合新兴市场国家国情，制定并推动有效的能源改革，提高能源利用效率。

第五章 新兴市场 30 国的环境保护

陈志华

人类社会活动的扩张和经济发展的同时，对生态环境造成了一定的破坏。近年来，生态环境恶化对生物多样性、人类生存环境的影响，使得各国政府和社会各界越来越重视生态环境的保护。作为 21 世纪人类社会发展的重要议题，生态环境保护对新兴市场国家有着更为重要的意义，本章将讨论新兴市场 30 国的生态环境状况以及各国在环保合作中的问题。

新兴市场 30 国都是有着巨大市场发展潜力的发展中国家，它们在经济发展历程上有着很大的共性。其资源利用率相较于西方发达国家来说较低，长期资源粗放型经济模式导致了严重的生态环境问题。我国的经济增速世界瞩目，取得了值得称赞的经济腾飞；但与此同时，支撑经济发展的能源消耗带来的污染问题也引来了人们的普遍关注，其中主要问题是以高污染的煤炭作为主要能源（煤炭长期在中国一次能源中占比超 70%）以及技术落后导致的能源利用率低下的问题。其他新兴市场国家面临着与中国类似的情况，解决经济增长与生态环境保护的矛盾是现在和未来需要不断探索的课题。

而这个共同的课题也将新兴市场国家紧密地联系在了一起，深化各国在经济和生态环保领域的交流合作，是实现互利共赢的有效途径。生态环境保护对新兴市场国家而言，主要具有三方面的重大意义：

首先，生态环境保护是可持续发展的重要组成部分。新兴市场国家经济发展水平不高，但人口数量庞大。世界银行数据库显示，2018 年新兴市场 30 国的国内生产总值占世界国内生产总值总量的 33.7%，而人口数量则占比达 62.4%。由此可见，发展经济、提高生活质量是这些国家的首要任务，不过随着经济水平的提高，环境也遭到了严重的破坏，并且在很大程度上已经影响到了人民的生活质量。据测算，新兴市场 30 国土地荒漠化比例超过 15%，世界平均水平只有 10.5%。土地荒漠化压缩人类生存空间的同时，也造成诸多如水土流失、温室气体增多等环境问题，对人类生命健康的威胁也相应上升。当温饱小康不再是问题时，生态环境成为制约人们生活质量提高的重要因素，同时也限制了社会经济建设的进一步发展。西方国家走过的“先污染后治理”的发展模式并不适用于发展中国家，只有采取“边发展边治理”的新模式才能实现经济增长与生态环境的平衡，才能实现可持续性发展的愿景。

其次，生态环境保护不仅是一个国家的议题，也是跨国界的区域性议题。坚持环保合作是促进区域和谐发展的助力剂。尽管国家之间有国界的划分，但是土地相连、河流相通、空气相融，面对区域性的环境保护问题，国家之间的通力合作是必要、有效的途径。实际上，上游地区工业对水土的污染总会影响到下游国家，由此经常产生环保责任划分的矛盾，类似的问题还有许多，环保合作过程中存在的矛盾都需要通过多边协商来共同解决。

最后，生态环境保护将新兴市场 30 国紧密相连，成为合作共赢的纽带。在《推动共建丝绸之路经济带和 21 世纪海上丝绸之路的远景与行动》中，我国提出了“兼顾各方利益和关切，寻求利益契合点和合作最大公约数”的概念，该概念同样适用于新兴市场国家间的合作交流。新兴市场国家在社会环境、发展阶段、自然地理条件以及宗教文化等方面不尽相同，但是追求经济发展和良好生活环境是共同且长久的话题，因此生态环境保护便自然地成为各国合作交流的“最大公约数”。

中国作为世界大国，在生态环境保护领域需要承担更大的责任，并通过向世界各国传播生态文明理念、构建环境友好型社会的倡议，在国际舞台中不断提升自身形象和全球影响力。我国随着经济社会发展的不断前进，生态环保理念也与时俱进，适时地提出了对应的生态环保倡议。

2006 年，时任中国国家主席的胡锦涛在十六届五中全会上提出要建设资源节约型、环境友好型社会。该决策是结合中国国情，借鉴国际先进发展理念，为解决中国经济发展与资源环境矛盾所制定的一项重大战略决策。2012 年，习近平总书记将生态文明建设纳入中国特色社会主义事业总体布局，明确了生态文明建设的重要战略地位。2017 年党的十九大对“经济建设、政治建设、文化建设、社会建设、生态文明建设”五位一体的总体布局进行了全面部署。2019 年 7 月，国家生态环境保护专家委员会（以下简称专委会）在京成立[①]，专委会强调要深入贯彻习近平生态文明思想，切实发挥好专委会的决策、支撑作用，群策群力推动建设美丽中国。

① 国家生态环境保护专家委员会在京成立 [J]. 中国环境监察，2019（07）:5.

一、新兴市场30国生态环境概况

（一）生态环境基本概况

1. 地表生态

人类的生存离不开土地，地表生态环境状况不仅直接关系人们的生存质量，也是社会经济良好发展的重要物质基础。森林是地球的肺，在进行光合作用下促成二氧化碳和氧气之间转换，同时对整个地球的气候起着关键的调节作用。然而，随着人类社会经济活动的扩张，越来越多的林地植被被破坏，森林的退化导致水土流失、土地荒漠化，对人类的生存环境产生了恶性影响。

整体上新兴市场 30 国的森林覆盖率低于世界平均水平。如表 5–1 所示，新兴市场 30 国森林覆盖率均值为 28.18%，低于世界均值的 30.72%。同时，新兴市场 30 国的荒漠化率高于世界平均水平近 50%，主要原因是位于西亚、北非地区的国家荒漠化程度很高。相比较而言，东南亚地区以及中东欧地区的森林资源丰富，荒漠化程度低。南亚地区由于人口分布密集，过多的耕地开垦导致土地退化，水土流失严重；中亚地区虽然草地分布广阔，但是过度发展畜牧业对草地产生较大的破坏，如果放任这种发展模式继续，荒漠化概率会大大增加。虽然中国幅员辽阔，森林覆盖面积大，但是从占比来说处于较低水平，人均森林面积只有 0.16 公顷 / 人，远低于世界平均水平的 0.52 公顷 / 人。随着中国生态文明建设理念的提出，越来越重视林地植被的保护和复原，并出台了一系列政策。自 2004 年以来，中国土地沙化和荒漠化状况呈现良性发展的趋势，连续多个监测期“双缩减”，表明了政策提出以来所取得的成效[①]。

表 5–1　世界主要地区森林资源和荒漠化对比（2016 年）

区域	人均森林面积（公顷/人）	森林覆盖率（%）	荒漠化率（%）
世界平均水平	0.52	30.72	10.54
新兴市场30国	0.36	28.18	15.05
蒙俄	5.89	46.28	0.08
东南亚	0.35	48.79	0.05
南亚	0.05	17.75	12.64
中亚	0.18	3.03	13.53
中东欧	0.30	26.05	0.32
西亚北非	0.06	2.87	65.20
中国	0.16	22.19	27.11

数据来源：世界银行 WDI 数据库

新兴市场国家分布于各大洲，自然地理环境基础致使各国的森林覆盖情况差异较大，图 5–1 标示出新兴市场 30 国森林资源的排序情况，反映了各国森林资源丰富程度及整体地表生态基础状况。排在前部的是东南亚国家如马来西亚、印度尼西亚，以及南美国家如巴西、秘鲁。这两个地区是热带雨林的主要分布地，但是由于东南亚国家人口较多，人均森林面积并不高。人均森林面积最多的地区

① 耿国彪 . 我国荒漠化土地和沙化土地面积持续“双缩减”[J]. 绿色中国，2016（01）：8—13.

是俄罗斯联邦，广阔的西伯利亚土地和林地覆盖给这个国家的人民带来了富足的林木资源。

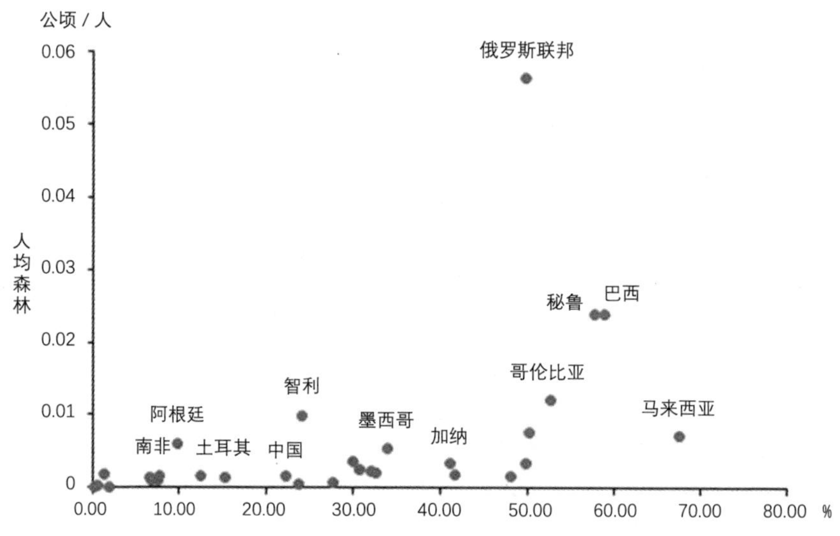

图 5–1　新兴市场 30 国森林覆盖率及人均森林面积（2016 年）

数据来源：世界银行 WDI 数据库

2. 生物多样性与自然保护区

森林覆盖保障了生物多样性的基础，生物多样性不仅直接体现生物资源的丰富度，更侧面反映了人类活动对生物栖息地的影响程度。全球环境基金（Global Environment Facility, GEF）测算发布了全球生物多样性效益指数，可以方便我们对各国生态状况进行分析。该指数从 0 到 100（0 表示无生物多样性潜力，100 为生物多样性最大值）。根据全球环境基金的 2008 版报告，新兴市场 30 国的生物多样性指数按照其分布情况划分为 3 个层级，分数位于 0—30 间的国家为生物多样性低水平国家，位于 30—60 间的国家为生物多样性中等水平国家，位于 60—100 间的国家列生物多样性高水平国家。其中，高水平层级包含 4 个国家，分别是巴西、印度尼西亚、墨西哥以及中国；中等水平层级包含 5 个国家；大部分国家位于低水平层级中，一共 21 个。不过，整体来看，新兴市场 30 国生物多样性指数均值为 22.54，高于世界均值 7.26，说明在世界范围内，新兴市场 30 国的生物资源较为丰富。

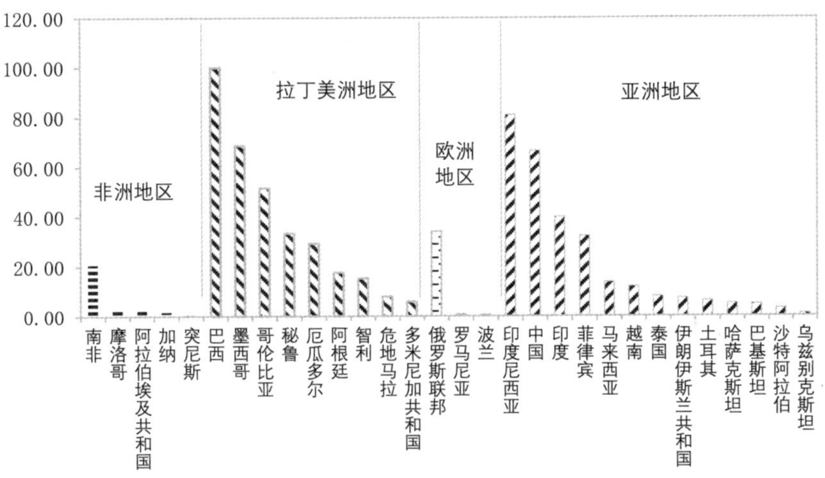

图 5–2　新兴市场 30 国生物多样性指数（GEF 2008 年报告数据）

数据来源：全球环境基金（Global Environment Facility, GEF）

陆地和海洋保护区的面积占比反映了一个国家对生态环保的重视程度。如表 5–2 所示，2017 年新兴市场 30 国陆海保护区占比均值为 11.94%，稍低于世界均值（14.49%）。而经合组织以及欧盟等发达经济体的陆海保护区占比要高很多，几乎是新兴市场 30 国的两倍。这表示发达经济体目前更加重视生态环境的保护，当然这跟一个国家的发展阶段有很大关联性。发达国家的经济增长主要是高新技术产业和服务业，有更多的精力和经费来对自然环境进行保护，改善国内的生态环境，提升民众生活质量。而发展中国家的经济发展仍然较多地依赖自然资源的开发利用，这与扩大自然保护区存在一定的矛盾，需要一个较长的期限，通过经济结构调整来实现人与自然和谐发展的目标。

表 5–2　陆地与海洋保护区面积占比（2017 年）

区域	陆海保护区占比（占领土百分比，%）
新兴市场30国	11.94
世界	14.49
欧盟	23.40
经合组织	19.69

数据来源：世界银行 WDI 数据库

3. 空气质量

空气质量是衡量一个国家发展可持续性的重要指标。2017 年新兴市场 30 国的 PM2.5 排放量均值为 31.75 微克 / 立方米，比世界平均水平的 45.52 微克 / 立方米水平较低。尽管如此，个别国家仍然存在较为严重的空气污染。世界卫生组织（WHO）将 PM2.5 水平划分为几个阶段，包含三个过渡期，划分标准如表 5–3 所示。新兴市场 30 国的 PM2.5 排放量都不在安全标准以内（小于 10 微克 / 立方米），大部分国家集中在过渡期中，而 8 个国家处于严重污染区域，分别是印度、沙特阿拉伯、埃及、巴基斯坦、中国、土耳其、伊朗和突尼斯。结合森林资源覆盖率情况来看，这 8 个国家中，除中国、印度、土耳其外的地区森林覆盖本身很低，造成了对粉尘颗粒吸收处理的能力有限。而中国、印度、土耳其的森林覆盖不算太低，PM2.5

排放水平却位于前列，反映了这些地区产业结构、能源结构的不合理，要发展可持续经济模式，其工业、能源结构就必须做出对应的调整。

表 5–3　新兴市场 30 国 PM2.5 情况（2017 年）

标准阶段	PM2.5年均值（μg/m³）	E30国家达标个数
未达标	>35	8
过渡期目标1	25–35	6
过渡期目标2	15–25	10
过渡期目标3	10–15	6
准则值	0–10	0

数据来源：世界银行 WDI 数据库

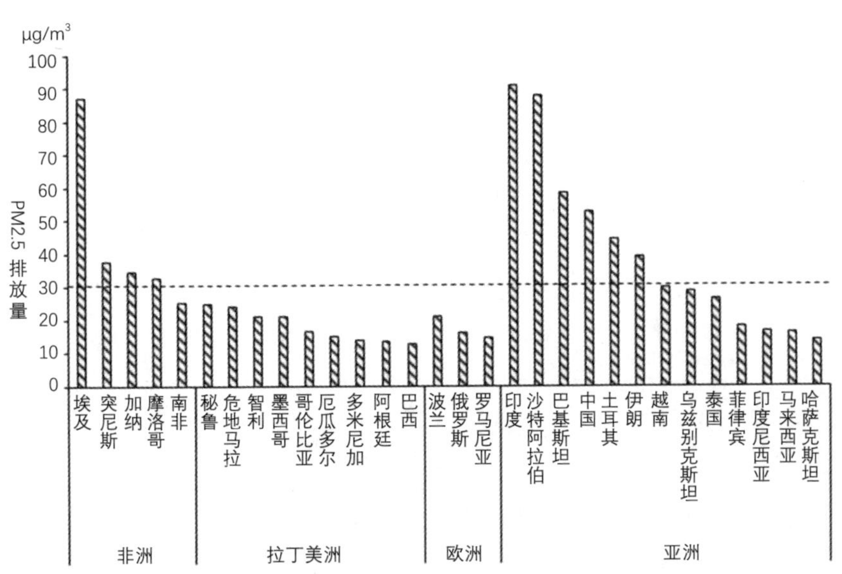

图 5–3　新兴市场 30 国 PM2.5 排放情况（2017 年）

数据来源：世界银行 WDI 数据库

4. 氮氧化物、碳排放

氮氧化物的化学性质极不稳定，遇到光、湿热时会变为一氧化氮和二氧化氮等有毒气体，它们是酸雨的主要成因之一，同时会导致水土富营养化，进一步危害地表动植物，也对人类健康产生威胁。由此可见，控制氮氧化物的排放、净化空气是环保课题的重要部分。

WDI 数据显示新兴市场 30 国在 2012 年的氮氧化物排放量为 16.82 亿吨 CO_2 当量，占世界排放总量的 53.3%，其中中国、印度、巴西是最大的三个氮氧化物排放国（见图 5–4），中国的排放量最大，达到 5.87 亿吨 CO_2 当量，占新兴市场 30 国排放总量的 34.9%。如果考虑人口因素，中国的人均氮氧化物排放量并不是最多的，如图 5–4 所示，阿根廷、巴西、哈萨克斯坦的人均氮氧化物排放量最高。

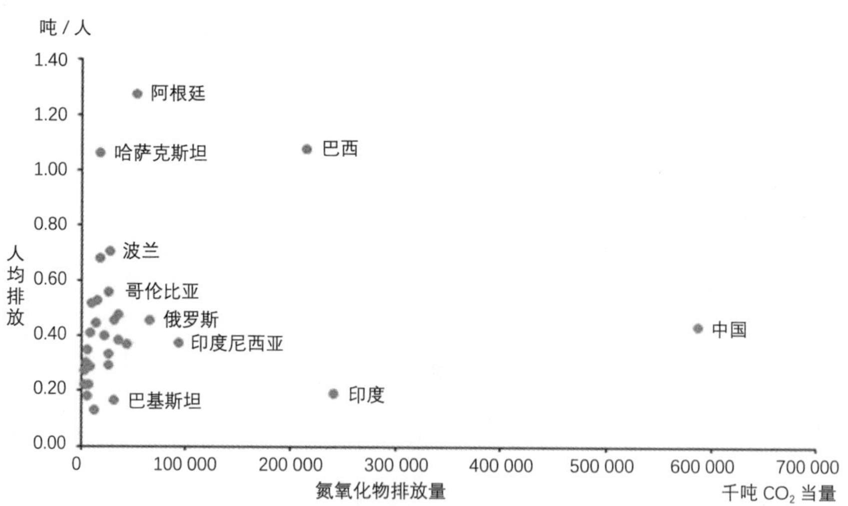

图 5–4　新兴市场 30 国氮氧化物排放水平（2012 年）

数据来源：世界银行 WDI 数据库

大量的氮氧化物排放已经引起了酸沉降、细粒子、臭氧破坏等环境问题[①]，而排放原因主要是化石能源的利用，以及能源利用效率低，排放净化处理不够造成，因此需要进一步加强节能减排政策的实施，及时调整能源结构，降低煤炭消费的同时增加天然气的使用。实际上，我国近几年在全国范围内推行煤改气、煤改电政策，已经取得了显著的成效，例如备受关注的北京雾霾已经有了明显改善。

工业革命以来，经济的急速发展离不开化石能源的支撑，大量的能源消耗产生了巨量的二氧化碳（CO_2）排放，成为全球气候变暖的主要原因之一。联合国政府间气候变化专门委员会（IPCC）指出，温室效应引起了冰川消融、极端天气以及海平面上升等威胁人类生存环境的事件，碳排放问题已经不是简单的科学问题，而已然成为世界各国共同关注的政治、经济以及外交问题。《联合国气候变化公约》和《京都议定书》等全球性协定先后达成，来规范各国的经济生产活动并划分碳减排责任。中国自 2016 年加入《巴黎气候变化协定》以来，积极推行节能减排政策，并通过转变产业结构以及对应的能源结构，快速降低了国内碳排放强度。为了监测追踪国内碳排放活动，中国在 2016 年发射了第一颗全球二氧化碳监测科学实验卫星（简称碳卫星），是继美国的轨道碳观测卫星（OCO–2）以及日本的温室气体观测卫星（GOSAT）之后的第三颗专门用于简称碳排放活动的卫星。利用卫星监测数据，科技部于 2018 年 11 月发布了《全球碳源汇时空分布状况》2018 年度报告。

2014 年新兴市场 30 国的人均碳排放量为 4.75 吨 / 人，与世界平均水平 4.98 吨 / 人相近，但是新兴市场 30 国的碳排放强度均值为 0.71

① 张楚莹，王书肖，等 . 中国能源相关的氮氧化物排放现状与发展趋势分析.《环境科学学报》, 2008.

千克 /2010 年美元国内生产总值，高于世界平均水平（0.49 千克 /2010 年美元国内生产总值），而欧盟和经合组织国内生产总值的碳强度更低，分别为 0.18 千克 /2010 年美元国内生产总值和 0.25 千克 /2010 年美元国内生产总值。这说明了新兴市场 30 国整体经济增长更加依赖于能源消耗，也反映出其能源利用率较低。

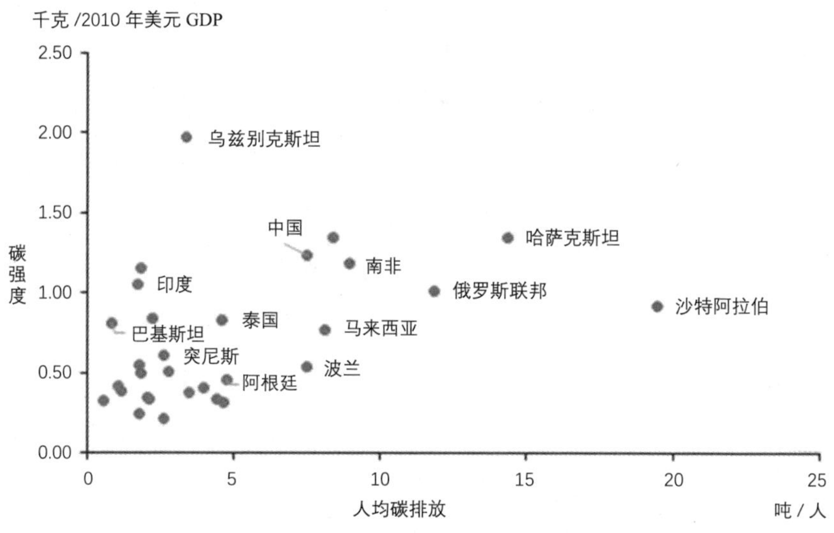

图 5–5　新兴市场 30 国碳排放情况（2014 年）

数据来源：世界银行 WDI 数据库

（二）生态环境治理情况

在人类经济活动的过程中无可避免地会产生一定的环境破坏和污染问题，尤其是以资源开发利用为主的产业，环境治理就显得尤为重要。环境治理可以降低人类活动对环境的负面影响，改善环境状况，提高人们的生活质量。环境治理也体现了人类对环境保护的主动性，是人与自然和谐共处的重要表现。本节我们选取了“获得改善水源人口所占比重”和“自然资源租金占国内生产总值比重”两项指标来讨论各国家对环境治理所做的努力。饮水是人类最基本的生存需求，卫生的饮用水源是一个区域内人们健康生存的必要条件，因此用“获得改善水源人口所占比重”可衡量生态环境安全。自然资源租金指通过所有可开发利用的自然资源获得的经济增长，包括了化石能源、矿产、森林资源等，其占国内生产总值的比重反映了一个国家的经济产业结构以及对自然资源开发利用的科学合理性，该比值的动态变化也可反映出国家对生态环境资源的保护和利用上的态度和努力。

1. 饮用水改善

在饮用水卫生方面，新兴市场 30 国的水平优于世界平均水平，世界银行数据库 2015 年的数据显示，新兴市场 30 国的 94.1% 的人能获得改善水源，这比世界平均水平高了 4 个百分点。不过位于中亚、非洲地区的国家清洁饮用水比例仍然较低，饮用水安全形势严峻。中亚地区的水资源主要分布于塔吉克斯坦和吉尔吉斯斯坦境内，而乌兹别克斯坦和土库曼斯坦水资源严重缺乏，人均淡水拥有量仅分别有 264 毫升和 531 毫升。西亚北非地区尽管缺水，不过临海的地理条件，使得其可以开展大型海水淡化项目为其“造水”。世界最大的海水淡化装置便位于沙特，其海水淡化量占到世界总量的 21% 左右，这使得沙特的安全饮用水人口占比达到 97% 之多（2015 年 WDI 数据）。东南亚和南亚地区降水量较为充足，但降水季节性差异较大，并且近年来气候变化加剧引发极端天气，使得水灾严重。同时，经济欠发达，改善用水设施落后且覆盖率很低，导致庞大的农村人口难以获得安全卫生的饮用水。俄罗斯地区水资源丰富，且人口相对稀少，人均用水量充足。由于苏联时期基础设施建设完善，拥有良好的饮用水卫生条件，安全饮用水人口占比达 96.9%。欧洲国家水资源同样丰富，且因发展水利基础设施较早，依靠发达经济条件，保证了大多数人口的饮用水安全。中国过去用水条件差，但在改革开放之后依靠高效的基础设施建设创造了较好的饮用水条件，但农村地区仍然存在安全饮用水问题。

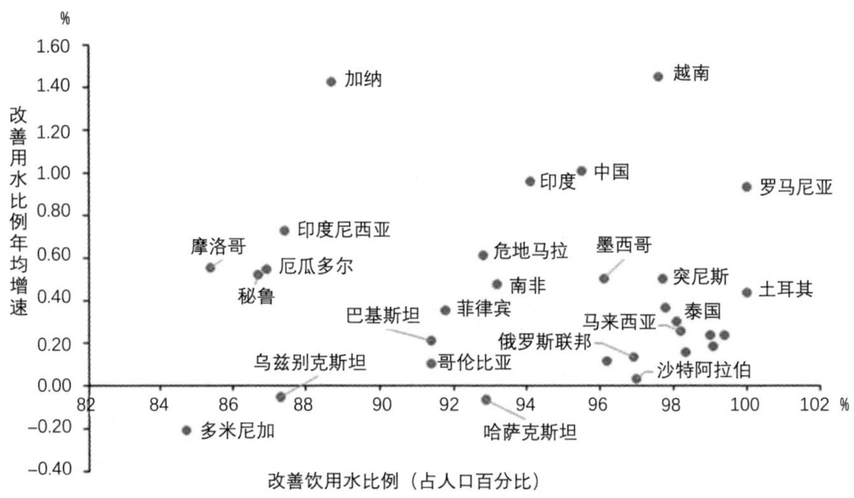

图 5–6　新兴市场 30 国 2015 年改善用水人口比例及十年年均增长率

数据来源：世界银行 WDI 数据库

另外，从图 5–6 中的改善用水人口比例年均增长率来看，大多数国家在努力保护生态环境，改善居民的饮用水安全状况。其中，越南、加纳近十年的平均增长率最高，中国、印度国土辽阔，改善饮用水质量的任务重，不过仍然分别位列新兴市场 30 国中的第三、四位。同时注意到多米尼加、乌兹别克斯坦、哈萨克斯坦的年均增长率为负，说明近十年这些国家的饮用水安全质量不仅没有好转，反而更加恶化。

2. 自然资源租金比率

环保不是只看当前的环境状况，而是一个长远的保护、治理过程。世界银行发布的自然资源租金占比指数，可以帮助我们了解一个国家的经济增长有多大比重是通过自然资源开发（包括化石能源、矿产、森林等）获得的。如果该指数过高，说明该国的资源经济模式过重，长远来看并不利于本国经济的可持续发展，也代表着可能会产生对环境的更多破坏。而持续的资源开发造成的环境破坏可能是难以修复的，因此这些国家更应该在开发过程中注重配套环保措施的落实。

2017 年新兴市场 30 国的自然资源租金比值平均为 5.86%，是世界均值 2.15% 的近 3 倍。其中，沙特阿拉伯自然资源租金占比高达 23.76%，在 10% 以上的国家就有 7 个。由此看出，新兴市场 30 国多数国家处于经济发展的低、中等阶段，资源依赖度较高，相对应的环保压力会更大。通过图 5–7 的自然资源租金占国内生产总值比例的年均增速，可以了解新兴市场 30 国各国家经济结构和产业的变化。沙特等国自然资源租金占比很高，引发的环境生态问题也逐渐受国内重视，近年来也积极发展第三产业，使得依靠石油等资源带来的国内生产总值增长占比正逐渐下降。中国近十年的自然资源租金占比平均每年降低 13.66%，表明中国正逐步脱离资源消耗型的经济模式，不断重视生态环境的保护和修复工作。同样正在努力摆脱资源耗竭型产业的国家还有越南、菲律宾、阿根廷等。然而，我们也可以发现，摩洛哥、加纳、危地马拉等国的自然资源租金占比在持续上涨，这将对其生态环境保护工作带来持续的压力。

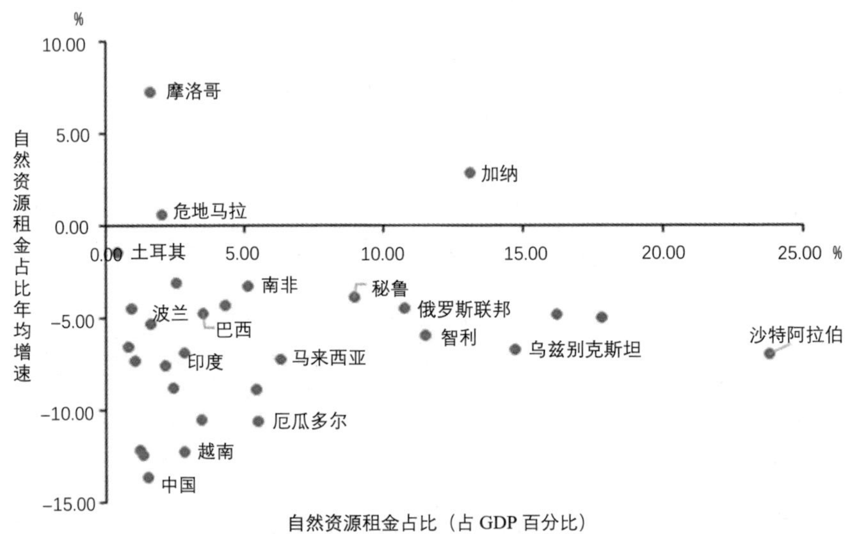

图 5–7　新兴市场 30 国 2017 年自然资源租金占比及十年年均增长率

数据来源：世界银行 WDI 数据库

综合生态环境基本概况指标和治理指标，我们选取了具有代表性的人均碳排放和自然资源租金占比两项指标来计算新兴市场 30 国的环保指数，该指数能够反映各国生态环保状态的优劣、具体指数及排名情况（详见附录 5–1）。

二、新兴市场30国环保合作现状与问题

（一）环保定位与目标差异

马斯洛将人的需求分为五个层级，排第一位的是人类最根本的需求，是源自于对生理生存的需求，一个国家的发展也有相似之处。当国家大多数人的温饱问题仍然待解决时，经济发展是首要的，而

环境保护、人文教育等相对“高等”的需求的优先级就不是最高的。

新兴市场 30 国虽然都是发展中国家，但各自发展水平和具体国情不尽相同，对待环境保护的态度也有所差异。我国在过去的快速经济发展中忽视了环保，而随着温饱问题的解决，逐渐全面实现小康社会之际，环保越来越成为我们发展的重要理念之一。2015 年 12 月《巴黎协定》在第 21 届联合国气候变化大会上通过后，中国在 2016 年 4 月便率先签署了《巴黎协定》，并明确了自己的环保责任。而中亚五国却没有第一时间参与这一协定，因为其人均国内生产总值水平较低，如巴基斯坦 2016 年人均国内生产总值仅 1 119 美元，他们更在乎如何发展生产力、开发资源来满足人民的物质需求。另外，中东部分产油大国也未参与该协定，因为其能源产业是碳排放的主要源头，同时也是其国内生产总值的一大支柱，如果签署《巴黎协定》，必然会对国内经济尤其是对能源产业产生较大影响。

不同的利益诉求使得各国对于该协定持有不同态度，也使得各国在环境保护合作上面临一定的困难。新兴市场 30 国中的沙特、波兰、智利等国人均国内生产总值超过 15 000 美元，富足的人民和政府使得他们可以关注生态环保，追求人民生活环境改善和健康水平的提高。而如越南、加纳、印度等国，人均国内生产总值在 2 000 美元以下，当下的任务是大力发展经济，提高人民生活质量，设定过高的环境标准可能并不现实。

除了经济发展水平外，国内的产业结构、自然条件等也决定了各自在环保领域的目标不同。东南亚和南亚等国的环境条件优越，国内经济增长主要依靠第一产业和第三产业（农业和服务业），污染物排放、碳排放水平较低，推行环保政策难度不大。但中亚和中东一些国家，自然环境本身就相对恶劣，长期依靠能源和矿产资源的开发利用来支撑国内经济，导致污染物和碳排放水平居高不下，环保此时已然成为他们的“痛处”，实行产业结构转变和升级必将是一个漫长的过程。

（二）环保合作互信不足

事实上，很多国家都有意达成国家间的环保合作，毕竟有效的合作交流可以提高本国的环保效率，也能促进节能产业的发展。然而，环保工作没有实质性进展的原因之一是国家间环保互信不够。在环境保护中，即便合作方有着一直的目标，也因地缘政治、文化认同等原因产生不信任，一旦不信任产生，双方都不愿意在合作谈判中做出可能牺牲本国经济利益的让步，合作的达成便困难重重。

中国和塔吉克斯坦于 2019 年签订了《中华人民共和国生态环境部与塔吉克斯坦共和国政府环境保护委员会合作谅解备忘录》，但目前的合作方式主要在于高层对话、政策交流以及培训研讨等，实质性的合作运行机制尚未建立。新兴市场国家之间的环保合作机制总体来说处于探索阶段，区域间双边和多边的合作机制不成熟。由于新兴市场 30 国分布于亚、欧、非、拉美各大洲，自然环境状况存在差异，所面临的环保问题、各国对于环境保护的法律都不尽相同。区域内欧洲国家和西亚石油富裕国家对于环境保护规定了较高的标准，而一些落后国家的环保标准则相对较低，这对区域内的环保合作造成了制度性的障碍。

没有规矩不成方圆。新兴市场 30 国需要一个专门针对生态环境保护的组织，现有的合作形式主要是在已有的合作组织下展开的，如“上海合作组织环境保护合作中心”“中国 – 东盟环境保护合作中心”以及“欧亚经济论坛生态合作分会”。而一个专门针对环保合作的组织将会更加有效地协调各国之间的利益诉求，通过一定的约束力使各国能够坐在谈判桌前，求同存异，经谈判达成一致的环保合作协议。

（三）国际贸易带来的环保冲突

国际贸易带来的污染转移成为国际环保合作难点的一大原因。尽管贸易开放是新世纪全球经济的主题，是实现各国共同繁荣的途径，但从历史经验来看，全球分工导致消费地和生产地分离，产品的消费者并不是生产产品所产生污染的承受者，导致污染的转移。这似乎是经济发展必经的一个阶段，因为先发展的国家经过产业结构升级后，倾向于将国内高耗能、高污染的产业转移到落后国家，而落后国家的选择余地并不多，因为国际分工格局，落后国家不得不先承接低端产品制造使自己在全球产业链中立足[①]。中国是全球闻名的世界工厂，全球范围内的知名服装、机械品牌都纷纷在中国设厂，利用中国的廉价劳动力来降低生产成本，中国在这个过程中获益颇丰，解决就业、带来国内生产总值增长，同时积累了丰富的制造经验，逐渐从低端制造向高端创造转变。当然这个过程中的牺牲也是明显的，大量依赖材料基础加工产生的污染物都留在了国内，产生严重的环境污染。“污染天堂”假说即认为污染密集型企业倾向于建立在环境标准相对较低的国家或地区，诸多研究已经发现国家环保政策的严苛程度会影响相关产业的布局、转移，表明“污染天

① 胡艺，张晓卫，李静．出口贸易、地理特征与空气污染 [J]．中国工业经济，2019，（9）：98—116.

堂效应”确实存在，因此如何避免国际贸易和产业转移中出现的环境问题，成为新兴市场国家间达成环保合作的关键点。

在贸易和污染的矛盾下，贸易国双方需要找到自己的利益点和让步点。通过前面的介绍我们知道，落后国家在清楚来自发达国家的产业转移会带来污染的前提下，仍然考虑引进这些产业，除了国际分工导致的选择必要性外，这些产业的进入会给国家经济和制造业发展带来实实在在的好处。污染本身并不是阻碍国家之间贸易投资往来的绝对隔阂，如何控制污染以及解决污染的责任划分等问题是贸易投资以及环保合作的关键点，因此贸易双方应当找到自己的利益点和让步点，实现互利共赢。例如生产国要求投资企业提高污染处理能力，并建立一定的奖惩机制和法律法规来约束企业的污染排放行为。同时，为了吸引投资，可以推出有期限的环保补贴，让企业进口的同时，循序渐进地提高其环保能力和责任。

中国在过去的经济快速增长期，被有的发达国家称之为“污染天堂”。随着中国发展水平的提高以及制造业的升级，中国也开始更多地向海外进行投资，因此也有人认为中国的贸易伙伴国也成了中国的“污染天堂”。

随着世界各国对生态环境保护的重视，存在跨境污染的国际贸易面临毁约或投资失败的风险逐渐升高，由此甚至可能引发国家层面的外交危机。原计划2015年建成通车的中缅铁路，由于2014年缅甸民间组织抗议铁路修建引发生态环境问题而搁浅。2011年9月底，已经开工近两年，总投资36亿美元的缅甸密松大坝项目被叫停，给中国的投资方造成了巨大损失，当地政府给出的理由主要是环境保护问题以及民生安全问题[1]。另外，据报道中，方在苏丹投资的麦洛维水电站建设环保测评不合格，被迫叫停；泰国《民族报》报道称中国在柬埔寨投资的水力发电大坝严重威胁附近居民的健康，分析指出大坝的修建将使得环境和生态遭到破坏，项目被迫停止。类似的事件过去十几年中发生了很多，尽管其中不乏因政治关系或当地政局动荡而对中国投资项目的不公正对待，但部分企业在投资过程中对忽视当地环保法规，未能有效约束投资行为导致项目关停的案例也是存在的。环保问题是中国企业在外投资需要格外重视的因素，提高项目环保评估标准，遵守当地法律法规，避免造成经济损失。因环保问题被叫停的项目中，不全是因为中方企业的环保意识不够，而是因为项目所在国本身是发展中国家，当地的法律法规尚不健全，环保制度不完善，待新的环保法规出台时，原项目的环保标准已经不能满足新的环保规定，因此在落后的发展中国家投资项目也需要考虑其动态发展所带来的风险。

中国的发展走在新兴市场 30 国的前列，作为世界大国，中国在环境保护合作中有更多的国际责任，环保合作的开展和环保形象的建立也有利于中国的对外投资和贸易活动，避免如中缅铁路、密松大坝这类问题的出现。

① 张明扬 . 中国对外直接投资中的环境保护问题探究 [D]. 云南财经大学，2015.

三、新兴市场30国环保合作展望

（一）环保合作任务重、潜力大

通过对新兴市场 30 国生态环保状况的分析，了解到新兴市场 30 国面临着环境基础差、人口负担重以及由于工业技术和机制问题导致的环保能力弱的问题。多数新兴市场国家的经济增长较大依赖于自然资源开发，环境总体状况和环保力度低于全球整体水平，高自然资源租金比的产业经济结构无疑加大了生态环境保护工作开展的难度，也成了制约区域可持续发展模式的瓶颈。从国家发展的历程来看，新兴市场 30 国大多数国家还处在工业化的初期和中期，正在经历发达国家曾经走过的高能耗型的发展阶段，这意味着新兴市场 30 国国家将承受更多的环保压力。而当前新兴市场国家的经济仍处于快速增长阶段，这可能意味着短期内经济增长与生态环境之间的矛盾不会缓解，如果不加以控制甚至可能出现集体爆发式的环境问题。

不过从另一个角度来看，新兴市场 30 国在面对环保这件棘手的事上也并非无迹可寻。英国在 1952 年发生的伦敦烟雾事件，就是燃煤过度导致污染气体难以消散而发生的，该事件直接导致近 4 000 人死亡，成为历史上惨痛的环境污染事件，这也引起世界各国对环保的关注，为环境污染型经济敲响了警钟。尽管当下新兴市场 30 国的环境状况不佳，但是有了发达国家经历过的经验和教训，可以在一定程度上帮助新兴市场国家在探索的道路上少走很多弯路。新兴市场国家在环境保护领域潜力很大，特别是通过市场机制调动企业和社会参与进来，可以更有效地推动相关技术进步，实现环保和经济的共同前进。事实上，近年来各国之间也都在积极探索环保合作的机制和形式，例如中国与东盟开展环保合作，我国在 2007 年就提出了中国 – 东盟环保合作的倡议，并于 2010 建立了中国 – 东盟环境保护合作中心，以及在 2017 年成立澜沧江 – 湄公河流域六国（中国、缅甸、老挝、泰国、柬埔寨、越南）生态环境保护合作中心，致力于推进澜沧江—湄公河国家环境合作，传播中国环境治理理念，提升各国环境治理能力，实现区域可持续发展。同时，中东欧和中亚地区的国家包括俄罗斯等都先后签订了要求对项目和规划进行跨界环境影响评价的《埃斯波公约》，签署了要求公开环保信息的《奥胡斯公约》。由此，新兴市场 30 国以及更大区域的环保合作拥有非常大的潜力和前景。

（二）中国与新兴市场30国环保合作的挑战与机遇

1. 挑战

在国际投资与贸易合作的过程中，环境保护是其中一个十分重要的议题。高环保标准对于中国企业海外投资形成一定的“环境壁垒”。企业投资活动不仅在国外遇到环保的难题，在国内也一样面临着改变的痛苦期。随着中国近年来对环保要求的提高，高污染、高能耗企业的发展模式已经不能顺利地走下去，供给侧结构性改革的推行迫使传统企业向绿色环保模式转型。所以无论是国内还是海外大环境，都给企业的投资活动施以不小的压力。中国企业在这个时期的转型更是关乎整个中国经济模式的转型。

另外，由于新兴市场国家多数位于亚欧大陆，是人口最集中的地区，而这一区域近年来的国际政治局势非常复杂，为这些地区国家间的企业投资与环保合作带来不确定性。在国际贸易交流的过程中必须以经济发展和互利共赢为基础，而中国倡导的“一带一路”倡议，正是以发展为核心要义，实现绿色发展、普惠发展更是其中的重要内容。在《推动共建丝绸之路经济带和 21 世纪海上丝绸之路的愿景与行动》中，中国特别突出了在国际贸易投资中生态文明理念的价值，强调要加强生态环境、生物多样性和应对气候变化合作，共建绿色丝绸之路。作为该倡议的提出者和推动者，中国必须以身作则，引领各方尤其是新兴市场国家共同努力做出成绩，这将是一个不小的挑战。

2. 机遇

在大力提倡环保的背景下，致力于环保工作的新兴企业是受益最大的，他们将迎来企业发展的黄金时期。据统计，中国在 2005 年环保企业只有 2 000 多家，然后到了 2014 年环保企业已经有 5 万多家。中国环保企业还可以利用低劳动成本带来的价格优势，开拓海外市场，通过市场合作与竞争提高环保技术。同时，大型企业应该承担更多的社会责任。在生态环保领域，可以利用市场机制，调动社会力量投入到这项有价值的工作中来，实现“人人环保”。中国近几年“共享”行业的发展，通过资源整合，有效降低了个体的人均碳排放。企业发起低碳行动，将虚拟的绿色能量转变为现实的植树等绿色行动，为中国的环保事业做出了巨大贡献。与此同时，如共享单车等行业已经发展到了海外如美欧一些国家，深受爱好绿色低碳人民的喜爱。因此，通过跨国企业间的合作，传递绿色发展理念的同时实现经济效益的增加，也是国际间环保合作的重要途径，拥有广阔的前景。

特别是，建立区域性碳排放市场是一种有效的环保合作形式。碳排放交易的概念早在1992年联合国政府间气候变化专门委员会达成《联合国气候变化框架公约》（UNFCCC，以下简称《公约》）时就出现了，随后在1997年12月于日本京都达成了《公约》的第一个附加协议，即《京都议定书》，其中提到以市场机制为基础，来解决二氧化碳等温室气体的排放问题。简单来讲就是将二氧化碳排放权作为一种商品进行交易，以此形成的市场即为碳交易市场。目前在碳排放交易市场方面，欧盟走在世界前列，已经制定了适用于欧盟地区的碳排放交易体系（EU — ETS），并在金融市场发布了相应的期货产品，加速了碳排放交易市场的完善。中国是碳排放量最大的国家，2013年国内首个碳排放交易市场所在深圳启动，随后在北京、天津、上海、广东、湖北、重庆等地先后启动了碳排放交易试点。2017年全国碳排放交易体系正式启动，标志着中国碳排放交易市场进入全新的阶段。不过相比于欧盟地区，国内碳排放交易市场的生意比较冷淡，自愿减排的倡议基于企业社会责任感和个人觉悟，缺乏一定的激励机制。

新兴市场30国碳排放强度普遍较高，排放量巨大，如果能够建立区域间的碳排放交易体系，不仅能够督促各国落实节能减排责任，还能促进相关产业的技术革新。全球碳排放市场是可以相通相连的，挪威就在2008年实现了与欧盟碳排放市场的对接。如果中国与欧盟实现碳排放市场的对接，于中国而言有两方面的影响：一方面能够使中国学习到欧盟碳排放市场的运行经验，提高国内节能减排效率，另一方面巨大的碳交易市场可能催生一个庞大产业，解决很大一批人的就业问题。相比较中国、欧盟碳排放交易市场的对接，新兴市场 30 国间的区域性碳排放市场建立更具现实可行性，因为新兴市场 30 国的发展阶段和产业结构更加相近，碳排放的目标更容易达成一致。由此，中国可以已经建立的全国性的碳排放交易市场为基础，倡议各国协商建立更大的碳排放交易市场，实现国家的节能减排目标，促进生态环保工作落实，共建美丽家园！

附录 5-1　新兴市场 30 国环境指数测算得分及排序（2013—2017 年）

国家	2017年		2016年		2015年		2014年		2013年		五年平均	
	得分	排序	得分	排序	得分	排序	得分	排序	得分	排序	得分	排序
巴基斯坦	99.50	1	99.54	1	99.41	1	99.12	1	99.09	1	99.33	1
菲律宾	99.29	2	99.28	2	99.06	2	98.63	2	98.92	3	99.04	2
危地马拉	98.94	3	98.95	3	98.92	3	98.56	3	99.07	2	98.89	3
摩洛哥	98.59	4	98.40	5	98.31	6	98.45	4	98.36	4	98.42	4
印度	98.44	5	98.54	4	98.54	4	98.22	6	98.06	6	98.36	5
多米尼加	98.00	7	98.12	7	98.42	5	98.30	5	98.26	5	98.22	6
越南	98.13	6	98.21	6	97.99	7	97.16	9	97.08	8	97.71	7
印度尼西亚	97.92	8	98.06	8	97.84	8	97.36	7	96.89	11	97.62	8
哥伦比亚	97.67	9	97.97	9	97.73	9	96.90	11	96.53	13	97.36	9
罗马尼亚	97.45	11	97.51	12	97.42	11	97.25	8	97.09	7	97.34	10
突尼斯	97.66	10	97.69	11	97.50	10	96.84	12	96.56	12	97.25	11

（续表）

国家	2017年		2016年		2015年		2014年		2013年		五年平均	
	得分	排序	得分	排序	得分	排序	得分	排序	得分	排序	得分	排序
巴西	97.28	12	97.45	13	97.40	12	97.07	10	97.01	9	97.24	12
土耳其	96.85	14	96.87	15	96.86	14	96.83	13	96.97	10	96.88	13
埃及	96.96	13	97.73	10	97.38	13	95.88	16	95.24	19	96.64	14
秘鲁	95.94	19	96.46	17	96.71	16	96.42	14	96.17	14	96.34	15
泰国	96.30	17	96.33	19	96.18	19	95.91	15	96.12	15	96.17	16
阿根廷	96.29	18	96.35	18	96.29	18	95.72	17	95.84	17	96.10	17
墨西哥	96.40	16	96.60	16	96.51	17	95.69	18	95.25	18	96.09	18
加纳	95.77	20	96.23	20	95.98	20	95.41	19	95.91	16	95.86	19
厄瓜多尔	96.51	15	97.09	14	96.71	15	94.47	20	94.06	20	95.77	20
波兰	94.24	21	94.28	22	94.28	21	94.25	21	93.86	21	94.18	21
中国	94.04	22	94.12	23	94.09	23	93.73	22	93.50	22	93.90	22
乌兹别克斯坦	92.93	24	94.89	21	94.25	22	92.55	23	90.42	26	93.01	23
智利	93.03	23	93.42	24	92.79	24	91.96	24	91.76	23	92.59	24
南非	91.69	26	91.72	26	91.90	25	91.48	25	91.31	24	91.62	25
马来西亚	91.98	25	92.24	25	91.70	26	91.06	26	91.08	25	91.61	26
俄罗斯	87.57	28	88.18	28	87.69	28	86.71	27	86.05	27	87.24	27
伊朗	87.97	27	89.40	27	88.52	27	84.84	28	84.89	28	87.12	28
哈萨克斯坦	83.76	29	85.02	29	85.53	29	83.02	29	81.66	29	83.80	29
沙特阿拉伯	77.22	30	78.46	30	77.07	30	71.42	30	71.14	30	75.06	30

第六章

新兴市场 30 国的社会发展

任德孝

当今世界，人类社会发展的局势复杂而多变。2019 年联合国人类发展报告指出，各个国家和地区人民之间的联系比以往更加紧密，全球社会发展的问题也前所未有地密切相关[①]，这些问题跨越国界、社会、经济和环境范畴，已经持续很长时间，并在未来也将反复出现。新兴市场 30 国是驱动全球发展的重要引擎，其总人口占全球近 2/3、国土面积占全球近 1/2、经济总量占 1/3，在全球和各自区域的经济社会发展中扮演着重要的角色，未来也将发挥更重要的作用。因此，对新兴市场 30 国公民的健康、教育、就业以及贫困等方面进行分析，展现各个国家在社会发展方面的长期趋势，不仅可以极大地增强新兴市场 30 国的相互理解，更是开展相互合作的前提。

① 参见 Human Development Indices and Indicators–2018 Statistical Update.

一、新兴市场30国的社会发展总体情况

（一）社会发展总体情况

新兴市场 30 国以亚非拉国家为主，社会发展总体水平虽然不及发达国家，且 30 国之间的发展水平也存在一定的差异，但整体上在近些年仍然取得了较快的发展。北京师范大学新兴市场研究院课题组以出生婴儿预期寿命（Life expectancy at birth）、平均受教育年限（Mean years of schooling）、失业率（Unemployment）以及女性劳动力占比（Ratio of female to male labor force participation rate）四项指标对新兴市场 30 国 2013—2017 年的社会发展水平进行了测算和排序（结果如附录 6–1 所示），展示了各国的发展态势。

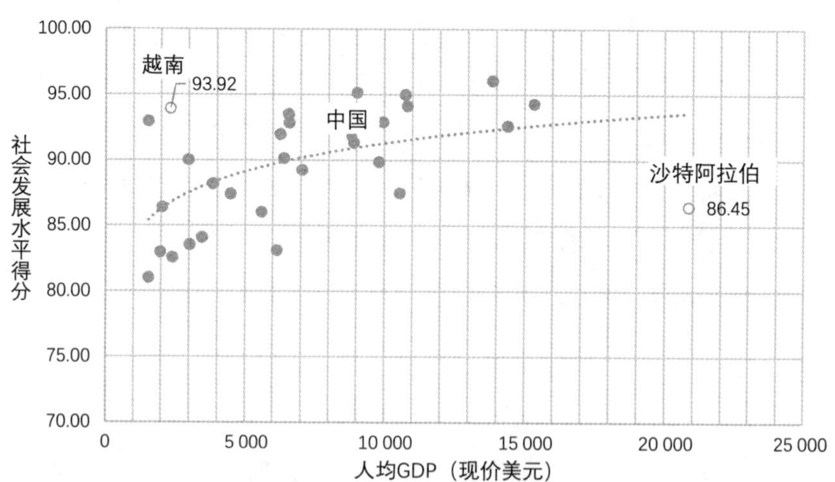

图 6–1　2017 年新兴市场 30 国人均 GDP 与社会发展水平得分情况

数据来源：世界银行 WDI 数据库

由图 6–1 可见，新兴市场 30 国的社会发展情况与经济发展水平存在一定的正相关关系，但这种相关关系也并不绝对。比如高收入国家[①]沙特阿拉伯，其社会发展水平得分相对较低，仅排名第22位，四项指标中，女性劳动力占比位居新兴市场 30 国最后一名；再如中低收入国家越南，其社会发展水平得分位居第 6 位，在预期寿命、女性劳动力占比以及失业率方面表现均比较突出。中国在社会发展方面的得分位居第 13 位，主要是由于平均受教育年限指标中国得分仅排名并列第 21 位，同时，失业率和女性劳动力占比也仅排名第 12 位和第 9 位。

（二）社会发展存在较大的地域差异

2017 年，新兴市场 30 国社会发展情况在区域上仍呈现一定的差异：欧洲 3 国社会发展得分整体最高，拉丁美洲 9 国、亚洲 13 国较为接近，非洲 5 国整体得分相对较低。分区域具体来看，欧洲 3 国整体社会发展水平较高，其中波兰社会发展得分更位居 30 国第一名；四项指标中均高于 30 国平均水平，11.77 年的平均受教育年限领先其他国家尤为明显。非洲 5 国的社会发展水平则整体较低，社会发展排名均在 23 名以后，同时非洲 5 国在四项指标上的表现显示出较大差异，比如摩洛哥的预期寿命达到 76.06 岁，但平均受教育年限只有 5.5 年；加纳的预期寿命仅有 63.03 岁，但女性劳动力占比

① 此处借鉴世界银行对世界各国经济状况进行基本分类的标准。具体来说，2018 年人均国民生产总值为 1 025 美元及以下的为低收入国家，1 026—3 995 美元之间的为中低收入国家，3 996—12 375 美元之间的为中高收入国家，超过 12 376 美元的为高收入国家。

达到 48.09%；南非的平均受教育年限达到 10.10 年，但失业率达到了 27.33%，预期寿命也仅有 63.04 岁。亚洲 13 国涵盖了高收入、中高收入和中低收入三个档次，在预期寿命、平均受教育年限、市盈率和女性劳动力占比指标上整体高于非洲，其中哈萨克斯坦平均受教育年限达到 11.8 年，女性劳动力占比也排名新兴市场 30 国首位，社会发展指数较高；巴基斯坦社会发展指数在新兴市场 30 国之中排名末尾，除失业率指标，巴基斯坦在其他三项指标方面得分均较低，平均受教育年限更是仅有 5.2 年，同样是新兴市场 30 国最低；泰国则拥有最低的失业率 0.63%。拉丁美洲 9 国均为中高收入及以上国家，整体上在预期寿命和女性劳动力占比指标上高于亚洲，在其他两项指标上则不及亚洲，其中智利预期寿命 79.73 岁，排名新兴市场 30 国首位，10.3 年的平均受教育年限也提升了社会发展指数排名；危地马拉失业率 2.68%，但在其他三项指标上表现均不及其他拉美国家。

表 6–1　2017 年新兴市场 30 国区域分布和社会发展得分情况

地区	新兴市场国家数量	收入情况			社会发展平均得分
		高收入	中高收入	中低收入	
亚洲	13	1	6	6	89.37
拉丁美洲	9	2	7	0	91.15
非洲	5	0	1	4	83.94
欧洲	3	1	2	0	95.06

数据来源：世界银行 WDI 数据库

（三）社会发展趋势

纵向来看，2013—2017 年间新兴市场 30 国的社会发展多数都取得了一定的成果，因而整体排名变动不大。2013 年，新兴市场 30 国社会发展排名前五位的国家依次为：波兰、俄罗斯、哈萨克斯坦、罗马尼亚、智利。2017 年虽然仍是这五个国家位居前五，但俄罗斯和哈萨克斯坦的排名交换。2013 年排名后五位的国家分别是：巴基斯坦、埃及、印度、南非、摩洛哥。2017 年印度有所提升，排名摩洛哥之后。

排名变化显示各国社会发展指标的相对稳定，但少数国家的指数得分仍然显示出一定的分化。在社会发展提升方面，波兰、危地马拉等国家有一定的进步，危地马拉的提升得益于平均受教育年限的提升和失业率的降低，前者由 4.7 年提高到 6.5 年，后者则由 3.02% 小幅降低至 2.68%；波兰长期维持在较高水平，得益于失业率在这一时期内的大幅降低，由 10.33% 变为 4.89%。巴西得分则有一定的下滑，主要是其失业率显著上升，由 6.99% 上升至 12.83%。具体可见附录 6–1。

二、人口和健康情况

19 世纪法国哲学家、社会学之父孔德说过，人口就是一个国家的命运。在不同时期，人口问题则有不同的呈现。自第二次世界大战以后，世界主要国家普遍出现“婴儿潮”，新生人口增加在初期给生产和消费均带来极大的压力，而后随着“婴儿潮”一代逐渐进入劳动力市场，又为经济增长提供了充足的劳动力，但当这些人口逐渐退休，则又增加了社会抚养的压力，产生了新的社会问题。

人口的结构、素质、数量和健康状况是社会发展的基础，同时也受到多种经济、社会因素的影响。本节将结合人口增长率、人口结构占比、老年抚养比、预期寿命等指标，对新兴市场 30 国的人口和健康情况进行分析。

（一）人口发展情况

1. 人口出生率和增长率双双放缓，个别国家人口陷入负增长

当前，世界人口出生率持续下滑，这种趋势甚至还有加速的趋势，世界人口出生率自 2004 年的 20.7‰ 下滑至 19.7‰ 的过程持续了 7 年，而从 19.7‰ 下滑至 18.7‰ 的过程则缩短为 6 年。

2004—2017 年间，高收入国家出生率在波动中下滑至 10.6‰，中低收入国家出生率也降至略高于 20‰，即便出生率较高的低收入国家下滑趋势也十分明显。在此情况下，新兴市场 30 国难以独善其身，近 15 年间出生率整体保持在略低于世界平均的水平，且自 2009 年就已下滑至 20‰ 以下。其中，欧洲 3 国出生率最低，波兰和罗马尼亚长期在 10.0‰ 左右波动，俄罗斯的出生率在 2006 年后有所回升，但最近几年也仅仅维持在 13.0‰ 左右。拉丁美洲 9 国与亚洲 13 国的出生率整体上比较接近，但也仅有巴基斯坦、危地马拉、菲律宾等 7 个国家超过 20.0‰，哈萨克斯坦和乌兹别克斯坦在此期间出生率不降反升，出生率最高均超过 23.0‰，其他国家则以下滑为主，泰国更是持续下滑至 10.1‰。非洲 5 国出生率相对较高，仅突尼斯在

18.0‰ 左右波动，其他几国均超过 20.0‰，加纳则仍维持在 30.0‰ 以上。

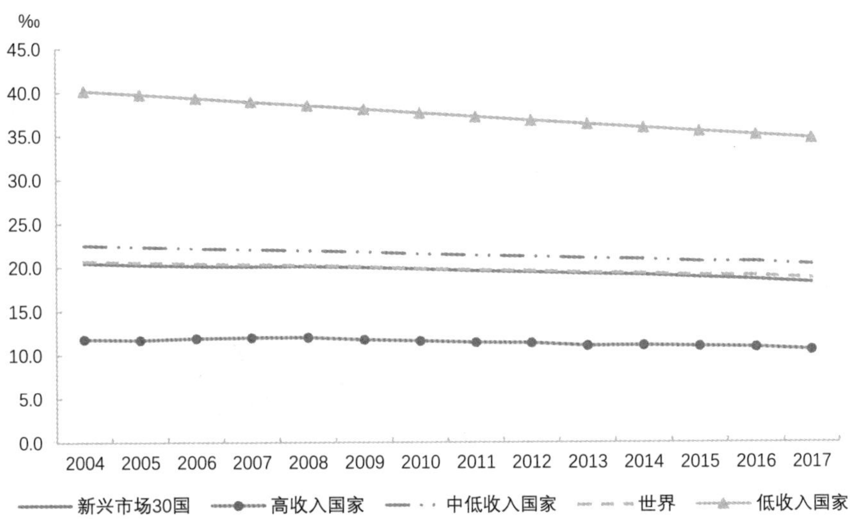

图 6-2　2004—2017 年新兴市场 30 国与其他区域出生率

数据来源：世界银行 WDI 数据库

在不考虑移民的情况下，人口自然增长率取决于出生率或与死亡率之差。出生率的下降，直接影响了各国人口增长。近几十年间，高收入国家人口陷入低增长，长期不足 1%，中低收入国家增长率也逐步下滑，即使阿拉伯联盟诸国人口增长也在近年滑落至 2% 以下。新兴市场 30 国人口增长介于中低收入国家和世界水平之间，非洲和大部分亚洲、拉丁美洲新兴市场国家仍保持了高于世界平均水平的人口增长，部分国家人口增长在近年甚至有所回升。但俄罗斯、波兰则在微弱增长和负增长之间徘徊，罗马尼亚则长期处于负增长状态。

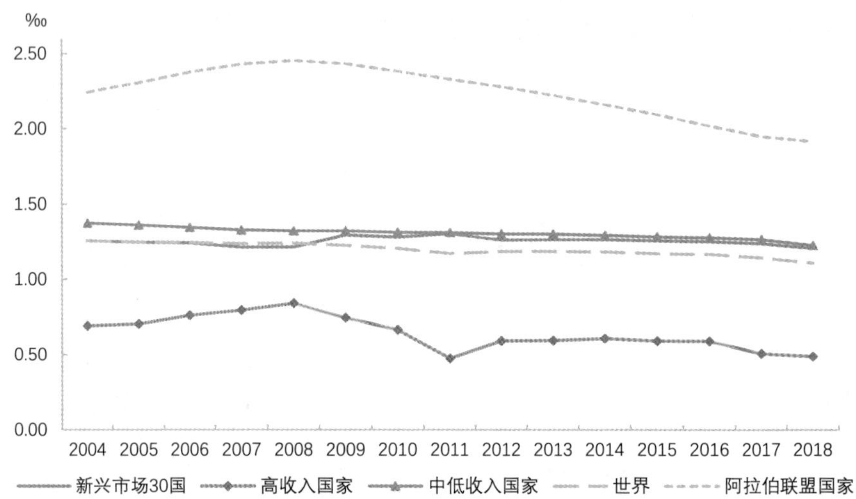

图 6-3　2004—2018 年新兴市场 30 国与其他区域人口增长情况

数据来源：世界银行 WDI 数据库

具体来看，人口形势最为严峻的是欧洲 3 国：波兰人口长期在微弱增长和负增长之间徘徊，2018 年仅有微弱增长；俄罗斯情况与波兰接近；罗马尼亚人口在近年陷入持续的负增长。亚洲 13 国人口增长同样放缓。中、泰两国人口增长率长期在 1% 以下，泰国人口增长率长期缓慢下滑，在 2011 年后甚至低于中国。越南则在 1% 左右浮动，印度和印尼也下滑至略高于 1%。巴基斯坦和沙特阿拉伯等伊斯兰国家人口增长率相对较高。拉丁美洲 9 国的人口增长率整体略高于亚洲 13 国，除巴西人口增长率不足 1% 外，其他几个国家均在 1% 以上，智利、秘鲁、哥伦比亚人口增长率甚至在近几年出现回升，危地马拉人口增长率虽然在下滑，但仍接近 2%。非洲 5 国的人口增长率在新兴市场 30 国中相对较高，加纳、埃及均高于 2%，突尼斯人口增长率在近年也回升至 1% 以上。

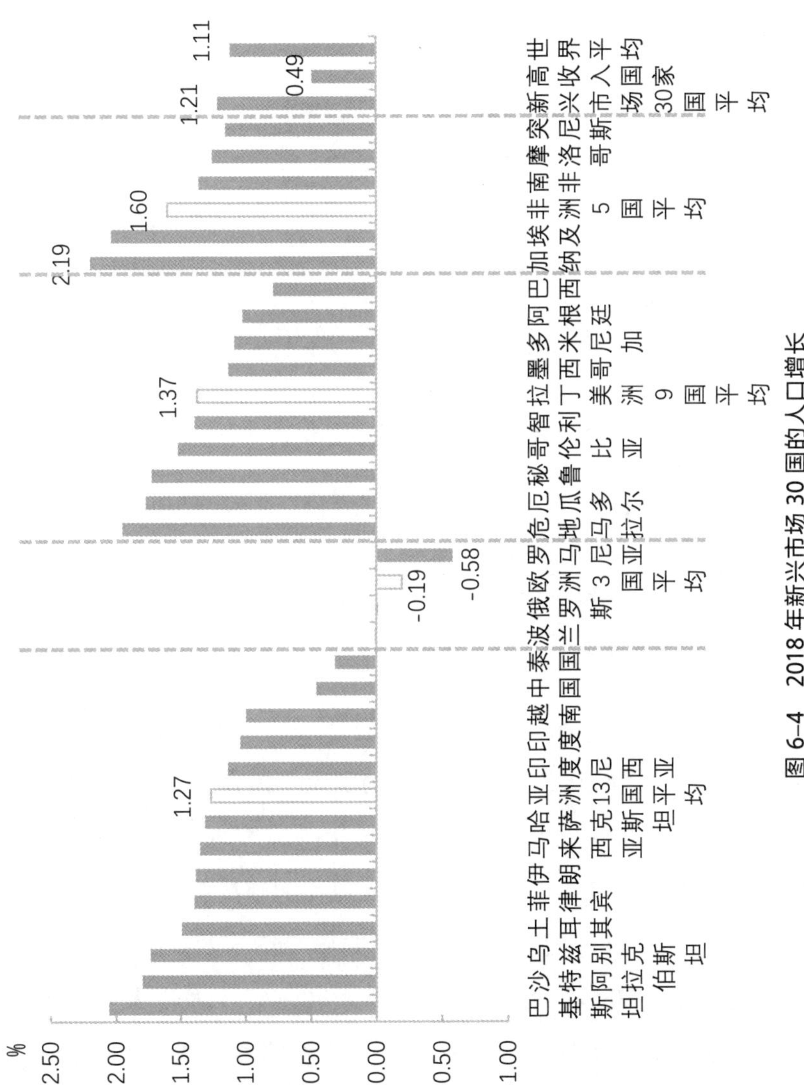

图 6-4　2018 年新兴市场 30 国的人口增长

数据来源：世界银行 WDI 数据库

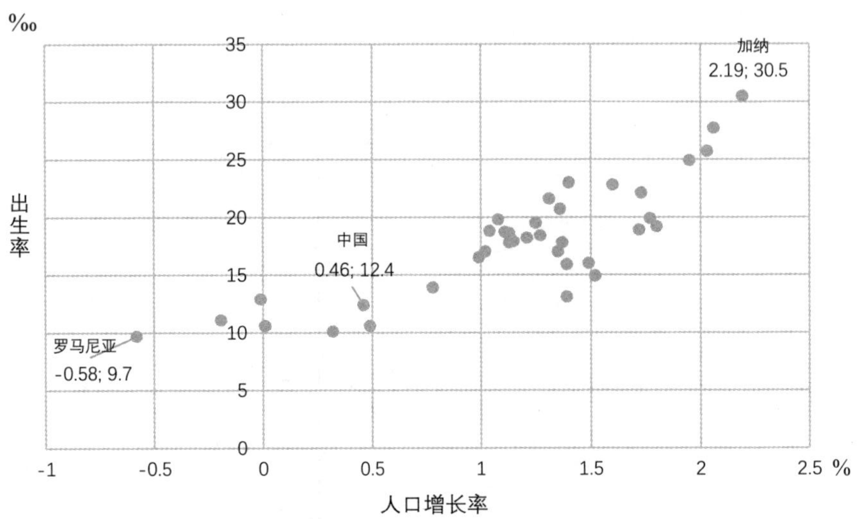

图 6–5　2018 年新兴市场 30 国人口增长率与出生率

数据来源：世界银行 WDI 数据库

2. 人口年龄结构整体优于世界平均水平，但过半数国家已进入老龄化，老年抚养比上升

过去几十年中，全球人口增长放缓，人口结构则经历了前所未有的转型，人口老龄化成为发达国家和发展中国家共同面对的挑战。理论研究中，判断一个国家或地区老龄化的标准通常为“一个国家或地区 65 岁及以上老年人口数量占总人口比例超过 7%”① 或“60 岁及以上人口占总人口比例超过 10%”。如从“65 岁及以上人口占比”来看，新兴市场 30 国已有 17 国进入老龄化，65 岁及以上人口占比虽然仍低于 8.9% 的世界平均水平，以及高收入国家 18.0% 的平均值，

① 法国学者 B. Pichat 在 1957 年为联合国经济及社会理事会撰写的《人口老龄化及其社会经济后果》一文最早提出了老龄化的概念，并提出判断标准。

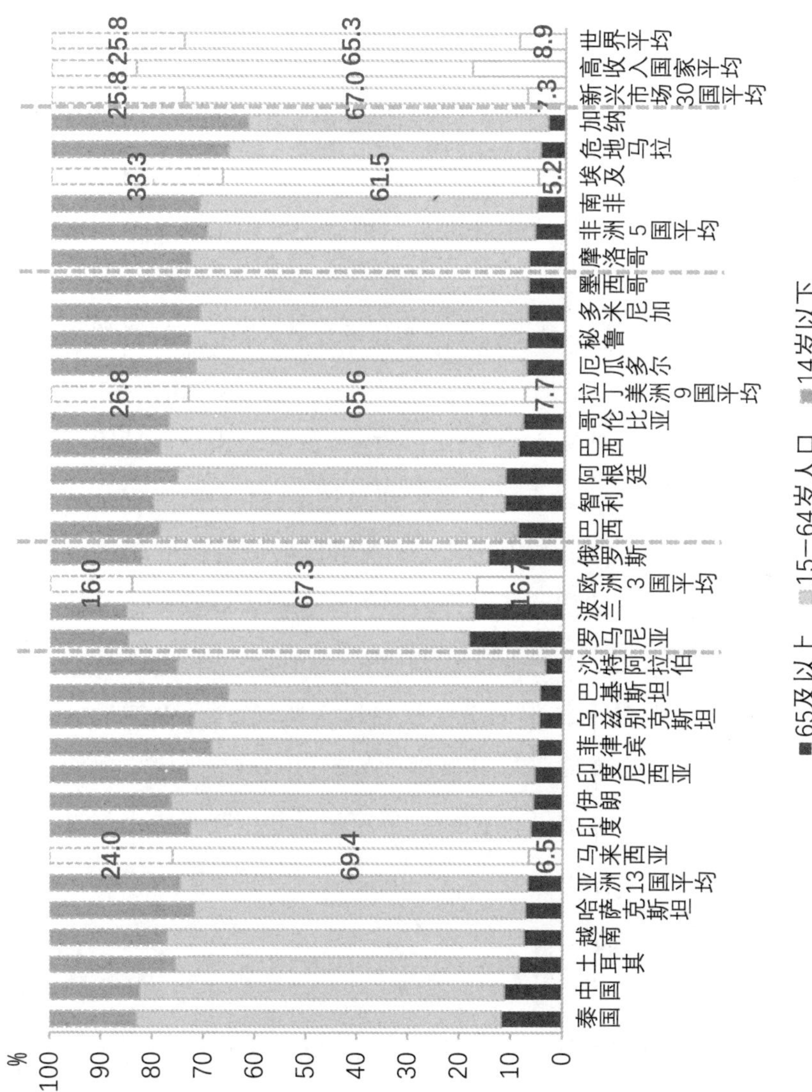

图 6-6 2017 年新兴市场 30 国年龄结构对比

数据来源：世界银行 WDI 数据库

但 30 国平均已达到 7.3%。

具体来看，欧洲 3 国 65 岁及以上人口占比最高，平均达到 16.7%，罗马尼亚更是高达 18.3%，俄罗斯也已经达到 14.3%。拉丁美洲 9 国的老龄化程度也较高，除危地马拉 65 岁及以上人口占比仅 4.8% 外，其他几国均超过 7%，智利和阿根廷更是超过 11.0%。亚洲 13 国有 5 个国家超过 7%，泰国和中国同样超过 11.0%，沙特阿拉伯较低，仅有 3.4%。非洲 5 国老龄化较低，但突尼斯和摩洛哥也已达到或超过 7.0%。

人口老龄化的直接结果是提升了老年抚养比[①]，加重了社会整体的抚养压力。相对于世界平均 13.7% 的老年抚养比，新兴市场 30 国老年抚养比较低，更远低于高收入国家 27.5% 的平均水平。具体来看，欧洲 3 国老年抚养比最高，罗马尼亚高达 27.5%，每 4 位劳动年龄人口需要抚养 1 位 64 岁以上老人，抚养比较低的俄罗斯也超过 20%。拉丁美洲 9 国的抚养比同样较高，除老龄人口较少的危地马拉外，其余各国的老年抚养比均超过 10%。亚洲 13 国的老年抚养比整体不到 10%，沙特阿拉伯的老年抚养比为新兴市场 30 国最低的 4.8%，但泰国、中国等 5 国老年抚养比均超过 10%。非洲 5 国的老年抚养比相对较低，加纳仅有 5.8%，但突尼斯和摩洛哥也已超过 10%。

① 世界银行老年抚养比的定义为：64 岁以上的受抚养人与 15—64 岁的劳动年龄人口之比，数据显示为每 100 个工作年龄人口需要供养的受抚养人比例。抚养比只是显示了人口的年龄构成，许多 64 岁以上的老人可能仍然工作，许多处于工作年龄的人也可能并不是劳动力的一部分，但通常而言，此比值越高，社会的养老压力越大。

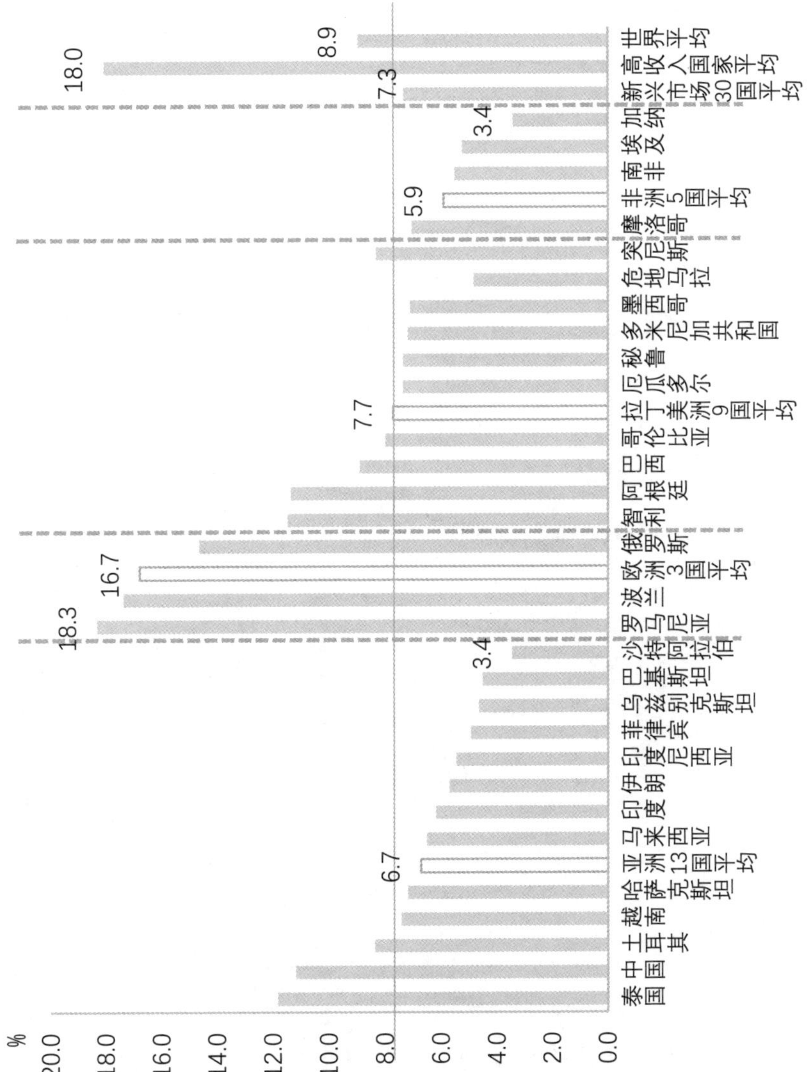

图 6-7　2017 年新兴市场 30 国 65 岁及以上人口占比情况

数据来源：世界银行 WDI 数据库

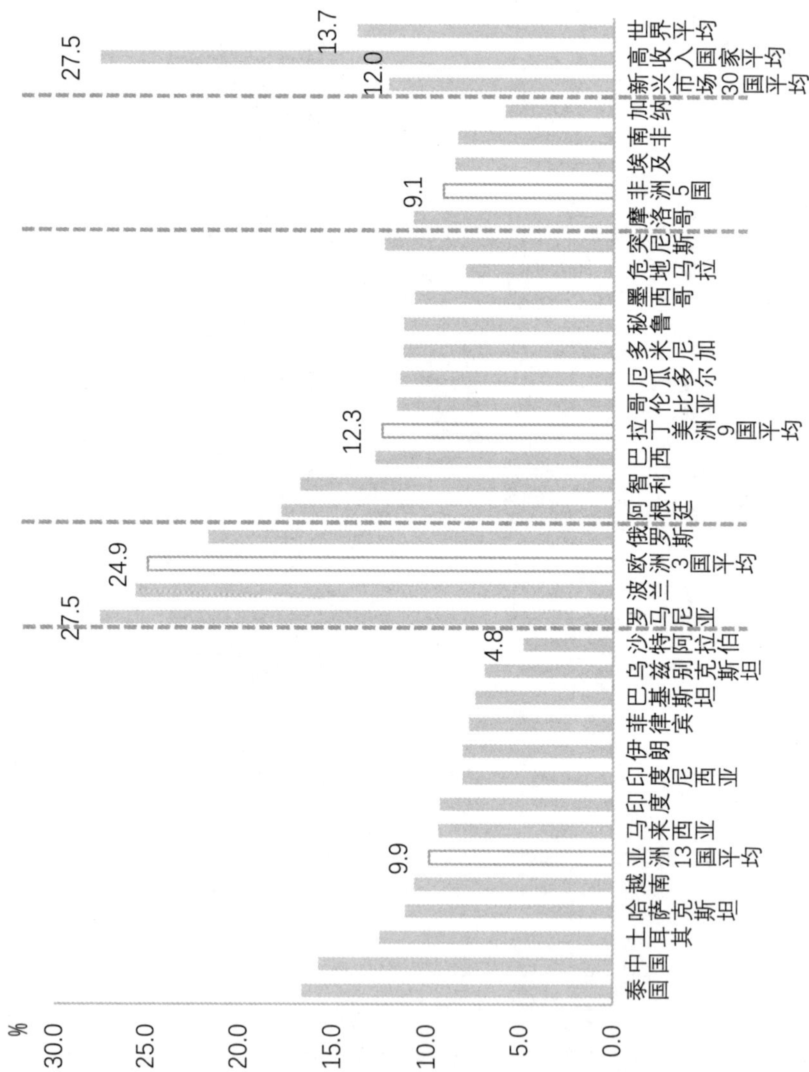

图 6-8　2017 年新兴市场 30 国老年抚养比情况

数据来源：世界银行 WDI 数据库

（二）医疗健康发展

1. 预期寿命领先发展中国家整体水平且稳步增长，男女预期寿命差距较大并将持续存在

（1）预期寿命领先发展中国家整体水平

预期寿命是当前分析国家或地区居民健康水平最为常用的指标，这一指标通常受到社会稳定、社会发展水平、收入水平以及医疗卫生服务水平等因素的影响。较高的预期寿命则通常意味着这几个方面水平更高。

总体而言，新兴市场30国的预期寿命高于世界平均水平，但国家之间的差异仍然较大。2017年新兴市场30国的平均预期寿命达到73.6岁，高于世界平均的72.7岁，同时也高于发展中国家的平均值70.7岁[①]。分地区来看，拉丁美洲9国的平均预期寿命最长，达到75.9岁，其中智利的预期寿命达到79.7岁，也是新兴市场30国中最长的；欧洲3国的平均预期寿命也超过了75岁；亚洲13国的平均预期寿命虽然也达到73岁，但是预期寿命76.5岁的越南和预期寿命66.6岁的巴基斯坦之间的差距接近10岁，差异较为明显；非洲5国平均预期寿命不仅低于发展中国家平均水平，同时也低于世界平均水平，并且各国差异则更为明显，加纳的预期寿命仅有63岁，不仅与智利相差16.7岁，与同为非洲国家的摩洛哥也相差13.1岁。

（2）预期寿命稳步增长，领先中低收入国家十年左右

预期寿命反映了当地健康知识、医疗技术的现状，预期寿命的提高则反映了当地改善医疗条件、普及健康知识的努力。2004—2017年

① 联合国开发计划署（UNDP）. 人类发展报告，2018.

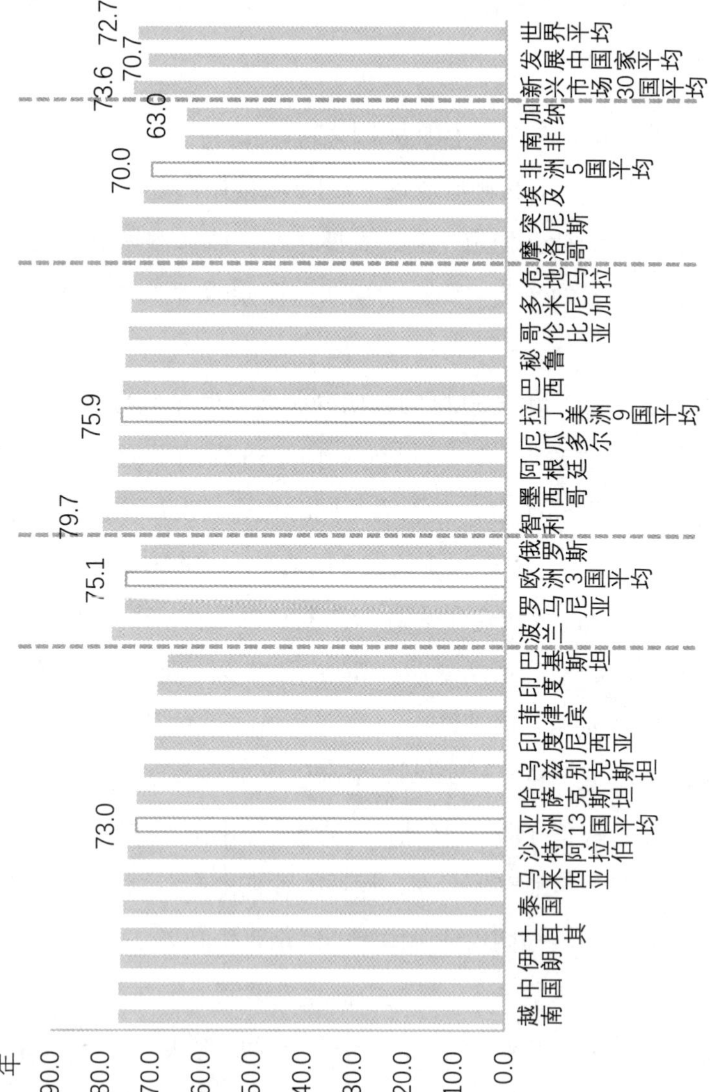

图 6-9　2017 年新兴市场 30 国预期寿命对比

数据来源：世界银行 WDI 数据库

间，高收入国家在较高预期寿命的基础上小幅增长，低收入发展中国家则迅速提升，世界人口预期寿命自 68.9 岁提升至 72.2 岁。与此同时，新兴市场 30 国整体上基本保持了同步的提升，虽然与高收入国家有较大的差距，但在 2004 年整体迈入 70 岁，比中低收入国家早了近十年。具体来看，南非预期寿命由 52.9 岁提高到 63.4 岁，增长的绝对值和比例均最高；哈萨克斯坦、俄罗斯则由 65 岁左右提高到 72—73 岁，增长也较为明显；智利、墨西哥、马来西亚由于原本预期寿命较长，提升较少；菲律宾预期寿命由 67.7 岁仅提升至 69.2 岁，增长较慢。

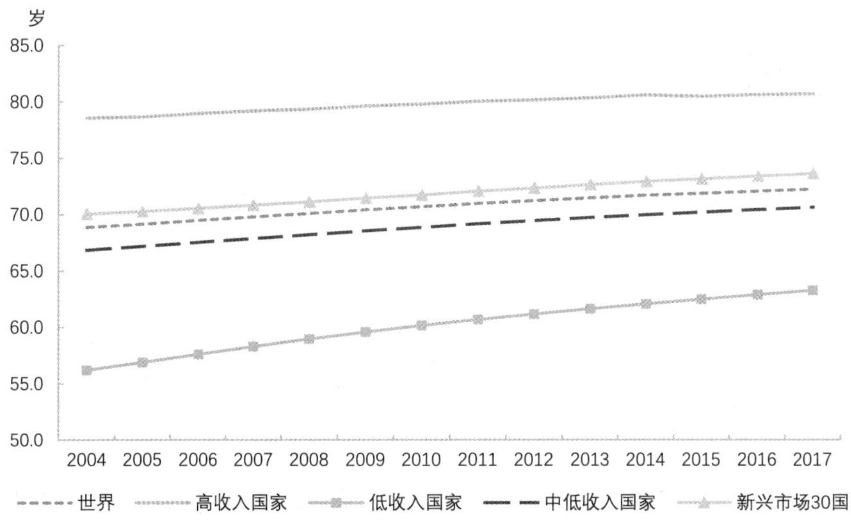

图 6–10　2004—2017 年新兴市场 30 国预期寿命变动

数据来源：世界银行 WDI 数据库

（3）男女预期寿命保持较大差距，并且差距可能将持续存在

从男女预期寿命的差距来看，新兴市场 30 国的男女预期寿命差距要远高于世界平均水平，甚至高于高收入国家。2004—2017 年间，

虽然人类预期寿命均在增长，但世界平均男女预期寿命差距在 4.2—4.3 岁之间，基本保持稳定。并且，高收入国家的男女预期寿命差距在缩小，低收入国家和中低收入国家的预期寿命差距则在增加。造成这种现象的原因或许与医疗水平发展的阶段不同有关：当收入整体处于较低阶段，随着收入提升，医疗水平在提升，女性在这个过程中受益更加明显，表现为男女预期寿命差距增加；而当收入提升到较高的程度，医疗水平也达到相对较高的水平，由于女性预期寿命整体已经较长，难以进一步提升，男性则可以进一步受益，预期寿命的差距得以缩小。基于以上推测，新兴市场 30 国的男女预期寿命或许将持续存在，即使收入及医疗技术在未来达到较高的水平，或许也难以完全消除。

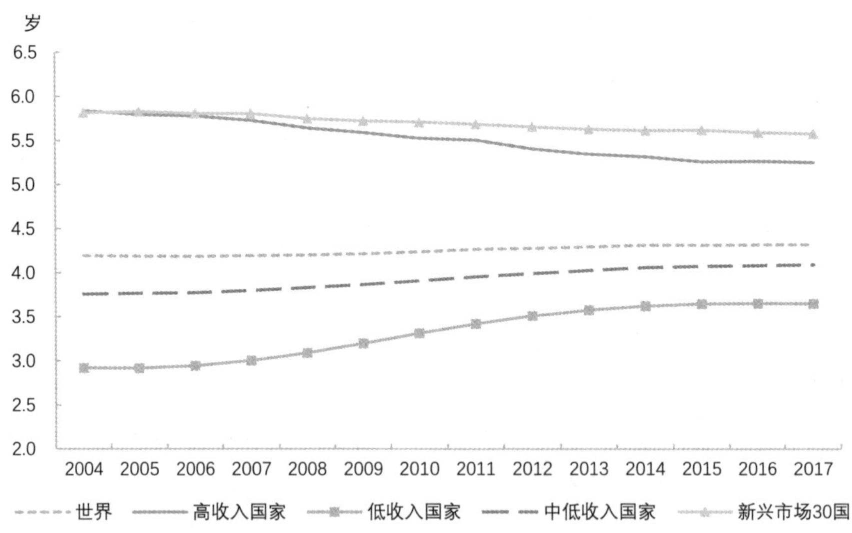

图 6-11　2004—2017 年男女预期寿命差距

数据来源：世界银行 WDI 数据库

2. 5 岁以下儿童死亡率[①]明显下降，但仍是高收入国家的近 4 倍

5 岁以下儿童死亡率（Under 5 mortality rate, U5MR）反映了儿童（有时也包括社会其他弱势群体）所处的社会、经济和环境状况，医疗保健水平是影响 5 岁以下儿童死亡率的关键因素之一。2004—2018 年间，世界各国 5 岁以下儿童死亡率均普遍下降，世界平均由 65.9‰ 下降至 38.6‰。新兴市场 30 国则由 34.7‰ 降低至 19.1‰，约为世界平均的一半左右，远低于中低收入和低收入国家，但与高收入国家和中高收入国家相比，仍然偏高。以 2018 年水平 19.1‰ 计，中高收入国家在 2010 年便已降至 18.7‰，领先新兴市场 30 国 9 年；高收入国家同期仅为 5.0‰，仅为新兴市场 30 国的 1/4。

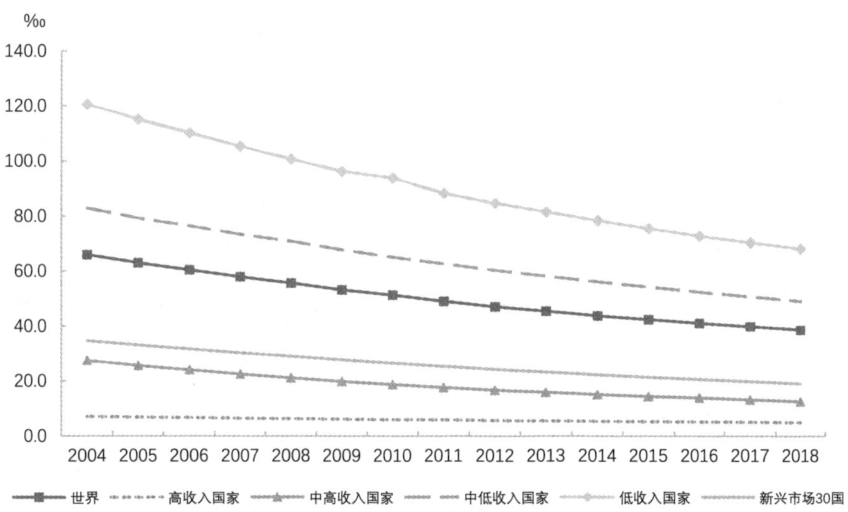

图 6-12　2004—2018 年世界各地区 5 岁以下儿童死亡率

数据来源：世界银行 WDI 数据库

① 5 岁以下儿童死亡率定义为：每千例活产儿，在 5 岁以前死亡的概率。

分地区来看，表现最好的仍然是欧洲 3 国，5 岁以下儿童死亡率平均仅为 6.3‰，略高于高收入国家，但仅为中高收入国家的一半，其中波兰仅为 4.4‰，更是低于高收入国家平均水平；从趋势上看，欧洲 3 国虽然基数较低，但 2004—2018 年间降幅却并不小，降幅均达到 40% 以上，罗马尼亚下降了 12.0‰，降幅达到 62.2%。拉丁美洲 9 国均低于世界平均水平，但危地马拉和多米尼加分别达到 26.2‰ 和 28.8‰，明显高于其他各国，智利 7.2‰ 明显优于其他各国；从趋势上看，除智利和多米尼加外，2004—2018 年间其他各国降幅大多在 40% 以上，秘鲁更是降低一半左右。亚洲 13 国仍然差异巨大，2018 年巴基斯坦 5 岁儿童死亡率 69.3‰ 高于低收入国家平均水平，印度 36.6‰ 仅略低于世界平均水平，菲律宾、印尼、乌兹别克斯坦和越南 4 国也高于新兴市场 30 国 19.1‰ 的平均水平，沙特阿拉伯、马来西亚等 5 国则低于 10.0‰；从趋势上看，各国均有下降，但幅度差异较大，2004—2018 年间，哈萨克斯坦由 33.5‰ 降至 9.9‰，降幅七成，同期马来西亚则仅由 8.3‰ 降至 7.8‰，其他国家降幅多数在 40%—60% 之间。非洲 5 国 5 岁以下儿童死亡率整体仍接近 28.5‰，仅突尼斯 17.0‰ 略低于新兴市场 30 国的平均值，加纳则达到 47.9‰，在新兴市场 30 国中仅低于巴基斯坦，略低于中低收入国家平均水平。

2004—2018 年间，中国的 5 岁以下儿童死亡率已由 26.3‰ 降至 8.6‰，在新兴市场 30 国中，降幅仅次于哈萨克斯坦，从绝对值上则在 30 国中排名第 7 位。虽然与高收入国家有一定的差距，但也超过了中高收入国家的平均水平。随着中国社会的发展，在医疗卫生方面的持续投入，与高收入国家的差距仍将继续缩小。

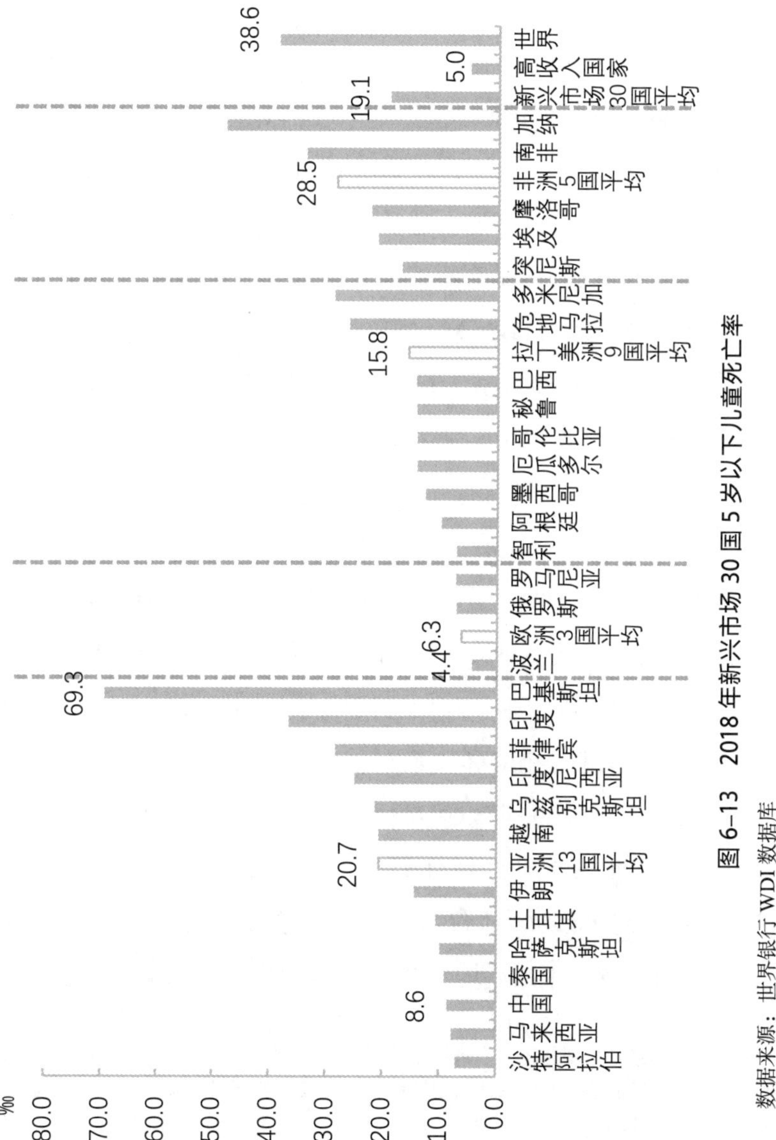

图 6-13 2018 年新兴市场 30 国 5 岁以下儿童死亡率

数据来源：世界银行 WDI 数据库

3. 营养不良发生率[①]低于世界平均水平，且持续下降，但仍接近 7.0%

据联合国儿童基金会报告[②]，5 岁以下死亡儿童中有 1/3 是由于营养不良（Undernourishment）造成的，并且儿童在 5 岁前因缺乏良好营养而造成的伤害在很大程度上是无法挽回的。对成年人而言，饮食不当、疾病等因素也可能会造成营养不良，生活品质降低，严重时会危及生命健康。整体上看，营养不良发生率与粮食安全、收入水平和社会发展水平密切相关。

就营养不良发生率而言，世界上多数国家都有不同程度的降低，2004—2016 年间，世界平均营养不良发生率由 14.8% 降低至 10.8%，但低收入国家在 2013 年后有小幅回升，世界营养不良发生率也因此有小幅回升[③]。而新兴市场 30 国则持续低于世界平均水平，同时也远低于中低收入和低收入国家，并在近十几年中逐步降低至 7.0% 以下，2016 年降低到了 6.9%，显示出取得了较快的社会发展。但同时也要看到，高收入国家多年来始终保持在 2.7% 左右，远低于新兴市场 30 国的平均水平。就具体国家来看，欧洲 3 国仍然是表现最好的，营养不良发生率在 2005 年以后都保持在 2.5%，甚至低于高收入国家的平均水平。非洲 5 国 2016 年营养不良发生率平均为 5.2%，相对较低，最高的南非和加纳也仅为 6.1%；从趋势上来看，非洲 5 国营养不良发生率在 2005 年以后均保持在 10% 以内，但除摩洛哥以外，其

① 营养不良发生率指低于最低膳食能量消耗水平的人口占总人口的百分比，营养不良经常发生在经济落后的国家，由于饮食不当、疾病等原因造成的营养不良也常在较为发达的国家出现。

② https://www.unicef.org/chinese/nutrition/index_68726.html

③ 联合国粮农组织 2017 年、2018 年《世界粮食安全和营养状况》都提到，全世界食物不足发生率长达十年的下降已经结束，并可能发生逆转。

余 4 国在 2011 年左右达到一个相对较低值后，先后发生一定幅度的反弹，其中尤以南非的反弹最为明显，2010—2011 年南非营养不良发生率最低降至 4.4%，但在 2012 年后逐步反弹至 2016 年的 6.1%，至少已是 2000 年以来的最高值。拉丁美洲 9 国营养不良发生率平均约为 7.0%，但 9 国差距较大：危地马拉自 2004 年以来持续在 16.0% 左右波动，没有明显改善；多米尼加在 2004 年高达 27.0%，但多年来连续下降，2016 年降至 10.4%；厄瓜多尔、秘鲁由于基数较高，营养不良发生率也取得了明显的下降。亚洲 13 国之间的差距是最大的，土耳其一直保持在 2.5%，哈萨克斯坦也由 2004 年的 6.1% 降低至 2016 年的 2.5%；印度尼西亚、乌兹别克斯坦、印度等多数国家也有较大的下降，但由于基础较差，2016 年仍有巴基斯坦、印度、菲律宾尚未达到世界平均水平，越南也仅仅与世界平均水平持平，巴基斯坦更是仍然达到 20.6%，营养不良的治理形势仍然严峻。

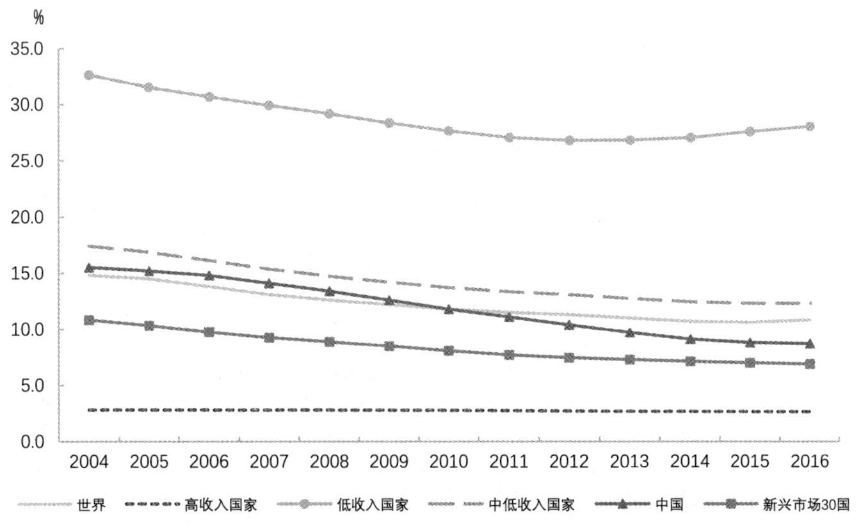

图 6-14　2004—2016 年世界各地区营养不良发生率

数据来源：世界银行 WDI 数据库

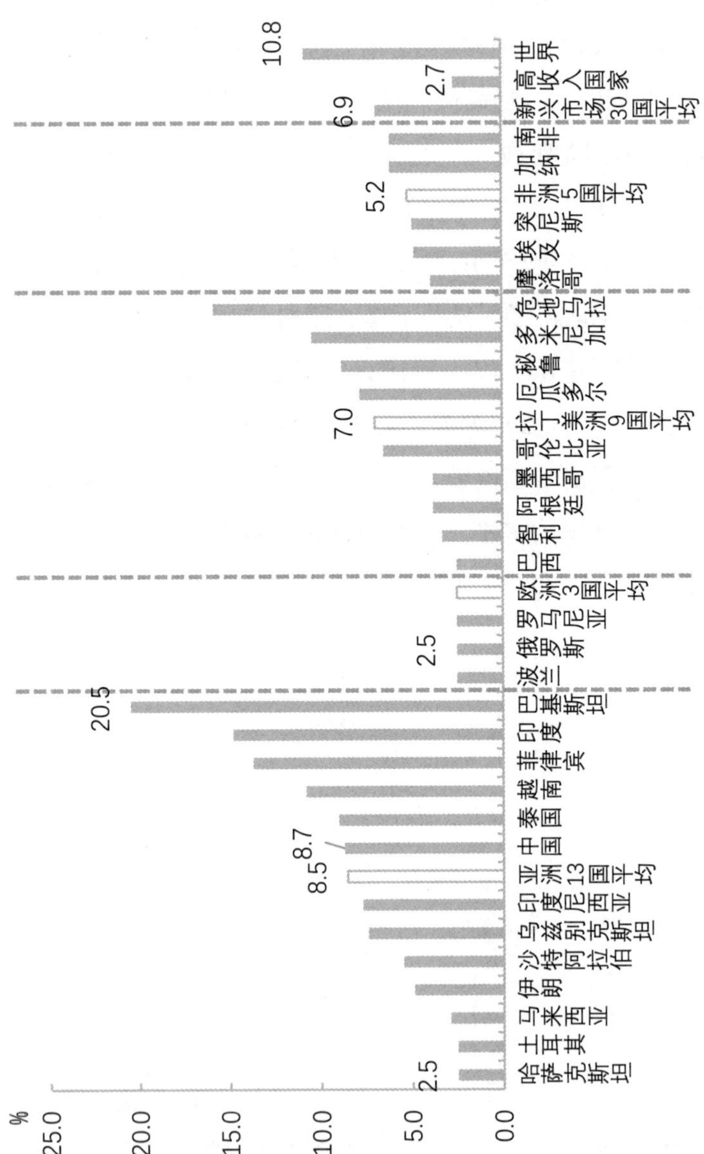

图 6-15　2016 年新兴市场 30 国营养不良发生率

数据来源：世界银行 WDI 数据库

2004年中国营养不良发生率仍然高达15.5%，但随着经济社会的发展，2011年已低于世界平均水平，2016年相应比例已降低至8.7%，但与发达经济体相差仍然很大，乃至在新兴市场30国中也仅排名第22位。

（三）人口和健康方面的挑战及应对

1. 总和生育率整体下滑，部分低总和生育率国家缓慢回升

世界人口总和生育率（Total Fertility Rate, TFR）[①]持续而缓慢下滑是人口增长率降低、部分国家老龄化问题凸显的最直接原因之一。新兴市场30国总和生育率在近年整体呈下滑趋势，但经历极低总和生育率阶段后，部分国家总和生育率在近年开始微弱回升。

2004—2017年间，世界人口总和生育率由2.61持续降低至2.43，新兴市场30国总和生育率同期由2.53降低至2.29，整体略低于世界水平，趋势与世界大体一致。但考察不同收入水平国家时，总和生育率的分化现象则较为明显。低收入国家和中低收入国家整体上持续下滑，分别由5.60和3.28下滑至4.58和2.74，低收入国家总和生育率的下滑更加明显；中高收入国家总和生育率较低，但近年却有微弱回升，2005—2007年间，中高收入国家总和生育率最低降至1.84，但在此后则有缓慢增长，2017年回升至1.88；高收入国家总和出生率整体最低，2004年时仅为1.68，但在2007—2008年间曾一度回升至1.74，但随后又继续下滑，2018年已经跌落至1.63。

① 总和生育率指一个国家或地区的妇女在育龄期间，每个妇女平均的生育子女数。

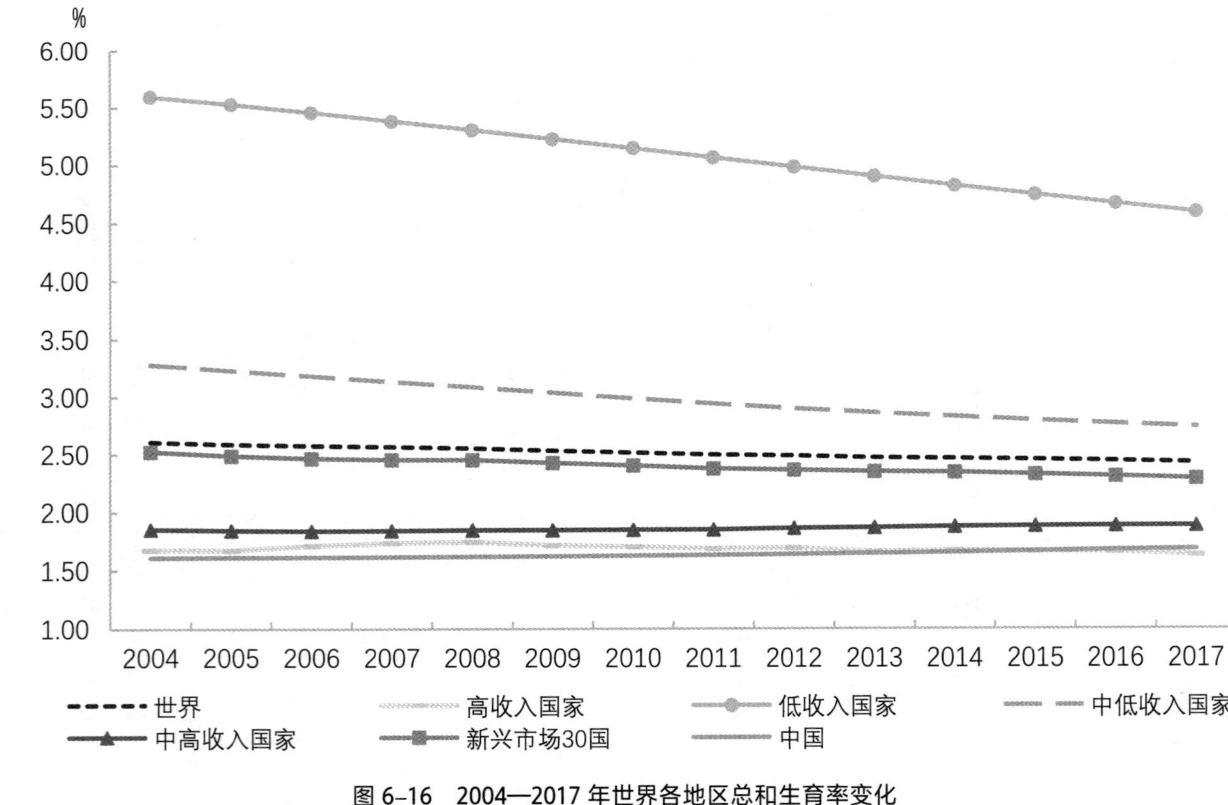

图 6-16　2004—2017 年世界各地区总和生育率变化

数据来源：世界银行 WDI 数据库

新兴市场30国中已有11个国家总和生育率低于2.1，但各国情况差异较大。分地区看，总和生育率最高的是非洲5国，平均水平为2.88，不仅超过世界平均值，也高于中低收入国家。其中加纳达到3.93，属新兴市场30国最高，但突尼斯仅为2.22，是非洲5国中唯一没有达到世界平均水平的国家。从趋势上看，加纳、南非、摩洛哥生育率在下滑，但突尼斯和埃及在2005年以后则有回升的趋势，埃及最低曾跌至3.01，突尼斯最低曾跌至1.99。亚洲13国的总和生育率为2.29，略低于世界平均值，其中巴基斯坦达到3.56，相对较高，泰国（1.53）、中国（1.68）是亚洲国家中总和生育率不足2.0的国家，总和生育率甚至低于中高收入国家平均1.88，与部分高收入国家相仿。从趋势上看，亚洲13国中有8个国家仍处于下滑通道，仅有哈萨克斯坦、越南、中国、伊朗4国生育率在低位回升，其中哈萨克斯坦回升最明显，由2004年2.21已回升至2017年的2.73，乌兹别克斯坦的出生率则一直在2.50左右小范围波动。拉丁美洲9国的总和生育率2.19，同样低于世界平均值，危地马拉2.92相对较高，但墨西哥、巴西、智利则均不足2.0，也低于中高收入国家。从趋势上看，各国比较一致，无论是总和出生率较高的危地马拉还是较低的智利，都在下滑。下滑最快的是危地马拉，自2004年的4.11至2017年的2.92已经下滑三成。欧洲3国总和生育率平均仅为1.60，其中波兰（1.39）更是新兴市场30国中最低。但从趋势上看，欧洲3国在所谓“低总和生育率陷阱”的边缘已经有一定好转：波兰在2003年仅为1.22，随后最高曾回升至1.41；俄罗斯1999年仅为1.16，2017年则回升至1.76。

对中国而言，计划生育政策在特定时期曾发挥了重要作用，但也使得中国的总和生育率在短时间内快速下滑。关于中国总和生育率的数据，世界银行的统计与中国官方的披露并不一致，且有较大的出入。2016 年之前《中国统计年鉴》会披露“育龄妇女分年龄、孩次的生育状况”，根据相关数据可计算 2010—2015 年中国总和生育率分别为：1.18、1.04、1.26、1.24、1.28、1.05。而世界银行的数据显示，中国总和生育率在 1965 曾高达 6.385，改革开放初期的 1986 年也有 2.66，在 1999 年则跌落至有数据以来的最低值 1.595[①]，此后一直不断回升。国内学者一般认为世界银行高估了中国的总和生育率，但即使参照世界银行的数据，2017 年 1.68 的数值也仅略高于 1995 年的 1.66，仍然是较低的总和生育率。中国的生育问题亟需有效的综合应对措施。

自 20 世纪 90 年代诸多欧洲国家生育率相继滑落至 1.3 以下，进入极低生育率时代，亚洲多个国家如日本、韩国也紧随其后，Lutz 和 Shirbekk（ 2005 ）因此在讨论影响生育进度的政策时提出“低生育率陷阱”概念。近年来，诸多生育率较低的国家出现了一定程度的回升，有学者认为生育年龄推迟导致总和生育率这项指标不能真实地反映妇女的生育水平，也有学者认为经济发展程度的提高扭转了生育率下滑的趋势，因而所谓“低生育率陷阱”存在一定的局限性。但不可否认，生育率降低，以致长期在 1.5 或 2.1 等临界值之下，对于维持一个国家或地区的人口规模，补充经济发展所需劳动力是极为不利的，需要各国谨慎对待。

① 2010 年第六次中国人口普查公布妇女的生育率为 1.18，其中城市为 0.88，城镇为 1.15，乡村为 1.44。统计局人口和就业统计司曾做出说明：2010 年人口普查人口漏登率为 0.12%，总体质量较高。但有些指标（如出生人口、死亡人口和按分年龄妇女生育率计算的总和生育率）现场登记难度较大，漏登率要相对高一些（http://www.ceh.com.cn/ceh/jryw/2012/7/10/121921.shtml）。但漏登率显然也无法解释与世界银行数据之间的差异。

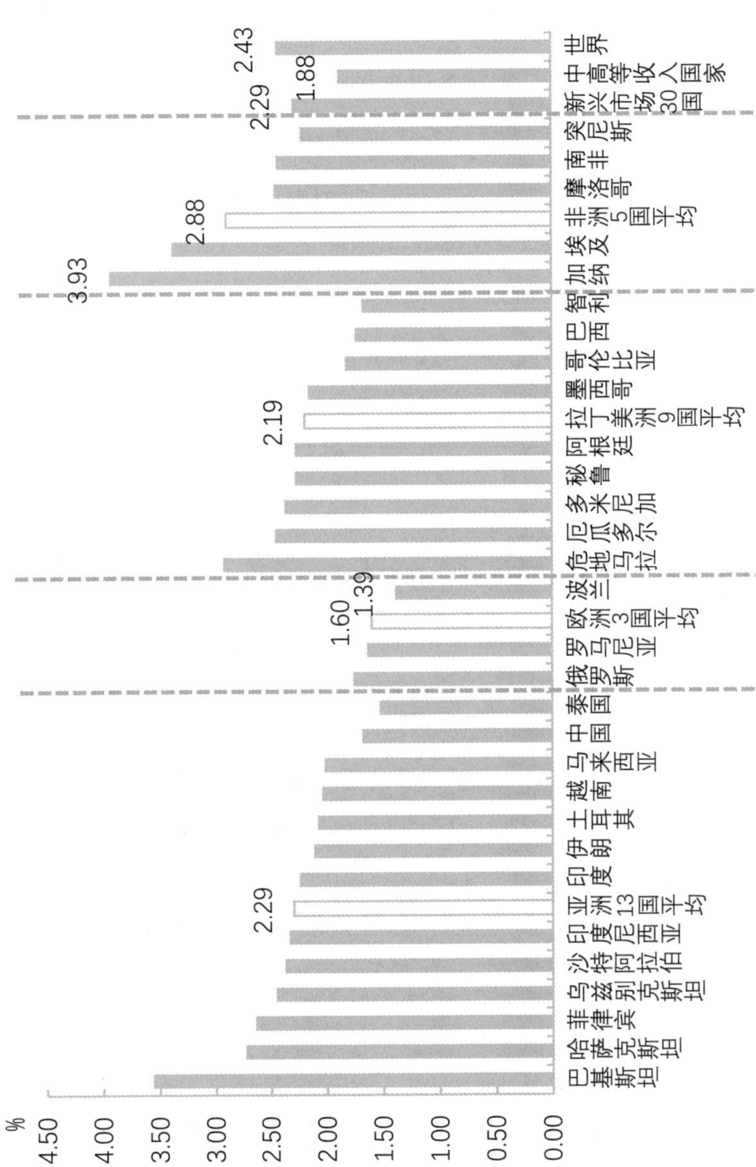

图 6–17　2017 年新兴市场 30 国总和生育率情况

数据来源：世界银行 WDI 数据库

2. 性别不平等问题仍广泛存在

平等、公平是现代社会的基本价值取向，性别平等是衡量社会发展程度的重要指标。联合国以性别不平等指数①（Gender Inequality Index, GII）对全球187个国家和地区的男女平等程度进行了综合测度，2017年新兴市场30国性别不平等指数为0.35，稍好于世界平均水平的0.44，但远高于经合组织国家的0.19，其中有近1/3的国家表现尚不及世界平均水平。

分地区来看，欧洲3国的性别不平等指数最低，其中波兰的得分仅为0.13，在新兴市场30国中最低，代表了较高的性别平等水平，但在世界排名中也仅位列第32位。亚洲13国的性别不平等指数整体与新兴市场30国平均水平接近，但各国之间差异较大：中国得分0.15，世界排名第36位；而巴基斯坦得分高达0.54，世界排名第133位；印度尼西亚、伊朗、印度的得分也在0.45及以上，表现低于世界平均水平，位居百名以外。拉丁美洲9国的平均得分0.39，智利表现相对较好，得分也高达0.32，排名第72位，多米尼加和危地马拉得分也在0.45以上。非洲5国的平均得分最高，仅略低于世界平均0.44，性别不平等相对较严重，其中突尼斯表现相对较好，得分0.30，埃及、摩洛哥和加纳则高于世界平均水平，加纳得分更与巴勒斯坦极为接近，排名第131位。

---

① 性别不平等指数通过孕产妇死亡率、未成年人生育率、国家议会中女性所占席位比例、至少接受过中等教育的人口、劳动力市场参与率计算得到，反映了女性和男性在生殖健康、赋权和劳动力市场三个维度的不平等程度。指数值越高，越不平等，反之越平等。

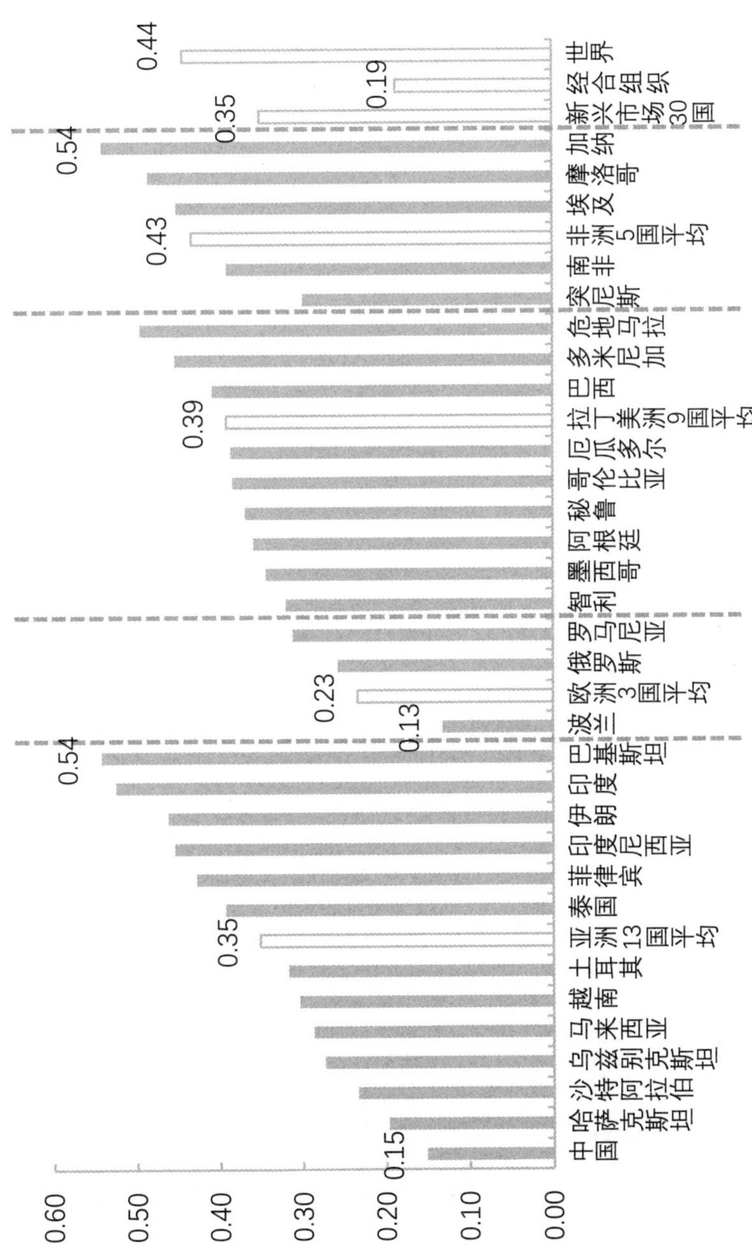

图 6-18　2017 年新兴市场 30 国性别不平等指数

数据来源：世界银行 WDI 数据库

三、劳动力与就业

劳动力是一国经济发展的重要动力，劳动力和就业不仅事关一个国家的经济发展，与社会长期稳定繁荣同样密切相关。本节将结合劳动力占比、就业率、失业率、劳动生产率等指标，对新兴市场 30 国的就业、劳动人口潜力等方面进行分析[①]。

（一）劳动力禀赋与发展趋势

1. 劳动力禀赋总量丰富，占人口比重偏低

根据国际劳工组织的定义，劳动力总数包括所有年满 15 周岁、符合国际劳工组织对从事经济活动人口所作定义的群体，即所有在特定阶段为货物和服务的生产提供劳力的人员，既包括就业者，也包括失业者。虽然各国在对待武装部队、季节工或兼职工的做法有所不同，一般而言，劳动力包括武装部队、失业者、首次求职者，但是不包括料理家务者和非正规部门的其他无偿看护人员和工人。2018 年，世界拥有劳动力人口共 34.56 亿人，占同年世界人口比重的 45.51%。新兴市场 30 国的劳动力人口占到了世界劳动力的 63.6%，接近 2/3 的劳动力集中在新兴市场国家，劳动力禀赋优势明显；然而在新兴市场 30 国的劳动力占其总人口比重仅为 46.39%，略高于世界平均水平，但与主要的区域相比则略低。可见，虽然总体上新兴市

① 本部分的劳动力指标数据主要来自国际劳工组织，采用世界银行的人口估计值。

场 30 国劳动力资源禀赋较高，但是与其占世界 62.4% 的人口总量相比，劳动力占比的优势并不明显甚至略处劣势，人力资本的开发具有一定的空间。

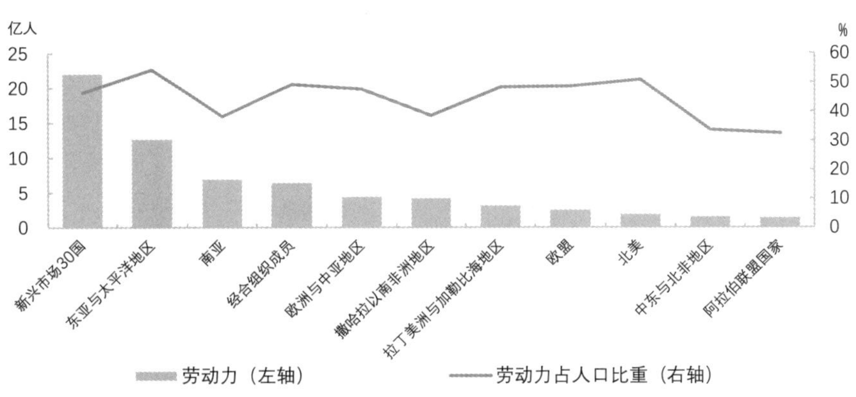

图 6–19　2018 年世界各主要区域劳动力人口分布情况

数据来源：世界银行 WDI 数据库

图 6–19 显示了 2018 年世界各主要区域的劳动力人口分布，新兴市场 30 国的劳动力人口远高于其他地区，占世界劳动力总量比重为 63.6%，亚太地区的劳动力人口为 12.64 亿人，占世界的比重为 54.25%，略低于新兴市场 30 国。阿拉伯联盟国家和中东北非地区的劳动力人口规模最低，分别是 1.36 亿人和 1.51 亿人，占世界的比重为 3.94% 和 4.37%，北美和欧盟地区劳动力规模略高于这两个地区，分别为 1.85 亿人和 2.49 亿人，占世界的比重为 5.36% 和 7.21%，因此，接近 2/3 的世界劳动力均集中在新兴市场 30 国，劳动力禀赋优势明显。然而，当我们考察地区内部的劳动力占总人口比重时，发现新兴市场 30 国的劳动力占人口的比重仅为 46.39%，世界这一比例为 45.51%，略高于世界平均水平，也就是说，新兴市场 30 国的劳动力人口占总人口不到一半的比例。比较其他地区，亚太地区的

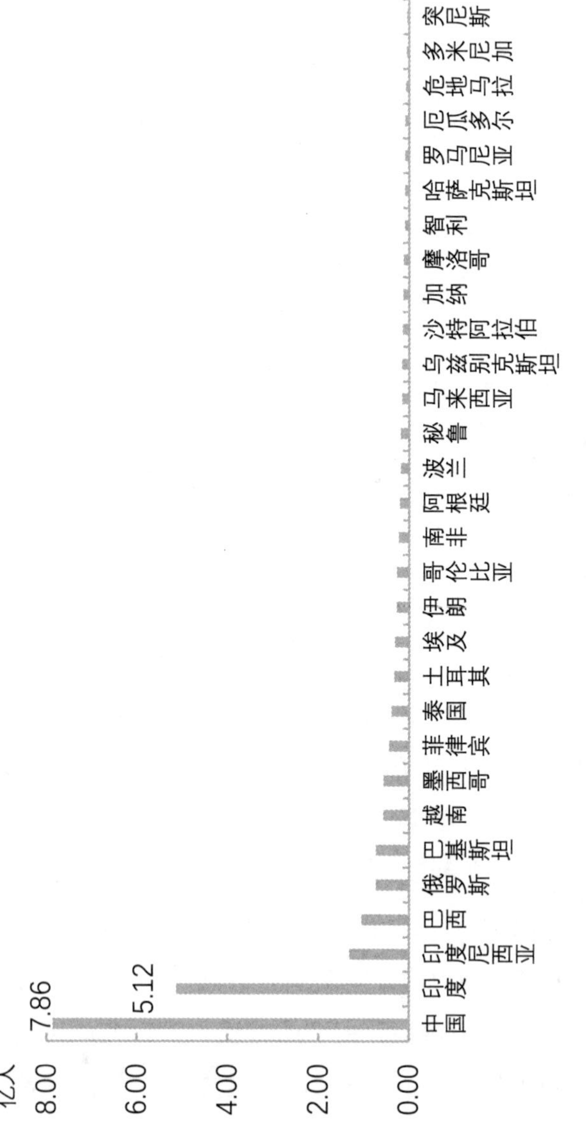

图 6–20　2018 年新兴市场 30 国劳动力规模

数据来源：世界银行 WDI 数据库

劳动力人口占总人口的比重最高，为54.27%，而北美和欧盟这两个劳动力规模比较小的国家，其占本地区人口的比重分别为50.86%和48.55%，均高于新兴市场30国。

根据世界银行的统计，2018年新兴市场30国劳动力总量为21.98亿人。其中中国和印度的劳动力总量分别为7.86亿和5.12亿，是新兴市场30国中规模最大的两个国家，占比分别是35.76%和23.31%。两个国家的劳动力占到新兴市场30国总量的59.07%，接近六成的劳动力集中在中国和印度，中国和印度也是世界上劳动力规模最大的国家，占世界劳动力的比重为37.57%，劳动力禀赋丰富。仅次于中国和印度的国家是印度尼西亚，2018年印度尼西亚的劳动力总量是1.32亿人，占新兴市场30国的6%。世界排名前10位的劳动力资源丰富的国家中，新兴市场30国占了6个，包括中国、印度、印度尼西亚、巴西、俄罗斯、巴基斯坦。在新兴市场30国中劳动力总量最低的国家是突尼斯，为0.04亿人，占比0.19%。多米尼加的劳动力规模略高于突尼斯，为0.05亿人，占比0.22%。可见，新兴市场30国多数的劳动力资源集中在中国、印度、印度尼西亚等国。

进一步分析劳动力规模在各洲新兴市场国家的分布情况，非洲的5个国家普遍分布在低收入水平和低劳动力水平的区间。在非洲的新兴市场国家中，埃及的劳动力规模相对较高，为0.31亿人，突尼斯的劳动力水平是整个新兴市场国家最低的，且其人均国内生产总值低于0.40万美元。在拉丁美洲的9个新兴市场国家中，巴西和墨西哥劳动力规模相对较高，巴西为1.05亿人，墨西哥为0.57亿，它们人均国内生产总值分别是0.867万美元和0.894万美元，均属于中高收入水平。欧洲的3个新兴市场30国，劳动力规模差异较大，俄罗斯的劳动力规模最大，为0.74亿人，在新兴市场30国中排名第

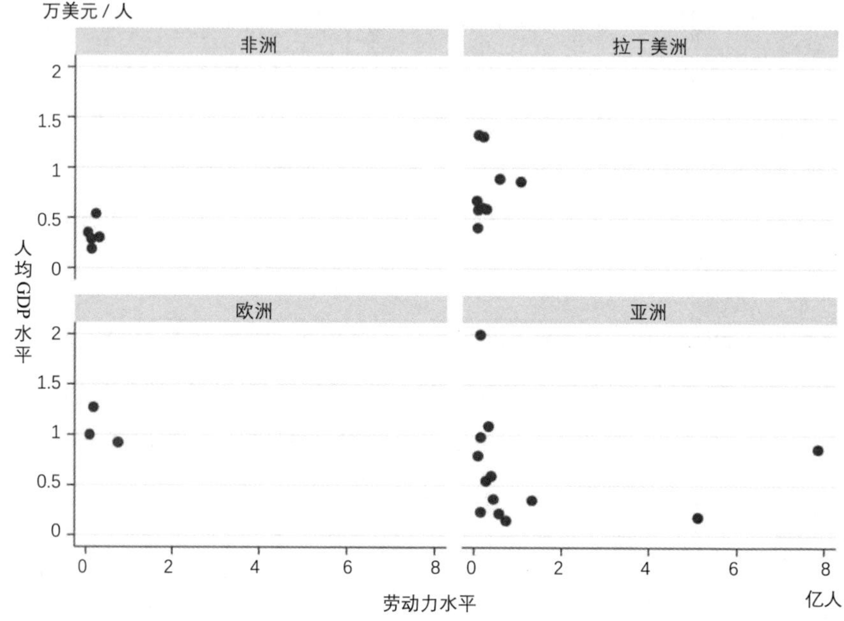

图 6–21　2018 年新兴市场国家劳动力规模与人均 GDP

数据来源：世界银行 WDI 数据库

5 位，波兰的劳动力总量为 0.18 亿人，排名第 17 位，罗马尼亚的劳动力规模最小，为 0.09 亿人，排名第 26 位。其中，波兰进入高收入水平，俄罗斯和罗马尼亚为中高收入水平。亚洲的 13 个国家劳动力规模在新兴市场30国中排名前10位的有7个国家，其中中国、印度、印度尼西亚排名前三位。而在新兴市场 30 国中，劳动力占人口的比重高于世界平均水平的有 17 个国家，主要集中在拉丁美洲、欧洲和部分亚洲国家，其中越南的劳动力占人口的比重最高，为 59.48%，其次是秘鲁和中国，分别为 57.32% 和 56.43%。在 13 个低于世界平均水平的新兴市场国家中，非洲 5 个国家均在其列，埃及的劳动力占人口比重最低，为 31.83%。

2. 面临劳动力禀赋优势与未来市场潜力降低的双重挑战

新兴市场30国总体劳动力占世界的比重长期维持在较高水平，非洲地区较低，然而当我们从动态发展的视角来看，就会发现，新兴市场30国的劳动力占世界的比重正在逐年下跌，尤其是从2004年开始发生断崖式下跌，从2004年的65.16%下降到2018年的63.6%。虽然仍然在世界上占比最高，然而面临的下降趋势应该引起重视。而撒哈拉以南非洲地区的劳动力规模占世界的比重长期处于较低水平，但是从发展趋势来看，这一比值正在稳步提升，从1990年的8.25%提高到2018年的12.02%，增长态势良好。

新兴市场30国中的中国和印度拥有最丰富的劳动力市场，两国的劳动力规模占新兴市场30国总体的59.07%，其中中国的劳动力规模占世界的比重最高，长期保持在20%以上，印度则在13%—15%之间波动。从1990年至今，中国的劳动力占世界的比重面临快速下降的态势，从1990年的27.63%下降到2018年的22.74%，下降接近5个百分点。非洲国家以埃及为例，虽然其占世界的比重较低，但是从1990年至今这一比重呈现出快速上升态势，从1990年的0.67%上升到0.91%，总体来看未来的增长潜力较大，但是在新兴市场30国中所占比重不高。

就一个国家或地区的人口结构而言，15—64岁的人口是劳动力的主要构成，0—14岁的人口则代表了未来劳动力的潜力。2018年世界15岁以下人口占总人口的比重为25.8%（图6–23中虚线），同时可以看到，0—14岁人口占本地区人口比重最大的是撒哈拉以南非洲地区，这一地区各年龄阶段总人口为10.78亿，占世界总人口的15%，而其15岁以下人口接近地区总人口的一半，达到42.54%，在

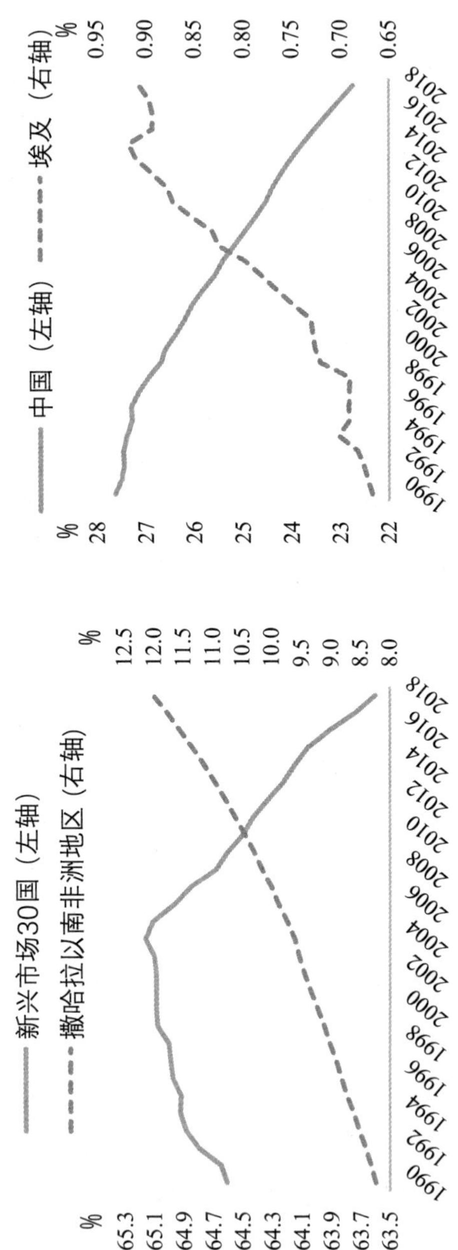

图 6-22 2018 年新兴市场 30 国与非洲劳动力占比

数据来源：世界银行 WDI 数据库

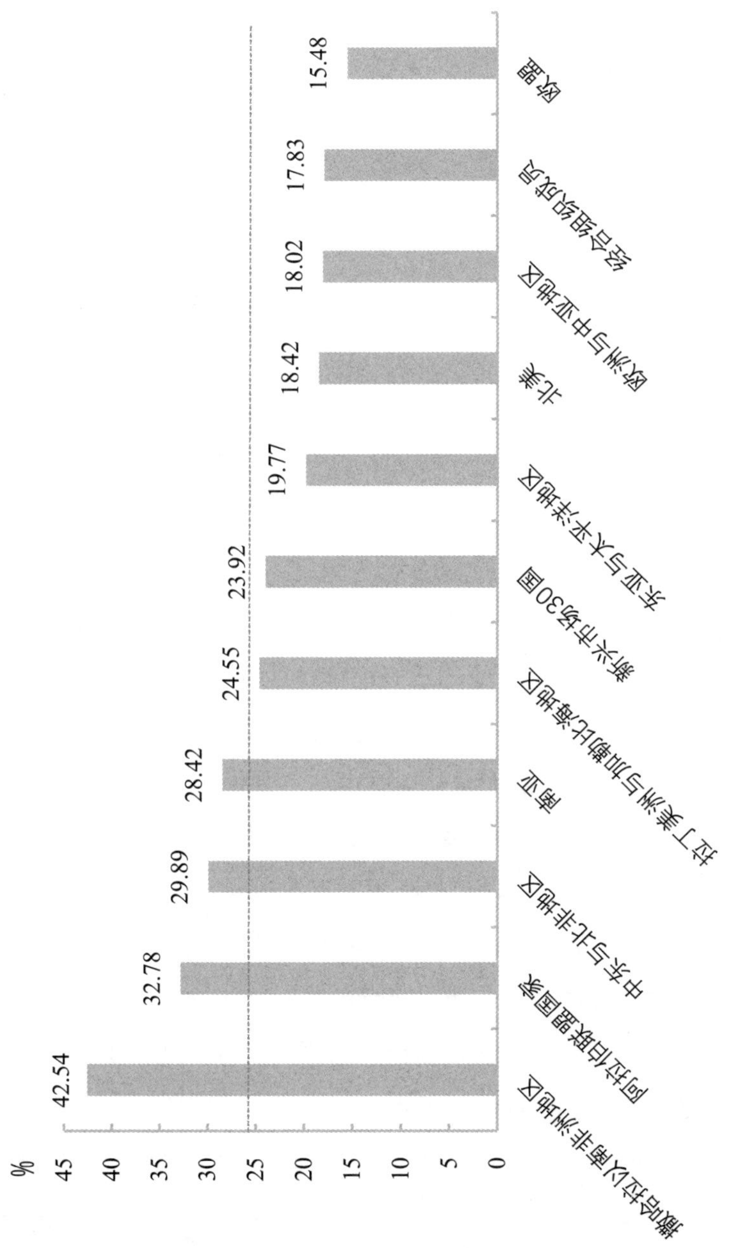

图 6-23　2018 年世界各主要区域 15 岁以下人口占比

数据来源：世界银行 WDI 数据库

世界 15 岁以下人口中占比因此高达 23.42%，高出生率可能是一方面的重要影响因素。此外，阿拉伯联盟国家（32.78%）、中东与北非地区（29.89%）、南亚地区（28.42%）的 15 岁以下人口占比也超过世界平均水平，而新兴市场 30 国的这一比例仅为 23.92%，低于世界平均水平，当前的劳动力资源禀赋优势带来的人口红利可能会进一步降低。发达地区欧盟的 15 岁以下人口占比最低，为 15.48%，其次是经合组织成员，为 17.83%，北美也仅为 18.42%，从地区内部的人口年龄分布结构来看，未来劳动力发展潜力较低。

图 6–24 为 2018 年世界部分地区和新兴市场 30 国的人口结构对比。可以看出，世界 15 岁以下人口比重从 1960 年开始有快速下降的态势，而新兴市场 30 国的下降幅度快于世界平均水平，从 1960 年的 39.74% 降到了 2018 年的 23.92%，降了 15.82 个百分点。而撒哈拉以南非洲地区的这一比例虽然略有下降，但是整体上保持平稳，在 40%—45% 之间波动。阿拉伯联盟地区、中东与北非地区、南亚地区虽然长期高于世界平均水平，但是表现为逐渐下降的趋势，尤其是从 1990 年开始下降幅度尤其大，中东与北非地区从 1990 年的 42.89% 快速下降到 2018 年的 29.89%，降了 13 个百分点。可见，除了非洲之外，其他地区的劳动力潜力也在逐年下降。

新兴市场 30 国接近六成的劳动力资源都集中在中国和印度这两个国家，中国和印度的劳动力资源禀赋优势明显，然而其 15 岁以下人口占比从 1960 年开始表现出逐渐下降的态势，尤其是中国的下降态势最为明显，下降幅度远高于世界平均水平。中国从 15 岁以下人口占比 1981 年开始低于世界平均水平，中国 34.79%，世界平均水平为 35%，之后开始快速下降，到 2018 年为 17.88%，世界平均水平降到 25.8%。也就是说，在世界 15 岁以下人口占比快速下降的同时，

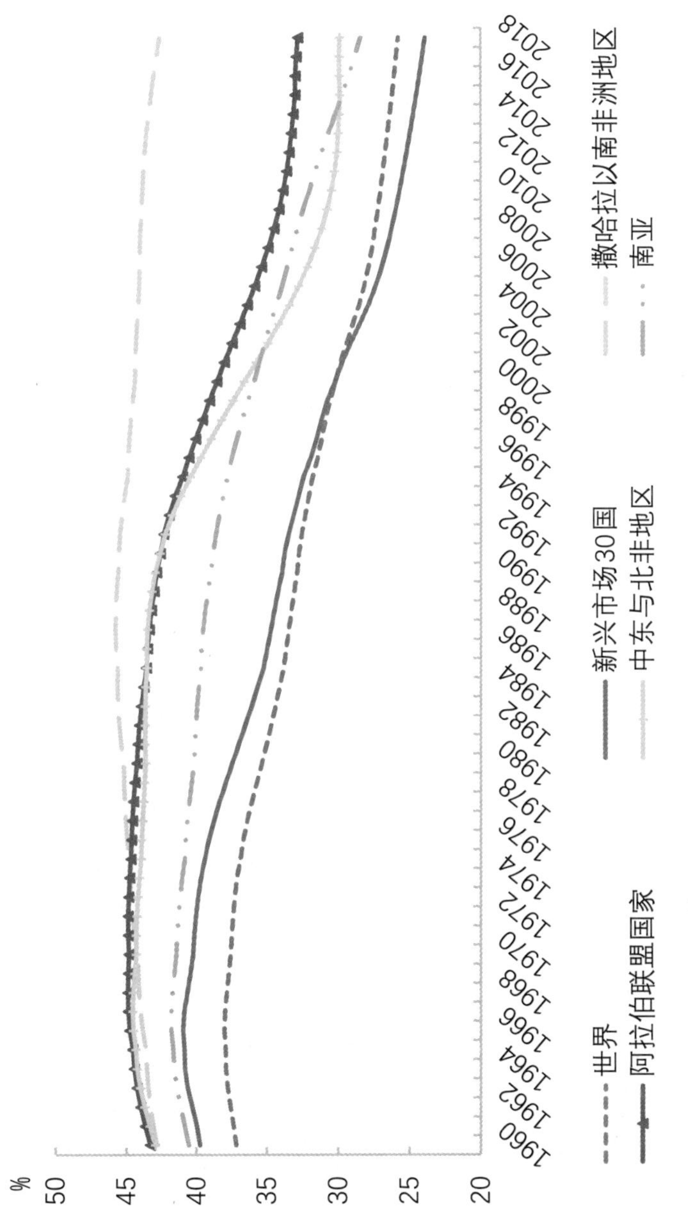

图 6-24 世界部分地区与新兴市场 30 国 15 岁以下人口比重

数据来源：世界银行 WDI 数据库

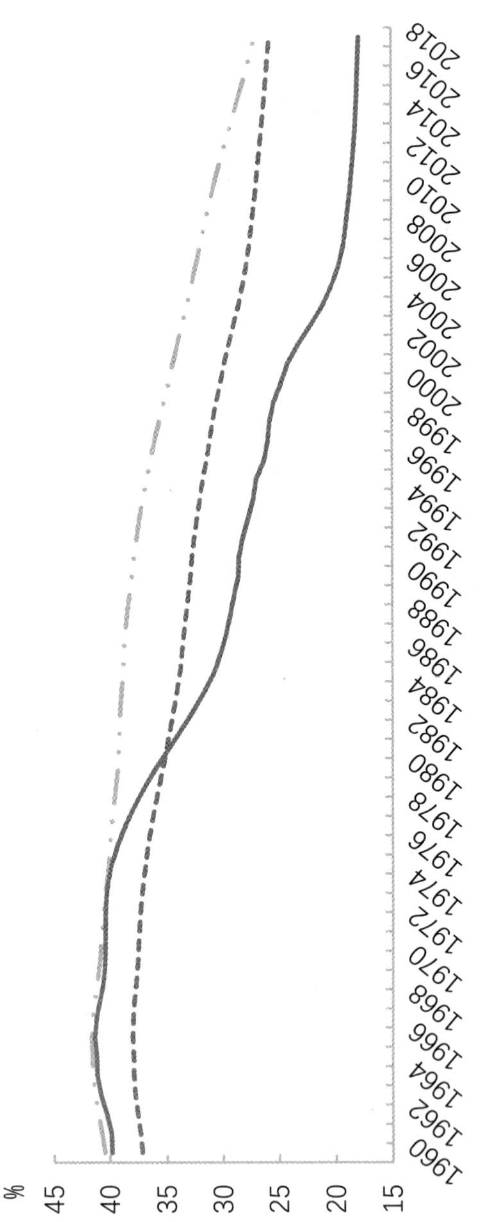

图 6-25　中国、印度、世界 15 岁以下人口占比

数据来源：世界银行 WDI 数据库

中国有更大幅度的下降。15 岁以下人口是未来的劳动力，中国的这种变化趋势预示着未来的劳动力市场可能面临萎缩。当前的劳动力禀赋优势正在不断减小的同时，未来的市场潜力也在降低，面临的劳动力市场规模降低的双重挑战。

（二）劳动力就业情况

1. 就业人口比率偏低，整体下降趋势明显

就业人口代表生产力，本部分分析的就业人口比率指的是就业人口占总人口的比重。2018 年世界人口规模 75.94 亿，其中就业人口 44.29 亿，占比 58.32%，超过一半的人口为就业人口。新兴市场 30 国的就业人口 27.33 亿，占总人口的比重为 57.68%，就业人口比率低于世界平均水平，而新兴市场 30 国的就业人口占世界就业人口比重为 61.71%，超过六成的就业人口集中在新兴市场 30 国。其次是亚太地区，就业人口占世界的比重为 34.19%，其他地区所占比重相对较低，阿拉伯联盟国家的就业人口占世界的比重为 4.12%。

图 6–26 中左侧为就业人口占世界总就业人口的比重，右侧为就业人口占本地区人口总的比重。首先分析世界各地区的就业人口占比情况，可以看出新兴市场 30 国的就业人口规模最大，占比超过 60%，而阿拉伯联盟国家、中东与北非地区等就业人口占比最低。世界平均就业人口比率为 58.32%，以这一比率为横纵轴交叉点得到如图 6–26 右侧所示分布情况，可见亚太地区的就业率最高，为 65.04%，其次是撒哈拉以南非洲地区为 62.95%，北美和拉丁美洲与加勒比海地区的就业人口比率也高于世界平均水平，分别是 59.77% 和 58.96%。新兴市场 30 国的就业人口比率为 57.68%，低于世界平

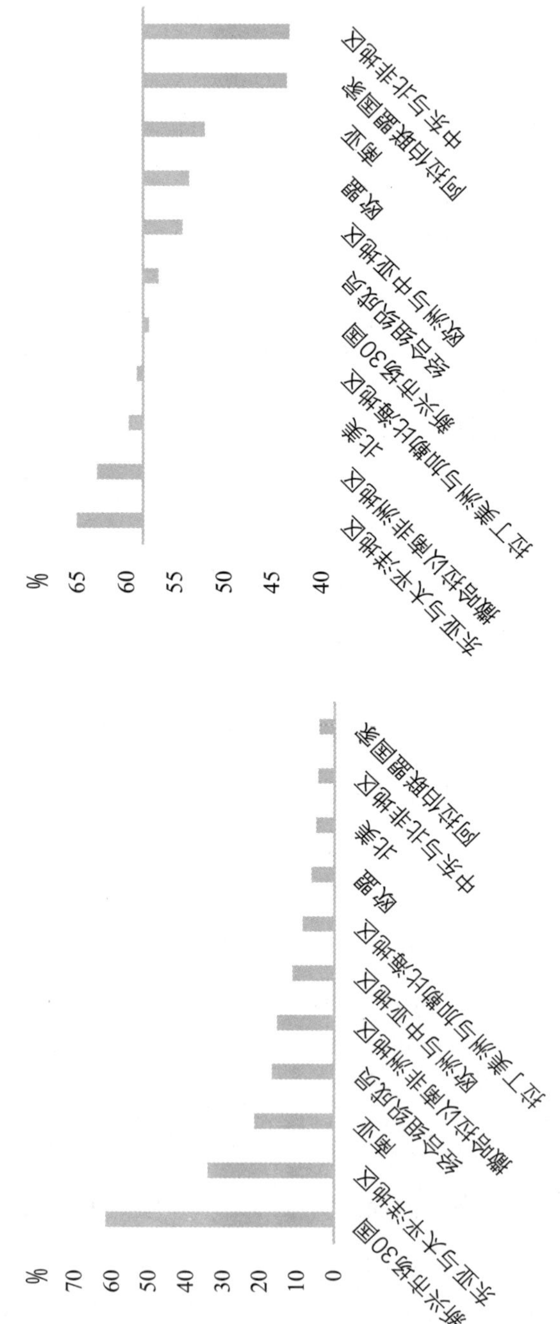

图 6-26　世界各地区就业人口比重、就业人口占地区总人口比重

数据来源：世界银行 WDI 数据库

均水平。中东与北非地区最低，为 43.23%。2018 年新兴市场 30 国中 16 个国家就业人口比率高于世界平均水平，其中越南的就业人口比率最高，为 75.96%，超过 3/4 的人口为就业人口。同样处于这一水平的还有秘鲁，为 75.04%。世界上就业人口比率最高的是卡塔尔，为 86.75%，越南和秘鲁的就业人口占比在世界范围内也位居前列，分列第 16 位和第 18 位排名第 16 位和第 18 位。中国的就业人口比率为 65.68%，接近 2/3 的人口为就业人口，在新兴市场国家中排名第 6 位。在新兴市场国家中就业人口比率最低的是伊朗和突尼斯，分别占比 38.77% 和 39.27%，仅有不到四成的人口为就业人口。

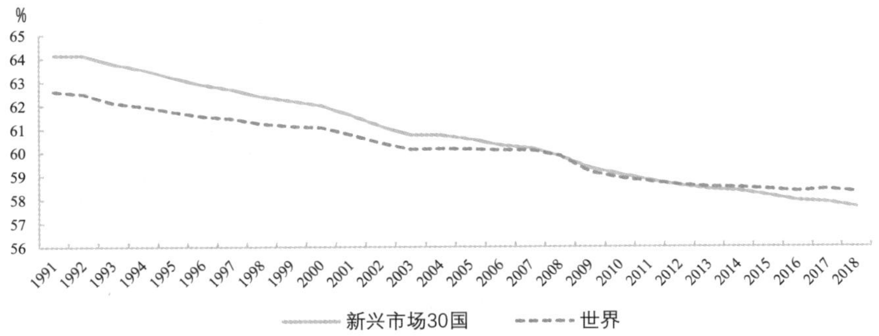

图 6–27　新兴市场 30 国与世界平均就业人口比率

数据来源：世界银行 WDI 数据库

从就业人口比率的未来变化趋势来看，新兴市场 30 国与世界平均水平均表现出下降趋势，新兴市场 30 国的下降速度高于世界平均水平，从 1991 年的 64.14% 下降到 2018 年的 57.68%，下降了 6.46 个百分点。世界平均水平从 1991 年的 62.61% 下降到 2018 年的 58.32%，新兴市场 30 国的就业人口比率在近些年均低于世界平均水平，并且有继续下降的态势。在新兴市场 30 国中，下降幅度最快的是中国和罗马尼亚，从 1991 年到 2018 年分别下降了 11.47 和 10.96 个百分点。

2. 劳动生产率偏低，跨越中等收入陷阱的挑战艰巨

劳动生产率是单位时间劳动力创造劳动价值与劳动消耗的比值。对于一个国家来说，人均国内生产总值可以在很大程度上反应出劳动生产率的高低，人均国内生产总值低的国家劳动生产率也会比较低，而发达国家的人均国内生产总值都比较高，意味着劳动生产率也较高。很多发展中国家最终没能成为发达国家就是因为劳动生产率没有跟上，导致人均国内生产总值较低，其中的原因有很多。比如工业占比不够、国企效率低下、高附加值产业不够、人才外流、失业率较高、行政效率低下、无效劳动重复劳动和内耗等，这些都是严重影响劳动生产率的因素。本部分分析新兴市场国家的劳动生产率问题，使用的是狭义的人均国内生产总值，即就业人口的人均国内生产总值，相对于人均国内生产总值来说更能够反映一国的劳动生产率高低，具体测算方法是国内生产总值除以经济体中的就业人口总数。按购买力平价（PPP）计算的国内生产总值是指用购买力

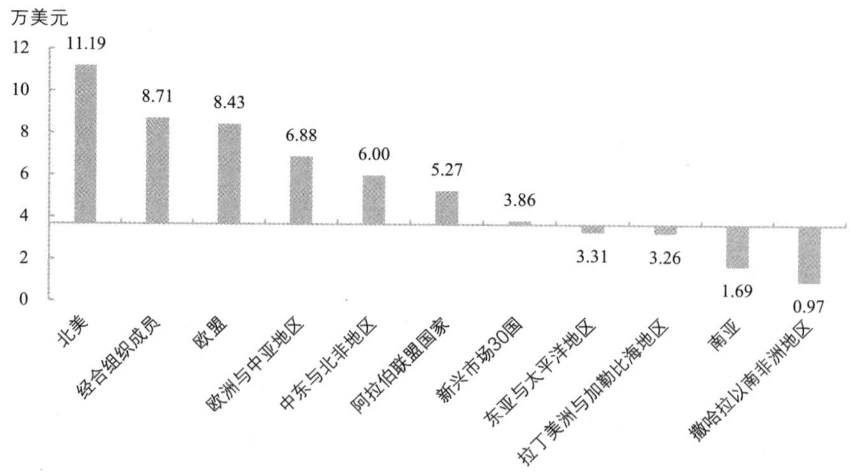

图 6–28　2018 年世界各地区就业人口的人均国内生产总值

数据来源：世界银行 WDI 数据库

平价汇率将国内生产总值换算为 1990 年不变价国际元，国际元的购买力与美元在美国的购买力相当。

2018 年世界就业人口的人均国内生产总值为 3.675 万美元，新兴市场 30 国的平均值为 3.858 万美元，略高于世界平均水平。北美地区的就业人口生产率最高，人均国内生产总值为 11.19 万美元，其次是经合组织成员，为 8.71 万美元，欧盟的就业人口生产力为 8.43 万美元，均高于世界平均水平。而非洲、南亚地区的就业人口生产率较低，就业人口人均国内生产总值分别为 0.97 万美元和 1.69 万美元，远低于世界平均水平，劳动力生产率亟待提高。非洲低水平的健康人口素质制约地区经济的发展，也导致非洲劳动力生产率低。

图 6–29 中为新兴市场 30 国的就业人口人均国内生产总值分布情况，平行于横轴的虚线是世界平均水平 3.675 万美元 / 人，高于世界平均水平的国家共有 13 个国家，分别为非洲的南非（4.289 万美元 / 人）、埃及（3.829 万美元 / 人），拉丁美洲的墨西哥（4.016 万美元 / 人）、智利（5.067 万美元 / 人）、阿根廷（4.675 万美元 / 人），欧洲的波兰（6.054 万美元 / 人）、罗马尼亚（5.505 万美元 / 人）和俄罗斯（5.301 万美元 / 人），亚洲的沙特阿拉伯（12.351 万美元 / 人）、土耳其（7.315 万美元 / 人）、伊朗（6.643 万美元 / 人）、马来西亚（5.869 万美元 / 人）和哈萨克斯坦（5.062 万美元 / 人）。其中劳动生产率最高的是沙特阿拉伯，就业人口的人均国内生产总值达到 12.351 万美元，在世界上排名第 7 位。其次是土耳其，就业人口人均国内生产总值为 7.315 万美元。

同时应该注意到的是，图 6–29 显示出多数国家的就业人口人均国内生产总值在世界平均水平以下，中国也以 2.95 万美元低于世界平均水平，超过一半的新兴市场国家面临劳动生产率低下的问

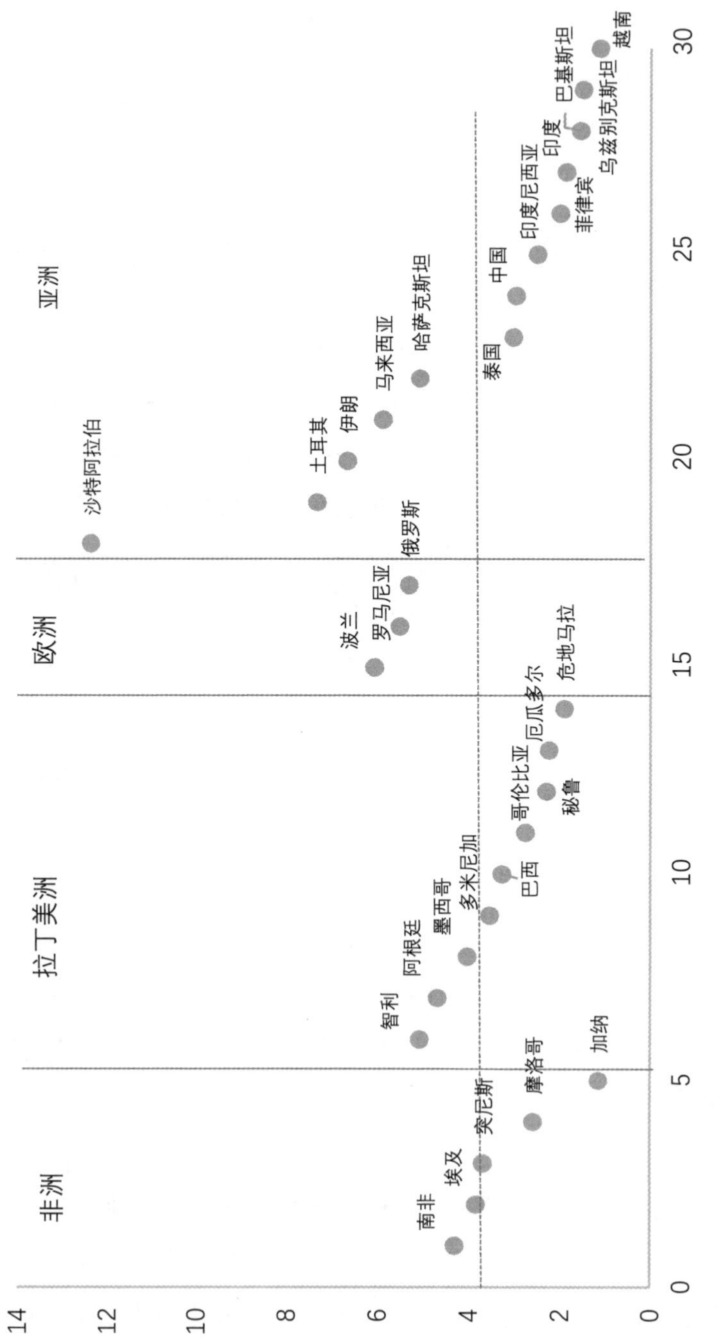

图 6-29　2018 年新兴市场 30 国的就业人口人均国内生产总值（万美元 / 人）

数据来源：世界银行 WDI 数据库

题。新兴市场 30 国中 17 个国家的就业人口生产率低于世界平均水平，占比达到 56.67%。生产效率最低的国家是越南，仅为 1.114 万美元，即一个就业人口产生的国内生产总值仅为 1.114 万美元。近几年越南经济发展迅速，但仍有相当多的缺陷，其中一个很重要的经济发展指标劳动生产率就不及格。虽然 2018 年越南就业人口生产率增长了 5.93%，成为东南亚就业人口生产率增长最快的国家，但数值仍很低，远远落后于东南亚其他国家，与发达国家之间的差距越来越大。世界上就业人口生产率最高的国家卢森堡，人均国内生产总值为 21.617 万美元，是越南的 20 倍。新兴市场国家中就业人口人均国内生产总值同样处于较低水平的还有加纳（1.114 万美元 / 人）、乌兹别克斯坦（1.482 万美元 / 人）、巴基斯坦（1.543 万美元 / 人）、印度（1.856 万美元 / 人）等。

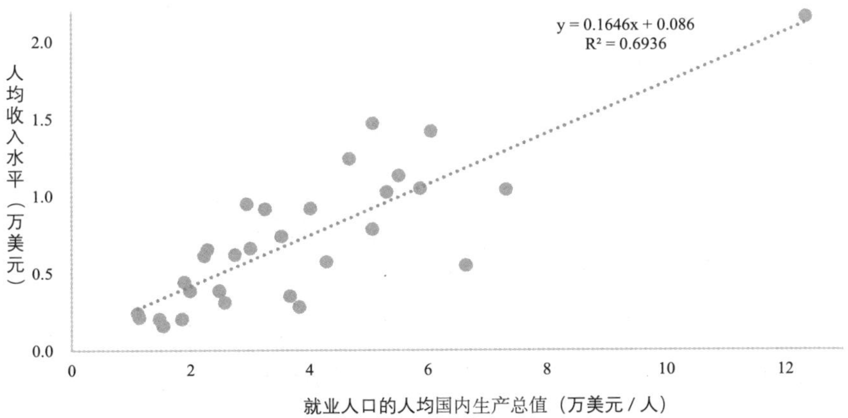

图 6–30　2018 年新兴市场 30 国的就业人口人均国内生产总值与收入水平

数据来源：世界银行 WDI 数据库

就业人口生产率的提高有利于促进人均收入水平的增长，这一规律在新兴市场国家同样适用。图 6–30 中的散点图拟合的趋势线显示，就业人口人均国内生产总值与人均收入水平（以人均 GDP 衡量）成正比关系，影响系数为 0.165，R 平方为 0.694，拟合效果很好，说明就业人口人均国内生产总值每提高一个单位，人均收入水平将提高 0.165 个单位。从图中也可以看出新兴市场 30 国普遍面临就业人口生产率偏低的情况，如果不能继续提升高附加值产业的比例，加快技术密集型工业的布局来培育中高端产业工人，如果新兴市场国家无法加快国企改革，实现生产效率的提升。如果不能继续发展市场经济以留住中高端技术人才，那么新兴市场国家的就业人口生产率将继续维持较低水平，跨越中等收入陷阱发展成发达国家将是一句空话。

3. 失业率偏高，存在社会问题的隐患

本部分分析失业率指的是失业人口占劳动力人口的比重。根据国际劳工组织的界定，失业人数是指目前没有工作但可以参加工作且正在寻求工作的劳动力数量。新兴市场国家包括中国、印度在内，都是人口大国，人口规模之庞大使得每年都会有大量的失业劳动力无法得到安置，劳动力供给的增长率高于经济发展对劳动力的需求指数。随着新兴市场国家的经济快速发展，之前容易被社会忽视且比较隐蔽的失业问题逐渐变得显著。2018 年新兴市场 30 国的平均失业率为 6.7%，高于世界平均水平，同一时期世界平均失业率为 4.95%。

图 6–31 中将世界平均失业率 4.95% 作为横纵轴交叉点得到的世界各地区的失业率分布显示，阿拉伯联盟国家的失业率最高，为 9.94%。阿拉伯国家长期处于全球失业率最高的地区，该地区地缘政治形势紧张是导致工作机会锐减的主要原因。阿拉伯国家也是全球青年失业率最高的地区，女性就业率低是致使阿拉伯国家青年失业率高的重要因素。阿拉伯国家的就业率低下，已经造成了严重的

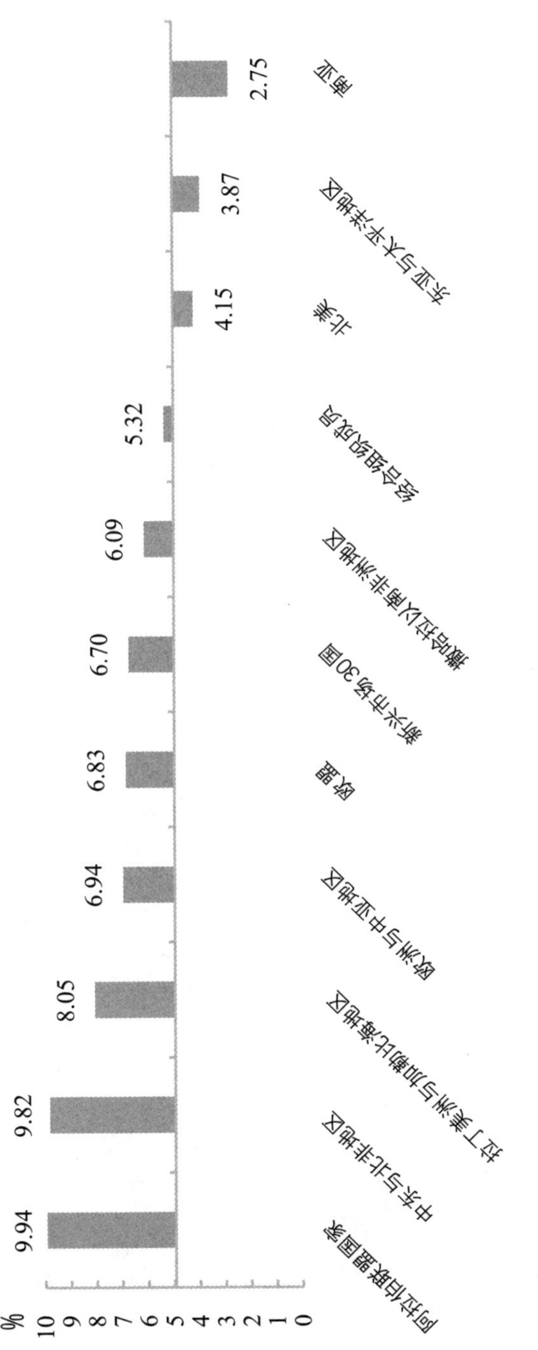

图 6-31　2018 年世界各地区的失业率分布

数据来源：世界银行 WDI 数据库

社会问题，并向整个中东地区蔓延。中东与北非地区的失业率达到9.82%，均远高于世界平均水平。新兴市场 30 国以 6.7% 的失业率也高于世界平均水平。南亚地区失业率为 2.75%，相对其他地区较低。其次是亚太地区和北美地区，2018 年的失业率分别是 3.87% 和4.15%，这三个地区的失业率均低于世界平均水平。新兴市场 30 国中包括南非、突尼斯、巴西在内的 14 个国家失业率高于世界平均水平，接近一半的国家面临严峻的失业问题，其中南非的失业率最高，失业率高达 26.96%，在世界上排名第二位，世界上失业率最高的是约旦河西岸和加沙地带，为 30.19%。新兴市场 30 国中失业率仅次于南非的是非洲国家突尼斯，失业率为 15.48%。失业率高于 10% 的新兴市场国家还有巴西（12.54%）、伊朗（12.0%）、埃及（11.44%）、土耳其（10.9%）等四国。

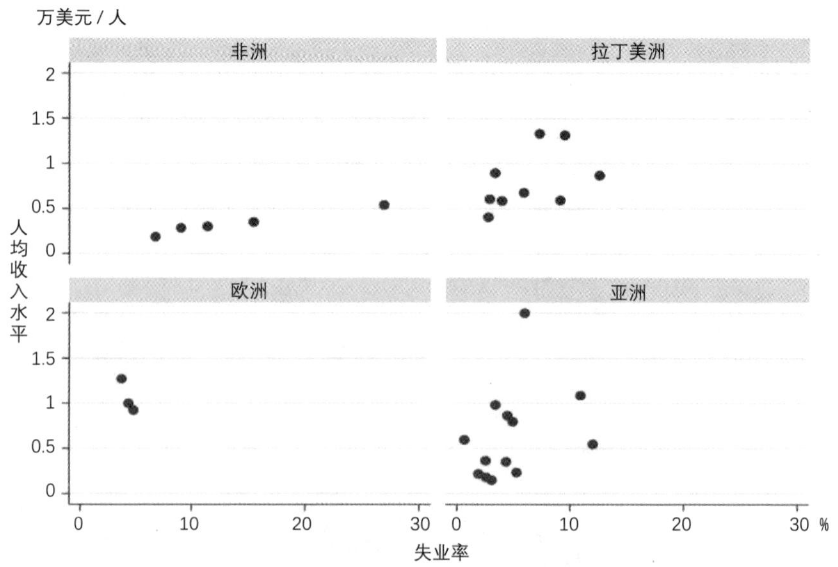

图 6-32　2018 年新兴市场 30 国失业率与收入水平

数据来源：世界银行 WDI 数据库

新兴市场30国的失业率分布具有明显的地域性特征，从图6–32中的散点图可以看出，非洲5个国家南非（26.96%）、突尼斯（15.48%）、埃及（11.44%）、摩洛哥（9.04%）、加纳（6.71%）的失业率分别在新兴市场30国中排名第1、2、5、9位，是失业率较高的新兴市场国家，同时其国家收入水平较低，收入水平在新兴市场国家中排名第19、23、24、25、28位，非洲的新兴市场国家面临经济发展与失业的双重困境。其中，南非26.96%的高失业率预示着每10个适龄的劳动者里就有3个找不到工作，处于失业的状态，而更严峻的问题是，近三年的青年失业率一直在50%以上。也就是说，每2个青年人，就有1个处于失业状态，高失业率导致高犯罪率，进一步恶化南非的营商环境，降低了投资者的信心，南非的就业岗位也越少，从而进入恶性循环。另外，埃及是世界上最年轻的国家之一，约有1/3的人口年龄在15—34岁之间，60%的人口在30岁之下，每年新增的就业人口就有80多万，这些年轻人需要庞大的就业市场才能予以消化。根据中国的发展经验，要维持4%左右的失业率，起码要维持7%以上的经济增速。然而不幸的是，中东的经济增长长期乏力，尤其是对于埃及这种没有石油，或者石油资源不够丰富的国家来说，这样的经济增速是很难维持的。而如果不能维持高速的经济增长，必然难以创造出大量的就业，而失业率增加，社会问题就会严重。

失业率在拉丁美洲的9个国家分布差异非常明显，其中巴西的失业率最高，为12.54%，在新兴市场30国中排名第3位。巴西经济形势不好，在所有经济领域中，工业受经济不景气影响最大，一年以来裁减的工作岗位超过130万。其次是阿根廷（9.48%）、哥伦比亚（9.09%）、智利（7.22%），这三个国家的失业率在新兴市场国家中排名第7、8、10位。国际货币基金组织预测阿根廷失业率将在

2019 年上升，并达到 10.9%。阿根廷还没有能够走出经济危机，高失业率、高通胀等问题一直都困扰着马克里政府。由于经济活动的大幅下滑，新协议“雇员报告”中预计将大大影响阿根廷的就业。而哥伦比亚政府近日公布的一项报告显示，哥伦比亚女性的失业率比男性高 70%，哥伦比亚女性的失业率为 12.3%，而男性的失业率仅为 7.2%。在工资方面，男性与女性间的不平等现象也非常突出，在工作相同并拥有相同技能的男性与女性中，男性获得的工资可能比女性高 45.4%，这也是很多拉丁美洲国家劳动力市场的最大问题。而智利国内出现大量外籍移民导致劳动力数量显著增加，智利国家统计局数据显示，造成失业率上升的主要原因是劳动力在 2018 年 12 个月内增加了 1.1%，而同期的就业人数只增长了 0.7%。拉丁美洲的新兴市场国家中，秘鲁和危地马拉的失业率较低，分别是 2.84% 和 2.73%，均低于 3% 的水平，其人均收入水平也相对较低，仍处于中低收入阶段。

欧洲的 3 个新兴市场国家整体表现良好，失业率均低于世界平均水平，其中波兰的失业率最低，为 3.67%，其次是罗马尼亚，为 4.3%，俄罗斯的失业率为 4.74%，这 3 个国家已经进入中高收入水平。亚洲 13 个新兴市场国家处于 3 种收入水平，其中沙特阿拉伯为高收入经济体，土耳其、马来西亚、中国、哈萨克斯坦、泰国、伊朗等 6 个国家为中高收入经济体，菲律宾、印度尼西亚、乌兹别克斯坦、越南、印度、巴基斯坦等 6 个国家为中低收入经济体。伊朗（11.99%）、土耳其（10.9%）、沙特阿拉伯（5.92%）和乌兹别克斯坦（5.22%）这 4 个国家的失业率高于世界平均水平。其中伊朗和土耳其在新兴市场国家失业率排名第 4 和第 6 位。油价的狂跌，对伊朗的就业率造成了很大的影响。由于失业率突出的缘故，伊朗很多年轻人只能在家待业。伊朗统计中心数据显示，2018 年伊朗男性失业率为 10.4%，女性失业率为 18.9%，城镇失业率为 13.5%，农村失业率为 7.9%；总失业人口达到 326 万，其中，男性失业人口 225 万，女性失业人口 101 万。自 2018 年 8 月发生货币危机以来，土耳其经济陷入低增长、高通胀、高失业的境况。据欧洲新闻电视台 Euronews 的报道，截至 2019 年 1 月，该国有 377.5 万名登记失业者，2018 年同期该数字为 245.7 万，这表明在过去 12 个月中新增了 131.8 万名失业者。

失业问题将长期困扰着新兴市场国家，尤其居高不下的青年失业比重，青年群体失业进一步引发的社会问题导致国家营商环境恶化，对外商投资者吸引力降低，本国投资者外流，就业岗位减少，失业率问题更加严重，从而陷入恶性循环。因此，新兴市场国家必须正视这一问题，应采取有效措施增加就业岗位，以控制失业率的快速增长。

四、教育与人力资本

受教育程度是影响人力资本形成的两个最关键因素之一。① 人力资本由凝聚在劳动者身上具有经济价值的知识、技术、能力和健康素质构成，是劳动者质量的反映，其积累和存量对经济增长的促进作用已经得到广泛的研究支持。本节将通过教育指数、平均受教育年限、入学率等指标对新兴市场 30 国的教育发展情况进行分析。

① 杨建芳，龚六堂，张庆华 . 人力资本形成及其对经济增长的影响——一个包含教育和健康投入的内生增长模型及其检验 [J]. 管理世界，2006（05）：10—18，34，171.

（一）教育基本情况

1. 教育指数高于世界平均值，但与先进国家差距较大，人力资本积累不足

教育指数（Education Index）是联合国开发计划署为评价各国或地区教育发展水平而设立的指标，公布于每年的《人类发展报告》，指数得分主要由平均受教育年限[①]（Mean years of schooling）和预期受教育年限[②]（Expected years of schooling）两个数据计算而来。教育指数另有一种经过“不平等调整”的测算结果，通过消除各个国家和地区发展不平等的影响更准确衡量教育发展水平。本研究将借鉴经过调整的教育指数（Inequality-adjusted Education Index, IEI）进行初步分析。

新兴市场 30 国整体教育指数约为 0.57，略高于 0.49 的世界平均水平，高于发展中国家平均水平，但明显低于经合组织国家的 0.79。教育指数方面的差距既反映了新兴市场 30 国与发达国家的发展差距，同时也反映了新兴市场 30 国在经济发展方面超越发达国家的困难程度。教育是人力资本积累的主要方式之一，而人力资本的积累速度和存量又极大地影响了国家或地区的经济、社会发展，在人力资本存量差距暂时无法消除的情况下，平均受教育年限和预期受教育年限方面的差距又制约了人力资本积累的速度，对新兴市场 30 国缩小与发达国家的经济、社会发展差距非常不利。

---

① 平均受教育年限定义为：一个大于或等于 25 岁的人接受教育的总年数。指标计算时以 15 年为上限，以 0 年为下限。15 年也是该指标 2025 年预计最大值。

② 预期受教育年限定义为：预期儿童在现有入学率下将得到的受教育年限。指标计算时以 18 年为上限，以 0 年为下限。在大多数国家，受教育 18 年相当于获得硕士学位。

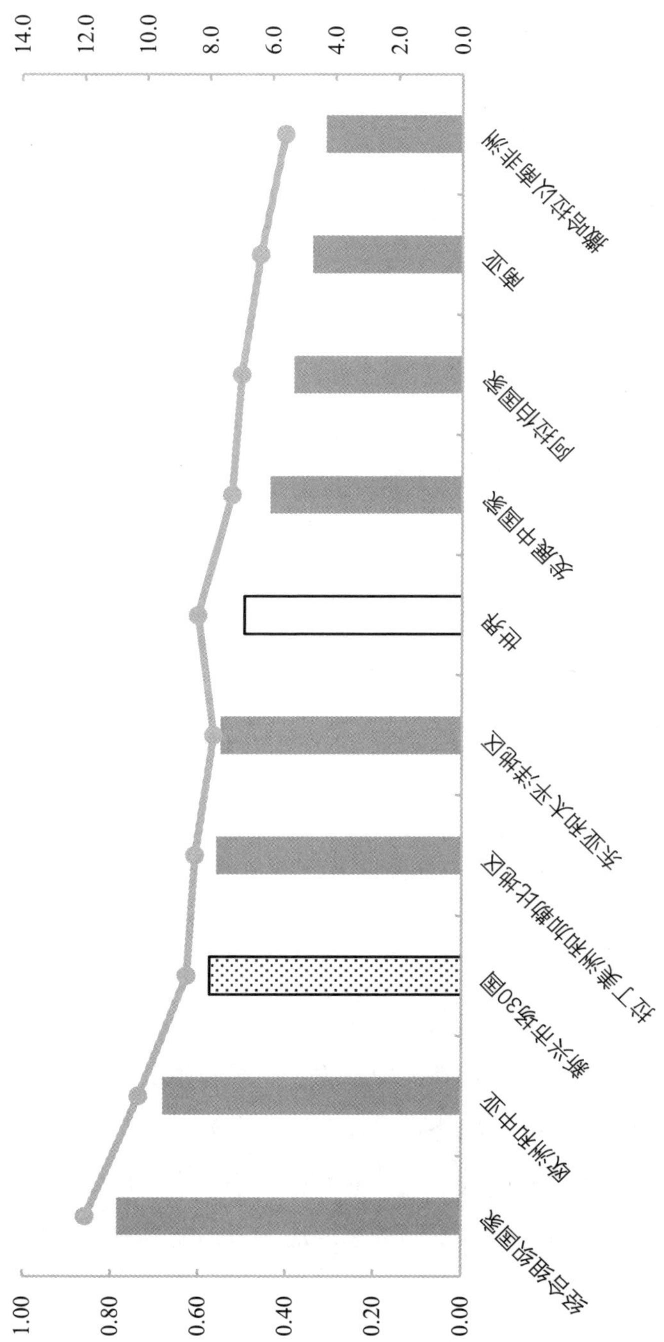

图 6-33　2017 年新兴市场 30 国与其他地区教育发展对比

数据来源：联合国《2018 年人类发展报告》

2. 平均受教育年限略高于世界平均水平，但内部差异极大

除了与世界先进国家有较大的差距，新兴市场 30 国内部的差距同样极大。整体来看，新兴市场 30 国平均受教育年限达到 8.8 年，低于经合组织国家 3.2 年，略高于世界平均水平 0.4 年，高于发展中国家平均水平 1.5 年。分地区来看，欧洲 3 国的平均受教育年限均在 11 年以上，其中波兰高达 12.3 年，基本与经合组织国家平均水平相仿，意味着更高的人力资本积累速度。亚洲 13 国平均接近 8.7 年，但各国之间有着极大的差距，哈萨克斯坦达到 11.8 年，但巴基斯坦则仅 5.2 年，为新兴市场 30 国最低；中国平均受教育年限也仅有 7.8 年，属于较为靠后的水平。拉丁美洲 9 国的平均受教育年限均值与亚洲接近，但更加均衡，唯有危地马拉不足 7 年，其他国家均至少达到与中国相仿的水平，智利甚至也已突破 10 年。非洲 5 国整体受教育水平较低，但南非达到 10.1 年，远超其余 4 国，摩洛哥 5.5 年也仅高于巴基斯坦。

3. 基础教育普及率较高，高等教育入学率仍与发达国家有较大差距

入学率（School enrollment）反映了一个国家或地区为当地居民提供的受教育机会。小学教育为处于儿童阶段的居民培养了基础的阅读、写作和数学技能，以及对历史、地理、音乐、艺术等学科的基本理解。中学教育在此基础上为青少年居民提供了更多以学科和技能为导向的教学内容，为终身学习和个人发展奠定基础。高等教育为居民提供了更专业的教学，培养其在某一方面进行专业研究的能力。因此，考察入学率在不同国家或地区间的差异有助于加深对人力资本差异的理解。

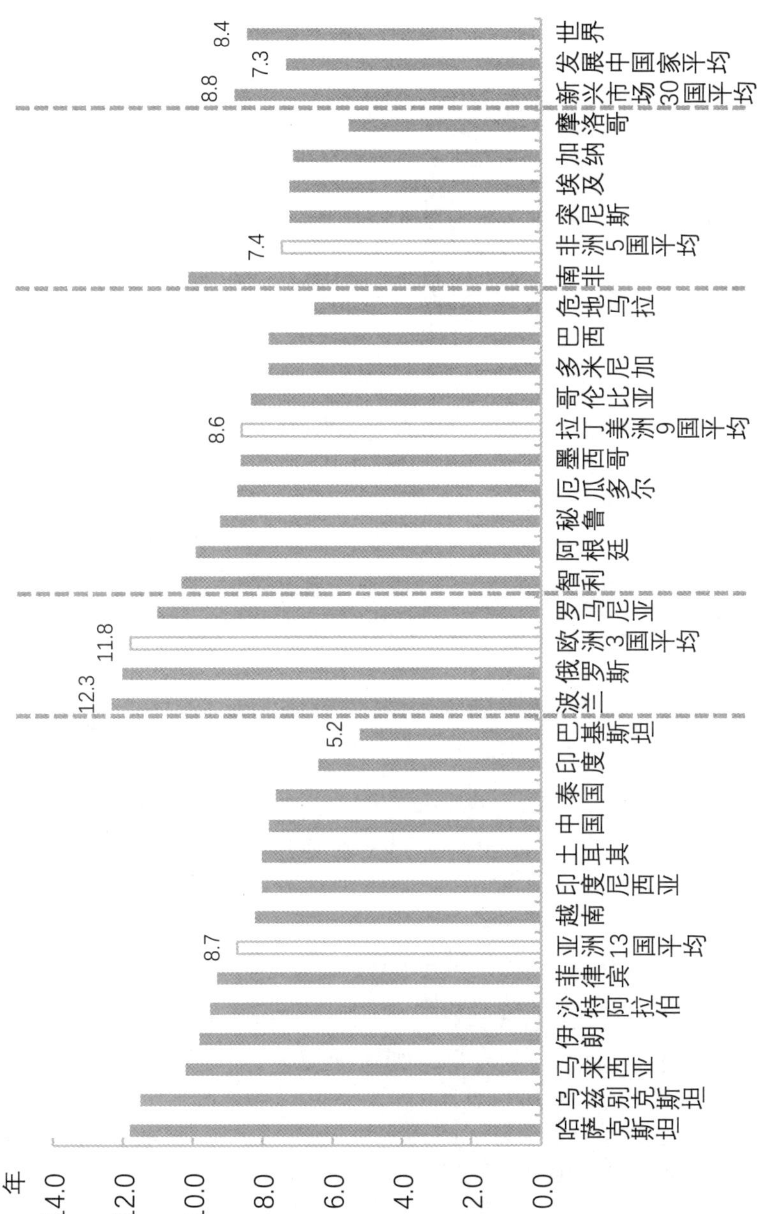

图 6-34　2017 年新兴市场 30 国平均受教育年限对比

数据来源：联合国《2018 年人类发展报告》

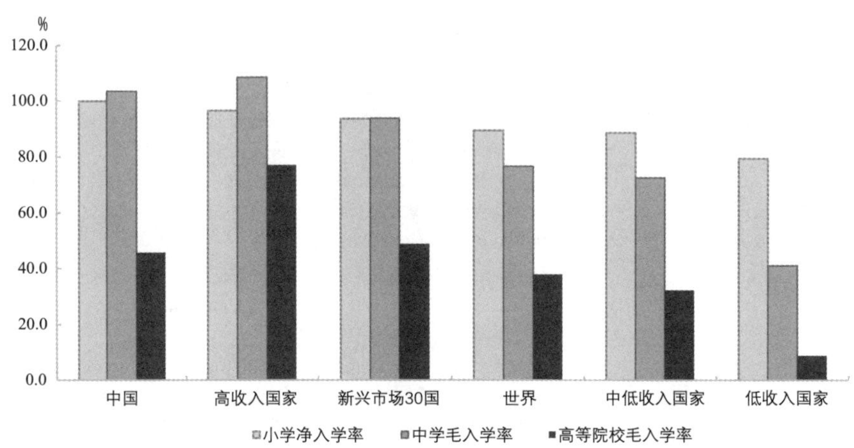

图 6-35　2017 年新兴市场 30 国与各地区入学率差异

注：图中中国的中学毛入学率指初中阶段毛入学率。

数据来源：世界银行 WDI 数据库

由图 6-35 可知，新兴市场 30 国整体在小学净入学率方面高于世界平均水平，并且与高收入国家差距也较小。从整个世界范围内来看，小学作为基本技能阶段，在诸多国家以强制教育、免费教育的形式进行，净入学率自然较高。中学毛入学率①方面，新兴市场30国明显高于世界平均水平，虽然与高收入国家有一定的差距，但总体仍处于较高的水平。在高等院校毛入学率方面，新兴市场 30 国虽然同样高于世界平均水平，但与高收入国家的差距则更加明显。

对中国而言，同样存在类似的问题，由于长久以来大力普及义务教育，2017 年中国小学阶段的净入学率达到 99.91%，已经达到非常高的水平；初中阶段的毛入学率则达到 103.5%（高中阶段的毛入

① 中学毛入学率在 WDI 数据库中的统计项目为 School enrollment, secondary（% gross），其计算方法为中学阶段总人数与官方公布的中学阶段相对应的学龄组人口之比。实践中由于存在超龄或低龄学生，毛入学率会出现超过 100% 的情况。这一点不同于小学净入学率，由于净入学率计算方法为适龄的小学在校生与小学阶段年龄组人口之比，因此净入学率不会超过 100%。

学率也达到 88.3%），同样处于较高的水平；但高等院校方面，中国毛入学率①则仅有 45.7%，不及世界平均水平，更远远落后于高收入国家。因此，在高等教育方面中国还需进一步弥补与发达国家之间的差距。

（二）教育面临的问题

1. 教育支出不足，制约技术创新和产业转型

新兴市场 30 国在教育支出方面虽然有较大增长，占各自政府支出的比例相对较高，但与本国国内生产总值相比仍较为不足，与先进国家有较大差距。公共教育支出是教育发展的物质基础和财力保障，教育所带来的人才支持和智力保障构成一个国家的人力资本，进而能够激发技术创新活力，促进产业转型升级。因此，公共教育支出不足是新兴市场国家发展的一大制约。

具体来看，新兴市场 30 国的教育支出占各自国家政府支出的比例达到 16.7%，不仅远高于高收入国家和世界平均水平，也高于低收入国家和中低收入国家，显示出政府在教育方面的重视和投入力度。但从教育支出占国内生产总值的比例来看，新兴市场 30 国仅为 4.5%，领先低收入国家，略高于中低收入国家，但低于世界平均水平，更远低于高收入国家。造成这一矛盾的原因或许是新兴市场国家的政府财政支出整体较低，虽然教育支出已经占整体财政支出较高比例，但其绝对数额与国家国内生产总值相比仍处于较低水平。

---

① 高等院校的毛入学率包括了研究生、普通本专科、成人本专科、网络本专科、高等教育自学考试本专科等各种形式的高等教育在学人数。

对中国而言，2012 年国家财政性教育支出占国内生产总值比例首次突破 4%，虽然此后连续将这一比例保持在 4% 以上，但显然与高收入国家还存在明显差距。据《2017 年全国教育经费执行情况统计公告》数据，2017 年全国财政性教育经费[①]投入为 34 207.75 亿元，占国内生产总值比例为 4.14%，增长 8.95%，其中一般公共预算教育经费占一般公共预算支出的比例为 14.71%。随着未来经济增速放缓，一般公共预算支出和财政性教育经费稳定增长，未来财政性教育经费仍将持续增长，占国内生产总值的比例或许会向高收入国家接近。

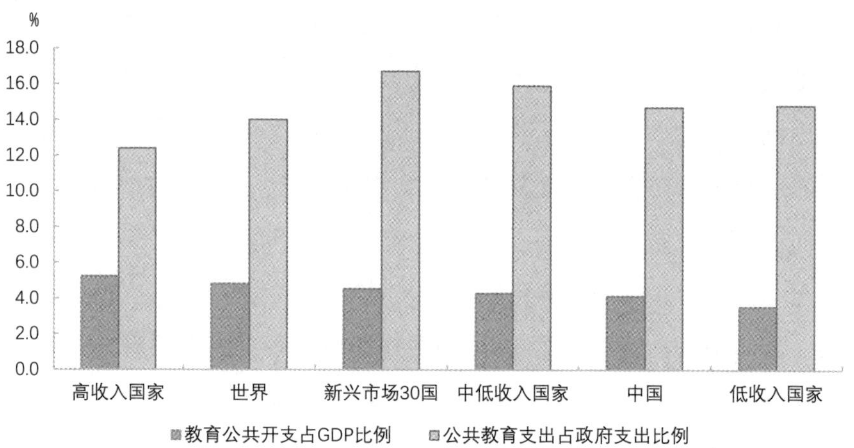

图 6–36　2012—2017 年新兴市场 30 国与各地区教育支出对比

注 1：由于数据缺失，此处教育支出占 GDP 比例、教育支出占政府支出的比例均指 2013—2017 年内可获得的最近一年的数据。

注 2：由于多米尼加、埃及、菲律宾、沙特阿拉伯、摩洛哥数据缺失年份较多，新兴市场 30 国整体数据中排除了这 5 个国家。

数据来源：世界银行 WDI 数据库、联合国《2018 年人类发展指数报告》、《全国教育经费执行情况统计公告》

① 财政性教育经费主要包括一般公共预算安排的教育经费、政府性基金预算安排的教育经费、企业办学中的企业拨款、校办产业和社会服务收入用于教育的经费等。

2. 25 岁以上人口受教育程度不足，人力资本存量有差距

由于新兴市场 30 国多数发展基础较为薄弱，至少受到到中等教育的人口占比仍然较低，平均仅为 65.2%，不仅低于世界平均水平 66.5%，更远低于经合组织国家的 86.0%。在人力资本存量方面，多数拉丁美洲和非洲国家、部分亚洲国家仍有明显不足。

具体来看，欧洲 3 国至少受到中等教育的人口占比最高，即使较低的波兰也达到 86.2%，平均占比均高于经合组织国家平均水平。亚洲 13 国的平均水平略高于世界平均水平，但各国之间显示出极大的差异：苏联国家乌兹别克斯坦、哈萨克斯坦占比分别达到 99.9% 和 98.8%，而巴基斯坦则仅占有 37.3%，在新兴市场 30 国之中仅略高于摩洛哥；中国的占比为 77.4%，虽然高于世界平均水平，但与经合组织国家有明显的差距。拉丁美洲 9 国仅有智利超过 80.0%，表现相对突出，阿根廷等其他 8 国占比均在 65.0% 以下，均未达到世界平均水平。非洲 5 国与拉丁美洲类似，南非表现相对突出，但其他 4 国也未达到世界平均水平，摩洛哥 31.3% 的比例为 30 国的最后一名。

五、结论和政策建议

整体而言，很难简单地对新兴市场 30 国的社会发展水平给予一个较高或者较低的评价。虽然新兴市场 30 国代表了世界发展的新动力，这个国家群体整体的社会发展水平高于世界平均水平，但又与经合组织国家或者高收入国家有着明显差距，并且内部差异也较大。

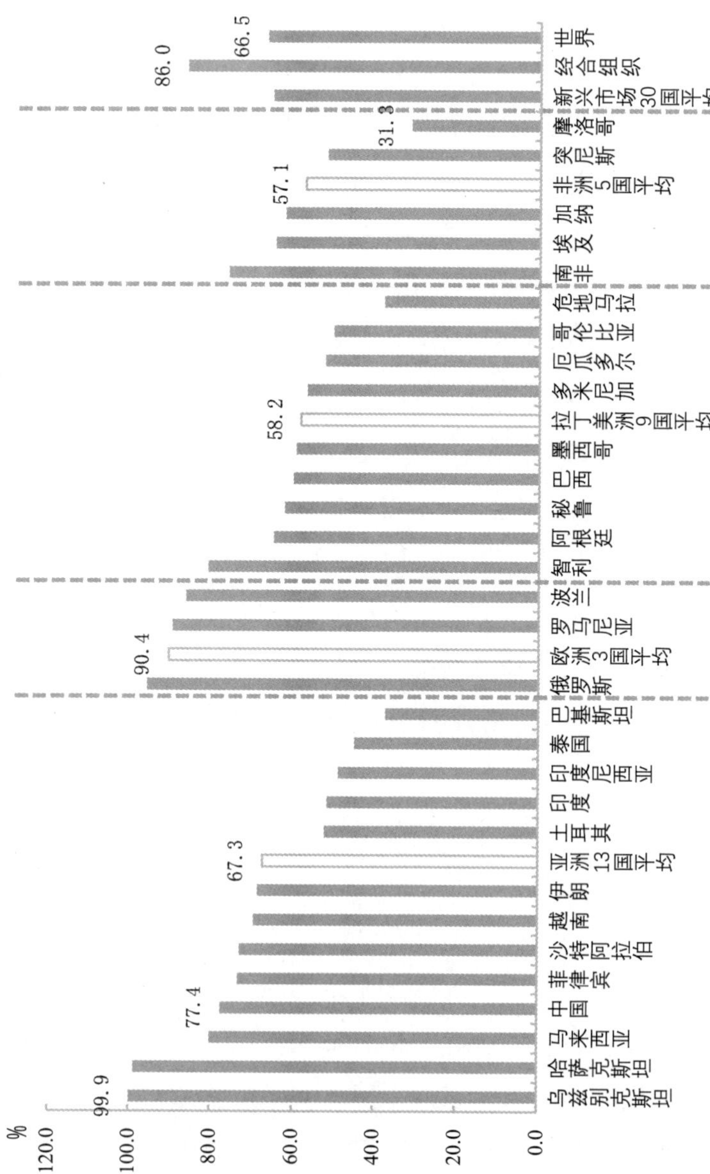

图 6-37　新兴市场 30 国至少受到中等教育的人口占比情况

注：至少受到中等教育的人口指 25 岁及以上人口中，接受过中等、高等教育的人口占比。

数据来源：联合国《2018 年人类发展报告》

（一）人口方面的挑战

新兴市场 30 国部分国家已经面临较为严峻的人口问题。根据相关数据，新兴市场 30 国已有超过一半进入老龄化，虽然整体的年龄结构仍然优于世界平均水平，也远好于高收入国家，但在人均收入水平仍与高收入国家有一定差距的情况下，这种老龄化趋势的提前显现不免呈现出一种“未富先老”的状态。尤其是随着社会发展水平的提高，各国总和生育率也在逐渐下滑，新兴市场 30 国已有 11 个国家总和生育率低于生育更替所需要的水平 2.1。生活节奏不断加快，社会压力持续增加，加之生育观念逐渐多样化，导致适龄婚育群体的生育意愿减弱、生育年龄推迟。无论是人口老龄化还是生育意愿、生育人口的减少，都给社会发展和稳定带来了一定的隐患。

（二）高素质劳动力不足

新兴市场 30 国整体较为缺乏高素质劳动力，劳动生产率偏低。劳动力与人口问题密切相关，劳动力素质则与教育密切相关。从现状数据来看，首先，新兴市场 30 国劳动力禀赋高，但主要集中于中国、印度等亚洲国家，区域分布并不均衡。其次，由于出生率的降低，新兴市场 30 国 15 岁以下人口的比重整体也在降低，并且下滑速度较快，已经低于世界平均水平，与撒哈拉以南非洲地区、阿拉伯联盟国家的差距则更加明显。再次，则是就业人口比重略低与失业率偏高并存，受到传统习惯、国内国际政治经济环境变化的影响，拉美和非洲地区的新兴市场国家问题更为突出。最后，也是最为关键的问题则是由于教育投入不足导致的高素质劳动力较为短缺，虽然新兴市场 30 国的公共教育支出占政府支出比例最高，但由于国家政府支出的绝对数额低于高收入国家，并且教育公共开支占国内生产总值的比例相对略低，新兴市场 30 国的教育支出仍显不足。虽然在基础教育方面，新兴市场 30 国已经达到较高的水平，与高收入国家的差距也并不明显，但高等教育入学率仅为高收入国家六成，仍然存在较大的差距，对高素质劳动力主导的新技术创新和新兴产业发展带来了不利影响。

（三）数字经济时代的机遇

新兴数字技术的发展或许将成为缓解人口老龄化等社会问题的契机。随着人工智能、大数据、物联网、云计算等数字技术的发展，其对社会的推动不仅体现在消费端的生活便利化，更体现在与实体经济融合后的产业升级和效率提升、与政府职能融合后的公共服务改进、与节能环保事业融合后的绿色城市建设等方面。从现状数据看，新兴市场 30 国部分国家人口年龄结构正在发生变化：一方面劳动人口比重呈下滑的趋势，即劳动力供给减少；另一方面社会主要生产者与单纯的消费者的结构也在变化，社会抚养比上升，即需求在增加。在这种情况下，基于各种数字技术的新兴数字经济体系或许将有助于缓解供给和需求之间的不平衡。例如，浙江和广东等省份在传统制造行业逐渐推广采用“机器换人”，虽然当前仍然存在自动流水线柔性生产水平不足等问题，但各种数字技术对于增加有效劳动供给的潜力仍然是有目共睹的。加之在消减市场信息不对称、降低市场交易成本等方面的巨大作用，各种数字技术将成为缓解人口问题的契机。

附录 6-1 新兴市场 30 国社会发展指数测算得分及排序（2013—2017 年）

国家	2017年		2016年		2015年		2014年		2013年		五年平均	
	得分	排序	得分	排序	得分	排序	得分	排序	得分	排序	得分	排序
波兰	97.19	1	96.76	1	96.16	1	95.02	2	95.19	1	96.06	1
哈萨克斯坦	95.66	2	95.30	2	95.20	2	95.05	1	94.49	3	95.14	2
俄罗斯	95.41	3	95.14	3	94.95	3	94.84	3	94.61	2	94.99	3
智利	94.57	5	94.49	4	94.41	4	94.12	4	93.90	5	94.30	4
罗马尼亚	94.65	4	94.28	5	93.84	5	93.94	5	93.93	4	94.13	5
越南	94.19	6	94.03	6	93.83	6	93.77	6	93.79	6	93.92	6
秘鲁	93.70	7	93.57	7	93.44	7	93.75	7	93.04	7	93.50	7
乌兹别克斯坦	93.18	8	92.99	9	92.96	9	92.84	9	92.84	8	92.96	8
马来西亚	93.08	9	93.00	8	92.98	8	92.85	8	92.60	10	92.90	9
泰国	93.02	10	92.93	10	92.88	10	92.79	10	92.65	9	92.85	10
阿根廷	92.75	11	92.70	11	92.56	11	92.52	11	92.54	11	92.61	11
厄瓜多尔	92.63	12	92.28	12	91.83	12	91.57	13	91.54	12	91.97	12
中国	92.07	13	92.00	13	91.83	13	91.68	12	91.52	13	91.82	13
墨西哥	91.79	14	91.63	14	91.41	14	90.96	14	90.97	14	91.35	14
哥伦比亚	90.45	15	90.43	15	90.27	15	89.98	16	89.58	17	90.14	15
菲律宾	90.12	16	90.25	16	90.14	16	89.87	17	89.69	16	90.01	16
巴西	89.39	18	89.54	17	90.11	17	90.24	15	90.03	15	89.86	17
多米尼加	89.98	17	89.45	18	89.20	18	89.03	18	88.54	18	89.24	18
印度尼西亚	88.56	19	88.37	19	88.08	19	88.01	19	87.86	19	88.18	19
土耳其	87.86	21	87.65	21	87.40	21	87.05	21	87.41	20	87.48	20
危地马拉	88.08	20	87.93	20	87.48	20	87.71	20	85.87	23	87.41	21
沙特阿拉伯	86.66	23	86.67	22	86.50	22	86.24	23	86.18	22	86.45	22

（续表）

国家	2017年		2016年		2015年		2014年		2013年		五年平均	
	得分	排序	得分	排序	得分	排序	得分	排序	得分	排序	得分	排序
加纳	86.70	22	86.54	23	86.22	23	86.27	22	86.24	21	86.40	23
伊朗	86.27	24	86.12	24	86.07	24	85.82	24	85.84	24	86.02	24
突尼斯	84.38	25	84.20	25	84.15	25	84.05	25	83.67	25	84.09	25
摩洛哥	83.98	26	83.81	26	83.37	27	83.30	26	83.23	26	83.54	26
南非	83.39	28	83.29	28	83.39	26	82.96	27	82.51	27	83.11	27
印度	83.49	27	83.32	27	83.06	28	82.73	28	82.27	28	82.97	28
埃及	83.11	29	82.88	29	82.44	29	82.34	29	82.09	29	82.57	29
巴基斯坦	81.23	30	81.13	30	80.95	30	81.26	30	80.59	30	81.03	30

第七章

新兴市场 30 国的营商环境

刘　倩

制度不断改进是新兴市场国家经济发展特征的重要体现。很多国家的实践表明，制度的调整与变动决定着经济结构和经济发展的长期走势，而营商环境则是衡量制度环境维度的代表性指标，是衡量一个经济体经济发展软实力的重要标准，很多国家和国际组织通常以此衡量制度环境的优劣。[①] 营商环境的优劣直接影响外商投资，而外商直接投资类的私人资本流动可以促进经济发展和减贫，这正是处于经济结构转型期的新兴市场国家最为关注的。同时，营商环境也是一个国家或地区政府治理水平的体现。作为新兴市场 30 国综合指数的组成部分，营商环境这一指标对衡量新兴市场国家综合发展潜力具有重要意义。本章将对新兴市场 30 国的营商环境及影响营商环境的各项指标做出综合评估和系统分析。

① 胡必亮，唐幸，殷琳，刘倩．新兴市场国家的综合测度与发展前景 [J]. 中国社会科学，2018（10）：59—85，205—206.

一、新兴市场30国营商环境评估总体情况

目前关于营商环境的评估比较权威的报告有三个。第一个是世界经济论坛每年发布的《全球竞争力报告》。这个报告自 1973 年开始，被认为是最早构建的面向全球经济体的营商环境评估体系，设有十二大一级指标，[①] 这个报告具有较长的历史，方法和体系都相对成熟，但是其指标对于营商环境的针对性不够强。第二个是经济学人集团旗下的经济学人智库（The Economist Intelligence Unit, EIU）每五年发布一次的《营商环境排名》，有十个一级指标，[②] 其特点是对营商环境的排名不仅基于国家的过去表现，而且基于经济学人对国家营商环境未来五年的预判，但由于报告每 5 年才发布一次，而且报告涵盖国家范围有限，缺少对所有国家和地区的营商环境的全面比较。第三个报告来自世界银行。为了更好地衡量和比较全球各经济体的营商环境，世界银行成立了营商环境报告（Doing Business, 简称 DB）小组，从 2003 年起对全球 190 个经济体的监管法规进行量化分析，构建一系列可供横向比较的评价指标，为各经济体的营商环境质量进行评比排名，其特点是每年报告会对营商环境指标体系的变化以及一些国家营商环境的改革进行说明。[③] 由于世界银行营

---

① The Global Competitiveness Report 2018, https://www.weforum.org/reports/the-global-competitveness-report-2018

② Business environment ranking and index 2014, https://www.eiu.com/public/topical_report.aspx?campaignid= bizenviro2014

③ 宋林霖，何成祥，优化营商环境视阈下放管服改革的逻辑与推进路径——基于世界银行营商环境指标体系的分析 [J]. 中国行政管理，2018（04）：67—72.

商环境报告中建立的指标体系已经相对成熟、稳定，也被广泛接受，尤其世界银行作为发展中国家最大的援助机构，其指标选择和研究关注点更为针对发展中国家，符合新兴市场 30 国的研究需求，因此本研究选取世界银行营商环境指标体系为参照标准。

（一）营商环境评估框架简介

世界银行营商环境系列报告到 2019 年已经发布 16 期，其宗旨都是帮助监管者评估和衡量国内的商业监管环境。通过有效的商业监管为微型和小型企业提供成长、创新的机会，并在合适的时机，促进其从非正规经济部门向正规经济部门转换。①

根据世界银行营商环境报告，采用“营商环境便利度分数”（ease of Doing Business score）来以反映一个经济体的营商环境。营商环境报告重点关注各经济体中位于最大的经济商业城市内的中小型企业的 11 个监管领域的数据，为 190 个经济体之间营商环境的比较提供客观且可量化的衡量标准。这一指标涵盖了影响国内企业监管环境的 10 项量化指标：开办企业、办理施工许可证、获得电力、登记财产、获得信贷、保护少数投资者、纳税、跨境贸易、执行合同和办理破产，还有一项劳动力市场监管的特征指标未列在排名中。营商环境报告收录了两类数据和指标：一类是“时间和运行指标”，这类指标主要是根据相关监管规定完成一笔交易需要的程序、时间和成本，进而衡量考查过程的效率性；另一类是“法律得分指标”，主要为书面的法律法规提供衡量标准，比如对投资者保护力度、涉及的

① 世界银行《2019 年营商环境报告》，http://www. doingbusiness.org

司法程序的质量以及法律框架的力度等，这些力度越大，营商环境给出的分数越高。

表 7-1 衡量营商环境的 10 项指标

指标集	衡量的内容
时间和运行指标	
开办企业	开办有限责任公司的手续、时间、成本和最低实缴资本
办理施工许可证	完成建造仓库的所有手续、时间和费用以及施工许可证制度中的质量控制和安全机制
获得电力	连接电网的手续、时间和成本，电力供应的可靠性以及电费的透明度
登记财产	办理土地转让的手续、时间和费用及在土地管理制度方面的质量
纳税	公司在遵守所有税收法规的经营过程中的缴税次数、时间，税及派款总额以及报税后流程
跨境贸易	出口有相对优势的产品和进口汽车零部件的时间和成本
法律得分指标	
获得信贷	动产抵押法律和信用信息系统
保护少数投资者	少数股东在关联交易和公司治理中的权利
执行合同	解决商业纠纷的时间和成本及在履行司法程序时的质量
办理破产	商业破产的时间、成本、结果和回收率以及破产法律框架的力度

营商便利度分数由经济体各项一级指标排名的简单算术平均得出。营商便利度采用前沿距离水平方法计算。前沿距离代表经济体在每项指标上层达到的最高水平，100 为最优，0 为最差，由各项指标的实际数值距离计算各项指标的最终分数。综合排名的成绩是由 10 项一级指标和相应二级指标，或者三级甚至四级指标距离前沿水平的分数决定的。这样计算出的营商便利度指数能够反映出各经济体历史上在各项指标上绝对改进或者倒退的程度。

本章关于新兴市场 30 国营商环境水平的测算方法是结合世界银行营商环境报告数据和方法，采用简单的平均方法对营商环境报告中的 10 项指标集进行加权，来确定新兴市场 30 国各经济体每一年营商环境便利度的得分，并再次加权平均计算各国 2015—2019 年平均分数，最后对新兴市场 30 国家进行整体排名。

（二）新兴市场30国营商环境总体情况

新兴市场 30 国是具有代表性和先进性的发展中国家，包含了不同类型的发展中国家，如典型的市场经济国家、经济体制转轨国家等。这些国家的法律制度与其他发展中国家相对而言比较完善，健全的营商法规对建立富有活力的私营部门至关重要，私营部门的蓬勃发展为就业创造更多机会，也为国内企业带来更多投资和收入。因此，完善的营商法规和相关制度对经济健康运行至关重要。为了量化研究新兴市场 30 国的营商环境情况，我们利用世界银行 Doing Business 数据库、营商便利度评估指标体系和 2014—2018 年评分结果，首先对新兴市场 30 国近五年营商环境指数和排名进行横向对比分析，并将近五年指数的变化趋势进行纵向对比分析，归纳新兴市场 30 国营商环境呈现出来的主要特征；其次，将其营商便利度分数与全球国家、经合组织国家进行对比，分析新兴市场 30 国营商环境在全球范围内的优势与差距。

“营商环境便利度分数”显示了一个经济体在最佳监管实践中的绝对地位，而“营商环境便利度排名”则显示了一个经济体相对于其他经济体的地位。排名结果如表 7–2 所示。整体来看，新兴市场 30 国营商环境呈现出以下特点：

表 7–2　新兴市场 30 国营商环境水平的排名及变化

排名	国家	营商便利度分数	2014—2018年变化	排名	国家	营商便利度分数	2014—2018年变化
1	马来西亚	78.65		17	印度尼西亚	63.82	
2	波兰	76.62		18	乌兹别克斯坦	63.00	
3	俄罗斯	75.26		19	危地马拉	61.74	
4	泰国	73.99		20	沙特阿拉伯	60.59	
5	哈萨克斯坦	73.84		21	多米尼加	59.60	
6	罗马尼亚	72.64		22	印度	58.34	
7	墨西哥	71.76		23	阿根廷	57.77	
8	智利	71.22		24	巴西	57.71	
9	土耳其	70.28		25	厄瓜多尔	57.65	
10	哥伦比亚	69.02		26	加纳	57.03	
11	秘鲁	68.54		27	菲律宾	56.29	
12	摩洛哥	68.07		28	埃及	56.07	
13	中国	65.80		29	伊朗	55.14	
14	南非	65.05		30	巴基斯坦	52.30	
15	突尼斯	64.73			**30国平均分数**	64.90	
16	越南	64.32			**全球平均分数**	61.37	

注：基于世界银行数据所得出的关于 30 个国家的排名情况。

1. 新兴市场 30 国营商环境与经济发展水平密切相关

新兴市场 30 国包括 4 个高收入国家、16 个中高收入国家和 10 个中低收入国家，2014—2018 年营商环境指数排名相对靠前的国家多为高收入及中高收入国家。根据表 7–2 数据所示，营商指数得分最高的为马来西亚 78.65，最低的为巴基斯坦 52.30，30 国平均分数为 64.90。高收入国家营商环境指数平均值为 66.55，超过 30 国平均值的有波兰和智利 2 家，呈现两极分化态势，主要由沙特阿拉伯、阿根廷两国而被拉低；中高收入国家营商环境指数平均值为 67.92，超过 30 国平均值的有马来西亚、俄罗斯、泰国等 11 国，16 个国家营商环境指数分布相对均匀，大部分国家位于中等偏上水平；中低收入国家营商环境指数平均值为 60.40，超过 30 国平均值的仅有摩洛哥 1 家，同样呈现两极分化态势，主要由亚洲和非洲国家构成。因此，营商环境与收入水平密切相关，指数排名位于前 10 位的国家均为高收入及中高收入国家，中高收入国家营商环境整体水平高于高收入和中低收入国家。详细分布情况见图 7–1。

2. 新兴市场 30 国营商环境水平地区差异性较大

对新兴市场 30 国按照地域分解，有助于更直观地了解各国的营商环境和分布情况。我们将新兴市场 30 国划分成 6 个区域，分别是欧洲、非洲、拉丁美洲、东亚东南亚、中亚西亚、南亚，划分的依据主要是地理板块，而地理板块与经济发展和营商环境有着内在的联系。欧洲、东南亚区域营商环境指数为 74.84 和 67.41，远超全球国家营商环境指数 61.37，高于 30 国平均值，尤其是欧洲全部国家和东南亚前几名国家，其营商环境指数远超 30 国平均水平，东南亚国家近几年营商环境指标改善程度优于欧洲国家。中亚西亚、拉丁美洲、非洲营商环境指数分别为 64.57、63.89 和 62.19，高于全球国家营商环境指数 61.37，略低于 30 国平均值；中亚西亚、拉丁美洲两个区域国家在 30 国占比接近 50%，虽然区域内国家均处于高收入和中高收入水平，但是区域内国家营商环境两极分化较为严重，尤其是伊朗、阿根廷、巴西等政治和经济比较动荡的国家营商环境较为恶劣；非洲国家由于基础设施建设落后、政府行政效率低下，在 30 国中处于中低水平。南亚营商环境指数为 55.32，低于全球国家平均水平和 30 国平均值，但南亚近五年营商环境指数逐年改善最为明显。可见，新兴市场 30 国营商环境因地域不同而呈现橄榄形的分布，欧洲和南亚区域营商环境指数作为两个极端差距比较大，非洲、拉

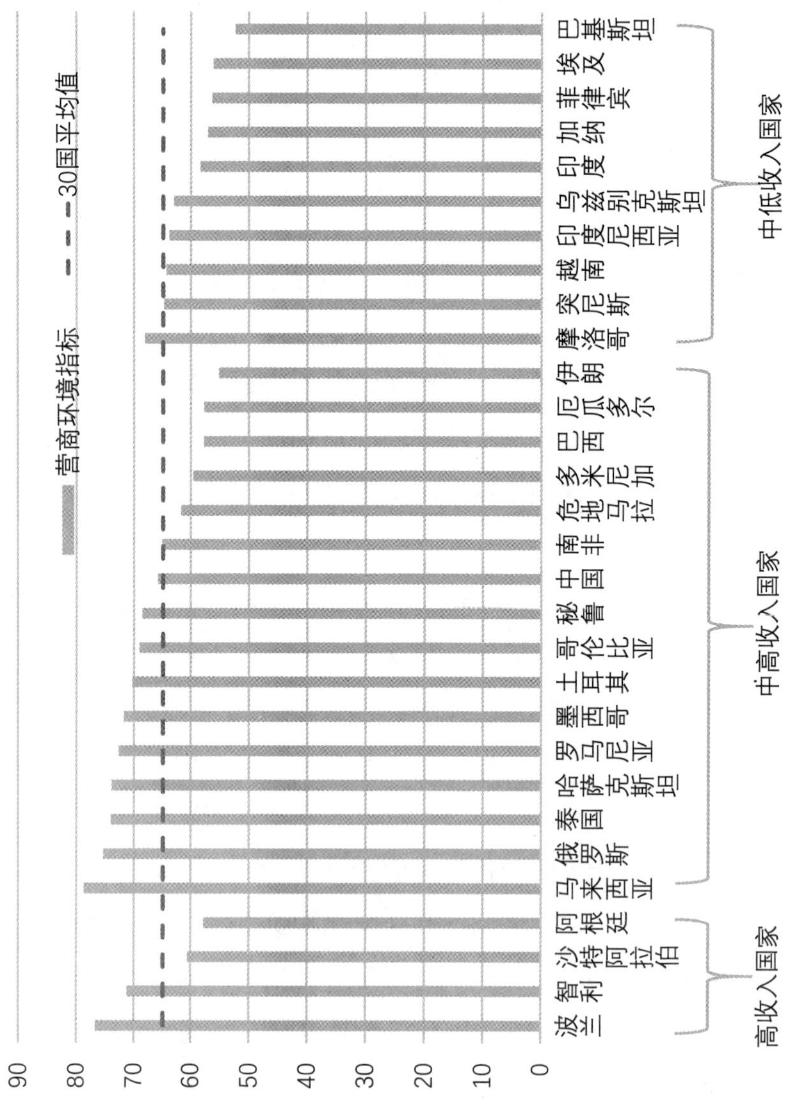

图 7-1　新兴市场 30 国中高收入水平国家的营商环境指标

丁美洲和亚洲其他区域国家营商环境指数居中，并且差距较小；东南亚、东亚、南亚、中亚西亚地区国家营商环境基础比较差，近五年处于持续增长，指标改善较为显著。

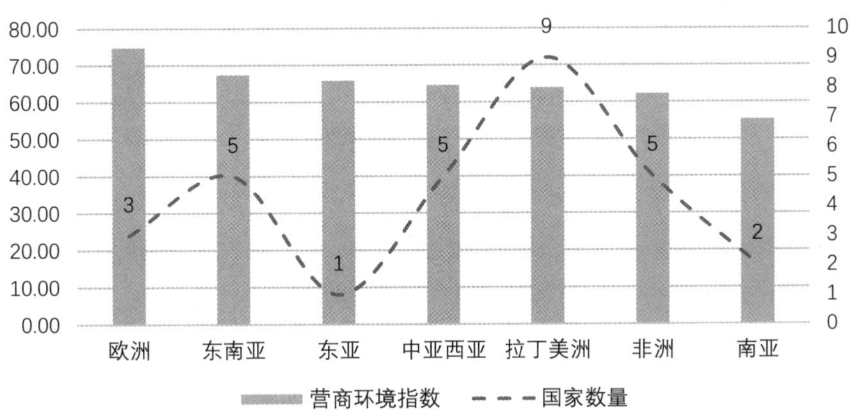

图 7-2　新兴市场 30 国不同地域的营商环境指数

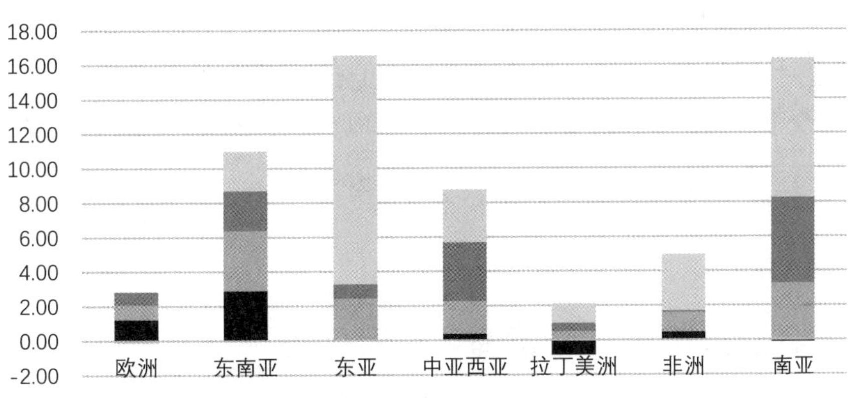

图 7-3　东南亚、东亚、南亚近五年营商环境指数

3. 营商环境指数排名靠前经济体政府监管力度较大

排名靠前的经济体是那些一直拥有着良好商业监管设计的，或者由于多年来不断改革，其监管环境良好的经济体。马来西亚、波兰和俄罗斯代表了 30 国中最有利于商业发展的环境。在过去十年里，随着各经济体政府认识到商业监管作为竞争驱动力的重要性，为确保各机构之间的协调，哥伦比亚、马来西亚和俄罗斯等国家成立了监管改革委员会。排名第一的马来西亚多年来一直保持改革势头，仅 2017—2018 年马来西亚在优化营商环境方面进行了 6 项改革，多集中在减少程序性成本和手续便利度上，比如马来西亚加强了巴生港的基础设施建设，增加了带有额外扫描器的入口，升级了管理系统，扩建了两个终端机，缩短了进港时间。值得一提的是，经济发展势头较好的金砖五国全部在新兴市场 30 国范围之内，巴西、南非、俄罗斯、印度和中国这 5 个金砖国家经济体在 2017—2018 年营商环境方面总共进行了 23 项改革，其中获得电力和跨境贸易是最常见的两个改革领域，在横跨各个商业监管领域的营商环境便利度得分共计提高了 19 分。

二、新兴市场30国营商环境变化趋势分析

根据新兴市场 30 国近五年营商环境数据变化分析，30 国营商环境整体呈现以下三方面特点：

（一）营商环境整体水平不断改善

为了更细致地分析新兴市场 30 国营商环境的变化趋势，我们测算出了各国近五年营商环境度分数的年均变化率，如图 4 所示。从变化趋势上看，结合表 2 和图 4 所见，新兴市场 30 国近年来整体营商环境一直是不断改进和提升的，近五年整体营商环境指数提升 6%，年均增长率为 1.2%。除危地马拉和罗马尼亚两个国家为负增长外，其他国家均呈现营商环境不断改善的趋势。30 个国家营商环境按照变化趋势可以分为三类：

第一类，稳步上升：俄罗斯、哈萨克斯坦、中国、越南、印度尼西亚、乌兹别克斯坦、印度和阿根廷 8 国近五年营商便利度评分持续上升。若消除世界银行 2014 年和 2015—2018 年评估指标变化带来评分偏差的影响，实际上评分持续上升的国家还包括：泰国、智利、秘鲁、沙特阿拉伯、加纳、菲律宾、埃及、巴基斯坦等共计 16 个国家。近五年营商环境持续改善国家的占比超过 50%。其中，两个人口最多的经济体中国和印度都推进了一系列改革，旨在数年内改善商业环境。印度近五年营商环境指数提升 25.57%，年均增速 5.11%，远高于 30 国平均提升水平，是 30 国中营商环境改善最快的国家。中国是东亚及太平洋地区唯一一个进入 2019 年《营商环境报告》的“十大最佳改革者”名单的国家，其 2017—2018 年的改革工作旨在提高业务流程的效率，中国五年营商环境指数整体提升 17.02%。两国能取得这样的效果和政府的大力改革密不可分。在降低监管的复杂性和成本以及加强法律规制的改革上，印度进行了 19 项调整（包括孟买两项），比如印度推出了《2017 年马哈拉施特拉邦商品和服务税法》和《2017 年德里商品和服务税法》，将所有销售税统一为一种新的税种，称为商品和服务税（GST），这一重大改革加大了纳税的便利度。中国进行了20项调整，具体集中在提高跨境贸易便利性、提高办理施工许可证便利度、获得电力容易度、登记财产便利度、纳税便利度等领域。

第二类，波动改善：影响营商便利度评分的指标众多，新兴市场国家在发展过程中，如果出现政策效果滞后显现或者政策推进有所停滞的现象，营商便利度评分可能会出现小范围波动，但其在2014—2018年整体仍呈现改善，我们将这一类国家定义为波动改善型。消除世界银行2014年和2015—2018年评估指标变化带来评分偏差的影响，马来西亚、波兰、墨西哥、土耳其、哥伦比亚、摩洛哥、南非、突尼斯、多米尼加、巴西、厄瓜多尔和伊朗等12个国家属于波动改善型。其中，马来西亚、土耳其、多米尼加、巴西等4国，经过政府在开办企业、办理施工许可证、获得电力、登记财产等方面的改革和调整，2017—2018年营商便利度评分已经连续两年实现增长；墨西哥和波兰两个因为2018年政策改善停滞不前，导致2018年营商便利度评分有所下降；其他6个国家则在发展过程中呈现反复波动状态，通过各国政府努力2018年营商便利度评分仍然实现增长。

第三类，迟滞不前：危地马拉、秘鲁和罗马尼亚三国过去五年营商便利度分数年均增长率为负。罗马尼亚营商环境指数分别为72.64，在世界范围内一直属于前列。罗马尼亚营商环境指数在2015年和2018年均出现下滑，分析其原因为近几年两国政府在相关领域的改革调整力度减弱，导致该国营商环境指标没有恢复到2014年的水平。危地马拉过去五年营商环境指数为61.74，高于世界整体平均水平61.37，但是在2015年和2017年得分出现下滑；2017—2018年危地马拉在多个方面推进改革，大幅提升开办企业的容易度，使得其 2018 年营商便利度得分有所回升，但是仍然低于 2014 年的水平，危地马拉政府未来还需进一步扩大改革范围。政府效率低下是拉美营商环境水平不高的重要原因之一，也是秘鲁和罗马尼亚营商环境出现负增长的重要因素。

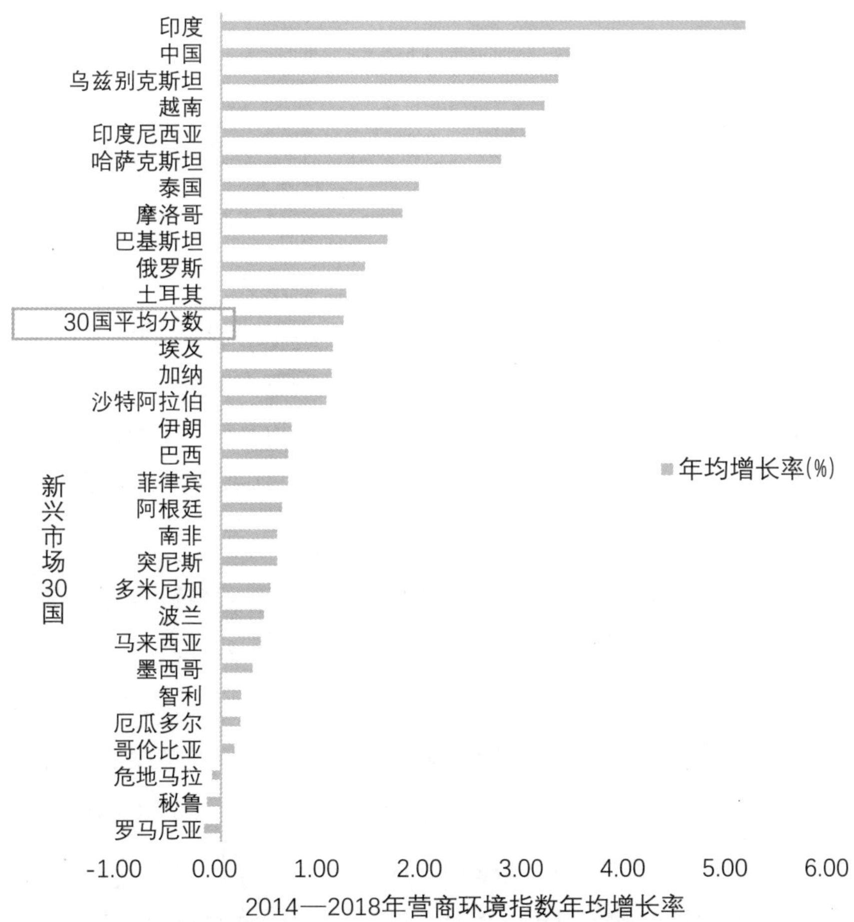

图 7-4　新兴市场 30 国近五年营商环境改善情况（2014—2018 年）

（二）亚洲国家营商环境排名提升显著

从纵向对比来看，过去五年内新兴市场 30 国的营商环境指数上升态势比较稳定，但是每年营商便利评分排名局部也发生了较大的变化。图 7–5 展示了新兴市场 30 国 2014 年和 2018 年的营商便利评分排名，斜线左上角的区域表示相对于 2014 年，该国的营商便利评分排名有所进步；而落入斜线右下角区域的散点则代表排名有所退步的国家。由图可见，印度、中国、哈萨克斯坦、乌兹别克斯坦、越南和印度尼西亚几个国家排名上升比较快，主要集中在南亚、东亚、东南亚和中亚等国家，大部分国家经济增长速度较快或者政府推进改革决心较强。排名退步显著的国家包括：罗马尼亚、智利、秘鲁、南非、突尼斯、危地马拉、多米尼加和厄瓜多尔，主要以拉丁美洲国家为主，大部分国家经济增长速度较慢或者相关政策调整力度减弱。营商环境有明显改善的国家经济发展均呈现快速增长，但是排名退步显著的国家则对经济发展水平、地域分布和政府商业监管多项指标较为敏感。

（三）新兴市场30国与经合组织国家的营商环境差距逐步缩小

营商环境与经济发展水平有着较强的相关性，良好的营商环境可以吸引国际化企业投入和国际化人才流入，对于经济发展与增长有着巨大的推动作用。新兴市场 30 国大多为发展中国家，健康、持续、快速地发展本国经济是当务之急，而经济的健康运行需要建立完善的市场经济制度和相关法规。本节将利用营商环境指标体系，从多个维度对新兴市场 30 国与世界平均水平（世界）、经合组织国家进行分析研究，对比与经合组织发达国家营商环境的先进经验，

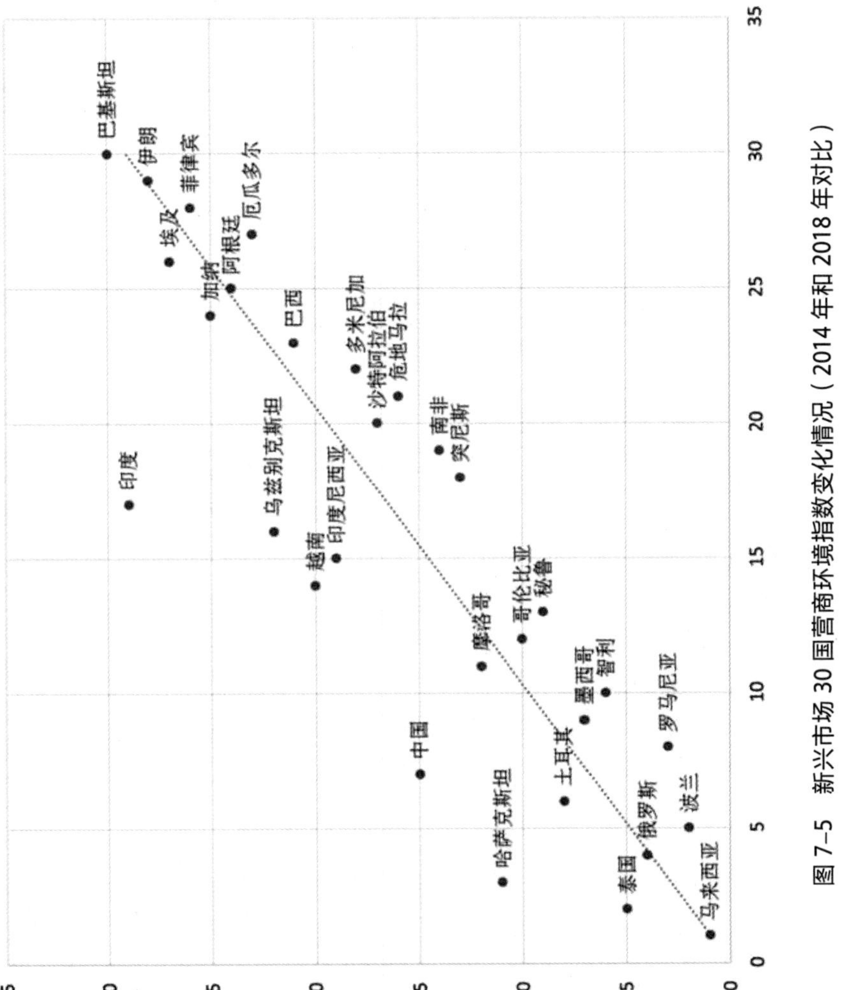

图 7–5 新兴市场 30 国营商环境指数变化情况（2014 年和 2018 年对比）

发现新兴市场 30 国在营商环境方面存在的不足，并提出有效的应对措施。

如图 7–6 所示，2014—2018 年世界平均的营商环境指数从 60.40 上升至 61.55，近五年总体增速为 1.90%；2014—2018 年经合组织国家营商环境指数从 76.73 上升至 77.72，近五年总体增速为 1.30%；2014—2018 年新兴市场 30 国营商环境指数从 63.51 上升至 67.30，近五年总体增速为 5.96%。结合图 7–7 数据进行分析，一方面，新兴市场 30 国营商环境指数超出世界平均水平的绝对值从 3.11，提高至 5.75，说明近五年新兴市场 30 国营商环境改善速度高于世界平均水平，世界平均水平的两极分化仍在拉大；另一方面，2014—2018 年新兴市场 30 国营商环境指数低于经合组织国家平均水平的绝对值逐年缩小，此差距从 13.22 下降至 10.43，说明近五年新兴市场 30 国营商环境改善速度也高于经合组织国家平均水平，新兴市场 30 国营商环境指数上升仍潜力巨大。

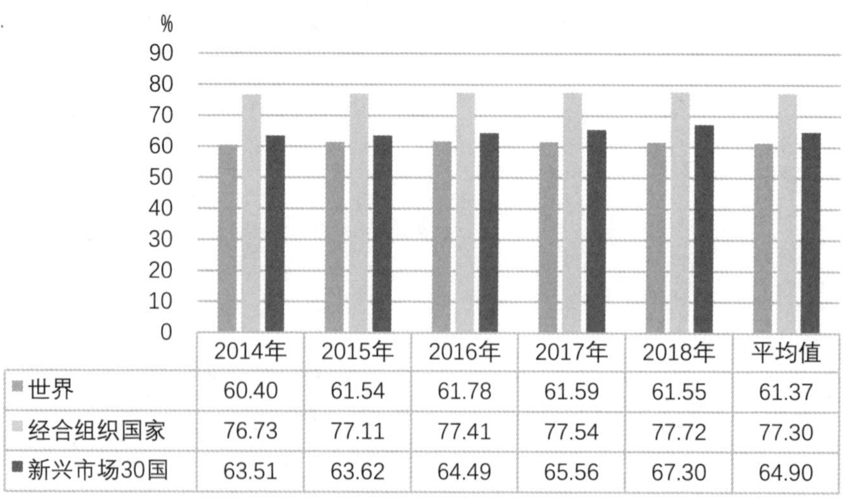

	2014年	2015年	2016年	2017年	2018年	平均值
世界	60.40	61.54	61.78	61.59	61.55	61.37
经合组织国家	76.73	77.11	77.41	77.54	77.72	77.30
新兴市场30国	63.51	63.62	64.49	65.56	67.30	64.90

图 7–6　营商环境指数对比情况

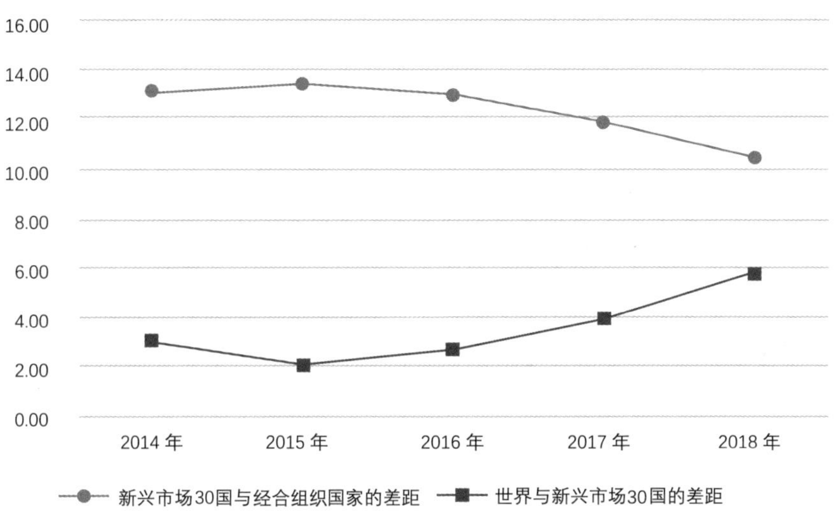

图 7-7 新兴市场 30 国与经合组织国家营商环境差距

在对新兴市场 30 国与世界平均的营商环境有了整体认知的前提下，我们以 2018 年营商环境 10 项指标评分为基础，逐项指标分析新兴市场 30 国与世界平均水平的优势与劣势。如图 7-8 所示，横向对比营商环境的 10 项指标，“获得信贷”“保护少数投资者”两项指标，新兴市场 30 国和经合组织国家最为接近，两项优势指标属于法律类别指标；30 国的“开办企业”和“纳税”两项指标低于世界平均水平，其余 8 项指标评分介于世界平均水平和经合组织国家水平之间，两个弱项指标属于时间和运行类指标。新兴市场 30 国多为发展中国家，为吸引投资者、促进经济发展，在市场化经济体制逐步完善中，法律法规相关政策改革相对较快，而减少程序复杂性的行政效率还需提升。另一方面，比较图 7-9 中数据，新兴市场 30 国在“跨境贸易”和“办理破产”两项指标与经合组织国家相差最大，新兴市场 30 国大多贸易依存度较高，因此提升跨境贸易效率、降低成本对这些国家尤为重要，新兴市场 30 国贸易便利度的政策法规还需加强；同时，在企业运营不善、面临破产重组的时候也缺乏相应的法律机制保障，并且对于中小投资者的保护上，需要尽快加强有效的法律机制。

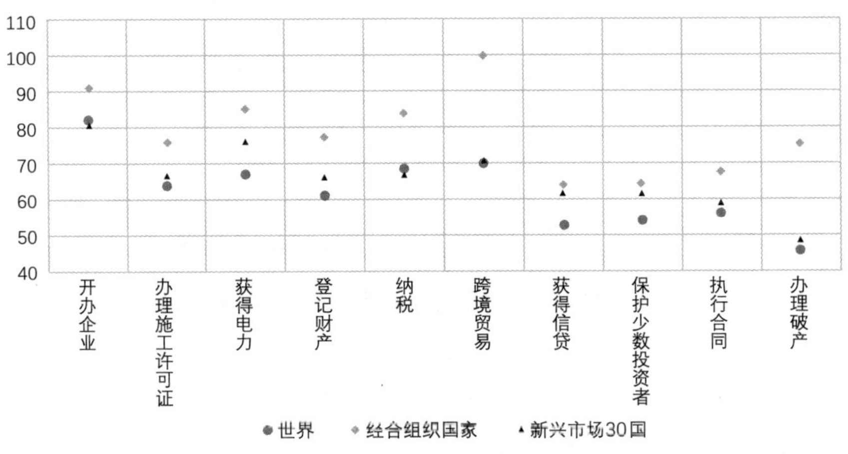

图 7–8　2018 年营商环境各指标评分对比

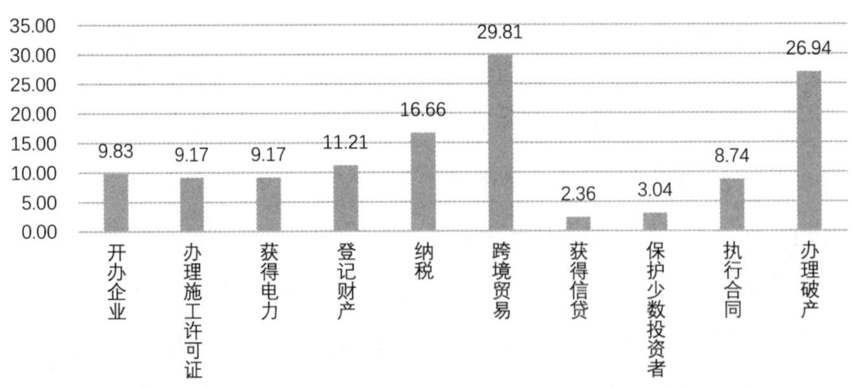

图 7–9　2018 年新兴市场 30 国与经合组织国家营商环境差距

三、新兴市场30国营商环境与经济发展

良好的商业环境与经济增长密切相关，合理的营商监管有助于改善私营部门发展，促进经济增长并改善收入分配，帮助欠发达的国家实现经济反超。世界银行提出的营商环境这一套指标体系，可以衡量和评估各国私营部门的发展环境，从而更好地实施促进各国私营部门的发展，进而促进本国经济的发展。

（一）新兴市场30国营商环境指标对经济发展影响实证分析

世界银行提出的营商环境评估体系和 10 个关键指标，由 Doing Business 小组经过多年的数据收集和积累，对全球 212 个国家和城市的数据进行对比分析而获得。为了深入研究新兴市场 30 国营商环境对经济发展的影响，我们基于世界银行对营商环境的评估体系，将对 30 国的营商环境相关数据与经济发展指标进行回归分析，发现对于营商环境水平影响显著的指标。

设置线性回归模型如下：

$$GDP_{i,t} = \eta_i + Z'_{i,t-1}\beta + X'_{i,t-1}\gamma + \varepsilon_{i,t}$$

其中，$GDP_{i,t}$为 i 国 t 年度的经济发展水平，以 GDP 作为代理变量，回归中去自然对数；$Z'_{i,t-1}$为前一年的营商环境指数变量，主要包括营商环境便利度指数和下属 10 个一级指数；$X'_{i,t-1}$为控制变量，为前一年的其他相关宏观变量，包括人口数量等；η_i是国家的个体效应，体现

一系列难以用变量描述的国别差异；$\varepsilon_{i,t}$为回归方程的随机误差项。

表 7–3　主要变量描述统计结果

变量	均值	标准差	最小值	最大值
营商环境分数 Score–Ease of doing business	63.98	7.418	38.74	79.45
开办企业 Score–Starting a business	79.93	7.521	61.53	95.54
办理施工许可证 Score–Dealing with construction permits	64.57	10.38	33.84	82.21
获得电力 Score–Getting electricity	73.45	12.52	35.16	94.34
登记财产 Score–Registering property	69.52	9.10	48.98	87.89
纳税 Score–Paying taxes	68.06	14.99	24.86	99.23
跨境贸易 Score–Trading across borders	68.22	19.38	0.00	100.00
获得信贷 Score–Getting credit	59.64	19.25	5.00	100.00
保护少数投资者 Score–Protecting minority investors	62.49	24.72	26.67	170.00
执行合同 Score–Enforcing contracts	59.24	9.843	32.43	77.55
办理破产 Score–Resolving insolvency	39.99	18.231	0.00	77.71
GDP	8.685	0.720	7.169	10.14

本章节采用的营商环境变量指标为 2010—2018 年的面板数据，对本章提出的营商环境模型进行回归分析，结果如表 7–4 所示。为了研究不同维度营商环境指标对经济发展的影响，我们采用两个模

型进行回归分析：模型 1，营商环境指标仅选取营商环境分数；模型 2，营商环境指标选取开办企业、办理施工许可证、获得电力、登记财产、纳税、跨境贸易等 6 项关于时间和运行情况对经济发展的影响以及获得信贷、保护少数投资者、执行合同、办理破产等 4 项法律相关指标得分对经济发展的影响。两个模型分别采用了固定效应和随机效应两种方法，对营商环境的面板数据进行分析。

表 7–4　新兴市场 30 国营商环境对经济发展影响的回归结果

	模型1		模型2	
	固定效应	随机效应	固定效应	随机效应
营商环境总体排名 Rank	0.011*** (0.003)	0.011*** (0.003)		
开办企业 Score–Starting a business			0.018*** (0.004)	0.017*** (0.004)
办理施工许可证 Score–Dealing with construction permits			–0.001 (0.002)	–0.000 (0.002)
获得电力 Score–Getting electricity			0.001 (0.002)	0.001 (0.002)
登记财产 Score–Registering property			–0.003 (0.002)	–0.003 (0.002)
纳税 Score–Paying taxes			0.003* (0.002)	0.003* (0.002)
跨境贸易 Score–Trading across borders			–0.003** (0.001)	–0.003** (0.001)
获得信贷 Score–Getting credit			0.002* (0.001)	0.002* (0.001)
保护少数投资者 Score–Protecting minority investors			0.001** (0.000)	0.001** (0.000)
执行合同 Score–Enforcing contracts			–0.007** (0.003)	–0.007** (0.003)
办理破产 Score–Resolving insolvency			0.004*** (0.001)	0.004*** (0.001)

（续表）

	模型1		模型2	
	固定效应	随机效应	固定效应	随机效应
样本量 Observations	198	198	198	198
截面数量 Number of id	22	22	22	22
R平方 R–squared	0.071		0.385	
Hausman检验结果		1.04 (P=0.308)		3.05 (P=0.98)

注：括号中的值为稳健标准误。*、**、*** 分别表示 10%、5% 和 1% 的显著性水平。

从上表回归结果显示，模型 1 中营商环境评分对经济发展有显著正影响，说明良好的营商环境有利于本国经济发展，并在 1% 的水平上显著。[①] 模型 2 中可以发现和法律相关的 4 项指标均对经济发展产生影响，而时间和运行相关 6 项指标中有 3 项对经济发展有显著影响。结合上文分析，目前新兴市场 30 国法律相关指标相较于时间运行指标与经合组织国家整体差距较小，且对经济的影响更为显著。

为进一步研究新兴市场 30 国关键指标变化趋势，我们对比 2010 年和 2018 年营商环境 10 项关键指标评分情况，除登记财产 1 项指标外（由于新增二级指标所导致，下文详述），其他 9 项关键指标 2018 年评分均高于 2010 年，评分改善最大的为办理破产、办理施工许可证、获得电力、保护少数投资者和开办企业等 5 项指标，平均

① 由于控制变量的选择和数量对回归系数的正负相关存在影响，此回归目的是为了重点探讨营商环境关键性指标和经济的相关性，因此本研究对显著负相关的变量不做过多分析和解释。

评分分别提高 16.47、12.18、8.35、7.22 和 5.99。下面我们将结合不同经济体的经济发展阶段，以及重点关键指标的经济含义和二级指标设置与评分变化，分析新兴市场 30 国营商环境与经济发展的深层次关系。

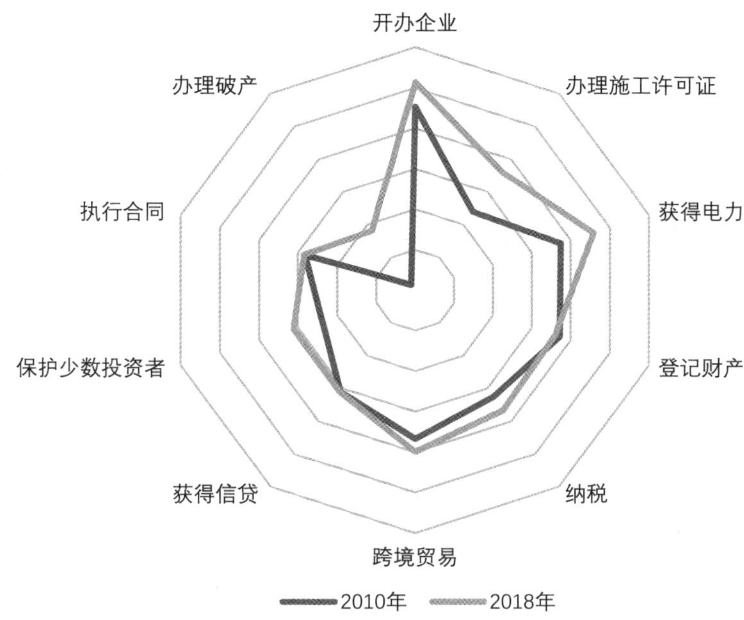

图 7–10　新兴市场 30 国营商环境 10 项关键指标评分

（二）影响经济发展的重点营商环境指标分析

2010—2018 年，新兴市场 30 国国内生产总值总量从 39.74 万亿美元增长至 66.81 万亿美元，8 年平均增长率为 9.73%；营商环境指标评分从 59.80 上升至 65.47，新兴市场 30 国综合评分整体上升 5.66。世界银行提出的营商环境指标体系逐年完善，相比于 2010 年设置的指标体系，除了开办企业、获得信贷、执行合同 3 项指标，其他 7

项指标的二级指标数量均有所增加；新增二级指标使得原有的评估条件更加苛刻，因此新兴市场30国各项二级指标均取得了大幅提升。营商环境对经济发展有直接影响，指标评分与指标体系设置、指标评分息息相关，为了更加全面评估营商环境一/二级指标的影响，我们将对与经济发展显著相关的指标进行深入分析，并对比世界和经合组织国家的指标评分情况。

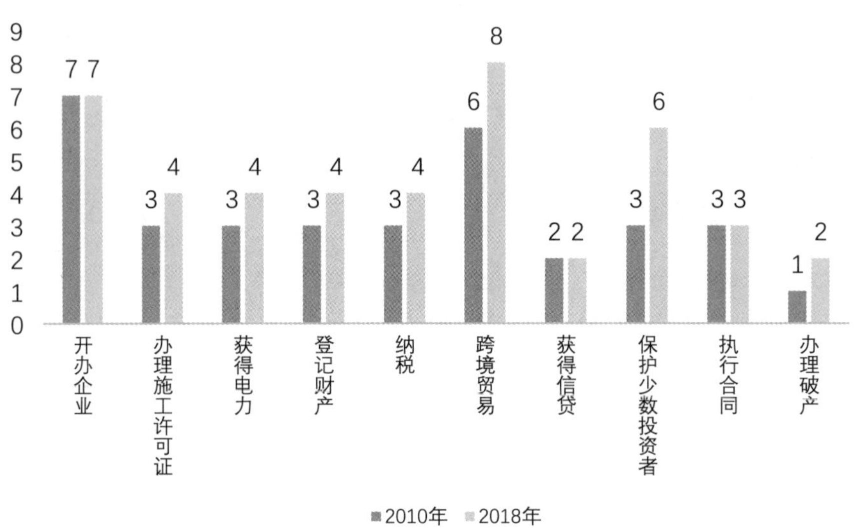

图 7-11　2010 年和 2018 年营商环境二级指标设置数量

1. 开办企业部分指标的便利度亟需提高

根据世界银行《2019 年营商环境报告》，开办企业一级指标下面包括手续、时间、成本和最低实缴资本等 7 项二级指标。开办企业处于企业生命周期的启动阶段，反映了经济体监管过程的复杂程度和费用支出，几乎每个国家都对本国企业家注册企业设置准入规定。不同发达程度的国家因为过度监管而付出代价，烦琐的准入规

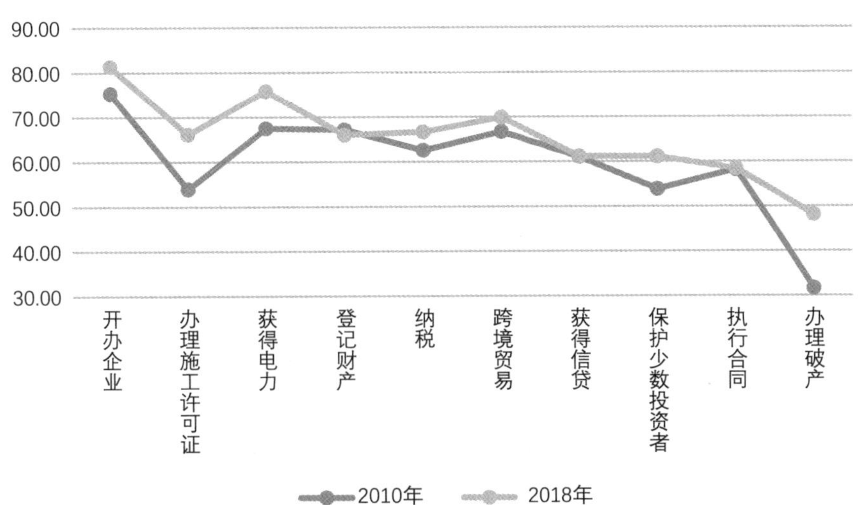

图 7-12　2010 年和 2018 年新兴市场 30 国营商环境关键指标评分

定并不会提高产品质量、增强工作安全性，反而会降低企业投资意愿，增加消费者负担。对比 2010 年与 2018 年指标设置和评分，开办企业二级指标未发生变化，新兴市场 30 国该指数评分从 75.33 增长至 81.31；但是，平均指数从 2010 年领先全球国家平均水平 2.53，到 2018 年落后全球国家平均水平 0.98。开办企业指标与国内生产总值相关系数为 0.022，与经济发展呈正相关，为保证新兴市场国家经济的快速增长，开办企业指标评分亟需提高。

2010 年和 2018 年开办企业二级指标情况如表 7-5 所示。2010 年新兴市场 30 国在开办企业成本和最低法定资本金二级指标中领先世界，其他指标则落后于世界平均水平；2018 年在开办企业时间和最低法定资本金二级指标方面，世界平均水平大幅提升，导致世界平均水平超过了新兴市场 30 国。值得一提的是，新兴市场 30 国开办企业成本指标与经合组织国家相差较小，并且最低法定资本金二级指标已经超过经合组织国家的平均水平。因此，我们认为未来应

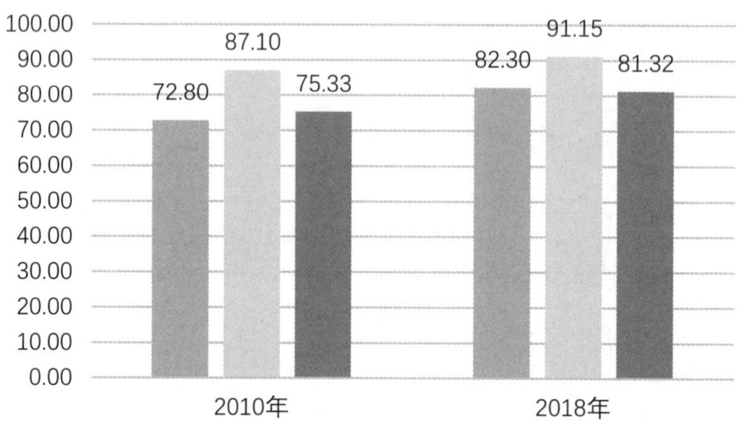

图 7–13　2010 年和 2018 年开办企业指标情况

该尽快提高开办企业时间和企业程序的便利度，保证开办企业指标评分超过世界平均水平，进一步缩小与经合组织国家在该项指标的差距。

表 7–5　2010 年和 2018 年开办企业二级指标情况

二级指标	2010年			2018年		
	世界	经合组织国家	新兴市场30国	世界	经合组织国家	新兴市场30国
开办企业便利度分数	72.80	87.10	75.33	82.30	91.15	81.32
开办企业程序——男性（个）	55.67	71.14	45.88	63.54	77.34	55.29
开办企业时间——男性（天）	69.01	84.41	68.96	80.06	91.12	76.01
开办企业成本 ——男性（人均国民收入%）	79.99	97.42	91.52	88.28	98.39	95.15
开办企业程序 —— 女性（个）	54.90	71.14	44.90	62.88	77.34	54.31
开办企业时间 ——女性（天）	68.90	84.41	68.79	79.95	91.12	75.85
开办企业成本——女性（人均国民收入%）	79.98	97.42	91.52	88.27	98.39	95.15
最低法定资本金（人均国民收入%）	86.98	95.42	95.53	97.73	97.74	99.39

2. 纳税各项指标的便利度有待全面提升

根据世界银行《2019 年营商环境报告》，纳税一级指标下面包括缴税、时间、总税收和缴费率、税后流程等 4 项二级指标。这项指标项目由世界银行与普华永道合作开发实施的，税收对经济的正常运转很重要，过度复杂的税收制度与高额的税率，将直接导致企业滋生更多的腐败和减少投资规模。虽然企业税收成本的大小对其投资和成长能力有较大影响，但是税务管理系统的效率对企业也是至关重要的，所以从 2017 年开始纳税指标增加了"税后流程指标"，使该指标体系可以更好地反应和评估经济体的增值税系统。对比 2010 年与 2018 年指标设置和评分，新兴市场 30 国该指数评分从 62.55 增长至 66.66，仍然低于世界和经合组织国家的平均水平。纳税指标与国内生产总值相关系数为 0.004，与经济发展呈正相关，为刺激新兴市场国家经济的进一步增长，纳税指标评分仍需进一步提高。

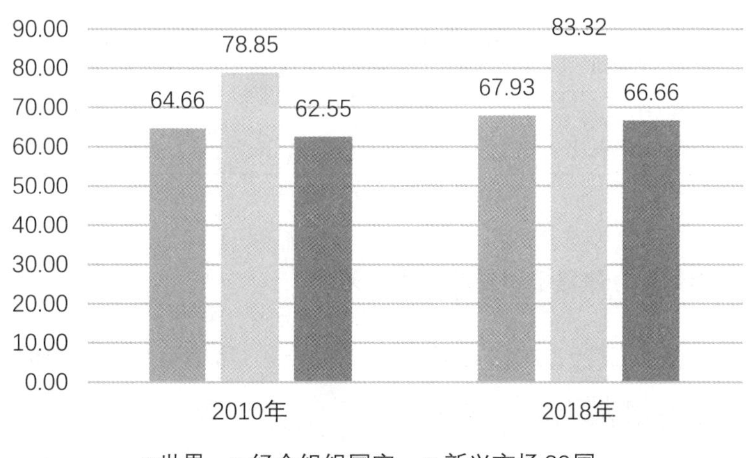

图 7–14　2010 年和 2018 年纳税指标情况

2010年和2018年纳税二级指标情况如表7–6所示。2010年，新兴市场30国在纳税次数中领先世界平均水平，其他指标则落后于世界平均水平；2018年，新兴市场30国将纳税次数和纳税时间两项指标大幅提升，导致新兴市场30国纳税指标与世界平均水平差距进一步缩小。相比于经合组织国家，新兴市场30国纳税次数指标、纳税及派款总额两项指标差距最小，税后流程指标差距最大。因此，我们认为新兴市场30国纳税指标需要全面提高，尽快追平全球国家平均水平，吸引企业在新兴市场国家投资，刺激经济正向循环与发展。

表7–6 2010年和2018年纳税二级指标情况

二级指标	2010年			2018年		
	世界	经合组织国家	新兴市场30国	世界	经合组织国家	新兴市场30国
税收	64.66	78.85	62.55	67.93	83.32	66.66
税后流程指标（0—100）	–	–	–	58.19	84.41	45.24
纳税（次）	54.75	82.71	63.89	64.90	86.34	81.94
时间（小时）	66.73	77.29	56.17	70.88	83.18	66.33
税及派款总额（占商业利润百分比）	72.49	76.57	67.60	76.85	79.35	73.13

3. 出口指标是跨境贸易便利度的关键

根据世界银行《2019年营商环境报告》，跨境贸易一级指标下面包括单证合规和国内运输的相关事件和成本（不包括关税）等8个二级指标。世界银行《2016年营商环境报告》对跨境贸易指标体系进行了调整，将国际贸易的实际方向和数量、贸易商所面临的行政和监管成本考虑到指标体系当中。跨境贸易指标对私营部门如何快速、可靠和有效率地进行货物贸易实现了量化评估，新兴市场 30 国近几年经济发展的快速增长，使得大部分国家的制造商和农业生产商更深地融入全球供应链，有效的国际贸易体系可以增加经济机会和改善生计，尤其对中低收入经济体狭窄的国内市场更起作用。对比 2010 年与 2018 年指标设置和评分，跨境贸易二级指标新增了进口成本两项指标，新兴市场 30 国该指数评分从 66.71 增长至 69.89，但是领先全球国家平均水平的差距越来越小。

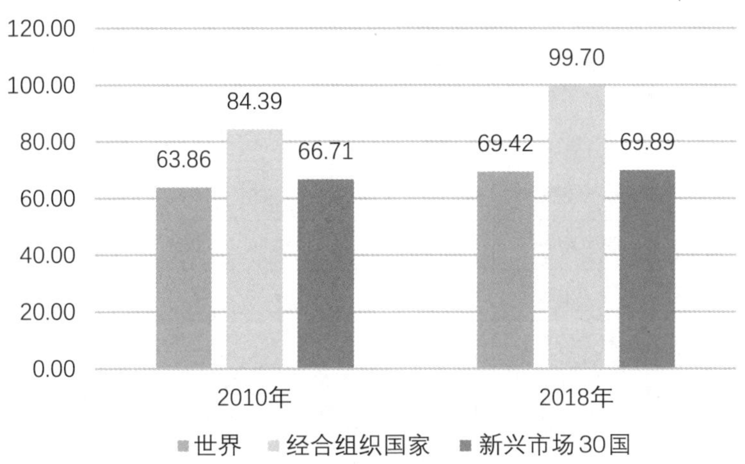

图 7-15　2010 年和 2018 年跨境贸易指标情况

2010年和2018年跨境贸易二级指标情况如表7-7所示。2010年，新兴市场30国在跨境贸易出口成本和进口时间二级指标中领先世界，进而跨境贸易指标整体领先世界平均水平 2.85；2018 年，全球国家二级指标均获得大幅提升，新兴市场 30 国仅出口边界合规时间、进口边界合规时间和进口单证合规时间等 3 项指标领先，导致世界跨境贸易指标与新兴市场 30 国水平基本持平。相比于经合组织国家，新兴市场 30 国跨境贸易指标均存在较大差距，而且出口指标差距大于进口指标。因此，我们认为新兴市场 30 国跨境贸易需要重点提高出口相关指标，保持对世界平均水平的领先优势，并且缩小进口成本指标与经合组织国家平均水平的差距。

表 7–7　2010 年和 2018 年跨境贸易二级指标情况

二级指标	2010年			2018年		
	世界	经合组织国家	新兴市场30国	世界	经合组织国家	新兴市场30国
跨境贸易	63.86	84.39	66.71	69.42	99.70	69.89
出口边界合规时间（小时）	52.82	78.47	52.59	72.78	99.70	73.68
出口单证合规时间（小时）	58.97	81.25	58.46	74.18	97.28	71.20
出口边界合规成本（美元）	70.11	84.37	73.90	65.30	99.69	64.89
出口单证合规成本（美元）	69.54	85.82	73.80	72.33	99.82	71.31
进口边界合规时间（小时）	65.82	88.09	72.36	70.11	85.00	74.78
进口单证合规时间（小时）	65.92	88.31	69.14	76.37	85.71	79.47
进口边界合规成本（美元）	–	–	–	62.78	83.49	62.30
进口单证合规成本（美元）	–	–	–	61.47	85.42	61.48

4. 办理破产便利度大幅提升，但是平均水平仍较低

根据世界银行《2019 年营商环境报告》，办理破产一级指标下面包括时间、成本、回收率和破产框架力度等 4 项二级指标，世界银行实际计算中仅采用了回收率和破产框架力度两项指标。该指标是研究国内企业破产程序的时间、成本和结果，以及适用于清算和重组程序的法律框架的力度。对比 2010 年与 2018 年指标设置和评分，2018 年办理破产二级指标新增了破产框架力度指标，新兴市场 30 国该指数评分从 31.67 增长至 48.14，从 2010 年落后世界平均水平 4.15，

到 2018 年实现办理破产指标领先 2.68。办理破产指标与国内生产总值相关系数为 0.006，与经济发展呈正相关，有利于促进企业投资。

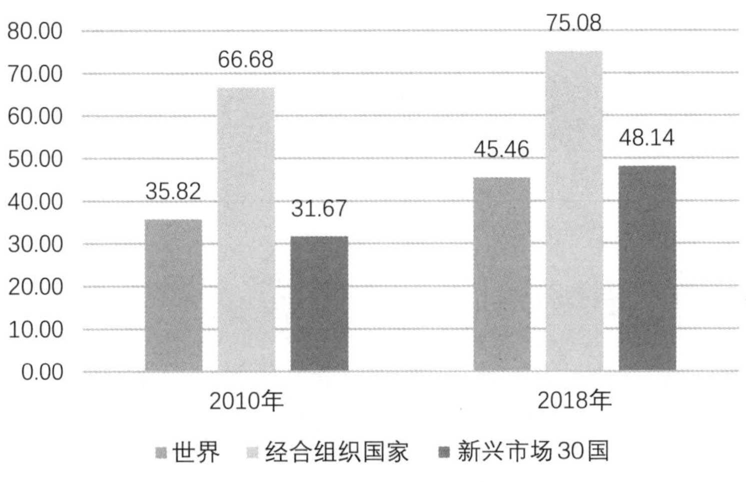

图 7–16　2010 年和 2018 年办理破产指标情况

2010年和2018年办理破产二级指标情况如表7–8所示。2010年，仅有办理破产回收率一项指标，新兴市场 30 国该指标落后世界平均水平 4.15，且不及经合组织国家该指标评分的 50%；2018 年，新增破产框架力度二级指标，新兴市场 30 国该二级指标高于世界平均水平 6.70，导致办理破产平均水平反超全球国家 2.68。相比于经合组织国家，办理破产回收率指标差距有所降低，但是新兴市场 30 国办理破产指标均存在较大差距。因此，我们认为新兴市场 30 国办理破产回收率指标亟需提高，以努力早日超过世界平均水平，逐步最小与经合组织国家的差距，保证企业投资的安全性。

表 7-8　2010 年和 2018 年办理破产二级指标情况

二级指标	2010年			2018年		
	世界	经合组织国家	新兴市场30国	世界	经合组织国家	新兴市场30国
办理破产	35.82	66.68	31.67	45.46	75.08	48.14
回收率（每美元美分数）	35.82	66.68	31.67	40.33	75.61	38.98
破产框架力度指标（0—16）	–	–	–	50.59	74.54	57.29

5. 保护少数投资者部分指标处于全球领先地位

根据世界银行《2019 年营商环境报告》，保护少数投资者一级指标下面包括披露程度、董事责任程度、股东诉讼便利度、股东权利、所有权和管理控制、公司透明度等 6 项二级指标。该指标可以对经济体的公司治理做法提供标准化的量化评估，帮助各国通过比较保护少数投资者指标的差异，进而发现本国在投资者保护方面的不足。保护少数投资者指标的提高，有利于消除私营部门对外投资的风险，促进企业融资渠道的多元化，进而促进本国的经济发展。对比 2010 年与 2018 年指标设置和评分，保护少数投资者二级指标新增了股东权利指数、所有权和管理控制指数和公司透明度指数等 3 项指标，新兴市场 30 国该指数评分从 53.89 增长至 61.11，与经合组织国家平均水平的差距越来越小。

2010 年和 2018 年保护少数投资者二级指标情况如表 7–9 所示。2010 年，新兴市场 30 国在披露程度和董事责任程度指标中领先世界，进而保护少数投资者指标整体领先世界平均水平 3.94；2018 年，新兴市场 30 国相关二级指标大幅提升，仅股东诉讼便利度指标低于世界平均水平，保护少数投资者指标领先世界的差距进一步拉大。

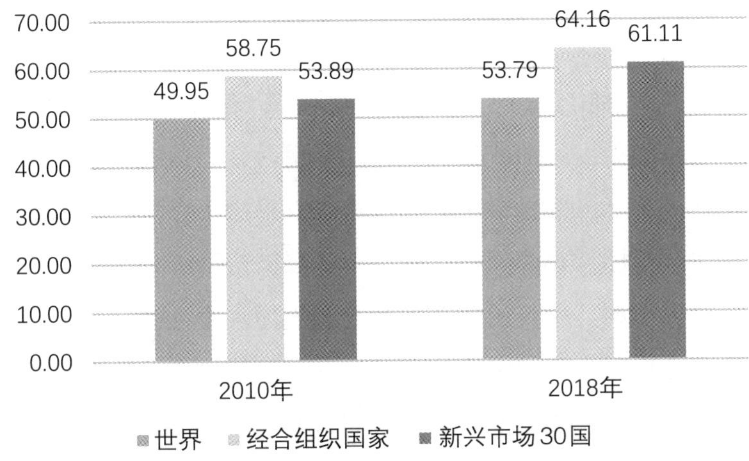

图 7–17　2010 年和 2018 年保护少数投资者指标情况

相比于经合组织国家，新兴市场 30 国在披露程度、股东权利、所有权和管理控制等 3 项指标处于领先地位，2018 年，保护少数投资者指标差距缩小至 3.05。因此，我们认为新兴市场 30 国保护少数投资者指标与经合组织国家差距较小，并且一半指标处于领先地位。

表 7–9　2010 年和 2018 年保护少数投资者二级指标情况

二级指标	2010年			2018年		
	世界	经合组织国家	新兴市场30国	世界	经合组织国家	新兴市场30国
保护少数投资者	49.95	58.75	53.89	53.79	64.16	61.11
披露程度（0—10）	50.49	58.13	64.67	58.37	64.53	73.00
董事责任程度（0—10）	43.72	50.63	44.00	47.39	53.41	49.00
股东诉讼便利度（0—10）	55.63	67.50	53.00	62.03	72.94	59.00
股东权利（0—10）	–	–	–	56.56	64.41	67.67
所有权和管理控制（0—10）	–	–	–	42.47	53.65	54.33
公司透明度（0—10）	–	–	–	55.92	76.00	63.67

6. 获得信贷和执行合同便利度差距继续缩小

根据世界银行《2019 年营商环境报告》，获得信贷一级指标下面包括合法权利力度、信贷信息、信用局覆盖率和信贷级机构覆盖率等 4 项二级指标。世界银行实际计算中仅采用了合法权利力度和信贷信息两项指标，这两项指标描述担保和破产法中是否有某些特征使信贷更加便利。完善的信贷体系有利于增加全社会信贷总量，尤其对于企业投资的刺激影响较为显著，进而使得全社会经营主体的多样化，对经济发展具有正向的促进作用。对比 2010 年与 2018 年指标设置和评分，获得信贷二级指标没有发生变化，由于合法权利指数经合组织国家、新兴市场 30 国均呈现下降态势，且新兴市场 30 国信用信息指数大幅领先经合组织国家，所以该指标新兴市场 30 国与经合组织国家差距最小，指标评分从 61.04 增长至 61.17。获得信贷指标与国内生产总值相关系数为 0.003，与经济发展呈正相关。

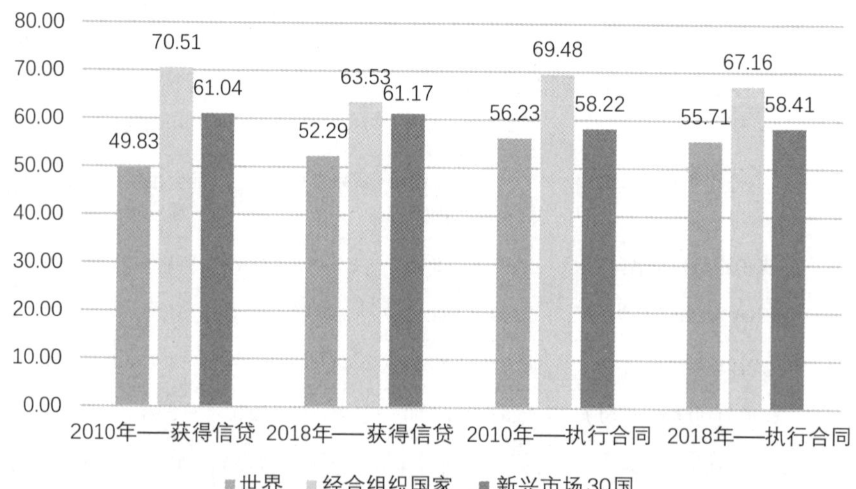

图 7–18　2010 年和 2018 年获得信贷指标情况

执行合同一级指标下面包括时间、成本和司法程序质量等 3 项二级指标。该指标是对司法制度运行和诉讼程序质效的评价，也被称为法院竞争力指标，侧面反映了投资者在经济体中的“司法体验”。提高执行合同指标，有利于保护投资者的合法权益，对经济良性发展具有重要意义。对比 2010 年与 2018 年指标设置和评分，执行合同二级指标没有发生变化，由于司法程序质量指数全球国家均呈现下降态势，且新兴市场 30 国时间和成本指数保持持续增长，所以该指标新兴市场 30 国与经合组织国家差距继续缩小，指标评分从 58.22 增长至 58.41。

表 7-10　2010 年和 2018 年获得信贷、执行合同二级指标情况

二级指标	2010年			2018年		
	世界	经合组织国家	新兴市场30国	世界	经合组织国家	新兴市场30国
获得信贷	49.83	70.51	61.04	52.29	63.53	61.17
合法权利（0—12）	53.93	66.56	51.33	45.83	50.00	42.78
信用信息	42.99	77.08	77.22	61.97	83.82	88.75
执行合同	56.23	69.48	58.22	55.71	67.16	58.41
时间（天）	46.42	66.51	47.71	57.22	62.68	56.68
成本（债务的%）	59.10	65.38	57.80	63.47	76.24	68.75
司法程序质量（0—18）	63.17	76.54	69.17	46.43	62.55	49.81

四、小结与启示

（一）营商环境整体水平向好，亚洲国家后发优势显著

新兴市场 30 国近年来整体营商环境一直是不断改进和提升的，近五年整体营商环境指数提升 6%，年均增长率为 1.2%。其中，16 个国家近五年营商便利度评分保持持续上升，包括 10 个亚洲国家、3 个拉丁美洲国家、2 个非洲国家和 1 个欧洲国家；12 个国家营商便利度评分整体趋势向上。纵向对比 2014—2018 年各区域国家营商便利度情况，印度、中国、哈萨克斯坦、乌兹别克斯坦、越南和印度尼西亚几个国家排名上升比较快，主要集中在南亚、东亚、东南亚和中亚等国家。营商环境的改善与政府推进改革的力度密切相关，大部分国家经济增长速度较快或者政府推进改革决心较强，其中亚洲和非洲区域大部分国家推进改革积极。另外，营商环境有明显改善的国家经济发展均呈现快速增长，但是排名退步显著的国家则对经济发展水平、地域分布和政府商业监管多项指标较为敏感。

（二）新兴市场30国内部营商环境水平差异较大，但与经合组织国家差距逐步缩小

2014—2018 年营商环境指数排名相对靠前的国家多为高收入及中高收入国家，尤其排名位于前 10 位的国家均为高收入及中高收入国家，中高收入国家营商环境整体水平高于高收入和中低收入国

家。营商环境指数得分最高的为马来西亚 78.65，最低的为巴基斯坦 52.30，30 国平均分数为 64.90，30 国内部营商环境水平呈现两极分化的不平衡态势。对比与经合组织发达国家营商环境便利情况，2014—2018 年新兴市场 30 国营商环境指数低于经合组织国家平均水平的绝对值逐年缩小，此差距从 13.22 下降至 10.43，说明近五年新兴市场 30 国营商环境改善速度也高于经合组织国家平均水平，新兴市场 30 国营商环境指数上升仍存在巨大潜力。

（三）法律指标与经合组织国家差距较小，部分指标处于领先地位

营商环境中的“法律得分指标”，主要用于为书面的法律法规提供衡量标准，比如对投资者保护力度，涉及的司法程序的质量以及法律框架的力度等，这些力度越大，营商环境给出的分数越高，包括获得信贷、保护少数投资者、执行合同和办理破产等 4 项量化指标。新兴市场 30 国法律指标与经合组织国家的差距从 15.15 缩小到 10.27，对世界平均水平的领先从 3.25 提高到 5.40。新兴市场国家法律指标与经合组织国家差距较小，获得信贷、保护少数投资者和执行合同的部分二级指标领先于经合组织国家，若能尽快提高办理破产评分水平，基本上可以实现法律指标评分对经合组织国家平均水平的追赶。对于新兴市场国家，法律相关指标对各国经济发展的影响显著，也就意味着和法律法规完善对于经济影响非常重要。因此，新兴市场国家对于法律相关指标的改革需要不断推进。

（四）新兴市场30国当前在时间和运行指标改革力度较大，为改善营商环境创造新空间

新兴市场 30 国时间和运行指标平均得分从 2010 年 65.54 上升至 2018 年 70.97，与经合组织国家的差距从 13.45 拉大到 14.31，对世界平均水平的领先从 0.31 提高到 2.41，这和 30 国相关改革的推进有密切关系。根据世界银行报告显示，30 国近些年整体改革多集中在时间和运行 6 项指标，即降低成本和复杂度，但追赶经合组织速度还有待提升。值得注意的是，由于开办企业、纳税和跨境贸易等 3 项指标与经济发展存在较强相关性，这些指标的改善有利于吸引企业在新兴市场国家投资，刺激经济正向循环与发展，缩小与经合组织国家的差距会起到积极作用。但是，上述 3 项指标 2010—2018 年改善水平落后于世界平均水平，大幅拉低了新兴市场 30 国营商环境的评分。因此，在这三方面相关政策的推进，尤其是开办企业时间、企业程序、出口和纳税相关改革，对减少交易成本、提升商业效率，进而改善新兴市场 30 国的营商环境十分重要。

第八章 新兴市场 30 国的结构转型

张坤领

结构转型是一国或地区经济发展的重要表现。在发展经济学领域，结构转型通常是指生产资源或要素逐渐由农业经济领域转移到工业或服务业领域，或者从传统经济领域转移到现代经济领域的过程（Alvarez-Cuadrado and Poschke, 2011；Herrendorf et al, 2014）。发展经济学家们对结构转型问题进行了长期大量的研究。

早期，Chang（1949）从理论和历史的视角探讨了农业国如何实现工业化这一结构转型的问题，开创了发展经济学结构研究的先河。随后，Lewis（1954）、Ranis & Fei（1961）对二元经济结构理论的研究奠定了发展经济学结构转型的理论根基。他们指出，经济发展有赖于传统低生产效率农业领域劳动力转移到现代高生产效率工业领域。Kuznets（1971）的研究认为，从发达国家发展经验来看，大多数国家都经历了类似的结构转型过程。即在发展初期，经济资源主要集中在农业部门，并开始逐步向工业和服务业部门转移；在发展后期，经济资源逐步从农业和工业部门转移到服务业领域。Chenery et al（1986）尤其强调了工业化，尤其是制造业作为资本密集和技术创新型产业的发展对经济发展的关键促进作用，这也通常被人们称为典型的“结构主义”思想。

然而，结构主义思想在 20 世纪 60—70 年代国际发展实践中的挫折降低了学术界对结构转型的关注。在此背景下，新制度主义在发展经济学界逐渐受到推崇。学者们从制度及其变迁的视角解释国家间的发展差异问题（如 North, 1990; Acemoglu et al., 2001），并试图以此为基础为发展中国家提供制度改革的建议，其中，以“华盛顿共识”（Williamson, 1990）在拉丁美洲经济体的推广为代表。但华盛顿共识在拉丁美洲国家的实践并没有取得理想的效果。以林毅夫为代表的发展经济学家对结构主义思路的重新反思，提出了“新结构主义”理论，并称之为“发展经济学的第三波思潮”。与新古典主义贸易理论较为一致的是，新结构主义理论认为结构转型应该尊重一国或地区要素禀赋决定的比较优势，发展中国家的发展政策也应该内生于其资源禀赋的比较优势（Lin, 2012）。

新结构主义思路的提出并没有终止关于结构转型的讨论，反而，最新的国际发展实践对发展经济学者提出了新的可供探讨的素材。21 世纪以来，凭借后发优势和比较优势，新兴市场国家作为新的全球经济增长动力（胡必亮等，2015），逐渐在国际舞台上发挥着越来越重要的作用（胡必亮等，2018），其结构转型也展现出不同的特征。McMillan et al.（2017）研究发现，结构转型对经济发展的作用在经济体间存在很强的异质性，并认为“我们不应为部门间结构转型的一般模式在今后的国际发展中发挥较弱的作用而感到惊讶”。那么，新兴市场国家结构转型现状如何？展现出怎样的特征？怎样的结构转型过程使得此类国家以一种新兴的力量推动全球经济发展？面对新兴的经济力量及其发展现象，为更好地解释新兴市场国家经济迅速崛起背后的深层次原因，有必要对这些国家的结构转型进行详细研究。

一、新兴市场国家结构转型的总体情况

为了解新兴市场国家结构转型的总体情况，北京师范大学新兴市场研究院（EMI）以胡必亮等（2018）提出的新兴市场 30 国为样本分别从经济转型和社会转型两个角度选取了最具有代表性的两项指标，即制造业增加值占国内生产总值比重和城镇化率，测算了 2013—2017 年新兴市场 30 国的结构转型指数，对 E30 国家的结构转型问题进行了分析。根据这项研究的测算，我们得到了如附录 8–1 所示的结果。

从横向对比来看，2017 年，结构转型指数排名前三位的分别是中国、马来西亚和阿根廷。虽然中国在城镇化发展方面表现并不抢眼，但中国制造业增加值占比从绝对值上仍稳居新兴市场 30 国第一位，保持在 30% 以上（近几年有所降低）。马来西亚在制造业和城镇化发展方面均有不俗表现。阿根廷则主要得益于城镇化发展，该国城镇化水平已高达 91.7%，是世界上城镇化水平最高的国家之一，位居新兴市场 30 国首位。排名后三位的分别是巴基斯坦、加纳和印度。印度和巴基斯坦主要受制于城镇化水平较低，且发展缓慢，2017 年两国城镇化率仅分别为 33.6% 和 36.4%，远低于新兴市场 30 国的平均水平（63.7%）。加纳以石油、矿产品（如黄金和钻石）、可可等为支柱产业，其结构转型受制于制造业发展，近几年其制造业增加值占比仅为 5% 左右，且逐年略有下滑。

2013—2017 年（表 8–1），30 个国家中有 11 个国家的结构指数排名未发生变化，表现比较稳定。9 个国家结构指数排名上升，表现较好。其中排名上升最快的是沙特阿拉伯，从 2013 年的第 11 名上升到 2017 年的第 5 名，5 年内上升了 6 个名次。这主要得益于其制造业的发展。在新兴市场国家制造业发展普遍疲软的背景下（2013—2017 年，新兴市场 30 国制造业增加值占 GDP 比重平均下降 0.2 个百分点），沙特阿拉伯制造业增加值占比稳步提升，从 2013 年的 10.8% 上升到 2017 年的 12.4%，增长了 1.6 个百分点。此外，进入城镇化发展成熟阶段的沙特阿拉伯，城镇化率也在 5 年内上升了近 1 个百分点，2017 年达到 83.6%。另一个表现不俗的国家是土耳其，其在制造业发展稳步提升的同时，城镇化发展速度也较快。2013—2017 年，土耳其城镇化率提高了 2.1 个百分点，超过了新兴市场 30 国的平均增长水平（1.4 个百分点）。

表 8–1　新兴市场 30 国结构转型排名变动情况（2013—2017 年）

国家	2013年排名	2014年排名	2105年排名	2016年排名	2017年排名	2013年和2017年排名差
中国	2	2	1	1	1	+1
马来西亚	3	3	2	2	2	+1
阿根廷	1	1	3	3	3	–2
墨西哥	4	4	4	4	4	0
沙特阿拉伯	11	11	10	8	5	+6
土耳其	10	10	9	7	6	+4
多米尼加	9	8	7	6	7	+2
巴西	5	5	6	5	8	–3
泰国	7	6	5	9	9	–2

（续表）

国家	2013年排名	2014年排名	2105年排名	2016年排名	2017年排名	2013年和2017年排名差
智利	6	7	8	10	10	–4
秘鲁	8	9	11	11	11	–3
哥伦比亚	12	12	12	12	12	0
俄罗斯	13	13	13	13	13	0
突尼斯	14	14	14	14	14	0
印度尼西亚	16	17	17	15	15	+1
伊朗	15	15	16	16	16	–1
罗马尼亚	17	16	15	17	17	0
波兰	18	18	18	18	18	0
菲律宾	19	19	19	19	19	0
摩洛哥	23	20	20	20	20	+3
南非	21	21	21	21	21	0
危地马拉	24	24	23	23	22	+2
厄瓜多尔	22	23	24	22	23	–1
乌兹别克斯坦	20	22	22	24	24	–4
哈萨克斯坦	25	25	25	25	25	0
埃及	26	26	26	26	26	0
越南	29	28	28	27	27	+2
印度	27	27	27	28	28	–1
加纳	28	29	29	29	29	–1
巴基斯坦	30	30	30	30	30	0

注：按 2017 年排名。

数据来源：北京师范大学新兴市场研究院测算结果

同时，五年间也有 10 个国家的结构指数排名出现下降的情况。其中排名下降幅度最大的是智利和乌兹别克斯坦，其中智利从 2013 年的第 6 名下降到 2017 年的第 10 名，乌兹别克斯坦从 2013 年的第 20 名下降到 2017 年的第 24 名，五年内均下降了 4 个名次。其中，乌兹别克斯坦无论是在制造业发展方面还是城镇化发展方面，其表现都有不同程度的下滑。制造业方面表现尤为突出，乌兹别克斯坦制造业增加值占国内生产总值比重从 2013 年的 19.3% 下降到 2017 年的 17%，5 年内下降了 2.3 个百分点，是新兴市场 30 国中下降最多的国家。在城镇化方面，乌兹别克斯坦城镇化率 5 年内下降了 0.4 个百分点[①]，也是新兴市场30国中下降最多的国家之一（波兰下降了 0.42 个百分点）。此外，巴西和秘鲁结构指数排名均下降了 3 个名次，分别从 2013 年的第 5 名和第 8 名下降到 2017 年的第 8 和第 11 名。这些国家在结构转型方面表现较差主要是因为制造业发展受阻，在制造业增加值在国内生产总值比重方面有不同程度的下降。

按照世界银行划分的标准，新兴市场 30 国均已迈入中等收入以上国家行列，但国家间差异显著（如图 8–1）。其中，有 4 个国家已经进入高收入国家行列，大多数国家处于中高等收入阶段，10 个国家仍处于中等偏低收入国家行列。从结构转型与国民收入之间的关系来看，大多数结构转型指数排名较高的国家都是收入较高的国家，反之亦然。如阿根廷 2017 年人均国民收入为 13 120 美元，已超过世界银行高收入国家标准，该国结构转型指数在新兴市场 30 国中排名第 3 位。再如同年印度的人均国民收入为 1 830 美元，属于中等偏低收入国家，其结果就是其转型指数在新兴市场 30 国中

① 主要原因在于乌兹别克斯坦农村人口增长率大于城镇人口增长率，2013—2017 年间乌兹别克斯坦城镇人口年均增长率为 1.49%，而农业人口年均增长率达到 1.89%。

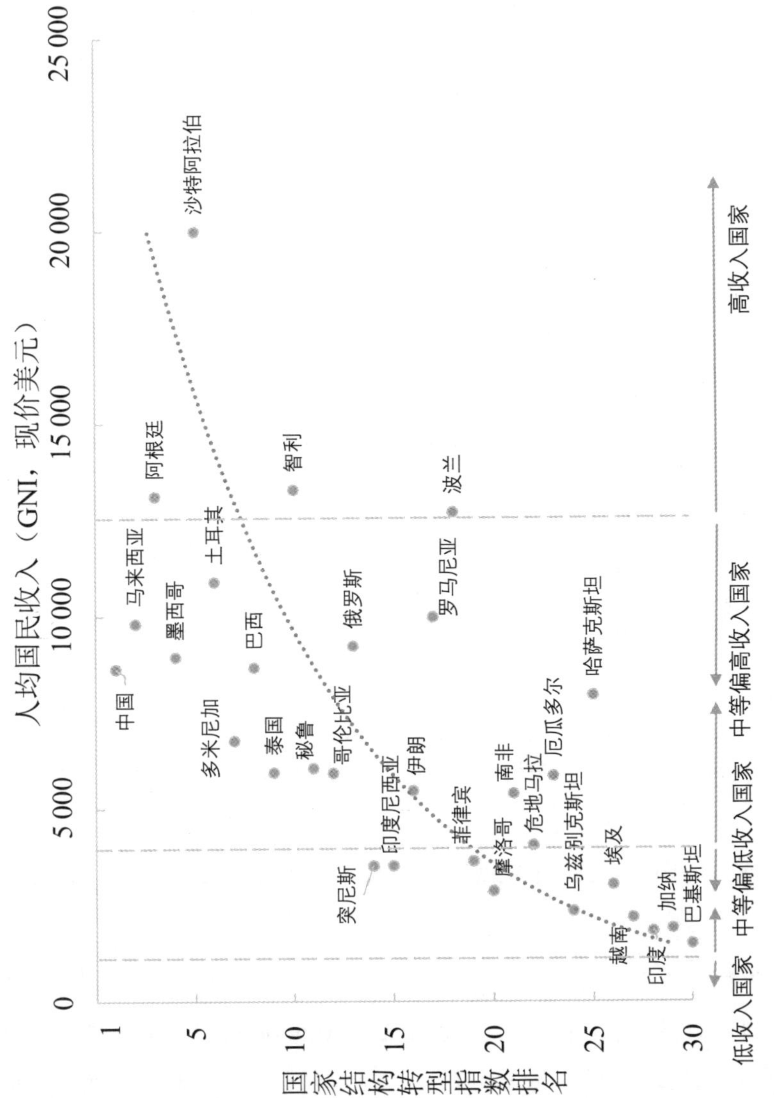

图 8-1　2017 年新兴市场 30 国结构转型与人均国民收入

数据来源：根据世界提供数据测算。

排名倒数第 3 位。

值得注意的是，结构转型指数排名与人均国民收入之间的关系是相对的而非绝对的，也即国家结构转型指数排名高的国家并不能保证其人均国民收入就高，反之亦然。如中国的结构转型指数排名第 1 位，但是其人均国民收入为 8 630 美元，仅排到新兴市场 30 国第 11 位。再如，沙特阿拉伯人均国民收入为 19 990 美元，位列新兴市场 30 国之首，但其国家结构转型指数排名为第 5 名。因此，结构转型指数排名与人均国民收入的相关关系不能简单地理解为因果关系。另外，结构转型指数只能代表一个国家或地区的结构状态，并不能表现出国家发展的全部内容。如阿根廷的国家结构转型指数排名于新兴市场 30 国第 3 位，这主要是因为其较高的城镇化率，但我们也应该看到阿根廷在城镇化发展与经济发展不协调而导致的所谓“过度城市化”问题。因此，我们需要进一步深入分析新兴市场 30 国结构转型的发展过程与内在特征。

二、新兴市场30国经济结构转型

（一）新兴市场30国农业生产效率及其世界对比

农业是一国或地区经济的基础性产业，农业生产效率提高对结构转型具有十分重要的意义（Alvarez–Cuadrado 和 Poschke, 2011）。较低的农业劳动生产率导致较低的资本积累往往被称为经济增长“恶性循环”的开端，而提高农业劳动生产率是打破经济增长恶性循环的开始。为更好地了解新兴市场 30 国农业发展的表现，图 8–2 描绘了新兴市场30国农业劳动生产率状况，以及与世界其他国家的对比。

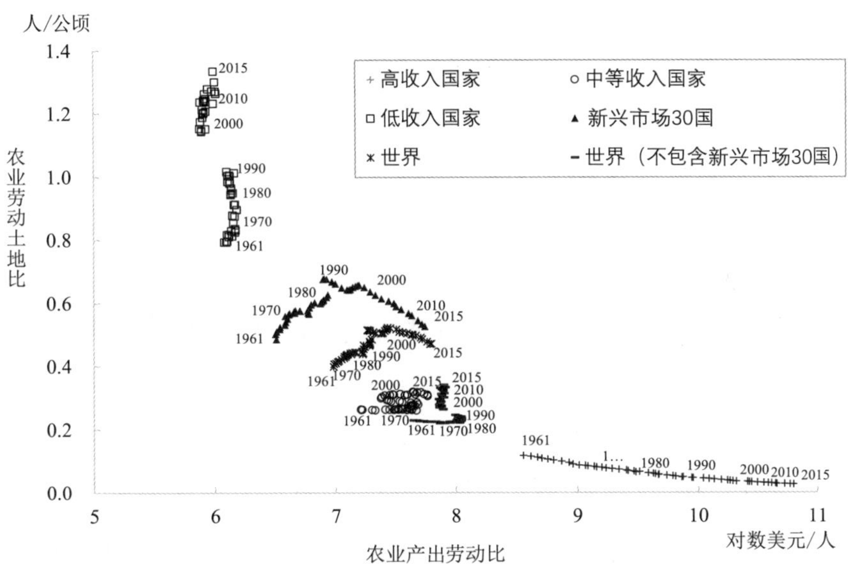

图 8-2　农业劳动土地比与农业产出劳动比及其动态变化（1961—2015 年）

数据来源：美国农业部[①]。

注：农业劳动土地比是指农业劳动力与农地面积的比值，表示单位农地面积劳动力数量；农业产出劳动比是农业总产出与农业劳动力的比值，表示单位劳动力农业产出水平；高收入国家和中等收入国家均为剔除新兴市场 30 国后的样本，其中，中等收入国家包括中等偏低收入国家和中等偏高收入国家。

根据二元经济理论，农业生产领域劳动力无限供给，但是土地资源却是固定的，这样一定面积土地上等量增加的劳动力数量，所能带来的产出增加是递减的，农业生产率也随之递减，也即是边际递减规律（蔡昉，2007）。也就是说，随着农业劳动土地比的增加，

① 数据来源详见：https://www.ers.usda.gov/data-products/international-agricultural-productivity/

农业劳动生产率是减少的。图 8–2 中，低收入国家随着时间的推移农业劳动土地比不断增加，2015 年达到近 1.4，但是这些国家农业产出劳动比却在不断减少，2015 年单位农业劳动产出仅为 400 美元 / 人左右。这表明了低收入国家农业劳动生产率较为低下。对比来看，高收入国家则是农业劳动土地比不断下降，农业产出劳动比却在不断上升，2015 年单位农业劳动产出达到 4.9 万美元 / 人，是同期低收入国家单位农业劳动产出的 120 倍还要多。中等收入国家在农业生产率方面表现比较波折，这些国家单位农业劳动产出经历了 20 世纪 90 年代的大幅下滑，直到 21 世纪第二个十年才达到 20 世纪 80 年代末的水平。

从世界整体水平来看，全球农业劳动土地比经历了从上升到下降的过程，表明全球农业部门劳动力正逐渐转移到非农部门。世界单位农业劳动产出也经历了由缓慢增长到快速增长的过程，20 世纪 90 年代初是一个重要的转折点。如果我们剔除新兴市场 30 国再看世界整体水平，却发现不同的变化过程。同样以 90 年代初为转折点，90 年代之前，世界农业劳动土地比维持稳定，单位农业劳动产出比稳步提升；而 90 年代后，农业劳动土地比则逐渐攀升，单位农业劳动产出出现大幅下降并增长十分缓慢。这表明，新兴市场 30 国在全球农业生产效率提高方面具有重要地位，全球的农业劳动力向非农部门的转移也主要发生在新兴市场 30 国。除新兴市场 30 国以外，世界农业劳动生产率并不乐观。20 世纪 90 年代前后新兴市场 30 国农业发展可以进一步印证这一点。90 年代之前，新兴市场 30 国农业劳动土地比不断攀升，90 年代初已达到 0.68 的水平，单位农业劳动产出的提升较为缓慢，1961—1989 年近 30 年间，绝对值仅提升约 360 美元 / 人。但 90 年代以后新兴市场 30 国农业劳动土地比迅速下降，单位农业劳动产出随之迅速提高，1990—2015 年 15 年间绝对值提高超过一倍。可以说，一定程度上，新兴市场 30 国在农业领域的表现引领了全球农业劳动生产率的提高。

图 8–3 描绘了新兴市场 30 国 1980 年和 2015 年农业劳动生产率状况及其动态变化。可以看出，自 80 年代以来伴随着大量农业劳动力的转移，新兴市场 30 国农业劳动生产率有了很大改善。总体上，农业劳动土地比越高的国家，农业产出劳动比越低，反之亦然。图 8–3 中，中国、越南、埃及等国家迅速向右下移动，反映了农业劳动土地比迅速下降，农业产出劳动比逐年攀升。但也有一些国家，如印度和巴基斯坦缓慢向右上移动，说明农业劳动土地比有上升趋势，农业产出劳动比上升则相对缓慢，这也说明了印度农业劳动力转移有一定压力，拖累了城镇化发展进而国家结构转型。新兴市场 30 国之间的农业劳动生产效率差异显著，如 2015 年越南农业劳动土地比超过 1.5，该国农业产出劳动比则仅为 1 086 美元 / 人，反映了其较低了农业劳动生产率。再如 2015 年阿根廷农业劳动土地比仅为 0.03，而农业劳动产出比达到了新兴市场 30 国最高的 35 954 美元 / 人。相对来讲，新兴市场 30 国农业劳动土地比普遍较高，导致农业生产率偏低。2015 年，30 个国家中，仍有一半的国家农业产出劳动比低于 5 000 美元 / 人，仅有 6 个国家农业产出劳动比超过 10 000 美元 / 人。这说明新兴市场 30 国农业劳动力转移潜力依然巨大。

（二）新兴市场30国产业结构动态变化及其世界对比

产业结构升级是国家转型和发展的重要表现形式。一般而言，随着国家的发展，生产要素和资源会逐渐从生产效率较低的传统农业产业领域转移到生产效率较高的现代工业或服务业领域，从而带

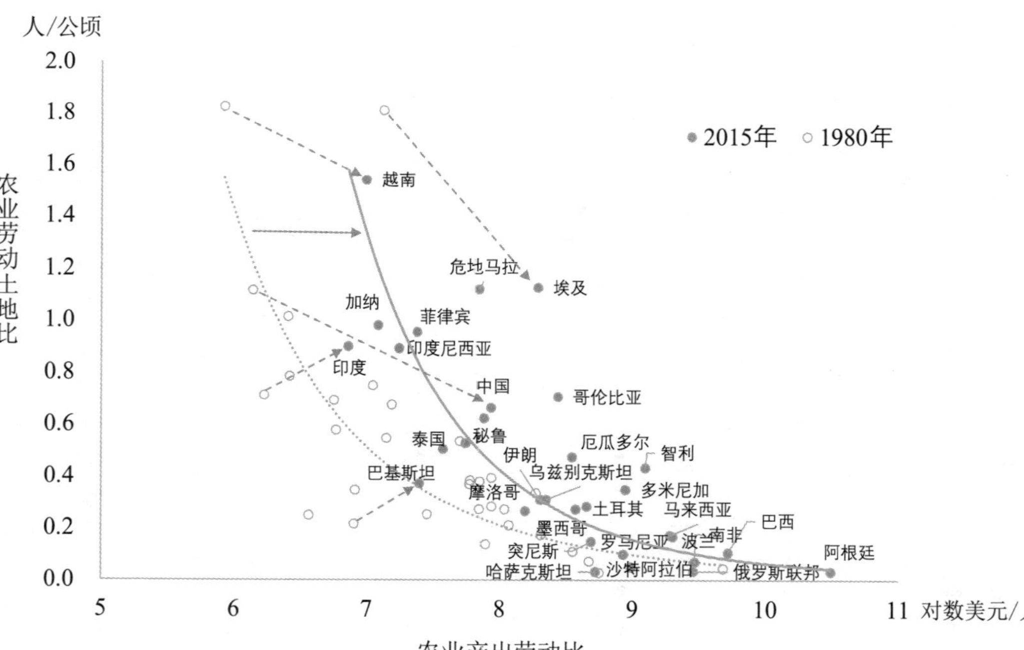

图 8-3　新兴市场 30 国农业劳动土地比与农业产出劳动比及其动态变化（1980 年、2015 年）

数据来源：美国农业部

动整个经济的不断发展。为深入研究新兴市场国家产业结构状况，我们分别从农业、工业[①]和服务业三个部门选取了对应产业增加值占国内生产总值比重和就业占总就业的比重，绘制了如图 8–4 所示的产业结构转型及其动态变化图。通过与世界其他国家的对比，分析此类国家进入 21 世纪以来产业结构转型的过程与特征。

1. 农业方面

随着人均国内生产总值的增加，首先，全球农业增加值占比和农业就业占比都不断下降，表明农业在国民经济中比重越来越小。其次，农业就业占比下降速度要大于农业增加值占比下降速度，这也说明全球范围内农业生产效率的不断提高。此外，除了高收入国家以外，世界上其他国家农业增加值占比与农业就业占比都表现出较大的不匹配，也就是农业增加值占比相对于农业就业占比很低。尤其是低收入国家，此类国家农业增加值占比虽然自 2000 年以来不断下降，但目前仍维持在 20% 以上的高位，而对应的农业就业占比则为 60% 以上。说明低收入国家大多数劳动力仍然从事着低增加值的经济活动。中等收入国家也表现出类似的特征，此类国家农业增加值占比维持在 10% 左右，对应的农业就业占比虽大幅下降，从 2000 年到 2017 年下降了超过 10 个百分点，但仍在 35% 以上。相比之下，新兴市场 30 国农业增加值占比稳步下降，从 2000 年的 10.6% 下降到 2017 年的 7.5%，对应农业就业占比则从 2000 年 46% 的高位下降到 30% 以下，明显低于低收入国家水平且下降幅度超过中等收入

① 从工业化的角度看，制造业相关指标是更好的选择，但由于制造业就业数据难以获得，我们这里使用工业增加值和工业就业数据。根据世界银行统计，本研究所指的工业包括采矿业、制造业、建筑业、电力、水和天然气行业。

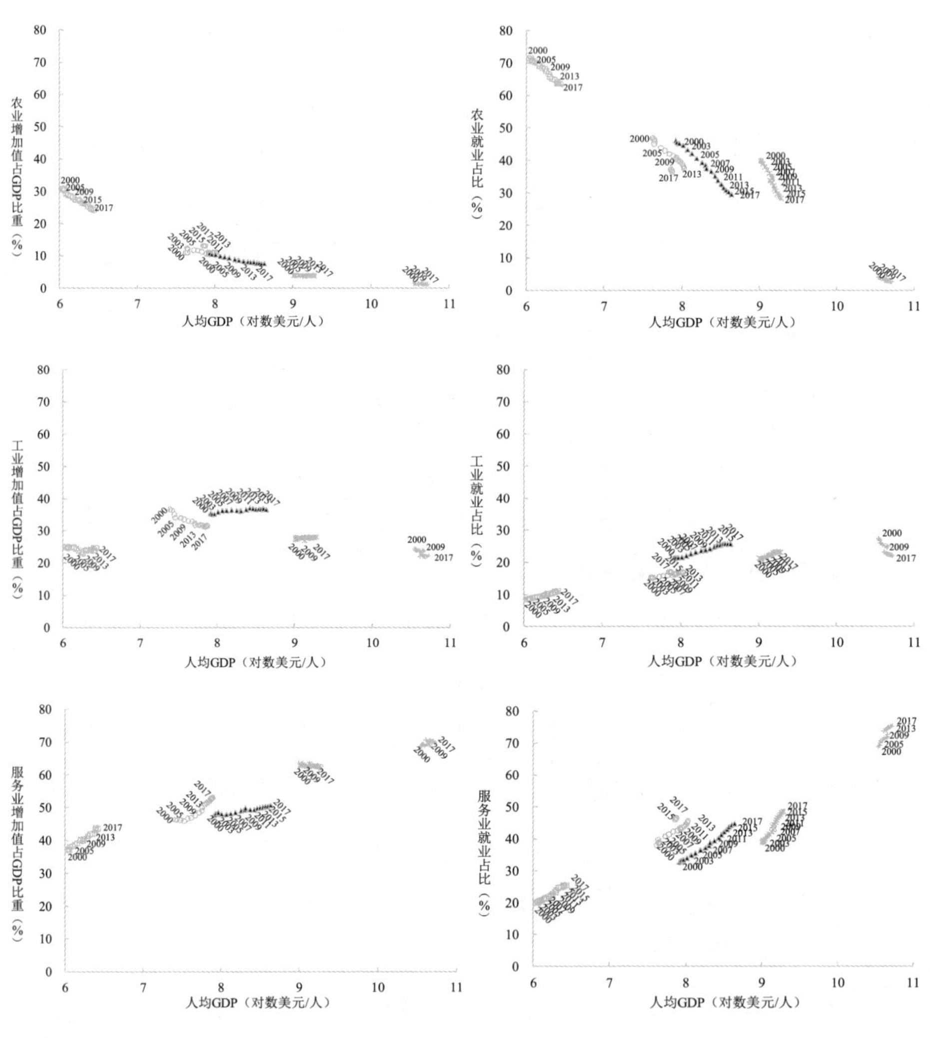

图 8–4　产业结构及其动态变化（2000—2017 年）

注：基于数据可得性及样本量的考虑，本研究仅截取了 2000—2017 年度数据，并从每个部门分别剔除了数据质量较差的国家进行计算，但由于本研究所用的是相对指标，因此不会对分析产生太大影响。高收入国家和中等收入国家均为剔除新兴市场 30 国后的样本，其中，中等收入国家包括中等偏低收入国家和中等偏高收入国家。

数据来源：世界银行

国家，同时拥有更快的人均国内生产总值增长速度。这说明新兴市场 30 国对全球农业劳动力向工业或者服务业的转移贡献较大。我们同时也看到，新兴市场 30 国农业增加值占比仍高于世界平均水平，与高收入国家差距依然较大，此类国家农业劳动力转移依然具有较大空间。

2. 工业方面

21 世纪以来，整体上世界人均国内生产总值水平不断提高，但工业增加值占比处于一个较为稳定的水平，世界平均水平维持在 28% 左右。值得注意的是，除了高收入发达国家正常的“去工业化（De-industrialization）”过程外，中等收入国家工业增加值占比出现下滑，从 2000 年的近 37% 下降到 2017 年的 31% 左右，也表现出“去工业化”的趋势。与工业增加值占比相对应，工业就业占比呈缓慢上升的趋势，2000—2017 年间从 21% 上升到 23%，说明工业部门吸纳了从农业部门转移的劳动力，但相对于农业部门劳动力下降幅度来说，这种吸纳也是有限的，因为相较于农业部门来看，除高收入国家外，全球范围内工业就业占比普遍低于工业增加值占比。一方面说明工业部门的资本密集型特征，另外一方面说明工业部门劳动生产效率普遍较高。新兴市场 30 国工业增加值占比 2000—2017 年间略有上升，自 35.3% 左右上升到 36.5% 左右，高于其他收入群体国家以及世界平均水平，是全球范围内工业发展相对比较抢眼的一类国家。对应的工业就业占比则从 2000 年的 21.3% 上升到 25.6%，绝对值超过世界平均水平的同时，也是上升幅度最大的一类国家，这充分说明了在全球工业发展疲软的背景下新兴市场 30 国在工业领域对全球的贡献。

3. 服务业方面

整体上看，世界服务业增加值占比处于一个较为稳定的水平，世界平均水平维持在63%左右，其中低收入国家和中等收入国家发展较快，分别从2000年的37.3%和46.2%上升到2017年的43.6%和52.9%，17年间均上涨了近10个百分点。与之相对应，服务业就业占比呈现出较快的上涨趋势，从世界平均水平来看，2000—2017年间从38.7%上升到48.5%，说明相对工业部门而言，服务业部门吸纳了更多的从农业部门转移的劳动力。与工业部门类似，除高收入国家外，全球范围内服务业就业占比也普遍低于服务业增加值占比。新兴市场30国服务业增加值占比2000—2017年间略有上升，从47.7%左右上升到50.6%左右，低于世界平均数和中等收入国家水平，且上升速度比低收入和中等收入国家低。对应的服务业就业占比则上升相对较快，高于服务业增加值占比增长速度，从2000年的32.6%上升到44.8%，但绝对值仍略低于世界平均水平。相对于农业和工业领域的表现，新兴市场30国服务业领域的发展在全球的对比中并不抢眼，但新兴市场30国服务业部门吸纳了大量来自农业部门转移的劳动力，服务业发展出现迎头追赶的趋势。

总体而言，新兴市场30国产业结构不断调整，伴随着传统农业劳动力向现代工业和服务业的转移，工业和服务业在国民经济中扮演越来越重要的角色，尤其是服务业，增加值占比和就业占比的不断提高表明服务业成为新兴市场30国重要的经济增长动力。同时，新兴市场30国在世界产业结构转型中扮演了重要的角色，尤其是在农业劳动力转移以及工业化发展领域，引领着世界发展趋势。

（三）新兴市场30国产业结构高级化指数

为分析新兴市场 30 国内部产业结构差异及其分布，本章计算了 2017 年新兴市场 30 国产业结构高级化指数[①]，结果如图 8–5 所示。

整体来看，产业结构高级化指数越高的国家，其经济发展水平相对越高，在图 5 中表现为一条向右上倾斜的拟合线。如，阿根廷产业结构指数为 7.38，排在新兴市场 30 国第一位，其人均国内生产总值为 10 404 美元，超过了 2/3 的新兴市场国家。越南产业结构指数为 5.95，排在新兴市场 30 国倒数第一位，其人均国内生产总值仅为 1 853 美元，排在新兴市场 30 国倒数第三位。但同样需要指出的是这种相关关系只是相对的，很多国家表现出产业结构与经济发展的不匹配。例如沙特阿拉伯人均国内生产总值为 20 693 美元，位列新兴市场 30 国第一，其农业增加值及就业占比均在 1% 以下的水平，并呈逐年下降趋势，工业增加值占比达到 57%，服务业就业占比达到 70% 以上，产业结构高级化指数为 7.06，超过了绝大多数新兴市场 30 国，但仅位列第九。类似的国家还有巴基斯坦，虽然其产业结构高级化指数高于越南和印度，与乌兹别克斯坦很接近，但其人均国内生产总值水平却均低于这些国家，排在新兴市场 30 国倒数第一位。

产生这种产业结构与经济发展水平不匹配的一个很重要的原因是产业劳动生产率问题。如 2017 年沙特阿拉伯服务业就业占比较高，达到 70% 多，但该国服务业增加值占比仅为 40.4%，位列新兴市场 30 国倒数第一，说明该国服务业劳动生产率并不高。反观阿根廷，其农业增加值及就业占比低于沙特阿拉伯，服务业就业占比超过沙

① 产业结构高级化是指产业结构随着经济的持续发展而相应地产生规律性变化的过程，主要表现为三次产业比重沿着农业、工业、服务业的顺序不断上升（付凌晖，2010）。

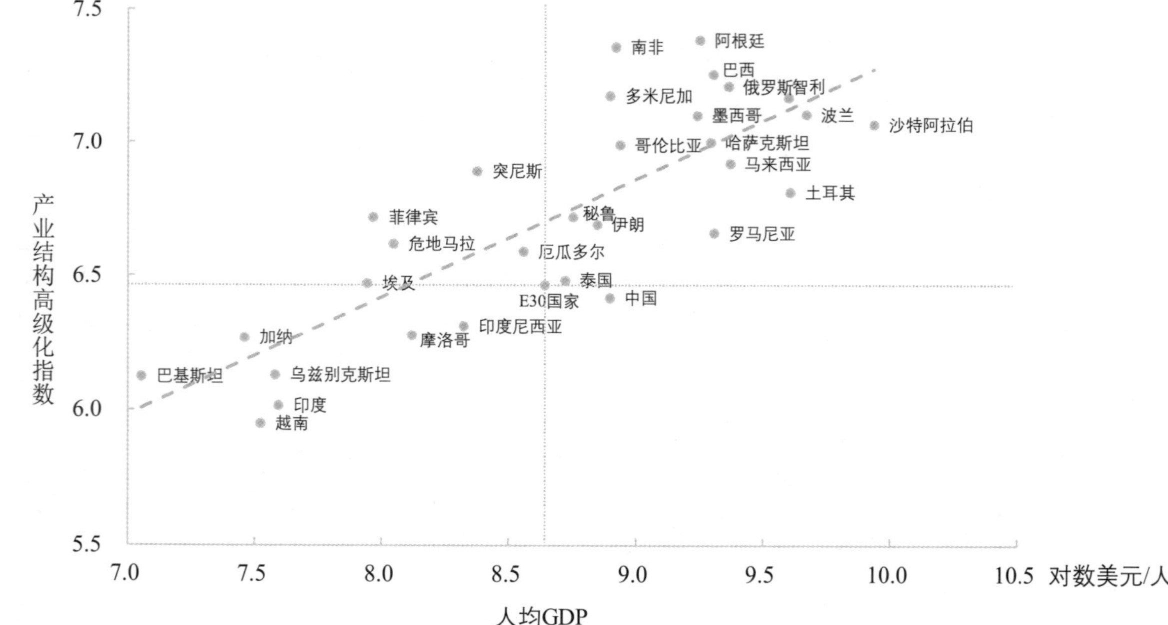

图 8–5 新兴市场 30 国产业结构高级化指数与人均国内生产总值（2017 年）

注：本研究借鉴了付凌晖（2010）的产业结构高级化指数计算方法，并进行相应调整。首先，根据三次产业划分，将各产业增加值占国内生产总值比重及产业就业占总就业比重进行加权平均，每个的加权平均值作为空间向量中的一个分量，从而构成一组三维向量 $X_0=(x_{1,0}, x_{2,0}, x_{3,0})$。其次，分别计算 X_0 与产业由低层次到高层次排列的向量 $X_1=(1,0,0)$，$X_2=(0,1,0)$，$X_3=(0,0,1)$ 的夹角 θ_1，θ_2，θ_3：$\theta_j = arccos\left(\frac{\sum_{i=1}^{3}(x_{i,j} \cdot x_{i,0})}{\sum_{i=1}^{3}(x^2{}_{i,j})^{1/2} \cdot \sum_{i=1}^{3}(x^2{}_{i,0})^{1/2}}\right)$，其中 $j=1,2,3$。最后，定义产业结构高级化指数 W 的计算公式为：$W=\sum_{k=1}^{3}\sum_{j=1}^{k}\theta_j$，$W$ 越大，表明产业结构高级化水平越高。

数据来源：世界银行

特阿拉伯，达到 77.5%，所以其产业高级化指数较沙特阿拉伯高，但在与沙特阿拉伯拥有相似水平的工业就业占比情况下，该国工业增加值占比仅为 23%，且有下降趋势，较低的工业生产效率拉低了其经济发展水平，使其产业结构与经济发展不相匹配。巴基斯坦也是主要缘于该国较低的工业生产效率，因为该国 23.6% 的工业就业占比仅创造出 19.2% 的工业增加值占比。对于越南而言，这两个数值分别是 25.8% 和 35%。

图 8–6 描绘了新兴市场 30 国 2000 年和 2017 年各产业就业占比与产业增加值占比的对比。从 2000 年和 2017 年的对比来看，散点有向 45 度线收缩的趋势。随着劳动力向工业和服务业的转移，农业就业占比和农业增加值占比出现双降趋势；工业部门承接了农业部门转移的劳动力，表现为工业就业占比的提高，但工业增加值占比出现了下降趋势。新兴市场 30 国中，仅有中国、厄瓜多尔、加纳、印度、巴基斯坦、波兰、罗马尼亚和土耳其等 8 个国家的工业增加值占比出现了上涨。可见，新兴市场 30 国对世界工业发展的贡献也仅限于有限数量的几个国家——服务业增加值占比和就业占比出现双增趋势。整体上看，新兴市场 30 国经济增长的动力逐渐向服务业转移。

图中的 45 度线以上的散点代表产业就业占比大于产业增加值占比的国家，更多占比的劳动投入却只有更少占比的增加值产出，一定程度上表示产业劳动生产率偏低；45 度线以下的散点代表产业就业占比小于产业增加值占比的国家，更少占比的劳动投入却有更多占比的增加值产出，一定程度上说明产业劳动生产率较高。从图 6 可以看出，新兴市场 30 国农业部门劳动生产率普遍偏低，虽然这种情况在 2017 年得到一定纠正，但并没有根本性的扭转；工业部门劳动生产率普遍偏高，这与工业资本密集的性质有关，但从 2000 和 2017 年的对比

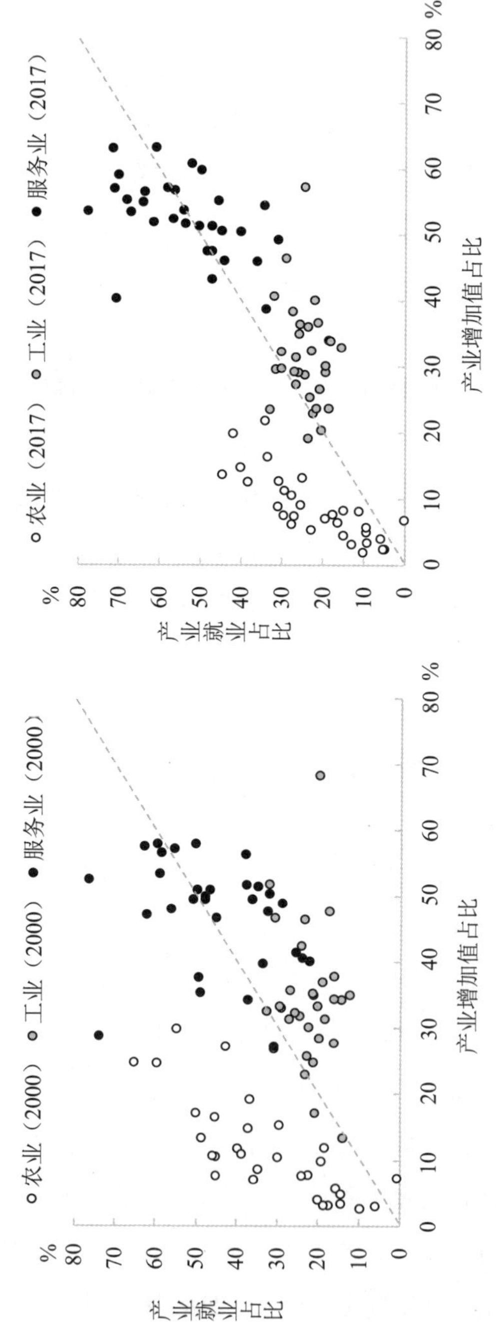

图 8-6　新兴市场 30 国产业就业占比与产业增加值占比（2000 年、2017 年）

数据来源：世界银行

来看，新兴市场 30 国逐渐使用越来越多的劳动力在工业部门；新兴市场 30 国服务业部门的表现有很大差异，到 2017 年，45 度线上下的国家几乎各占一半。整体来看，新兴市场 30 国产业发展的重点任务是进一步提高劳动生产效率，尤其是在农业和服务业领域。

三、新兴市场30国贸易结构转型

古典经济学理论认为，生产率由分工决定，但是分工深度受市场规模的影响，分工会随市场规模的扩大而加深，进而提高生产效率（宋立刚，2018）。对外开放程度的提高有助于一个国家或地区参与世界分工，加入国际市场和全球价值链之中，加速其分工的深化，进而提高生产率和经济发展水平。因此，世界范围内贸易开放是经济结构转型中不可缺少的一环（阿德里安·伍德等，2017）。

统计数据显示，新兴市场 30 国 2017 年商品和服务贸易为 13.4 万亿美元，占世界贸易总额的 26.9%[①]，成为世界贸易的重要力量。贸易总额占新兴市场 30 国名义国内生产总值的 48.2%，成为经济发展的主要动力。其中进口额 6.3 万亿美元，出口额 7.1 万亿美元。图 8–7 绘制了 1980—2017 年新兴市场 30 国贸易结构及其动态变化。

新兴市场 30 国贸易自 90 年代后逐渐崛起，进入 21 世纪后加速发展，2008 年全球金融危机后快速复苏，在经历近年来的下降调整后，呈现出上升势头。从结构上看，机械及车辆类商品贸易起步较早，且发展较快；服务贸易则在 2010 年以后逐渐崛起；燃料类自然

① 根据世界银行数据计算。

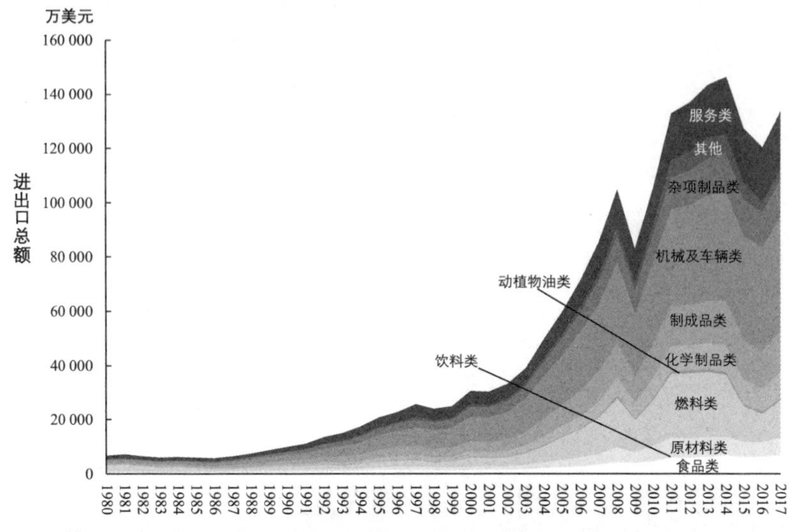

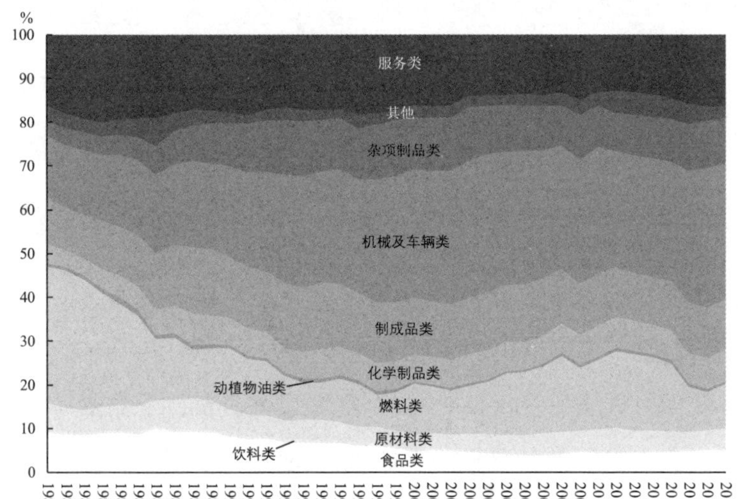

图 8–7　新兴市场 30 国贸易结构（1980—2017 年）

注：商品分类依据联合国统计司《国际贸易标准分类（修订 4）》；作者根据以上数据制图。①

数据来源：哈佛大学国际发展中心（CID），其中，商品贸易数据来源于联合国统计司（COMTRADE），服务贸易数据来自国际货币基金组织（IMF）②。

① 按照 SITC 分类，出口商品包括十大类：0（食品及活动物）、1（饮料及烟类）、2（非食用原料）、3（矿物燃料、润滑油及有关原料）、4（动植物油、脂及蜡）、5（化学成品及有关产品）、6（按原料分类的制成品）、7（机械及运输设备）、8（杂项制品）和 9（未分类产品）。其中，0—4 类是初级产品，5—9 类为工业制成品，其中 6、8 类为劳动密集型制成品，5、7、9 类为资本或技术密集型制成品。详见：https://unstats.un.org/unsd/publication/SeriesM/SeriesM_34rev4c.pdf

② 详见：http://atlas.cid.harvard.edu/

资源贸易经历了先上升后下降的趋势。从数据上看，2017 年占比在 10% 以上的类别有机械及车辆类（31.3%）、服务类（16.3%）、杂项制品类（10.3%）、制成品类（11.3%）、燃料类（10.2%）。燃料类贸易由 1980 年的 31% 下降到 10% 左右。1980 年食品类、饮料类、原材料类、燃料类和动植物油类贸易相加占到总贸易的 48%，到 2017 年这一数字大幅下降了 27 个百分点，达到 21%。机械及车辆类商品贸易是增长最快的一大门类，该类商品贸易占比由 1980 年的 14% 上升到 2017 年的超过 31%。如果把所有工业制品类商品相加，1980—2017 年间，此类商品贸易占比由 32.5% 上升到 60.1%，增长了近一倍。这说明新兴市场 30 国贸易结构逐渐由简单的、初级的、低附加值的原材料及制品，向复杂的、高级的、高附加值的制造业、工业制品及服务转移。这也解释了为何新兴市场 30 国在工业发展领域的强劲表现。

表 8–2 统计了 2017 年新兴市场 30 国产品贸易额排前五的国家及其产品贸易额占比情况。可以看出，从贸易额上看中国主导着新兴市场 30 国的进出口贸易，2017 年中国商品和服务贸易额占到新兴市场 30 国总贸易额的 35.6%，比 2000 年增加了超过 10 个百分点（见附录 8–3）。除了动植物油类商品贸易排在第 4 位以外，其余商品和贸易均排在新兴市场 30 国第一位，尤其是杂项制品类和机械及车辆类商品贸易，均占到了新兴市场 30 国该类商品贸易的一半左右。印度在所有的 11 项商品和服务贸易中有 7 项排在了前 5 位，虽然在占比上跟中国差距较大，但在新兴市场 30 国贸易中占据重要地位。2017 年印度贸易总额超过 1 万亿美元，占新兴市场 30 国总贸易额的 7.5%，排在新兴市场 30 国第 2 位，而这一位次比 2000 年上升了 5 位（见附录 8–3），可见印度对外贸易迅速发展。墨西哥、俄罗斯均在一半以上的产品贸易中排到了新兴市场 30 国的前 5 位，贸易额分列第 3 和第 4 位。

表 8–2　按类别分贸易额排名前五的国家及其占新兴市场 30 国分类贸易额比重（2017 年）

单位：%

类别	国家及占比				
食品类	中国（16.4）	巴西（8.5）	越南（7.0）	墨西哥（6.8）	波兰（6.3）
饮料类	中国（16.6）	墨西哥（12.3）	波兰（10.9）	俄罗斯（7.5）	越南（5.3）
动植物油类	印度尼西亚（27.1）	马来西亚（17.7）	印度（13.6）	中国（9.3）	俄罗斯（3.7）
原材料类	中国（39.8）	巴西（11.8）	印度（5.2）	智利（4.3）	印度尼西亚（4.1）
燃料类	中国（19.5）	俄罗斯（15.6）	印度（11.0）	沙特阿拉伯（11.0）	伊朗（7.0）
化学制品类	中国（31.6）	印度（9.0）	墨西哥（5.9）	波兰（5.6）	俄罗斯（5.4）
机械及车辆类	中国（44.2）	墨西哥（11.7）	马来西亚（5.6）	越南（5.4）	泰国（4.6）
制成品类	中国（33.1）	印度（10.1）	俄罗斯（5.9）	墨西哥（5.7）	波兰（5.6）
杂项制品类	中国（51.2）	墨西哥（6.4）	越南（6.2）	波兰（5.2）	印度（4.5）
服务类	中国（31.2）	印度（13.6）	俄罗斯（6.7）	泰国（5.6）	巴西（4.7）
其他	中国（23.3）	土耳其（12.3）	印度（9.9）	墨西哥（8.6）	南非（6.4）

数据来源：哈佛大学国际发展中心（CID），其中，商品贸易数据来源于联合国统计司（COMTRADE），服务贸易数据来源于国际货币基金组织（IMF）。

表 8–3 统计了 2017 年按类别分一国在某一类别上的贸易表现，一定程度上反映国家对某一产品的贸易依存情况和贸易结构情况。[①] 从食品类上看，厄瓜多尔、阿根廷和危地马拉食品类贸易占比较高，均达到 20% 以上；新兴市场 30 国饮料类和动植物油类贸易占比均比较低，排名最高的阿根廷和印度尼西亚也只分别占到两国总贸易的 4% 和 6.3%；秘鲁、智利和巴西的原材料类贸易比重较高，达到近 15% 或以上水平；从燃料类贸易上看，很多国家对燃料类贸易依存度很高，新兴市场 30 国中有 12 个国家燃料类贸易占总贸易额的 10% 以上[②]。尤其是伊朗，其近一半的贸易额来自燃料类贸易。其次是沙特阿拉伯，燃料类贸易占比也超过了 35%。说明新兴市场 30 国对燃料类贸易依赖度仍然很高；机械及车辆类贸易是新兴市场 30 国外贸依存度最高的贸易品类，例如，墨西哥有超过 50% 的对外贸易来自机械和车辆类，不仅是该类商品的重要进口国，也是重要的出口国（见附录 8–2）。此外，所有 30 个新兴市场国家此类商品贸易额均占到各国总贸易额的 10% 以上，近一半国家的这一数字超过 20%；服务贸易是新兴市场 30 国第二大贸易门类，有 26 个国家服务类贸易额超过国家总贸易额的 10% 以上。

总的来看，新兴市场 30 国贸易结构逐渐由简单的、初级的、低附加值的商品贸易，向复杂的、高级的、高附加值的商品和服务不断转移。主要表现为农产品及自然资源相关产品贸易占比的不断下降，现代工业，尤其是制造业相关产品贸易的不断上升。贸易结构的转型将是进一步经济结构转型的重要动力。但同时，新兴市场 30 国

① 此处仅把贸易作为整体进行分析，按出口和进口分的简要信息请见附录 8–2.

② 除前五名以外，还包括厄瓜多尔（26.0%）、印尼（15.5%）、印度（15.0%）、巴基斯坦（13.5%）、埃及（13.1%）、马来西亚（11.6%）、加纳（11.1%）。

表 8–3　按类别分贸易额排名前五的国家及其占国家贸易额比重（2017 年）

单位：%

类别	国家及占比				
食品类	厄瓜多尔（25.7）	阿根廷（21.1）	危地马拉（20.3）	智利（13.2）	秘鲁（12.8）
饮料类	阿根廷（4.0）	多米尼加（3.6）	智利（1.7）	危地马拉（1.3）	波兰（1.1）
动植物油类	印度尼西亚（6.3）	马来西亚（2.9）	巴基斯坦（2.2）	阿根廷（2.0）	危地马拉（1.9）
原材料类	秘鲁（19.9）	智利（16.3）	巴西（14.3）	南非（8.1）	印度尼西亚（6.3）
燃料类	伊朗（48.1）	沙特阿拉伯（36.2）	俄罗斯（28.3）	哈萨克斯坦（28.3）	哥伦比亚（26.0）
化学制品类	乌兹别克（13.4）	沙特阿拉伯（11.8）	危地马拉（11.2）	哥伦比亚（10.3）	巴西（9.6）
机械及车辆类	墨西哥（52.3）	越南（42.8）	马来西亚（41.9）	菲律宾（41.2）	中国（38.9）
制成品类	乌兹别克（23.9）	巴基斯坦（18.1）	智利（17.9）	哈萨克斯坦（16.9）	土耳其（16.3）
杂项制品类	越南（16.1）	突尼斯（14.9）	中国（14.7）	多米尼加（13.5）	波兰（12.3）
服务类	加纳（36.6）	多米尼加（31.1）	印度（29.3）	埃及（27.3）	摩洛哥（27.1）
其他	乌兹别克（10.5）	南非（10.5）	土耳其（9.8）	加纳（8.1）	秘鲁（5.6）

数据来源：哈佛大学国际发展中心（CID），其中，商品贸易数据来源于联合国统计司（COMTRADE），服务贸易数据来源于国际货币基金组织（IMF）。

对外贸易依然表现出对自然资源相关产品，如燃料类贸易较高的依存度，贸易结构单一可能是制约新兴市场 30 国一些国家持续结构转型的一大制约因素。

四、新兴市场30国城乡结构转型

城乡结构转型是国家结构转型的另一重要特征，它与经济结构转型相互影响，相辅相成。城镇化是城乡结构转型及经济发展的重要表现。伴随着经济的不断发展，产业结构的不断调整，农业就业逐渐转移为非农业就业，城市人口也逐渐增多，城镇化水平也不断提高。反过来，随着城市人口的增加，积聚效应不断显现的同时，人们的消费结构逐渐由以农业产品，如食物等为主转向以工业制品及服务为主，进而促进经济结构的进一步升级。

根据世界银行统计数据计算，2018 年新兴市场 30 国总人口占世界总人口的近 2/3（63.4%），超过一半的人口居住在城市，城镇化率为 52.5%，与 55.3% 的世界平均水平十分接近，城镇总人口占世界城镇总人口的 60.4%，也就是说，世界城镇人口的一半以上来自新兴市场 30 国。从与世界其他分类国家对比来看，新兴市场 30 国城镇化率超过了低收入国家和低中等收入国家，低于中高等收入国家和世界平均水平。由于中高等收入国家城镇化率增长速度快（1960—2018 年均增长 0.65 个百分点）于新兴市场 30 国（同期年均增长 0.49 个百分点），尤其是 80 年代以后的加速发展，两者差距有逐渐拉大趋势；由于新兴市场 30 国城镇率增长速度超过世界城镇化率增长速度（同期年均增长 0.37 个百分点），两者差距不断缩小，甚至有超过世界平均水平的势头。从绝对值上看，新兴市场 30 国的城镇化进入加速发展阶段，这得益于其经济结构的不断调整和农业劳动力的不断转移，同时虽然与高收入国家城镇率差距有缩小趋势，但差距依然十分显著。

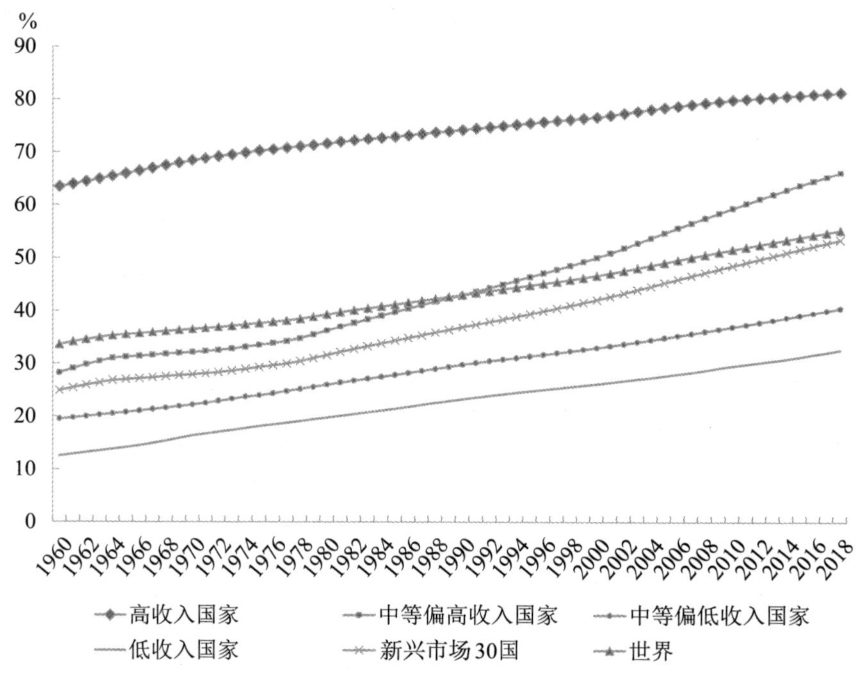

图 8–8　新兴市场 30 国城镇化率及其与世界对比（1960—2018 年）

数据来源：世界银行数据库

从新兴市场 30 国内部看，各国家间城镇化发展水平差异显著，城镇化率最高的阿根廷与最低的印度相差将近 60 个百分点。同时，这种差异也表现在经济发展水平的差异上，人均国内生产总值最高的沙特阿拉伯与最低的巴基斯坦城镇率相差约 47 个百分点。按照诺瑟姆对城镇化发展三阶段的划分，所有国家城镇化率均超过了 30%，超越了城镇化发展的起步阶段，有良好的发展势头，大部分国家处在 30%—70% 的城镇化发展的加速阶段，另外有超过 1/3 的国家（12

个国家）城镇化率已经超过 70%，进入了城镇化发展的成熟稳定阶段。有 2/3 以上的国家城镇化发展超过了新兴市场 30 国的平均水平，有 8 个国家低于新兴市场 30 国的平均水平。

此外，大部分国家城镇化发展与经济发展相互匹配，即经济发展水平越高，城镇化发展水平也越高，反之亦然。但也有些国家表现出城镇化发展与经济发展的不匹配关系。如泰国城镇化率低于新兴市场 30 国的平均水平，但其人均国内生产总值却高于新兴市场 30 国平均水平。突尼斯、厄瓜多尔、摩洛哥、印度尼西亚、加纳则正好相反，这些国家人均国内生产总值低于新兴市场 30 国的平均水平，但城镇化率却高于新兴市场 30 国平均水平。加纳表现得尤为突出，该国人均国内生产总值位列新兴市场 30 国倒数第二，但其城镇化率已经超过新兴市场 30 国平均水平。

传统经济理论认为，城镇化的可持续发展需要不断强化经济结构转型和城乡结构转型的互动关系，使二者形成良性循环，而新兴市场 30 国表现出一些不同的特征。从图 8–10 可以看出，首先，新兴市场 30 国城镇化率与非农产业增加值占比并没有很强的相关关系。大多数国家工业增加值占比分布在 20%—40% 之间，服务业增加值占比分布在 45%—65% 之间，相比于城镇化率的分布而言更加集中；其次，新兴市场 30 国城镇化率与工业就业占比没有很强的相关关系（相对于分散分布的城镇化率而言，工业就业占比相对集中分布在 15%—35% 之间），而与服务业就业比重具有更强的正向联系，因此新兴市场 30 国城镇化率的高低更多取决于服务业就业占比的高低，而非农产业增加值占比以及工业就业占比的高低，说明新兴市场 30 国城镇化发展更多依赖于服务业的发展而非工业的发展，其中的关键在于服务业的发展能不能提供更多的劳动机会。

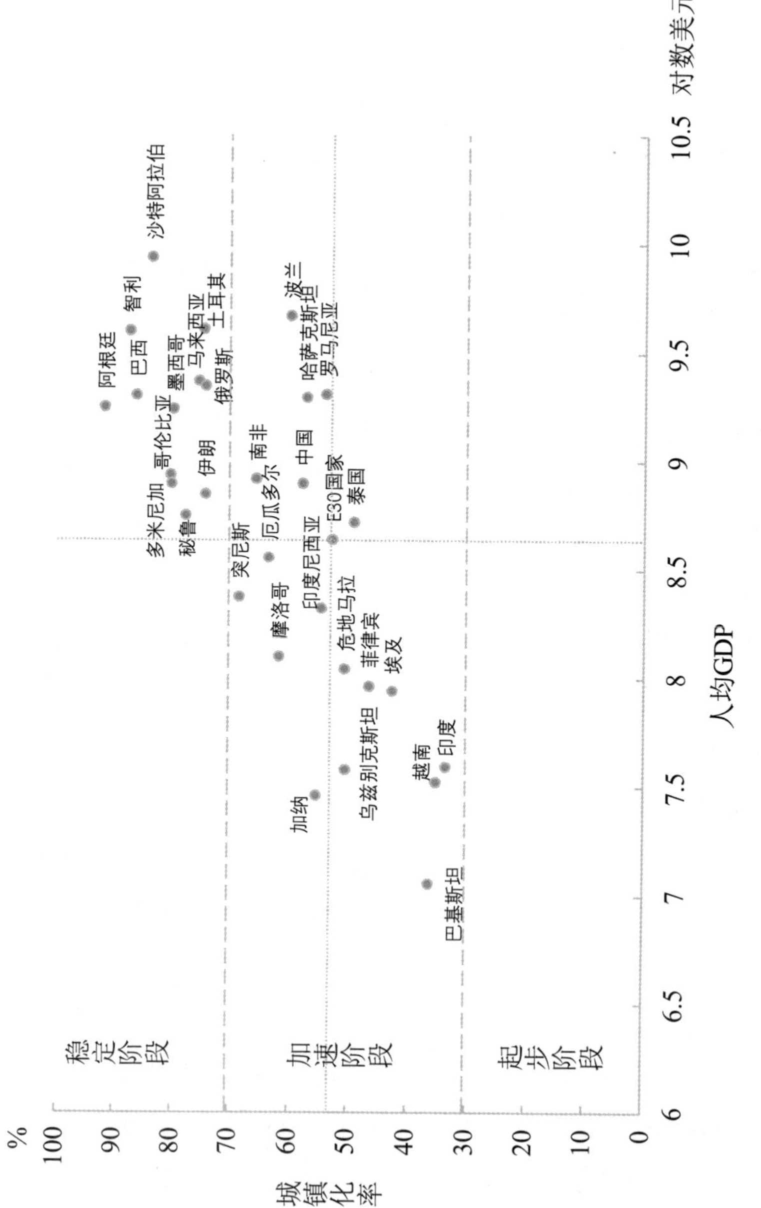

图 8-9 新兴市场 30 国城镇化率（2017 年）

数据来源：世界银行数据库

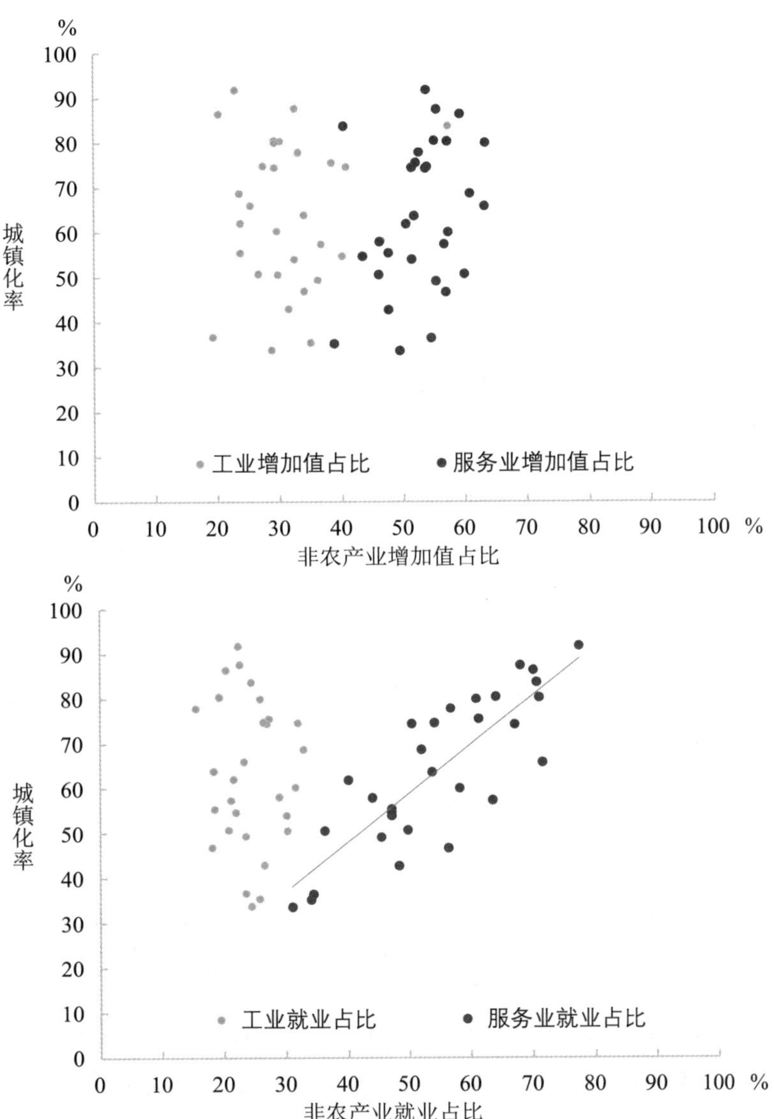

图 8-10　新兴市场 30 国城镇化率与非农产业发展（2017 年）

数据来源：世界银行

五、新兴市场30国结构转型面临的挑战

毫无疑问，新兴市场国家在发展过程中将面临来自国内和国际很多政治、经济、社会、人口等方面的挑战，本研究主要关注新兴市场 30 国在国家结构转型方面的几个主要挑战。

（一）过早“去工业化”

在全球范围内出现去工业化的趋势时，新兴市场国家作为新兴的经济力量对世界工业发展做出了重要贡献，但同时也面临着过早去工业化的挑战，因此这些国家正在经历的去工业化比高收入国家来得早很多。数据显示，新兴市场 30 国在 2011 年工业增加值占国内生产总值比重达到最高水平的 36.9%，此后便出现波动性缓慢下滑，同时工业就业占比上升迟缓。尤其是制造业领域，1990 年以来有近 2/3 的国家制造业增加值出现不同程度的下滑，尤其是乌兹别克斯坦和加纳下滑幅度达到 10% 以上。如果从 2010 年算起，制造业增加值占比出现下降的国家将超过 2/3。从图 8–11 可以大致看出新兴市场 30 国制造业的发展趋势，在经历 20 世纪 90 年代和 21 世纪初的快速发展以后，新兴市场 30 国制造业增加值占比出现迅速下滑，表现出一定的去工业化趋势，然而过早地去工业化，尤其是作为技术创新源泉之一和吸收农业劳动力转移重要领域的制造业发展的萎缩，可能会阻碍经济增长和国家结构转型，并延缓追赶发达经济体的进程（Rodrik, 2016）。

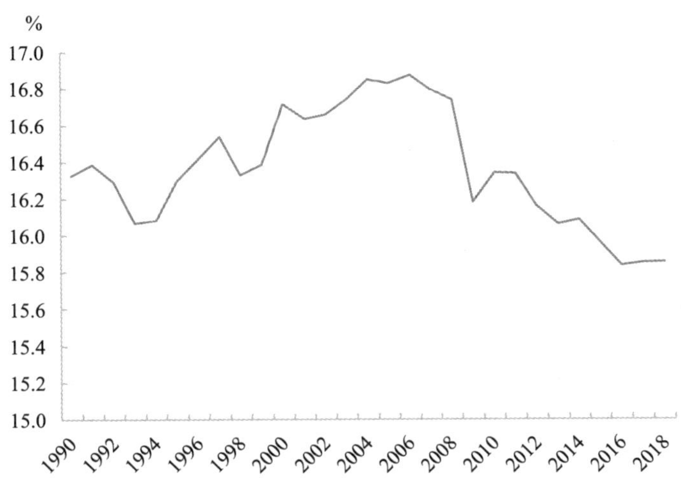

图 8–11　新兴市场 30 国制造业增加值占比（均值）（1990—2018 年）

数据来源：联合国工业发展组织（UNIDO）

新兴市场 30 国去工业化的原因可能是多重的。首先，深度的对外开放和参与国际分工使得新兴市场 30 国受到全球范围内的工业化发展萎缩影响；其次，新兴市场 30 国服务业的崛起，成为新的经济发展动力。这一点也可以在贸易数据上得到支持。但这种动力能不能支撑新兴市场 30 国经济持续发展依然未知，单从数据上看，新兴市场 30 国在服务业方面的表现并不突出，发展速度较世界其他地区慢。新兴市场 30 国经济的进一步发展面临着工业动能不断减弱和服务业动能尚且不强的矛盾，因此，如何顺利实现工业动能到服务业动能的转换，是新兴市场 30 国面临的重大挑战之一。

（二）非农产业与城镇化协调发展

城镇化发展对经济增长有十分重要的意义，过高的城镇化率将会给非农产业的发展造成沉重负担，但过低的城镇化率又导致非农产业发展失去潜在动力。根据上文分析，新兴市场 30 国对世界的农业劳动力向现代非农产业的转移做出了巨大贡献，但同时新兴市场 30 国农业增加值占比和农业就业占比仍高于世界平均水平，说明此类国家农业劳动力转移空间依然很大。进一步的经济发展必然伴随着进一步的产业非农化和进一步的城镇化进程。传统经济学理论认为工业化与城镇化互为因果，相互促进（Gollin, Jedwab 和 Vollrath, 2016），但新兴市场 30 国过早的去工业化使得工业化发展与城镇化之间缺乏联动，新兴市场 30 国非农产业发展，尤其是工业发展与城镇化不匹配的现象将反过来影响经济的持续发展。

以城镇化率作为因变量，工业增加值占比、服务业增加值占比、工业就业占比、服务业就业占比作为自变量，本研究利用新兴市场 30 国 2000—2017 年数据，并使用稳健标准误固定面板效应回归模型进行回归，进一步证实了上述结论（见表 8–4），至少说明 2000 年以来 E30 国家城镇化发展的特征。工业增加值占比、服务业增加值占比、工业就业占比对城镇化率的贡献并不显著，而服务业就业占比对城镇率贡献显著为正。在统计意义上，服务业就业占比每增加 1 个百分点，城镇化率相应增加 0.55 个百分点。

表 8–4　城镇化与非农产业指数回归结果

	工业增加值占比	服务业增加值占比	工业就业占比	服务业就业占比	常数项	样本数	R^2
城镇化率	–0.115 8 （–1.17）	0.112 9 （1.38）	0.149 6 （0.89）	0.553 1*** （4.18）	0.272 8*** （3.28）	540	0.710 7

注：括号内为 t 统计值，* 代表 $p<0.1$，** 代表 $p<0.05$，*** 代表 $p<0.01$。

新兴市场 30 国工业发展与城镇化相关关系弱的一个重要原因是这些国家偏重的工业结构。上文分析指出，新兴市场 30 国外贸依存度最高的贸易品类是机械及车辆类贸易，在所有贸易品类中机械及车辆类商品贸易不仅增长最快，也是占比较高，且此类商品贸易占到了所有新兴市场 30 国 10% 以上的贸易额，有近一半国家此类商品贸易占超过 20% 的国家贸易额。此外，新兴市场 30 国中很多国家表现出对燃料类贸易很高的依存度，超过 1/3 的国家该类贸易占总贸易额的 10% 以上，伊朗和沙特阿拉伯尤为如此。而上述两个门类所属产业都是重工业部门，而重型工业具有高资本密集、低劳动力吸纳能力的特点，导致其工业发展与城镇化进程联系较弱。服务业则有高劳动力吸纳能力的天然优势，显示出了与城镇化较高的相关关系，因此新兴市场 30 国进一步城镇化的挑战将是如何处理好工业化与城镇化的关系，以及工业化与服务业发展的关系。

（三）贸易依存度及其结构

自 20 世纪 90 年代以后，新兴市场 30 国贸易逐渐崛起，进入 21 世纪后加速融入世界市场，参与世界分工。2017 年新兴市场 30 国 13.4 万亿美元的商品和服务贸易占世界贸易总额的近 30%。一方面融入全球经济大循环给新兴市场国家经济发展带来了好处，成为经济发展的重要动力；另一方面随着进出口贸易的增加，新兴市场 30 国经济也逐渐提高对外贸易依存度，2017 年新兴市场 30 国贸易总额占到名义国内生产总值的近 50%。较高的外贸依存度使得经济相对薄弱的新兴市场经济体更容易受到外部经济的影响，例如，外部需求下降会给这些国家出口以及出口导向行业造成双重打击。随着全球化带来的负面效应日益显现，如气候变化、难民问题及收入分配不平等问题，全球化发展出现回潮（胡必亮，2018）。在此背景下，贸易保护主义（如中美贸易战）、民粹主义（如美国优先）等逆全球化势力逐渐抬头，在国际贸易环境更为复杂的背景下，新兴市场贸易投资环境更加严峻，给新兴市场国家经济发展带来不确定性。

正如上文指出的那样，新兴市场 30 国对原料类、机械和车辆类商品贸易依赖度很高，比如，一些国家出口严重依赖燃料类商品，包括伊朗（占总出口额的 73.6%）、沙特（占总出口额的 68.6%）、哈萨克斯坦（占总出口额的 50.7%）、俄罗斯（占总出口额的 49.6%）、哥伦比亚（占总出口额的 47.3%）等国家；还有一些国家严重依赖机械和车辆类产品出口，包括墨西哥（占总出口额的 58.3%）、菲律宾（占总出口额的 49.2%）、马来西亚（占总出口额的 47.2%）、中国（占总出口额的 46.8%）、越南（占总出口额的 45.4%）等国家（见附录 8–3）。国家产品结构复杂化和多样化是国家经济发展韧性和抗压能力的重要体现，也是潜在的经济增长动力。有研究发现，经济发展往往与一国或地区所生产产品的复杂性和多样性紧密相关（Hidalgo 和 Hausmann, 2009）。在逆全球化的背景下，这些新兴市场国家较为单一的贸易结构使得国家经济对外部经济环境更加敏感。在当今全球经济发展不确定性不断提高的情况下，新兴市场国家如何多样化发展，继续增强经济抗压能力，是进一步发展的一大挑战。

六、结论与展望

（一）结论

新兴市场 30 国作为世界新兴的经济力量及其发展现象，有必要对其经济发展中结构转型的现状、特征、过程进行深入研究。本研究从产业、贸易和城镇化等方面入手，对新兴市场 30 国结构转型相关问题进行了深入研究分析，得出以下几点主要结论：

1. 20 世纪 90 年代以后新兴市场 30 国农业劳动生产率迅速提高，1990—2015 年 15 年间单位农业劳动产出绝对值提高超过一倍，引领了全球农业劳动生产率的提高。同时新兴市场 30 国农业劳动土地比迅速下降，对全球农业劳动力向工业或者服务业的转移贡献巨大，但相对于较低的农业产业增加值占比，较高的农业就业占比仍表明着新兴市场 30 国农业劳动力转移依然有很大空间。

2. 新兴市场 30 国工业发展虽然缓慢，但仍好于其他收入群体国家以及世界平均水平，尤其是工业就业占比绝对值超过世界平均水平的同时，也是 2000—2017 年间上升幅度最大的一类国家，成为全球范围内工业发展相对比较抢眼的一类国家。这充分说明了新兴市场 30 国在工业领域对全球的贡献显著。然而，在全球范围内普遍呈现出去工业化的背景下，新兴市场 30 国呈现出一定的过早“去工业化”的趋势。

3. 新兴市场 30 国服务业发展速度虽然低于世界平均和中等收入国家水平，但其增长速度仍高于工业发展，尤其是服务业就业占比上升相对较快，表明服务业部门吸纳了大量来自农业部门转移的劳动力，服务业发展出现迎头追赶的趋势，并逐渐成为这些国家经济发展的新动力。在这种背景下，如何应对过早去工业化的挑战，并顺利实现经济动能由工业到服务业的转换是新兴市场30国面临的重要挑战。

4. 20 世纪 90 年代以来的对外贸易崛起以及 21 世纪初以来的快速发展使得新兴市场 30 国成为世界贸易的重要力量；同时，新兴市场 30 国贸易结构业逐渐由简单的、初级的、低附加值的原材料及制品，向复杂的、高级的、高附加值的制造业、工业制品及服务转移。在享受贸易充分发展成果的同时，近 50% 的贸易占比导致新兴市场 30 国表现出较高的外贸依存度。再加上，贸易结构单一问题使得一些新兴市场国家经济发展更容易受到逆全球化潮流的影响。如何实现多样化发展，继续增强经济抗压能力，是新兴市场 30 国经济持续发展的关键。

5. 新兴市场 30 国城镇化进入加速发展阶段，有超过一半的人口居住在城市，这对世界城镇化发展做出了巨大贡献，世界城镇人口的一半以上来自新兴市场 30 国。进入 21 世纪以后，偏重的工业结构以及服务业的发展导致新兴市场 30 国的城镇化发展更多地依赖于服务业的发展而非工业的发展，这与传统经济学理论认知有一定差距。如何协调处理工业化与城镇化的关系，以及工业化与服务业发展的关系是新兴市场 30 国需要解决的难题。

（二）展望

虽然面临众多挑战，但在全球范围内新兴市场 30 国在经济发展领域依然表现突出，同时有理由相信这些国家经济发展前景依然可期。

首先，相比较而言，新兴市场 30 国农业劳动土地比依然偏高，巨大的农业劳动力转移空间使得新兴市场 30 国仍然具备着一定的人口红利优势。如印度和巴基斯坦城镇化率仅为 35% 左右，仍有 2/3 以上的人口及劳动力在农村生产生活。随着农业劳动生产率的提高，农业劳动力向工业或服务业转移，以及由此带动的产业结构、贸易结构、城乡结构的转型也将进一步刺激新兴市场 30 国结构转型，从而带动经济发展。

其次，虽然一方面新兴市场国家对外贸易依存度很高，经济发展已经离不开世界市场，但同时新兴市场国家的贸易额已经占到了世界贸易总量的近 30%，对世界经济增长做出了重要贡献；世界的经济发展也离不开新兴市场国家，两者已经是相互不可或缺的整体。

再次，逆全球化虽然给全球经济带来了一定冲击，但同时也应看到，在这样的背景下，作为最大的新兴市场国家的中国适时提出的“一带一路”倡议无疑是新兴市场国家经济发展的一大历史机遇（胡必亮，2016）。以基础设施互联互通，如高速公路、机场、铁路和港口设施等为优先领域的合作不仅有利于新兴市场30国对外贸易的发展，也将有利于国家内部城市建设，促进国家城镇化的发展和城乡结构转型。另一方面，美国贸易保护主义政策的实施，增加了新兴市场30国广泛参与世界其他国家及新兴市场30国之间的贸易合作机会。以中美贸易摩擦为例，阿根廷和巴西等国已经从中找到机会，与中国建立起了农业贸易合作关系。

最后，新一轮的技术革命改变着人类的生产和生活方式，产业发展与大数据和人工智能的结合将进一步提高劳动生产率。新兴市场国家作为“后发优势”国家，可以在享受低成本的正技术溢出效应中推广新技术，从而提高生产和经济效率。

需要指出的是，国家结构的变迁要求国家制度进行相应的适应性调整和变迁，滞后的制度建设将阻碍国家结构的进一步转型。大部分新兴市场30国往往是制度质量较差的国家，制度变革的速度赶不上经济发展的速度，容易导致制度性交易成本上升，反过来制约了经济的进一步转型发展。因此，新兴市场30国在结构不断转型发展的同时，应注重制度的适应性变革，降低生产生活的交易成本，提供经济效率，例如，农业劳动力的转移有赖于对劳动力自由流动的保护，技术的创新和进步有赖于知识产权的保护，社会稳定有赖于合理的收入分配制度，等等。在这样的前提下，新兴市场30国才能实现经济的持续发展，以及与发达国家的接轨。

附录 8-1 新兴市场 30 国结构指数测算得分及排序（2013—2017 年）

国家	2017年		2016年		2015年		2014年		2013年		五年平均	
	得分	排序	得分	排序	得分	排序	得分	排序	得分	排序	得分	排序
中国	91.06	1	90.80	1	90.68	1	90.51	2	90.27	2	90.67	1
马来西亚	91.02	2	90.77	2	90.54	2	90.39	3	90.20	3	90.58	2
阿根廷	90.12	3	90.18	3	90.43	3	90.56	1	90.75	1	90.41	3
墨西哥	87.59	4	87.60	4	87.64	4	87.66	4	87.45	4	87.59	4
巴西	86.92	8	86.98	5	86.81	6	87.17	5	87.21	5	87.02	5
泰国	86.81	9	86.59	9	86.92	5	86.90	6	86.86	7	86.82	6
多米尼加	87.01	7	86.85	6	86.80	7	86.70	8	86.65	9	86.80	7
智利	86.49	10	86.58	10	86.70	8	86.80	7	86.91	6	86.70	8
土耳其	87.04	6	86.77	7	86.62	9	86.49	10	86.25	10	86.63	9
沙特阿拉伯	87.06	5	86.73	8	86.55	10	86.34	11	85.95	11	86.53	10
秘鲁	85.84	11	85.90	11	86.26	11	86.60	9	86.83	8	86.28	11
哥伦比亚	85.46	12	85.49	12	85.34	12	85.33	12	85.45	12	85.41	12
俄罗斯	85.36	13	85.35	13	85.23	13	85.33	13	85.33	13	85.32	13
突尼斯	85.08	14	85.02	14	84.94	14	84.94	14	84.96	14	84.99	14
伊朗	84.75	16	84.46	16	84.75	16	84.86	15	84.50	15	84.66	15
印度尼西亚	84.81	15	84.58	15	84.50	17	84.39	17	84.26	16	84.51	16
罗马尼亚	84.43	17	84.34	17	84.75	15	84.69	16	84.24	17	84.49	17
波兰	84.32	18	83.97	18	83.89	18	83.64	18	83.28	18	83.82	18
菲律宾	83.36	19	83.27	19	83.21	19	83.21	19	82.91	19	83.19	19
摩洛哥	83.19	20	83.15	20	83.05	20	82.70	20	81.88	23	82.79	20
南非	82.56	21	82.50	21	82.34	21	82.32	21	82.29	21	82.40	21
乌兹别克斯坦	81.29	24	81.54	24	81.85	22	82.28	22	82.69	20	81.93	22

（续表）

国家	2017年		2016年		2015年		2014年		2013年		五年平均	
	得分	排序	得分	排序	得分	排序	得分	排序	得分	排序	得分	排序
厄瓜多尔	81.93	23	81.95	22	81.75	24	81.79	23	82.04	22	81.89	23
危地马拉	81.95	22	81.91	23	81.77	23	81.75	24	81.77	24	81.83	24
哈萨克斯坦	79.16	25	79.22	25	79.22	25	79.25	25	79.38	25	79.25	25
埃及	78.13	26	78.13	26	78.43	26	78.71	26	78.51	26	78.38	26
印度	76.95	28	76.80	28	76.61	27	76.28	27	76.13	27	76.55	27
越南	77.34	27	76.82	27	76.19	28	75.71	28	75.43	29	76.30	28
加纳	75.88	29	75.84	29	75.70	29	75.58	29	75.55	28	75.71	29
巴基斯坦	75.54	30	75.39	30	75.39	30	75.39	30	75.27	30	75.39	30

附录8-2 新兴市场30国贸易额及其占比（2000年、2017年）

国家	2000年	2017年	2000年		2017年	
	贸易额（亿美元）	贸易额（亿美元）	贸易额占E30比重（%）	排名	贸易额占E30比重（%）	排名
中国	7 623.946	47 559.62	24.97	1	35.60	1
印度	1 404.607	10 071.58	4.60	7	7.54	2
墨西哥	3 505.468	9 393.057	11.48	2	7.03	3
俄罗斯	1 984.956	7 522.213	6.50	4	5.63	4
波兰	991.6284	5 783.263	3.25	12	4.33	5
马来西亚	2 325.845	5 612.368	7.62	3	4.20	6
泰国	1 634.886	5 395.977	5.35	5	4.04	7
越南	365.146 6	5 303.751	1.20	17	3.97	8

（续表）

国家	2000年	2017年	2000年		2017年	
	贸易额（亿美元）	贸易额（亿美元）	贸易额占E30比重（%）	排名	贸易额占E30比重（%）	排名
巴西	1 413.484	4 985.58	4.63	6	3.73	9
土耳其	1 098.017	4 539.547	3.60	10	3.40	10
沙特阿拉伯	1 390.802	4 149.377	4.56	8	3.11	11
印度尼西亚	1 282.867	3 984.683	4.20	9	2.98	12
菲律宾	1 032.664	2 704.939	3.38	11	2.02	13
南非	795.485 3	2 215.295	2.61	13	1.66	14
马来西亚	313.977 7	2 070.902	1.03	18	1.55	15
伊朗	590.756	1 976.526	1.93	14	1.48	16
智利	458.746 4	1 589.189	1.50	15	1.19	17
埃及	441.960 7	1 365.851	1.45	16	1.02	18
哥伦比亚	309.516 6	1 120.251	1.01	19	0.84	19
巴基斯坦	236.039 2	1 021.375	0.77	21	0.76	20
摩洛哥	255.173 6	1 008.083	0.84	20	0.75	21
哈萨克斯坦	196.934 8	984.467	0.65	22	0.74	22
秘鲁	174.903 6	976.569 5	0.57	25	0.73	23
厄瓜多尔	119.984 8	471.099 3	0.39	27	0.35	24
加纳	58.893 37	438.822 4	0.19	28	0.33	25
突尼斯	190.639 2	431.428 5	0.62	24	0.32	26
多米尼加	196.738 2	396.065 1	0.64	23	0.30	27
危地马拉	123.264 3	355.796 7	0.40	26	0.27	28
乌兹别克斯坦	43.258 08	184.937 9	0.14	29	0.14	29
阿根廷	6.711 105	132.699 2	0.02	30	0.10	30

注：按 2017 年占比排序。

附录 8-3 按类别分进出口额排前五位的国家及其占国家进出口额比重（2017 年）

单位：%

	类别	国家及占比				
出口	食品类	厄瓜多尔（42.3）	阿根廷（36.0）	危地马拉（34.5）	智利（19.2）	巴西（18.6）
	饮料类	多米尼加（5.3）	智利（2.8）	危地马拉（2.2）	波兰（1.6）	墨西哥（1.4）
	动植物油类	印度尼西亚（12.1）	马来西亚（4.6）	危地马拉（3.5）	突尼斯（2.5）	菲律宾（1.3）
	原材料类	秘鲁（36.1）	智利（30.3）	巴西（25.7）	阿根廷（19.3）	南非（13.3）
	燃料类	伊朗（73.6）	沙特（68.6）	哈萨克斯坦（50.7）	俄罗斯（49.6）	哥伦比亚（47.3）
	化学制品类	沙特（17.3）	乌兹别克（12.4）	埃及（9.3）	摩洛哥（8.8）	印度（8.6）
	机械及车辆类	墨西哥（58.3）	菲律宾（49.2）	马来西亚（47.2）	中国（46.8）	越南（45.4）
	制成品类	巴基斯坦（30.3）	乌兹别克（25.6）	智利（25.3）	南非（20.6）	土耳其（19.2）
	杂项制品类	巴基斯坦（26.4）	突尼斯（25.3）	越南（24.7）	中国（21.5）	多米尼加（17.2）
	服务类	多米尼加（48.9）	埃及（40.1）	印度（38.4）	摩洛哥（37.1）	加纳（34.5）
	其他	乌兹别克（27.1）	加纳（18.0）	南非（15.4）	秘鲁（9.8）	多米尼加（6.2）
进口	食品类	阿根廷（19.2）	伊朗（12.5）	埃及（10.8）	危地马拉（10.2）	越南（9.8）
	饮料类	阿根廷（4.5）	多米尼加（2.2）	伊朗（1.8）	哈萨克斯坦（1.0）	俄罗斯（1.0）

（续表）

单位：%

	类别	国家及占比				
进口	动植物油类	巴基斯坦（3.2）	阿根廷（2.2）	印度（2.1）	伊朗（2.1）	埃及（1.5）
	原材料类	中国（11.1）	巴基斯坦（7.1）	土耳其（5.5）	伊朗（4.8）	埃及（4.6）
	燃料类	印度（21.8）	巴基斯坦（18.8）	厄瓜多尔（17.9）	危地马拉（14.6）	多米尼加（13.7）
	化学制品类	巴西（15.1）	哥伦比亚（14.2）	乌兹别克（13.9）	危地马拉（13.5）	厄瓜多尔（13.0）
	机械及车辆类	墨西哥（46.9）	越南（40.2）	伊朗（38.9）	乌兹别克（37.2）	马来西亚（35.1）
	制成品类	乌兹别克（23.0）	突尼斯（19.4）	越南（17.7）	伊朗（17.4）	罗马尼亚（16.8）
	杂项制品类	哈萨克斯坦（16.7）	波兰（11.9）	智利（11.9）	多米尼加（10.4）	俄罗斯（10.3）
	服务类	加纳（38.3）	沙特（38.2）	巴西（29.0）	俄罗斯（27.1）	中国（23.3）
	其他	土耳其（14.5）	印度（5.6）	泰国（5.3）	沙特（5.0）	阿根廷（4.5）

主要参考文献

[1] 阿德里安·伍德，顾思蒋，夏庆杰．世界各国结构转型差异（1985—2015）：模式、原因和寓意 [J]．经济科学，2017（01）：7-33.

[2] 蔡昉．发展阶段转折点与劳动力市场演变 [J]．经济学动态，2007（12）：25-29.

[3] 陈纯槿，郅庭瑾．世界主要国家教育经费投入规模与配置结构 [J]．中国高教研究，2017（11）：77-85, 105.

[4] 陈家琦等．水资源学 [M]，北京：科学出版社，2003.

[5] 崔许锋．民族地区的人口城镇化与土地城镇化：非均衡性与空间异质性 [J]．中国人口·资源与环境，2014，24（08）：63-72.

[6] 杜旻，刘长权．集聚效应、人口流动与城市增长 [J]．人口与经济，2014（6）：44-56.

[7] 范蕾．拉美印第安人运动与政府关系的演进——以玻利维亚和厄瓜多尔为例 [J]．拉丁美洲研究，2018（4）：118-158.

[8] 范世涛，赵峥，周键聪．专题一 世界能源格局：四大趋势 [J]．经济研究参考，2013（02）：17-42.

[9] 方晋等．新兴经济体崛起——理论、影响和政策分析 [M]．中国发展出版社，2012.

[10] 付凌晖．我国产业结构高级化与经济增长关系的实证研究 [J]．统计研究，2010，27（8）：79-81.

[11] 耿国彪．我国荒漠化土地和沙化土地面积持续“双缩减”[J]. 绿色中国，2016（01）：8-13.

[12] 郭大本．世界资源性缺水现状及危害 [J]. 黑龙江水专学报，2007（04）：105-110.

[13] 郭久亦，于冰．世界水资源短缺：节约用水和海水淡化 [J]. 世界环境，2016（02）：58-61.

[14] 国家生态环境保护专家委员会在京成立 [J]. 中国环境监察，2019（07）：5

[15] 胡必亮，周晔馨，范莎．全球经济格局新变化与中国应对新策略 [J]. 经济学动态，2015（3）：135-147.

[16] 胡必亮，唐幸，殷琳，刘倩．新兴市场国家的综合测度与发展前景 [J]. 中国社会科学，2018（10）：59-85，205-206.

[17] 胡必亮．“一带一路”：倡议 实施 前景 [J]. 中国人口科学，2018（1）：2-18.

[18] 胡必亮．借“一带一路”东风激活新兴市场 [N]．人民日报，2016-04-24（005）.

[19] 胡光宇．2009 年世界发展报告：重塑世界经济地理 [M]. 清华大学出版社，2009.

[20] 胡艺，张晓卫，李静．出口贸易、地理特征与空气污染 [J]. 中国工业经济，2019，(9)：98-116.

[21] 靳永爱．低生育率陷阱：理论、事实与启示 [J]. 人口研究，2014，38（01）：3-17.

[22] 景跃军，王胜今．中国未来发展面临的淡水资源问题及对策 [J]. 人口学刊，2000（04）：3-7.

[23] 李通屏．人口增长对经济增长的影响：日本的经验 [J]. 人口研究，2002，26（6）：63-68.

[24] 李秀彬．全球环境变化研究的核心领域——土地利用／土地覆被变化的国际研究动向 [J]. 地理学报，1996（06）：553-558.

[25] 李秀彬．中国近 20 年来耕地面积的变化及其政策启示 [J]. 自然资源学报，1999（04）：329-333.

[26] 联合国粮食及农业组织．2018 年世界粮食安全和营养状况 [R].

[27] 刘传奇．中国人口质量与经济发展——以 2005 年抽样调查数据为例分析 [J]．法制与社会，2012（36）：186-187.

[28] 刘纪新，闵勤勤．拉美国家的腐败问题与反腐败斗争评析 [J]．拉丁美洲研究，2006（12）：8-14.

[29] 刘敏，刘清杰，刘倩．政治稳定一定促进经济增长吗？——基于“一带一路”沿线国家的动态门槛面板模型分析 [J]．华东经济管理，2018（5）：32-39.

[30] 刘敏．“一带一路”沿线国家的政治与治理 [J]．经济研究参考，2017（15）：45-69.

[31] 刘瑜．两种民主模式与第三波民主化稳固 [J]．开放时代，2016（3）：113-136.

[32] 柳亦博．国家治理的阶段性演化：一个贯通的政治学模型 [J]．2018（2）：132-142.

[33] 莫杰．21 世纪人类的水危机 [J]．科学，2013，65（05）：44-47，4.

[34] 欧阳峣．“大国综合优势”的提出及研究思路 [J]．经济学动态，2009（6）：20-22.

[35] 彭倩，姚兰，胡国松．中国能源安全及对策 [J]．财经科学，2014（10）：73-80.

[36] 全球能源新版图和发展新趋势——《世界能源展望 2012》摘要 [J]．国际石油经济，2012，20（12）：1-6.

[37] 沈佩昕．中国与新兴市场国家双边贸易影响因素分析——基于引力模型的实证研究 [J]．商场现代化，2017（22）：30-31.

[38] 宋立刚．改革开放 40 年中国经济结构转型研究 [J]．人民论坛 · 学术前沿，2018，159（23）：94-101，109.

[39] 宋敏．耕地资源利用中的环境成本分析与评价——以湖北省武汉市为例 [J]．中国人口 · 资源与环境，2013，23（12）：76-83.

[40] 王春晓．全球水危机及水资源的生态利用 [J]．生态经济，2014，30（03）：4-7.

[41] 王克强，左娜，刘红梅．国际能源发展趋势分析 [J]．上海财经大学学报，2009，11（06）：57-64.

[42] 王志宝，孙铁山，李国平．近 20 年来中国人口老龄化的区域差异及其演化 [J]．人口研究，2013，37（01）：66-77.

[43] 薛澜，俞晗之．迈向公共管理范式的全球治理——基于“问题—主体—机制”框架的分析 [J]. 中国社会科学，2015（11）：76-90.

[44] 杨建芳，龚六堂，张庆华．人力资本形成及其对经济增长的影响——一个包含教育和健康投入的内生增长模型及其检验 [J]. 管理世界，2006（05）：10-18，34，171.

[45] 杨建民．墨西哥的腐败治理及启示 [J]. 天津行政学院学报，2016（7）：81-88.

[46] 杨利民，于闽．我国未来人口发展对耕地的需求分析 [J]. 经济地理，2013，33（02）：168-171.

[47] 杨中强．水资源与中东和平进程 [J]. 阿拉伯世界，2001（03）：26-29.

[48] 余振国，胡小平．我国粮食安全与耕地的数量和质量关系研究 [J]. 地理与地理信息科学，2003（03）：45-49.

[49] 俞可平．推进国家治理体系和治理能力现代化 [J]. 前线，2014（1）：5-13.

[50] 张楚莹，王书肖，等． 中国能源相关的氮氧化物排放现状与发展趋势分析 [J].《环境科学学报》，2008.

[51] 张明扬． 中国对外直接投资中的环境保护问题探究 [D]. 云南财经大学，2015.

[52] 张永军．令人堪忧的水危机 [J]. 西部大开发，2014（Z1）：146-147.

[53] 张宇燕，田丰．新兴经济体的界定及其在世界经济格局中的地位 [J]. 国际经济评论，2010（04）：7-26，3.

[54] 张云华．关于粮食安全几个基本问题的辨析 [J]. 农业经济问题，2018（05）：27-33.

[55] 郑皓瑜． 论拉丁美洲国家教育扶贫政策在消除贫困代际传递中的作用 [J]． 山东社会科学，2016（4）：171-175.

[56] 周红云．国际治理评估指标体系研究述评 [J]. 经济社会体制比较，2008（6）：23-36.

[57] 朱孟珏，陈忠暖，蔡国田．基于系统论的世界能源空间格局分析 [J]. 地理科学进展，2008（05）：112-120.

[58] Adam Wasilewski, Krzysztof Krukowski. Land conversion for suburban housing:

a study of urbanization around Warsaw and Olsztyn[J], Environmental Management, 2004, 34 (2): 291–303.

[59] Alvarez-Cuadrado F, Poschke M.. Structural Change Out of Agriculture: Labor Push Versus Labor Pull[J]. American Economic Journal: Macroeconomics,2011,3 (3): 127–158.

[60] Biswas A K. Water for Sustainable Development in the 21st century.Water International, 1991. 16 (4): 219–224.

[61] Che Xiahui, Zhu Bangzhu, Zhao Juan, Xie Rui and Cai Xiang. Will Developing Countries Become Pollution Havens for Developed Countries? An Empirical Investigation in the Belt and Road. Journal of Cleaner Production. 2018,198: 624–32.

[62] Daniel Kaufmann, Aart Kraay and Massimo Mastruzzi. The Worldwide Governance Indicators: Methodology and Analytical Issues. World Bank Policy Research Working Paper, 2010 (9): 4.

[63] Deng X , Huang J , Rozelle S , Uchida E. Economic Growth and the Expansion of Urban Land in China[J]. Urban Studies, 2010, 47 (4):813–843.

[64] Food and Agriculture Organization of the United Nations. The state of food insecurity in the world: How does international price volatility affect domestic economies and food security? FAO.2011.

[65] Glaeser E L, Kallal H D, Scheinkman J A, Shleifer A. Growth in Cities[J]. Journal of Political Economy, 1992, 100 (6): 1126–1152.

[66] Gollin D, Jedwab R, Vollrath D. Urbanization with and without industrialization[J]. Journal of Economic Growth, 2016, 21 (1): 35–70.

[67] He C , Zhou Y , Huang Z . Fiscal decentralization, political centralization, and land urbanization in China[J]. Urban Geography, 2016, 37 (3): 436–457.

[68] Herrendorf B, Rogerson R, Valentinyi . Growth and structural transformation[M]// Handbook of economic growth. Elsevier, 2014 (2): 855–941.

[69] Hidalgo C A, Hausmann R. The building blocks of economic complexity[J].

Proceedings of the national academy of sciences, 2009, 106 (26): 10570–10575.

[70] Huang J, RozelleS. Environmental stress and grain yields in China[J], American Journal of Agricultural Economics, 1995 (4): 853–864.

[71] IMF. World Economic Outlook: The Global Demographic Transition[R], International Monetary Fund, 2004.

[72] Kvint V. The Global Emerging Market: Strategic Management and Economics[M], Routledge. 2009.

[73] Lucas R E . On The Mechanics Of Economic Development[J]. Journal of Monetary Economics, 1989, 22 (1): 3–42.

[74] Lutz W., and Skirbekk V., Policies Addressing the Tempo Effect in Low-fertility Countries[J], Population and Development Review, 2005, 31(4):699–720.

[75] Maxim Shoshany, Naftaly Goldshleger. Land-use and population density changes in Israel—1950 to 1990:analysis of regional and local trends. Land Use Policy, 2002 (19): 123–133.

[76] Ngaire Woods. Global Governance after the Financial Crisis: A New Multilateralism or the Last Gasp of the Great Powers? [J]. Global Policy, 2010 (1): 51–63.

[77] Partridge M , Olfert M R , Alasia A . Canadian cities as regional engines of growth: agglomeration and amenities[J]. Canadian Journal of Economics, 2007, 40 (1): 39–68.

[78] Rauch J E . Productivity Gains from Geographic Concentration of Human Capital: Evidence from the Cities[J]. Social Science Electronic Publishing, 2004, 34 (3): 380–400.

[79] Read Catherine, Parton Kevin A. The impact of the 1952 London smog event and its relevance for current wood-smoke abatement strategies in Australia[J]. Journal of the Air & Waste Management Association, 2019, 69 (9):1049-1058.

[80] Rodrik D. Premature deindustrialization[J]. Journal of Economic Growth, 2016, 21 (1): 1–33.

[81] Shapiro, M.A. Regionalism's challenge to the pollution haven hypothesis: a study

of Northeast Asia and China. The Pacific review, 2014, 27 (1): 27–47.

[82] The World Band (1989), Sub-Saharan Africa: From Crisis to Sustainable Growth, The World Bank.

[83] Tommy Firman. Land conversion and urban development in the Northern Region of West Java, Indonesia. Urban Studies, 1997, 34 (7):1027–1046.

[84] United Nation Development Programme. Human Development Indices and Indicators: 2018 Statistical Update[R].

[85] WCED. Sustainable Development and Water.Statement on the WCED Report “Our Common Future” . Water International, 1989, 14 (3):151–152.

[86] World Bank.Rising global interest in farmland: Can it yield sustainable and equitable benefits? World Bank, 2010.